natürlich oekom!

Mit diesem Buch halten Sie ein echtes Stück Nachhaltigkeit in den Händen. Durch Ihren Kauf unterstützen Sie eine Produktion mit hohen ökologischen Ansprüchen:

- mineralölfreie Druckfarben
- Verzicht auf Plastikfolie
- Kompensation aller CO_2-Emissionen
- kurze Transportwege – in Deutschland gedruckt

Weitere Informationen unter www.natürlich-oekom.de
und #natürlichoekom

Bibliografische Information der Deutschen Nationalbibliothek:
Die Deutsche Nationalbibliothek verzeichnet diese Publikation
in der Deutschen Nationalbibliografie; detaillierte bibliografische
Daten sind im Internet über www.dnb.de abrufbar.

© 2024 oekom verlag, München
oekom – Gesellschaft für ökologische Kommunikation mbH
Goethestraße 28, 80336 München

Layout und Satz: Markus Miller
Korrektur: Silvia Stammen
Umschlaggestaltung: Sarah Schneider, oekom verlag
Umschlagabbildung: © dimon ua / AdobeStock
Druck: Elanders Waiblingen GmbH, Waiblingen

Alle Rechte vorbehalten
ISBN 978-3-98726-079-7
https://doi.org/10.14512/9783987263170

Felix Sühlmann-Faul

Der goldene Käfig des Digitalkapitalismus

Nichts kostet mehr als kostenlos

Für G & K und alle weiteren Generationen

Plunging into a newfound
Age of advanced observeillance
A worldwide, foolproof cage
Privacy and intimacy as we know it
Will be a memory
Among many to be passed down
To those who never knew
Living in the pupil of one thousand eyes
Was it overlooked in front of all our faces?
Death: „1000 Eyes", 1995

Alle im Buch verwendeten Abbildungen sind von Isabell Hornig.

INHALTSVERZEICHNIS

1 **Einleitung** 9
   Struktur 14
   Relevanz des Themas 16
      Ein sensibles Gut 19
      Sammlung von Daten ohne Einwilligung 21
      Ein mangelhafter Schutz personenbezogener Daten 23
      Ein »Opt-out« 23
      Regulierungsmangel und Corporate Capture 25
      Privacy Paradox 26
      Das Dilemma 28
   Anmerkungen 31

2 **Begriffe, Abgrenzungen, Konzepte** 35
   Digitalkapitalismus 35
   Strang 1: Aufklärung 37
      Entzauberung 38
      Wiege des Kapitalismus 38
      Technisierung der Soziosphäre 40
   Strang 2: Geist, Ideologie und Macht des Digitalkapitalismus ... 43
      Der Geist des Digitalkapitalismus 43
      Die Ideologie des Digitalkapitalismus 46
      Die Quelle der Ideologie 49
      Ideologie als Basis von Macht 51
      Ergänzende Betrachtung zur Ideologie 55
      Ein Internetzugang für Freiheit und Gleichheit? 57
      Bilder und Begriffe als Teil der Ideologie 60

Strang 3: Soziotechnologie 64

    Magie 66

    Suggestion 68

    Zum Stellenwert von Technologie: wirtschaftshistorischer Hintergrund ... 73

    Fetisch 74

    Manifestation 75

    Zur sozialen Konstruktion von Technologie durch Machtasymmetrie 77

    Design und Governance 82

    Reflexive Technologie und digitale Governance 86

Zwischenfazit: drei Stränge 93

Anmerkungen 95

3 Gibt es den Digitalkapitalismus überhaupt? 99

Digitalkapitalismus: Elemente und Definition 105

Das Plattform-Geschäftsmodell 107

    Gemeinsamkeiten 108

    Monopole 111

    Angebots- oder Nachfragemonopol? 112

    Skalenerträge und Erträge ohne Grenzkosten 115

    Arbeit 119

    Informelle Arbeit 121

Infiltration der Privatsphäre 125

    Rückblick: »Privacy is no longer a social norm« 126

    Dimensionen der Privatsphäre und Definition 128

    Privatsphäre und Macht 132

    Machtasymmetrie auf drei Ebenen 133

    Datensouveränität 135

  Datenschutz und Privatsphäre 136
  Metadaten, Anonymisierung und Pseudonymisierung 139
  Der Zusammenhang zwischen Datenschutz, Privatsphäre und Nachhaltigkeit 141

Beeinträchtigung demokratischer Prozesse 146
  Kommodifizierung öffentlicher finanzieller Förderung 147
  Steuertricks 150
  Unentbehrlichkeit 151
  Corporate Capture 153
  Daseinsvorsorge: Predictive Policing 156
  Digital Health Care 159
  Daseinsvorsorge: Schulen 164
  Staatliche Überwachung 166
  Zwischenfazit: Demokratie 174

»Künstliche Intelligenz« 177
  Der aktuelle Diskurs 177
  Technische Hintergründe 178
  Das ökonomische Interesse 180
  KI im juristischen und polizeilichen Einsatz 181
  KI: Datenschutz und Privatsphäre 186
  Automatisierung und Arbeitswelt 188
  Machtasymmetrie 189
  Tautologischer Fehlschluss 191
  Der Geist in der Maschine 192
  Nebelkerze Moratorium 193

Digitalkapitalismus: Zusammenfassung und Definition 196
 Anmerkungen 199

4 Der Priva Score 205
Wirkungsebene des Priva Scores 205
Lastenheft und Fragestellungen 209
Vorbild: der »Nutri-Score« 211
Relevanz der Demonstration an Messenger-Apps 212
Messenger: Begründung der Auswahl und Beschreibung 213
Datenschutzrelevante Funktionen und deren Erklärung 214
Berechnung des Priva Scores 222
Anmerkungen 229

5 Diskussion 231
Abgrenzung des Priva Scores von anderen Konzepten:
 Papiertiger Privacy Labels in den App Stores 232
Erweiterung des Priva Scores: andere Dienste und
 ökologische Nachhaltigkeit 236
Grenzen des Konzepts: Ich habe nichts zu verbergen 238
Bottom up, top down: politische und andere Lösungen 243
 Notwendige Maßnahmen der Top-down-Ebene 249
 Wie sieht es mit der Bottom-up-Ebene aus – den Nutzer*innen? . 251
Schlusswort 252
Anmerkungen 258

Literatur 259

Anhang A: Tabelle der Quellen für die Auswahl der
Datenschutzfunktionen 289

Anhang B: Begründung für die Bewertung der
Datenschutzfunktionen der Messenger 290

1 Einleitung

Der Protagonist Joe Chip in Philip K. Dicks Roman »Ubik« ist notorisch bankrott. Er befindet sich in seiner Wohnung und möchte diese verlassen. Was Joe gleich erlebt, hat starke Ähnlichkeit mit dem, was wir im digitalisierten Zeitalter häufig erleben:

»Er ging also mit energischen Schritten auf die Wohnungstür zu, drehte den Griff und zog den Riegel zurück. Die Tür ließ sich nicht öffnen. Stattdessen ertönte eine Stimme: ›Fünf Cents, bitte.‹ Chip durchwühlte abermals seine Taschen. Keine einzige Münze mehr, nichts. ›Ich zahle morgen‹, sagte er zu der Tür. Erneut drehte er am Griff, doch das Schloss blieb zu. ›Was ich dir zahle, ist eigentlich ein Trinkgeld. Ich muss dich nicht bezahlen.‹ ›Das sehe ich anders‹, erwiderte die Stimme. ›Bitte werfen Sie einen Blick in den Kaufvertrag, den Sie unterschrieben haben, als Sie diese Wohnung erwarben.‹ In einer Schreibtischschublade fand er den Vertrag; seit der Unterschrift hatte er ihn immer wieder konsultieren müssen. Ganz klar: Für Öffnen und Schließen der Tür war eine Gebühr obligatorisch. Kein Trinkgeld. ›Sie sehen, dass ich recht habe‹, ließ die Stimme selbstgefällig verlauten.«[1]

»Ubik« wurde 1969 veröffentlicht. Wie in einigen Büchern des Autors wirkt es frappierend, wie prophetisch er noch vor der Entwicklung des ersten Mikroprozessors eine Welt beschreibt, die der heutigen sehr ähnlich ist. Ähnlich, aber nicht gleich: Spielte dieser Roman im heutigen Digitalkapitalismus, würde Chip zusätzlich auf diese Probleme stoßen: Er benötigte alle paar Jahre eine neue Tür, da es für die alte keine Software-Updates mehr gibt. Durch fehlende Software-Updates wird die Tür auch zunehmend weniger sicher und sollte es doch ein Update geben, ließe sie sich nur noch sehr langsam öffnen. Ohnehin wäre das Betriebssystem der Tür nicht mit einer einmaligen Zahlung erhältlich, sondern nur als Abonnement. Aber am wichtigsten ist: Die Tür wüsste, wann, von wem und wie oft Joe Besuch hat, wann er seine Wohnung verlässt und wann er sie wieder betritt.

Das ließe sich noch fortsetzen – aber der Hauptunterschied zwischen der Gegenwart und der Situation von Joe Chip ist, dass keine Centbeträge für die Funktion von Geräten bezahlt werden müssen, die zum Eigentum zählen – das wäre einem regulären Leasingvertrag ähnlich. Der unausgesprochene Gesellschaftsvertrag des digitalkapitalistischen Zeitalters verlangt jedoch eine andere Währung. Dieser Vertrag lautet *kostenlose Apps und Dienste gegen persönliche Daten*. Und wir werden vielfach täglich zur Kasse gebeten.

Genauer gesagt handelt es sich nicht um *persönliche*, sondern meist um personenbezogene[2] Verhaltens-[3] und Metadaten[4], die wir unwillentlich und nicht spürbar bei jeder Nutzung des Internets oder von digitalen Endgeräten erzeugen. Laut des digitalkapitalistischen Gesellschaftsvertrags werden die Technologiekonzerne mit Daten der Nutzer*innen für Bequemlichkeit, Unterhaltung, Austausch und Teilhabe finanziert. Und die Endgeräte – Smartphones, Computer, Tablets, smarte Assistenten etc. – die eigentlich unser Eigentum sind, sind ähnlich Joe Chips Haushaltsgeräten eigentlich Leasingobjekte, da diese ebenfalls ohne *Datenspende* nicht funktionieren.

Nun stellt sich die Frage, wo das Problem liegt. Es sind schließlich goldene Zeiten. Videos, Musik, Spiele und andere Konsumchancen sind im Handumdrehen erhältlich – und dazu entweder sehr günstig oder wie gesagt kostenlos. Zu verbergen hat niemand etwas und zu spüren ist diese *Bezahlung* ohnehin nicht – Daten werden ja nicht weniger. Joe Chip wäre sicherlich froh.

Allerdings sind die Zeiten keineswegs golden. Golden ist nur der Käfig, dessen Streben jeden Tag etwas stabiler werden. Nutzer*innen zahlen zwar zunächst mit Daten – letztlich aber mit ihrer Freiheit. Der digitalkapitalistische Gesellschaftsvertrag funktioniert nur durch mehr oder weniger freiwillige Aufgabe unseres Grundrechts auf Datenschutz. Und Datenschutz schützt keineswegs Daten, sondern Menschen. Datenschutz schützt die Privatsphäre, die jedem Menschen ermöglicht, ein freies, selbstbestimmtes Leben nach eigener Vorstellung zu führen. Und der Datendiebstahl, der in jeder Sekunde jeden Tages erfolgt, hebelt diesen Datenschutz aus, infiltriert die Privatsphäre und versklavt die Nutzer*innen, die für Technologiekonzerne eigentlich nur unbezahlte Arbeitskräfte und Erzeuger*innen des zentralen Produktionsmittels des Digitalkapitalismus sind: Daten.

Obwohl dieser Vertrag aus Gewohnheit heute als *normal* empfunden wird, muss diese Normalität radikal hinterfragt werden. Denn die Veräußerung von Daten ist gefährlich. Wenn Menschen mit Daten bezahlen, teilen sie gesichtslosen, intransparenten und machtsüchtigen Konzernen Geheimnisse über sich selbst mit, die teilweise die engsten Freund*innen nicht kennen. Mit jeder *Bezahlung* wird die Macht dieser Konzerne auf unterschiedlichen Ebenen größer, mit jeder *Bezahlung* veräußert jeder/jede Nutzer*in ein Stück ihrer Grundrechte und Freiheiten, jede *Bezahlung* legitimiert ein System, das auf einer utilitaristischen, undemokratischen und pathologischen Ideologie aufbaut.

Das Interesse an Daten rührt u. a. daher, weil sie dazu dienen, das lukrativste Geschäftsmodell des Internets zu ermöglichen: programmatische Werbung. Durch die gesammelten Daten und das dadurch ermittelbare Wissen über die Nutzer*innen kann Online-Werbung sehr zielgerichtet präsentiert werden. Es geht darum, der richtigen Person zum richtigen Zeitpunkt das richtige Produkt oder eine entsprechende Dienstleistung zu zeigen. Mit der Sammlung von Daten verdienen Konzerne wie Meta (Facebook) und Alphabet (Google) ihr Geld, weil sie nicht hauptsächlich Smartphones oder Apps verkaufen, sondern Werbung. Um diese exakte Passung zwischen Werbung und Nutzer*in zu erzeugen, müssen diese Konzerne möglichst viel über sie wissen. Aber auch andere große Tech-Imperien sind an den Daten der Nutzer*innen interessiert: Microsoft, Amazon und Apple gehören ebenfalls zu den zentralen Akteuren im Datenhandel, auch wenn ihre Geschäftsmodelle nicht Online-Werbung umfassen. Trotzdem ist es für die Konzeption von Geschäftsmodellen essenziell, möglichst viel über die Nutzer*innen zu wissen, bspw. um Verhalten vorherzusagen oder Verhalten zu erzeugen. Das zweite lukrative Geschäftsmodell des Internets neben Werbung, der E-Commerce, funktioniert ebenfalls nur auf Basis exakter Analysen von Vorlieben und Verhalten: »Wird oft zusammen gekauft: Kunden, die ›Kopier-/Druckerpapier A4‹ kauften, kauften auch ›3-in-1 Tinten-Multifunktionsdrucker‹« – schon einmal gelesen? Und nicht zuletzt profitieren alle genannten, großen Technologiekonzerne von Daten für das Training von KI-Systemen.

Seit Mai 2018 gilt europaweit die Datenschutz-Grundverordnung, die den Umgang mit personenbezogenen Daten regelt und damit auch Grundrechte und Privatsphäre schützt. Um personenbezogene Daten verarbeiten zu dürfen, muss den Datenschutzrichtlinien und Allgemeinen Geschäftsbedingungen von Internetdiensten beim Einrichten eines neuen Telefons oder der Nutzung von Apps aber gezwungenermaßen zugestimmt werden. Sonst kann die Soft- oder Hardware nicht genutzt werden. Da es sich dabei um umfangreiche juristische Texte handelt, die häufig absichtlich kompliziert geschrieben sind, wird zumeist einfach zugestimmt – ohne genau zu wissen, was mit den eigenen Daten geschieht. Dadurch wird den Konzernen die Erlaubnis zur Datensammlung und -verarbeitung erteilt. Durch die Zustimmung zur Verarbeitung exponieren die Nutzer*innen jeden Tag, an dem sie das Internet oder digitale Endgeräte verwenden, unweigerlich ihre Privatsphäre und *existieren* als digitalisierte Kopie auf den Servern vieler Unternehmen.

Die Konsequenzen beschränken sich nicht auf die *virtuelle* Welt. Versicherungen und Banken kaufen inzwischen Daten von Nutzer*innen, um Beiträge oder Kreditzinsen zu ermitteln. Auch Bewerbungsverfahren werden inzwischen häufig datengestützt durchgeführt, um in einer frühen Phase der Auswahl möglicher Kandidat*innen genau »auszusieben«. Dabei sind datafizierte Faktoren wie Lebensstil, Kreditwürdigkeit, etwaige Erkrankungen, Freundes- und Bekanntenkreis von erheblicher Bedeutung. Durch die Nutzung von Systemen Künstlicher Intelligenz und Big Data – der Sammlung riesiger Datenmengen – werden auf Basis gesammelter Daten und deren Analyse Schlüsse über die Bankkund*innen oder Bewerber*innen gezogen, auf welche die Betroffenen keinen Einfluss nehmen können – selbst dann nicht, wenn die gezogenen Schlüsse falsch sind. Trotzdem ist es »normal«, dass die Bewerbung oder das Darlehen auf Basis der gesammelten Daten abgelehnt wird.

Auch auf einer anderen Ebene hat die Sammlung von Daten Konsequenzen – nicht nur für das Individuum, sondern für die gesamte Gesellschaft. Denn die genannten überaus mächtigen Konzerne beugen auch

Gesetzgebungsverfahren zu ihren Gunsten, kommodifizieren öffentliche Güter und unterminieren den politischen Apparat. Das gefährdet nicht nur Grundrechte und Selbstbestimmung, sondern auch die Demokratie. Dabei befindet sich die Politik in einer Zwickmühle. Ihre Aufgabe ist es, die Öffentlichkeit vor dem Missbrauch der Daten zu schützen, gleichzeitig ist sie von den Infrastrukturen und Produkten der Technologiekonzerne abhängig und beugt sich an vielen Stellen dieser nicht legitimierten Macht.

Darin spiegelt sich eines der größten Probleme dieser Zeit. Da es immer weniger Möglichkeiten gibt, das Internet oder digitale Endgeräte zu vermeiden, sind die Nutzer*innen den Datensammlungspraktiken ständig ausgeliefert.

Doch nicht alle Dienste und Apps sind gleich: Es gibt durchaus eine gewisse Anzahl datenschutzfreundlicher Software, die sich dadurch auszeichnet, dass sie so wenig wie möglich oder gar keine Daten über die Nutzer*innen sammelt. Doch gibt es für jede Anwendung zumeist eine große Auswahl möglicher Programme oder Dienste. Es muss daher schnell und einfach herauszufinden sein, ob bspw. Firefox die eigenen Daten besser schützt als Edge, für E-Mails eher Posteo oder GMail genutzt werden sollte und welche Entscheidung zu treffen ist, wenn alle Freund*innen WhatsApp nutzen, aber die Privatsphäre bei Signal wahrscheinlich besser geschützt ist.

Zu untersuchen ist daher, wie eine datenschutzsensible *Anna Normalnutzerin* unabhängig, einfach und transparent eine informierte Entscheidung über die Wahl einer App oder eines Dienstes treffen kann – quasi wie mit einem Blick auf den »Nutri-Score« im Supermarkt bei der Auswahl von Lebensmitteln. Das ist eine der Fragestellungen, der in diesem Buch nachgegangen wird. Das Ziel besteht darin, ein dem Nutri-Score ähnliches Bewertungssystem zu entwickeln – den »Priva Score«. Dieses Werkzeug unterstützt die Nutzer*innen bei der Auswahl ihrer Apps und ermöglicht eine informierte Entscheidung. Ohne Datenschutzrichtlinien lesen zu müssen, kann mit einem Blick die Software ausgewählt werden, die im Vergleich zu anderen Produkten die Daten besser schützt. Als Konzeptnachweis werden populäre Sofortnachrichtendienste (Messenger) herangezogen, die anhand ihrer Datenschutzfunktionen miteinander verglichen werden, woraus sich eine Empfehlung ergibt. Für die Auswahl der Funktionen wurden eine Vielzahl von Quellen genutzt und zwei qualitative Interviews mit Fachpersonen geführt.

Dass heutzutage Datenschutz und Privatsphäre mit vielen digitalen Formen des Wirtschaftens im Konflikt stehen, verweist auf den ökonomischen Rahmen. Um diesen Konflikt zu verstehen, werden die folgenden Fragen gestellt: *Welche kulturellen und gesellschaftlichen Prozesse haben dem Digitalkapitalismus den Weg geebnet? Ist der Digitalkapitalismus eine eigenständige und von vorangegangenen Epochen abgrenzbare Form des Kapitalismus? Welche Auswirkungen hat der Digitalkapitalismus auf Individuen, Politik und Gesellschaft?*

Struktur

Das vorliegende Buch umfasst fünf Kapitel. Das erste Kapitel dient dazu, die Relevanz und den Umfang des Themas und die Notwendigkeit eines Werkzeugs wie des Priva Scores festzustellen und zu umreißen. Die analytische Aufarbeitung des Digitalkapitalismus beginnt zunächst in Kapitel 2 mit der Betrachtung dreier zentraler Einflüsse, die dem Digitalkapitalismus den Weg geebnet haben. Diese Einflüsse umfassen grundsätzliche, kulturelle und gesellschaftliche Evolutionen, die aufgrund ihrer Prozesshaftigkeit und gegenseitigen Interdependenz als *Stränge* bezeichnet werden. Diese drei Stränge bilden gemeinsam ein Geflecht, das dem Digitalkapitalismus seine Grundlage liefert. Der erste Strang fokussiert das Zeitalter der Aufklärung, welches zur Abkehr von nicht legitimierter Herrschaft, aber auch zu einer neuen Unterwerfung unter Rationalität und Wissenschaft geführt hat. Dies ermöglichte eine zunehmende Verbindung zwischen Technosphäre und Soziosphäre. Der zweite Strang umfasst ideologische und mythische Wesen. So obskur oder paradox dies angesichts der angeblichen Rationalisierung durch die Aufklärung klingen mag – die Abkehr von tradierter Macht und Unmündigkeit eröffnete *Erklärungslücken*. Diese wurden durch neue göttliche Wesen, Mythen, Magie und Geister gefüllt – z. B. dem *Geist des Kapitalismus*. Aufgearbeitet wird hier ebenfalls die nicht minder mit Täuschung und Magie beladene Ideologie der Technologiekonzerne. Der dritte Strang umfasst den soziotechnologischen Prozess – die Manifestation und Kolonisierung der Lebenswelt durch Technologie und die wirtschaftshistorischen Hintergründe zur Erklärung einer Überhöhung des gesellschaftlichen Stellenwerts von Technologie.

In Kapitel 3 wird gezeigt, dass es gute Gründe gibt, den Digitalkapitalismus als eigenständige Epoche des Kapitalismus zu verstehen. Daran schließt sich die Analyse von drei Ebenen negativer Einflüsse des Digitalkapitalismus an. Diese umfasst das Plattformgeschäftsmodell zusammen mit dem Faktor Arbeit, die Infiltration der Privatsphäre und ihren Zusammenhang mit Datenschutz. Danach wird gezeigt, wie der Digitalkapitalismus sich auf Demokratie und die Rolle der Politik auswirkt und wie öffentliche Güter, Räume und Gelder durch die Technologiekonzerne vereinnahmt werden. Nicht übersehen werden darf die zentrale Technologie des Digitalkapitalismus – die Künstliche Intelligenz, was das Kapitel 3 beschließt.

Während die eben dargestellten Inhalte eine umfassende *Problembeschreibung* bieten, befasst sich Kapitel 4 mit Hilfestellung für die datenschutzsensible *Anna Normalnutzerin* in Form des Priva Scores und anderer Möglichkeiten der digitalen Selbstverteidigung. Zunächst wird anhand eines Lastenhefts der Priva Score Schritt für Schritt erläutert: im Vergleich zum Vorbild des Nutri-Scores, eine Vorstellung der zu vergleichenden Messengerdienste, ihre Datenschutzfunktionen und die letztendliche Berechnung des Priva Scores einschließlich seiner Bewertung der Messengerdienste.

Kapitel 5 umfasst eine Abgrenzung des Priva Scores von zwei partiell vergleichbaren Konzepten: Einerseits Übersichtstabellen, die seit Kurzem die Handhabung der Nutzerdaten in den App Stores von Google und Apple zeigen sollen, andererseits ein von den Konzernen unabhängiges Konzept namens *App Checker*. Im Anschluss werden die eigentlichen Grenzen des Priva Scores problematisiert: die politökonomischen Randbedingungen und die Rolle der Nutzer*innen in einer stark konsumorientierten Gesellschaft.

Erweiterungsmöglichkeiten des Priva Scores an andere Kategorien von Diensten und Apps werden im Anschluss diskutiert. Der vorletzte

Teil des fünften Kapitels enthält einen Aufruf an die Politik – denn der Priva Score ist ein Konzept für den/die einzelne/n Nutzer*in. Die Verantwortung für den Schutz der Daten auf die individuelle Ebene zu verschieben, ist auch bei anderen Themen nicht zielführend: Die Entscheidung, den individuellen Lebensstil in Hinblick auf die Klimakrise zu reduzieren, liegt auf der individuellen Ebene. Aber es muss einfacher sein, einen nachhaltigen Lebensstil zu verfolgen. Und da führt kein Weg an entschiedenen, politischen Schritten vorbei. Und das gilt auch für die hier thematisierte Problematik – die negativen Auswirkungen des Digitalkapitalismus und seiner dominanten Akteure. Hier müssen politische Lösungen entstehen, um den Individuen den Zwang zu einer *digitalen Selbstverteidigung* zu nehmen. Zuletzt erfolgt ein Schlusswort.

Relevanz des Themas

> *Welcome, my son*
> *Welcome to the machine*
> *Where have you been?*
> *It's alright, we know where you've been (...)*
> *What did you dream?*
> *It's alright, we told you what to dream.*
> Pink Floyd: »Welcome to the Machine«, 1975

Der Begriff *Digitalisierung* ist vergleichsweise alt und wurde 1954 zum ersten Mal verwendet.[5] Ursprünglich wurde damit die Umwandlung analoger Informationen in ein maschinenlesbares Format für Archivierungszwecke bezeichnet – bspw. die Erstellung von Lochkarten oder später das Scannen von Büchern. Demgegenüber wird Digitalisierung heute als Bezeichnung für einen der zentralen gegenwärtigen Megatrends verwendet. Oder – in sozialwissenschaftlicher Lesart – als zusammenfassender Begriff für die »(...) globale, gesamtgesellschaftliche, soziotechnische Transformation durch die exponentiell wachsende Leistungsfähigkeit der Mikroelektronik.«[6] Diese zugegebenermaßen etwas sperrige Definition des Autors fokussiert sich darauf, dass die Phänomene, die inzwischen mehr oder weniger zum Alltag gehören – virtuelle Realität, Künstliche Intelligenz, (teil)autonomes Fahren und dergleichen – letztlich nur durch die in den letzten Jahrzehnten exponentiell gesteigerte Rechenkapazität der Mikroelektronik ermöglicht werden. Es sind also immer noch die Auswirkungen der dritten industriellen Revolution. Eine erste, allgemein sichtbare Veränderung war, dass Personal Computer in den Büros der Industrienationen des Globalen Nordens zum Standardarbeitsgerät wurden. Mit dieser Entwicklung brach gleichzeitig eine neue Epoche des Kapitalismus an.[7]

Heute ist die Menschheit von einer nie dagewesenen Menge Technologie – insbesondere digitaler Technologie – umgeben. Es handelt sich nicht nur um das Zeitalter der Digitalisierung, sondern auch um das Zeitalter eines inzwischen voll entwickelten Digitalkapitalismus. Seine zentrale Sphäre ist das kommerzialisierte Internet, das größtenteils von den zwei Geschäftsmodellen E-Commerce und personalisierte Werbung dominiert wird. Der Erfolg von Online-Werbung begründet sich zunächst darin, dass Formen der klassischen Außenwerbung – Anzeigen, Fernseh- und Radiowerbung – stets einen breiten und ungenauen Streueffekt besitzen. Ob die anvisierte Zielgruppe die Marketingbemühungen wahrnimmt und sich zu einer Kaufentscheidung durchringt, ist häufig nicht direkt nachvollziehbar. Aber über die Nutzung personenbezogener Daten ist es sehr viel effizienter möglich, der gesuchten Zielgruppe Werbung zu zeigen. Ziel personalisierter Werbung ist es, der richtigen Person zum richtigen Zeitpunkt das richtige Produkt oder die richtige Dienstleistung zu offerieren. Durch personenbezogene Daten ist dies mit weniger Streueffekten behaftet, sodass Werbebudgets gezielter eingesetzt werden können. Durch die Datennutzung kann Werbung sehr viel persönlicher in der Ansprache sein und damit mit höherer Wahrscheinlichkeit eine Kaufentscheidung herbeiführen.

Um viele Daten zu sammeln, bieten mehrere große Technologiekonzerne ein digitales Ökosystem[8] von zumeist kostenlosen Diensten an – bspw. Suchmaschinen, E-Mail-Dienste, Office-Anwendungen, Messenger und/oder soziale Netzwerke. Im Zentrum eines Ökosystems steht meist eine Plattform. Diese Dienste bieten den Nutzer*innen sehr viel Wert im Alltag.[9] Kostenlose Navigationsdienste, Cloudspeicher, Office-Software oder Messenger bieten eine hohe *Konsumentenrente*. Jedoch fußen diese

Angebote ausschließlich auf ökonomischen Absichten der Unternehmen, die diese zur Verfügung stellen. Bei Nutzung der Dienste, aber auch nur durch den Besuch von Webseiten hinterlassen Nutzer*innen unweigerlich zahlreiche personenbezogene Daten, Metadaten und Verhaltensdaten, die gesammelt werden. Da diese Daten ein wertvolles Gut sind, werden sie im Rahmen der Datenökonomie[10] gehandelt. Den Großteil des Markts mit personalisierter Werbung teilen sich die Technologiekonzerne Alphabet (Google) und Meta (Facebook).[11] Das bedeutet, dass es quasi kaum einen Weg um diese zwei Konzerne gibt, wenn online Werbung geschaltet werden soll. Weitere Akteure der Datenökonomie stellt eine unüberschaubare Menge kleiner Datenhändler (Data Broker) dar.

Zweck der großen Konzerne wie der kleinen Datenhändler ist es, von Nutzer*innen ein möglichst exaktes Datenabbild zu erzeugen. Je mehr Daten gesammelt werden, desto genauer ist der Zuschnitt von Werbung auf einen Personenkreis möglich. Das ist die Basis des Programmatic Advertising. Dieses Verfahren umfasst den automatisierten softwarebasierten Ein- und Verkauf von Online-Werbeflächen in Echtzeit. Während eine Webseite lädt, läuft im Hintergrund eine Sekundenbruchteile dauernde automatisierte Auktion ab (Real Time Bidding). Bei diesen Auktionen werden Werbeflächen von den Unternehmen, die die Webseite betreiben, angeboten und unter den Firmen, die Werbung dort einblenden lassen wollen, versteigert. Das höchstbietende Unternehmen erhält den Zuschlag. Ob es dabei interessant ist, bei der Auktion mitzubieten, hängt davon ab, wer der/die Nutzer*in ist, welche die Werbung sehen soll.[12] Um ein umfassendes Bild über diese/n Webseitenbesucher*in zu erzeugen, werden drei Arten von zuvor erfassten Daten verknüpft. Das sind

- Daten aus erster Hand von der Webseite selbst: Onlineshops analysieren bspw. Verhalten, Handlungen und Interessen. Kehren Besucher*innen auf die Webseite zurück, sind schon einige Informationen über diese Personen bekannt, wobei die Identifikation bspw. durch Auslesen verschiedener Merkmale des genutzten Endgeräts erfolgen kann: Smartphones, Computer etc. besitzen verschiedene unveränderliche Erkennungsmerkmale wie bspw. die IMEI.

- Daten aus zweiter Hand: Sie stammen von einem Mittler im beschriebenen Vergabeprozess von Werbeflächen und umfassen bspw. statistische Auswertungen von Cookies der Nutzer*in;
- Daten aus dritter Hand: Sie stammen von anderen Websites, die von externen Anbietenden wie den erwähnten Data Broker bereitgestellt werden.[13]

Eine Studie der NGO Irish Council for Civil Liberties (ICCL) offenbart den Umfang dieser Datensammlung und -weitergabe: Allein Google – die größte Firma im beschriebenen Vergabeprozess – verkauft in jeder Minute 19,6 Millionen Datensätze von deutschen Nutzer*innen an über tausend andere Firmen. Was ein/e Nutzer*in aktuell im Internet sucht oder betrachtet, wird von Google individuell in jeder Minute Online-Zeit einmal erfasst.[14] Wie sehr sich das Geschäft rund um Datenerfassung, Datenhandel und die letztendliche exakte Ausrichtung auf Zielgruppen lohnt, zeigt sich darin, dass der Markt für Online-Werbung in Deutschland 2020 laut des Bundesverbands digitale Wirtschaft einen Umsatz von mehr als vier Milliarden Euro erzeugte.[15]

Dass durch die beschriebenen Vorgänge und Geschäftspraktiken durchaus große Probleme für individuelle Nutzer*innen, die gesamte Gesellschaft sowie Politik, Verwaltung und andere staatliche Institutionen entstehen, ist größtenteils nicht direkt zu durchschauen. Die tatsächlichen Vorgänge liegen häufig absichtlich kompliziert hinter einer großen Menge Rauch und Spiegel. Dennoch sind die Konsequenzen real und aus den im Folgenden dargelegten Gründen sehr ernst zu nehmen.

Ein sensibles Gut

Personenbezogene Daten sind sensible Informationen. Daher soll Datenschutz Individuen vor missbräuchlicher Datenverarbeitung schützen und den Schutz des Grundrechts auf informationelle Selbstbestimmung wahren. Datenschutz schützt folglich keineswegs Daten – sondern Menschen und deren Persönlichkeitsrechte. Personenbezogene Daten freiwillig oder unfreiwillig zu offenbaren, bringt eine Vielzahl von Gefahren mit sich, da auf das Recht auf Datenschutz verzichtet wird.

Das Missbrauchspotenzial personenbezogener Daten ist enorm, was folgende Beispiele zeigen: Data Broker verwendeten Nutzerdaten, um Teilnehmer*innen von Black-Lives-Matter-Demonstrationen zu identifizieren. Verschiedene US-amerikanische Geheim- und Sicherheitsabteilungen nutzen diese Daten, um ohne Gerichtsbeschluss Telefone zu tracken. Im Zuge der Untersuchung für die bereits erwähnte Studie der ICCL wurde entdeckt, dass die Daten von vermutlichen Opfern sexueller Gewalt verkauft wurden.[16] An diesen Beispielen zeigt sich, wie sensibel personenbezogene Daten wirklich sind. Demonstrierende, die von ihrem Recht auf Versammlungsfreiheit Gebrauch machen, können über kurze, undemokratische Umwege vom Staatsschutz beobachtet werden. Opfer sexueller Gewalt werden mit erhöhter Wahrscheinlichkeit später wieder Opfer.[17] Der Autor überlässt es der Fantasie der Leser*innenschaft, für welche Personen Daten von Opfern sexueller Gewalt interessant sein könnten.

Interesse an dem Hintergrund von Personen besteht auch in anderen Zusammenhängen. Unternehmen verschiedener Branchen greifen auf die gesammelten Daten von Data Brokern zurück. Dazu zählen Banken – z. B. um das Rückzahlungsrisiko einer Darlehensanfrage zu ermitteln[18], Versicherungen – z. B. um auf Basis gekaufter Gesundheitsdaten einen Score einer Person zu ermitteln, der direkten Einfluss darauf hat, wie teuer eine Lebensversicherung sein wird[19] – oder Unternehmen – z. B. für einen Background-Check von Bewerber*innen. Die persönlichen Kontakte, fragwürdige Interessen, riskante Hobbies oder eine schlechte Einstufung bei Wirtschaftsauskunfteien wie der SCHUFA können deutlichen Einfluss auf Versicherungsbeiträge, Darlehensbedingungen oder die Vergabe von Arbeitsplätzen haben. Die genannten Beispiele, Banken, Versicherungen und Unternehmen, können deutlichen Einfluss auf Schicksale von Individuen haben. Daher sind sie nur bedingt Luxusprobleme. Trotzdem muss an dieser Stelle weiter gedacht werden: Wenn es so einfach ist, auf unsere digitalen Abbilder zuzugreifen – wie ergeht es dann Menschen in Ländern, in denen z. B. Homosexualität noch unter Strafe steht oder die zu einer anderen geächteten Minderheit gehören? Und auch die rein technische Ebene bringt Probleme mit sich: Im Rahmen zunehmender Automatisierung von Entscheidungen wird immer weniger hinterfragt, ob die ermittelten Daten einer Person richtig und plausibel sind.[20] Systeme Künstlicher Intelligenz (KI) dehumanisieren Entscheidungsprozesse und durch die Intransparenz der Entscheidungen von KI-Systemen sind Betroffene oft nicht in der Lage, Entscheidungen zu verstehen oder zu beeinflussen. Auch wird ihnen ohnehin meist nicht mitgeteilt, dass der betreffende Prozess zumindest teilweise automatisiert ist.

Sammlung von Daten ohne Einwilligung
Die Datenschutz-Grundverordnung dient einem Interessenausgleich. Je nach Situation lässt sich auf ihrer Grundlage entscheiden, wann der Persönlichkeitsschutz einer betroffenen Person oder das Recht von Unternehmen, mit Daten wirtschaftlich zu arbeiten, überwiegt.[21] Jede Verarbeitung von personenbezogenen Daten stellt eine Einschränkung dieses Persönlichkeitsrechts dar. Daher bedarf es nach Art. 7 der DSGVO einer Einwilligung der betroffenen Person zu dieser Verarbeitung. Aber: Ein Großteil personenbezogener Daten wird bei der Nutzung von digitalen Endgeräten ohne diese notwendige Einwilligung der Nutzer*innen gesammelt.[22]

Apps auf einem Smartphone mit Android als Betriebssystem müssen die Berechtigung der Nutzer*innen erfragen, wenn bspw. Standortdaten, die Kontaktliste oder andere schützenswerte Informationen erfasst werden sollen. Ein Messenger möchte etwa die Kontaktliste nutzen, bei einer Wetter-App kann es sinnvoll sein, den Standort freizugeben. Der Zugriff darauf muss von den Nutzer*innen aktiv erlaubt werden – eigentlich. Eine Untersuchung aus dem Jahr 2019 zeigte jedoch, dass mehr als 1.000 Apps des Google Play Store eine Verweigerung dieser Berechtigungen ignorieren.[23]

Internetbrowser können so eingestellt werden, dass die Nutzer*innen nicht auf ihrem Weg durch das Internet getrackt werden sollen. Dies ist keine Blockierung, sondern eine Bitte, die der Browser an Webseiten übermittelt. Diese Bitte kann daher auch ignoriert werden. Selbst wenn die Bitte, nicht verfolgt zu werden, ignoriert wird, gibt es diverse Methoden, Nutzer*innen online zu identifizieren. Eine Möglichkeit sind Cookies, bei denen es sich um kleine Datenschnipsel handelt, die auf den Endgeräten der Nutzer*innen gespeichert sind und von außen ausgelesen werden können. Cookies erfüllen verschiedene Funktionen. Sie dienen z. B. dazu, Nutzer*innen bei einem erneuten Besuch einer Website wiederzuerkennen und die Seite wieder so darzustellen, wie es der/die Nutzer*in zuvor eingestellt hat. Andere Cookies hingegen sammeln Informationen über die Nutzer*innen, z. B. darüber, welche Seiten besucht wurden. Die Cookies werden auf den Wegen durch das Internet mit weiteren Informationen angereichert und enthalten im Laufe der Zeit sehr viele Informationen, die an eine Vielzahl von Data Broker abfließen.[24] Um dies zu verhindern, müssen Nutzer*innen beim Besuch vieler Webseiten zunächst einige Mühe investieren: Wenn sie die Menge an sensiblen Daten, die über sie gesammelt werden können, begrenzen wollen, ist es in der Regel notwendig, die Verwendung von Cookies und Trackern zu verweigern. Das ist meist sehr aufwendig. Und auch wenn dieser Aufwand nicht gescheut wird, verfehlt die Mühe nicht selten ihr Ziel: Nutzer*innen werden teilweise durch die Gestaltung dieser Cookie Banner zu einer unfreiwilligen Einwilligung gedrängt oder die Banner werten eine Ablehnung der Cookies als Einwilligung.[25]

Angenommen, die Cookies wurden erfolgreich abgelehnt. Trotzdem findet eine teilweise sehr direkte Beobachtung und Datafizierung[26] der Nutzer*innen statt. Dies gilt bspw. für Nutzungsdaten. Diese Daten geben Auskunft darüber, wie Nutzer*innen mit einer Website interagieren. Onlinehändler wie Amazon erfassen exakt die Klicks, Mausbewegungen und Verweildauern auf ihren Seiten.[27] Das soziale Netzwerk Facebook trackt die Nutzer*innen auf 18 verschiedene Weisen, darunter auch in Bezug darauf, welche Apps auf dem Endgerät installiert sind, welche Dokumente und Dokumententypen dort gespeichert sind sowie eine Vielzahl von Informationen über andere Geräte, die sich im selben Netzwerk befinden.[28] Diese Daten ergeben insgesamt ein recht umfassendes Bild der Nutzer*innen: Die Verweildauer und Scroll-Bewegungen verraten, welche Produkte bei Amazon besonderes Interesse erwecken. Welche Nutzer*innen zusammenwohnen wird offenbar, wenn häufiger Zugriff auf Facebook derselben Geräte über denselben Internetanschluss stattfindet. Dadurch lässt sich auch ein sozialer Graph erstellen – eine grafische Darstellung des Beziehungsgeflechts von Personen.[29] Facebook verwendet diese Informationen, bspw. um neue Freund*innen vorzuschlagen. Für die Nutzer*innen ist oft nicht nachvollziehbar, warum Facebook dadurch auch Ex-Freund*innen, Vorgesetzte oder andere Personen, mit denen die Nutzer*innen auf keinen Fall verbunden sein wollen, vorschlägt. Aber das entsteht durch die Analyse des Netzwerks, das Facebook erfasst.[30]

Ein mangelhafter Schutz personenbezogener Daten
Für Nutzer*innen geht jede Freigabe personenbezogener Daten immer mit dem Risiko einher, dass Personen unrechtmäßig Zugang zu vertraulichen, sensiblen oder anderen schützenswerten Daten haben. Und solche Datenlecks (Data Breaches) kommen sehr häufig vor.[31] Data Breaches entstehen in der Regel aus zwei Gründen: Im Fall schlichter Fahrlässigkeit werden Daten von Personen bspw. ungeschützt an öffentlich zugänglichen Stellen im Internet aufbewahrt. Dies geschah z. B. 2019 mit 800 Millionen Datensätzen von Hypothekenkund*innen der First American Financial Bank.[32] Die zweite Variante sind Hackerangriffe. Diese Form der Cyberkriminalität ist nicht hauptsächlich auf Industriespionage fokussiert, sondern auf personenbezogene Daten.[33] Das bislang größte Datenleck durch einen solchen Hackerangriff entstand zwischen 2014 und 2016 beim Internetkonzern Yahoo. Dabei wurden die Daten sämtlicher drei Milliarden Nutzer*innen gestohlen.[34] Für den Erfolg einer solchen Attacke bedarf es häufig nicht einmal besonderer Begabung. Es gibt zwar keinen perfekten Schutz von Daten, aber selbst große Konzerne – seien diese nun Teil der Datenökonomie oder nicht – investieren wenig Geld in Cybersicherheit.[35] Dies mag neben den hohen Investitionen damit zusammenhängen, dass sich Daten im Gegensatz zu physischen Objekten durch Kopieren nicht abnutzen. Es könnte daher rein ökonomisches Kalkül sein, dass Daten nachlässig geschützt werden. Für jede betroffene Person ist der unrechtmäßige Zugang zu ihren Daten aber ein großes Problem. Dies sollte zu denken geben, wenn bspw. der Chrome-Browser von Google so eingestellt ist, dass er automatisch Zugangsdaten speichert.

Ein »Opt-out«
Angesichts der genannten Aspekte wäre es sinnvoll, möglichst wenige Daten offenzulegen. Nur ist ein *Opt-out* – eine Verweigerung der computergestützten Verarbeitung personenbezogener und Metadaten – nicht

mehr möglich.[36] Eine Vielzahl von Behörden wie das Finanzamt, die Zulassungsstelle oder das Bürgerbüro verarbeiten seit Jahrzehnten personenbezogene Daten digital, was im Rahmen der verstärkt vorangetriebenen »E-Verwaltung« weiter ausgebaut wird.[37] Und medizinische Daten sollen zukünftig automatisch in der »elektronischen Patientenakte« hinterlegt werden.[38] Der Nutzung muss erst aktiv widersprochen werden, um nicht an der zentralisierten Verarbeitung der medizinischen Daten teilzunehmen.[39] Reisepässe und Personalausweise enthalten inzwischen biometrische Daten und gehen bei Pass- und Personenkontrollen durch eine Vielzahl von Händen und Scannern. Eindeutig ist, dass als Nutzer*in des Internets eine Vermeidung der großen Technologiekonzerne nicht mehr möglich ist: Selbst, wenn ein/e Nutzer*in Dienste wie Maps, Gmail oder Facebook meidet, stammen Analyse-Tools oder Schriftarten häufig von Google, Werbeanzeigen meist von Google oder Meta.[40] Folglich fließen ohne bewusste Nutzung der Dienste der Digitalkonzerne Daten des/der Nutzer*in nachlässig verschlüsselt[41] in die USA und unterliegen dort – trotz aktueller Bemühungen um neue Datenschutzabkommen[42] – einem im Vergleich zur DSGVO deutlich geringeren Datenschutzniveau.[43]

Die Konsequenz ist eine besondere Form digitaler Spaltung, die sich bspw. darin zeigt, dass Kindertagesstätten und Schulen mit Eltern immer häufiger nur noch mittels spezieller Smartphone-Apps kommunizieren. Eine Verweigerung der Technologie führt dazu, wichtige Informationen im Zweifelsfall nicht zu erhalten. Es gibt daher bei vielen Vorgängen des Alltags keinen Weg mehr, der an der Nutzung des Internets und digitaler Endgeräte vorbeiführt. Das erzeugt inzwischen ein Problem auf Ebene der Teilhabe: Allein in Deutschland gibt es in der Altersgruppe zwischen 16 und 74 Jahren 6 % Offliner, die noch nie das Internet genutzt haben.[44]

Wie wichtig ein Internetzugang ist, hat die Corona-Pandemie gezeigt. Homeschooling und Homeoffice waren spontan gute und die einzigen Möglichkeiten, Bildung und Betriebe am Laufen zu halten – keine Frage. Aber es ist ein zweischneidiges Schwert: Einerseits lässt der Breitbandausbau in Deutschland nach wie vor zu wünschen übrig. Andererseits sind die Nutzer*innen in einem kommerzialisierten Internet einer dauerhaften Überwachung ausgesetzt.

Regulierungsmangel und Corporate Capture

In Artikel 8 der Charta der Grundrechte der Europäischen Union ist zu lesen: »Jede Person hat das Recht auf Schutz der sie betreffenden personenbezogenen Daten. Diese Daten dürfen nur nach Treu und Glauben für festgelegte Zwecke und mit Einwilligung der betroffenen Person oder auf einer sonstigen gesetzlich geregelten legitimen Grundlage verarbeitet werden.«[45]

Der Wert personenbezogener Daten für die Rechte und Freiheiten von Individuen steht auf politischer Ebene fest. Dennoch basieren Geschäftsmodelle, ohne die diverse Technologiekonzerne nicht existierten, auf der Nutzung dieser Daten. Und diese Nutzung liegt – wie zuvor gezeigt – häufig außerhalb der zitierten »gesetzlich geregelten legitimen Grundlage«. Das bedeutet, dass die Öffentlichkeit vor dieser Zuwiderhandlung geschützt werden muss. Dies geschieht jedoch nicht in ausreichendem Maß. Denn die Entwicklungen der großen Technologiekonzerne und die entstandene Datenökonomie wurden von politischer Seite zu lange ignoriert oder – wie später gezeigt werden wird – sogar tatkräftig unterstützt.

Wer das Internet kontrolliert, steht fest. Die gesetzgebende Seite steht vor vollendeten Tatsachen und die Sachlage weist inzwischen ein hohes Maß an Komplexität auf. Dadurch fallen Regulierungsmaßnahmen im Sinne der Rechte von Nutzer*innen schwer. Dafür gibt es verschiedene Gründe:

Zunächst sind Gesetzgebungsverfahren zeitintensiv. Das ist im Hinblick auf den zugrunde liegenden Sachverhalt ungünstig. Denn die privatwirtschaftliche Nutzung personenbezogener Daten basiert auf dem Einsatz digitaler Technologien, die mit zunehmender Geschwindigkeit Innovationen in Form von Geräten und Plattformen hervorbringen, deren Aus- und Einwirkungen nicht unmittelbar abzuschätzen sind. Die Wahrscheinlichkeit ist damit groß, dass Gesetze nicht selten ihre Wirkung durch zwischenzeitlich veränderte Rahmenbedingungen verfehlen. Die fachliche Expertise der entscheidenden und beratenden Gremien im Gesetzgebungsprozess ist ebenfalls durch die Geschwindigkeit der technologischen Entwicklung nur bedingt gegeben.

Diese Verzögerungen sind ein Ankerpunkt für die Technologiekonzerne, die u. a. auf die Europäische Kommission und das Europäische Parlament Einfluss nehmen. Es handelt sich um gezielte Lobbyarbeit und

Desinformation der demokratisch legitimierten Entscheidungsträger*innen. Diese Einflussnahme gilt Gesetzesvorlagen wie der Datenschutz-Grundverordnung, die dem Schutz der Öffentlichkeit dienen sollen. Durch dieses *Corporate Capture* werden Gesetzesvorlagen im Sinne der Geschäftsmodelle der Technologiekonzerne verändert und dienen zumindest nur noch in geringerem Umfang dem Gemeinwohl.[46]

Ein weiterer Grund, weshalb Gesetze für den Schutz der Nutzer*innen speziell im Bereich ihrer Daten einen niedrigen Wirkungsgrad erreichen, liegt in der mangelhaften Durchsetzung bzw. Sanktionierung. Das folgende Beispiel kann für eine überaus verzögerte und unzulängliche Einhaltung der rechtlichen Vorgaben angeführt werden: Die Datenschutzbeauftragten der Bundesländer wollen, nachdem die DSGVO bereits seit 2018 in Kraft ist, den Handel mit postalischen (!) Adressen für Briefkastenwerbung unterbinden. Dieser sei mit der DSGVO nicht vereinbar.[47]

Natürlich ist dieser Datenhandel ein Problem, zumal betroffene Personen keinerlei Transparenz haben, in welchen Datenbanken und welcher Form welche Daten vorliegen. Und dadurch lässt sich auch ein Verbot der Nutzung dieser Daten kaum bewerkstelligen. Aber gibt es im Zeitalter des Digitalkapitalismus nicht andere, dringendere Konflikte?

Privacy Paradox

Wenn die politischen Akteure aufgrund der Komplexität oder wegen Beeinflussung von großen Technologiekonzernen die Öffentlichkeit nicht schützen, müssen Nutzer*innen ihre Rechte selbst wahren. Und das Interesse, die eigenen Daten in und außerhalb des Internets zu schützen, ist hoch.[48] Das *Privacy Paradox* besteht darin, dass die wenigsten Nutzer*innen Datenschutz auch aktiv betreiben.

Für diese Lücke zwischen Einstellung und Verhalten gibt es verschiedene Gründe: Bemühungen um den Datenschutz benötigen in der Regel die Anwendung eines gewissen technischen Know-how oder setzen das Lesen und Nachvollziehen langer juristischer Texte voraus. Hinzu kommt, dass Nachlässigkeit gegenüber dem Schutz der eigenen Daten verschiedentlich belohnt wird. Dies zeigt sich bspw. in den Ergebnissen der im Folgenden beschriebenen Untersuchung.

Die Proband*innen einer US-amerikanischen Studie sollten sich vorstellen, Kund*innen eines Supermarkts zu sein. Dieser Supermarkt gibt einen Rabatt auf den Einkaufspreis als Gegenleistung für die Zustimmung, Informationen über die Kund*innen zu sammeln. Ziel der Untersuchung war es, den genauen Punkt zu ermitteln, ab welcher Tiefe der Datensammlung die Befragten dieses Angebot ablehnen. Mit dem Sammeln der Informationen waren 43 % der Befragten grundsätzlich einverstanden. Nur noch 21 % waren es, wenn die Daten dazu genutzt würden, ihr Einkommen zu ermitteln. Nur noch 19 % waren damit einverstanden, dass die Daten dazu genutzt würden, ihre ethnische Herkunft zu ermitteln.[49] Das Interessante daran ist Folgendes: Solcherlei Informationen werden tagtäglich ermittelt und die meisten Nutzer*innen sind damit einverstanden bzw. ignorieren den Umstand, dass bspw. Facebook den Browserverlauf der Nutzer*innen ausliest.[50] Die Allgemeinen Geschäftsbedingungen oder die Datenschutzrichtlinien, die klar benennen, welche Daten von den Nutzer*innen gesammelt werden, sind lang und nicht ohne Weiteres verständlich. Im Vergleich dazu ist der Klick auf *Consent* eine geringe Hürde. Und schließlich erhalten Nutzer*innen als Gegenleistung Zugang zu einer App, einem Spiel oder einem sonstigen Dienst. Das ist die Belohnung dafür, keinen Gebrauch von ihren Grundrechten zu machen und im Zweifelsfall intime Details Konzernen und Datenhändlern preiszugeben. Schuldzuweisungen sollten jedoch vermieden werden. Es ist zwar inzwischen in der Öffentlichkeit kein Geheimnis mehr, dass Meta und andere Technologiekonzerne die Nutzer*innen ausspionieren. Aber Netzwerkeffekte sind eine zentrale Mechanik von Plattformen. Nicht bei einer derzeit sehr populären Social-Media-Plattform dabei zu sein, kann zumindest bei jüngeren Menschen zu einer partiellen digitalen Spaltung auf sozialer Ebene führen. Und auch ältere Nutzer*innen haben wie zuvor beschrieben teilweise keine Wahl, bestimmte Apps nicht zu nutzen.

Zudem muss an dieser Stelle das bekannte soziologische Phänomen einer Diskrepanz zwischen Einstellung und Verhalten mitgedacht werden.[51] Wie beim Thema Umweltbewusstsein besteht ein sehr geringer Zusammenhang zwischen dem in Umfragen gemessenen Wert eines hohen Umweltbewusstseins und dem Handeln im Alltag, das dieser Einstellung entspricht.[52] Ein starker Zusammenhang zwischen Umweltbewusstsein und entsprechendem Umwelthandeln zeigt sich meist in *Low-Cost*-Situationen, in denen Umwelthandeln nicht mit einem großen Aufwand auf Ebene von Komfort, Zeitaufwand etc. verbunden ist – bspw. Mülltrennung.[53] Übertragen auf das Privacy Paradox bedeutet das, dass der gemessene Wert, Datenschutz als wichtig zu erachten, sich nur dann in eine Handlung übersetzt, wenn der Aufwand dafür niedrig ist. Allerdings stützt diese Überlegung lediglich die These, dass es mit einem hohen Aufwand verbunden ist, im digitalen Alltag den Wunsch nach Schutz der eigenen Daten wirkungsvoll durchzusetzen. Die Differenz zwischen dem Wunsch nach Privatsphäre bzw. Datenschutz und einem entsprechenden Handeln ist in diesem Fall kein verzerrtes Ergebnis durch soziale Erwünschtheit. Vielmehr zeigt sich an dieser Stelle ein Anteil der Taktiken, die Technologiekonzerne für den Erfolg ihrer Geschäftsmodelle nutzen: lange, schwer verständliche allgemeine Geschäftsbedingungen, Datenschutzrichtlinien und andere juristische Texte lassen selbst die motiviertesten Nutzer*innen irgendwann verzweifeln und mit schlechtem Gewissen auf Consent tippen.

Das Dilemma

Nun stellt sich die Frage, wie dieses Dilemma gelöst werden kann. Es wurde gezeigt, dass Datenschutz sehr wichtig ist und auch auf individueller Ebene als wichtig erachtet wird. Die politische Seite greift aus verschiedenen Gründen nur bedingt ein, während mehrere Wirtschaftszweige nur durch Beugung des Datenschutzes und Einschränkung der Privatsphäre existieren. Im Folgenden werden drei zentrale Prozesse dargestellt, welche die Entwicklung des Digitalkapitalismus begünstigt haben. Anschließend wird in Kapitel 3 dargestellt, dass der Digitalkapitalismus im Vergleich zu vorangegangenen Epochen des Kapitalismus als eine eigenständige und neue Epoche angesehen werden kann. Im Anschluss daran werden die zentralen Charakteristiken, die mit dem Digitalkapitalismus einhergehen, beleuchtet: das Plattform-Geschäftsmodell, die Einschränkung von Privatsphäre und Datenschutz sowie die Aushöhlung demokratischer Prozesse und Institutionen. Da Künstliche Intelligenz eine besondere Rolle im Digitalkapitalismus spielt, findet diese ebenfalls Betrachtung.

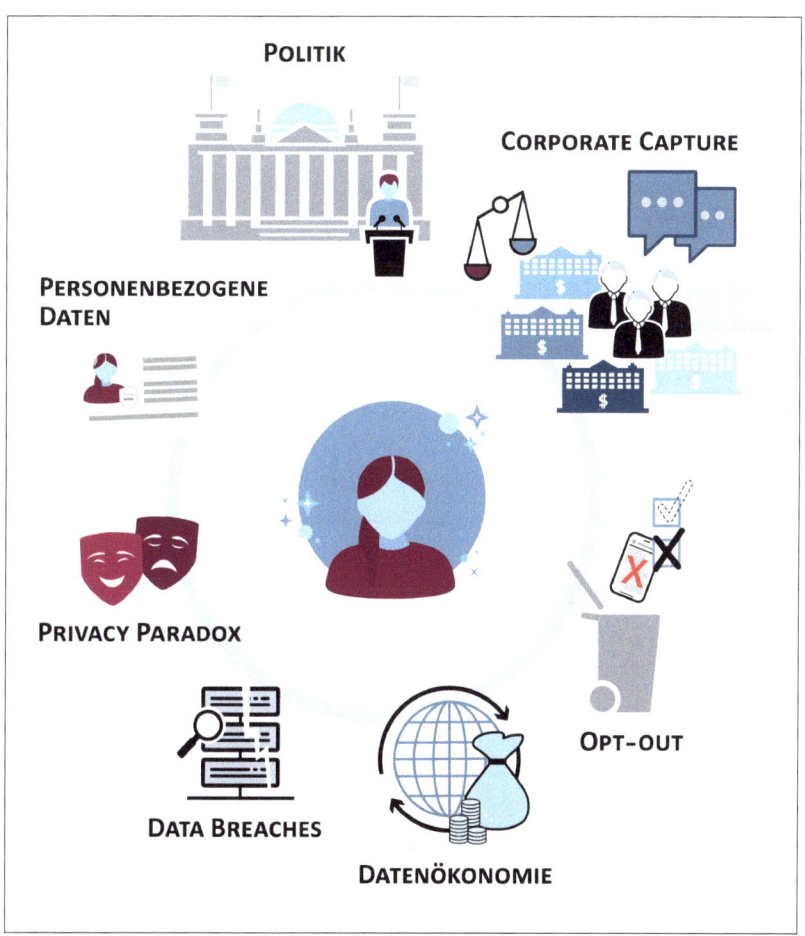

Abb. 1: Zusammenfassende Darstellung des Dilemmas

In Kapitel 4 wird das Werkzeug vorgestellt, das wie der »Nutri-Score« funktioniert, der seit einigen Jahren auf der Verpackung von Lebensmitteln zu finden ist. Dieser Score teilt den Verbraucher*innen mittels eines fünfstufigen Ampelsystems von grün (»A«) bis dunkelrot (»E«) auf einen Blick mit, wie *gesund* das Lebensmittel ist. Berücksichtigt wird das Verhältnis des Fett-, Salz- und Zuckergehalts des Produkts. Dieser Nutri-Score ist eine Vorlage für das Tool, das der Autor erfunden und »Priva

Score« genannt hat. Mittels des Priva Scores ist es Nutzer*innen möglich, die Höhe des Datenschutzstandards eines Internetdiensts oder eine App vor der Nutzung zu vergleichen und mittels eines niedrigschwelligen, transparenten Bewertungsschemas eine informierte Entscheidung zu treffen. Durch den Einsatz dieses Werkzeugs besteht die Möglichkeit, in Bezug auf den Datenschutz und die Privatsphäre zwischen den großen Technologiekonzernen, die den Digitalkapitalismus vorantreiben, und den Nutzer*innen von Diensten und Apps eine bessere Balance zu erreichen. Die Vorteile eines solchen Tools sind vielfältig: Es sind weder technische Kenntnisse noch sonstiges Fachwissen erforderlich, es erübrigt sich das blinde Vertrauen gegenüber Konzernen, dass diese mit teils hochsensiblen Daten verantwortungsvoll umgehen, und es reduziert den Einfluss des zentralen Geschäftsmodells des Digitalkapitalismus bei Nutzung der untersuchten Apps: Sammlung, Verarbeitung und Monetarisierung personenbezogener und Metadaten. Mehr Freiraum wird gewonnen – jedoch sprengt es nicht den goldenen Käfig.[54]

Daher wird am Beispiel von vier verschiedenen Messengerdiensten sowohl die Funktion als auch die Berechnung des Priva Scores demonstriert.

ANMERKUNGEN

1. Dick 1969/2003: 41
2. Zum Beispiel Name, Telefonnummer, Anschrift, E-Mail-Adresse, Geburtsdatum oder die IP-Adresse (Art. 4, Abs.1 DSGVO).
3. Verhaltensdaten beinhalten Informationen über die Handlungen, Gewohnheiten und Verhaltensmuster einer Person oder wie sie bspw. mit einem Produkt oder einem Dienst, einer Plattform etc. interagiert (Zuboff 2019: 74 ff.). Deren Sammlung kann bspw. durch die Aufzeichnung der Online-Aktivitäten einer Nutzerin gesammelt werden oder der körperlichen Bewegungen, gemessen durch eine Smartwatch o. ä. Verhaltensdaten können als eine Art von Metadaten betrachtet werden, da sie Informationen über das Verhalten einer Person liefern und nicht den Inhalt ihrer Kommunikation oder personenbezogene Daten.

   Der Begriff Verhaltensdaten wird in diesem Buch trotzdem spezifisch genannt, da Verhaltensdaten eine besondere Form von Daten darstellen. Sie erlauben Einblicke in individuelle Vorlieben, Gewohnheiten und Routinen. So ist es sehr einfach, ein relativ exaktes Profil einer Person zu erstellen, was im Kontext dieses Buchs zumindest als Verletzung der Privatsphäre angesehen werden kann.
4. Daten über Daten: Spracheinstellungen, Aufenthaltsort, Daten über das genutzte Gerät, … (Mayer-Schönberger/Cukier 2013: 93).
5. merriam-webster.com 2023
6. Sühlmann-Faul 2020: 106
7. Morozov 2018
8. Ein Digitales Ökosystem ist ein soziotechnisches System, in dem Unternehmen und Menschen kooperieren, die zwar unabhängig sind, sich von der Teilnahme aber einen gegenseitigen Vorteil versprechen. Ein Digitales Ökosystem hat in seinem Zentrum eine digitale Plattform, die diese Kooperation über Ökosystem-Dienste besonders gut unterstützt (Bartels/Schmitt 2023).
9. Brynjolfsson et al. 2019: 155 ff.
10. Der Begriff wird hier eng gefasst und beschreibt ausschließlich den Austausch und Handel von und mit Daten. Streng genommen umfasst der Begriff die gesamte, zunehmend datenbasierte Form des Wirtschaftens, das sich durch den Einsatz digitaler Technologien verändert (Deutsche Bundesregierung 2021).
11. Richter 2017
12. Wang et al. 2017: 8 ff.
13. Wang et al. 2017: 11 ff.
14. Irish Council for Civil Liberties/Ryan 2022
15. Online-Vermarkterkreis im Bundesverband Digitale Wirtschaft 2021
16. Irish Council for Civil Liberties/Ryan 2022
17. Bellis et al. 2014
18. McKissick 2022
19. Pasquale 2016: 26
20. Pasquale 2016: 23 ff.
21. Kramer 2020
22. Mattu/Hill 2017a
23. Reardon et al. 2019
24. Seibert 2015
25. Matte et al. 2020
26. Der Begriff »Datafication«, im Deutschen »Datafizierung«, stammt von den Autoren Victor Mayer-Schönberger und Kenneth Cukier (2013). Er beschreibt die seit

dem Beginn der Kommerzialisierung des Internets zunehmende Erfassung, Speicherung und Verarbeitung gesellschaftlicher Vorgänge in Form digitaler Daten (Mayer-Schönberger/Cukier 2013: 78).

27 Véliz 2021: 7 ff.
28 Facebook Inc. 2018: 84 ff.
29 Höller/Wedde 2018: 14 ff.
30 Izusha 2022
31 Eine jeweils aktuelle Liste großer Data Breaches findet sich hier (Kurz-URL von FSF erstellt): https://t1p.de/diss_databreach
32 Mathews 2019
33 Datenschutzpraxis 2022a
34 Larson 2017
35 Sherman et al. 2018
36 Editorial 2022
37 SPD, Bündnis90/Grüne, FDP 2021
38 Europäische Kommission 2019
39 Bundesministerium für Gesundheit 2023; Leisegang 2023
40 Guinness 2018
41 Dr. Datenschutz 2022
42 The White House 2022
43 Die USA gelten im Sinne der DSGVO als sog. *Unsicheres Drittland*. In diesen Ländern können nach Art. 44 der DSGVO europäischen Nutzer*innen nicht die Rechte und Garantien eingeräumt werden, die ihnen in europäischen Ländern durch die DSGVO zustehen.
44 Destatis 2022b
45 Europäische Union 2012
46 Alter EU (Hrsg.)/LobbyControl (Hrsg.) 2018; OECD 2019
47 Hornung 2022
48 IBM Newsroom 2019
49 Turow et al. 2015
50 Waugh 2014
51 Auch »Awareness-Action Gap«, z. B. Frayling/Dyson 2000, »Value-Action Gap«, z. B. Kollmuss/Agyeman 2002 oder »Knowledge-Attitudes-Practice Gap« bzw. »KAP Gap« Rogers 2003: 70
52 Diekmann/Preisendörfer 2001: 114 ff.
53 ebd.: 117 ff.
54 Rammler bezieht sich mit diesem Begriff auf die Trägheit einer Veränderung im Bereich der Mobilitätskultur. Auch hier herrscht ein Mangel »an der nötigen politischen Klugheit« und eine Veränderung wird durch ökonomische Rahmenbedingungen und kulturelle Pfadabhängigkeiten erschwert (Rammler 2014: 37). Diese Gemengelage herrscht beim vorliegenden Thema ebenfalls: Auf den ersten Blick paradiesische Zustände durch viele kostenlose Apps und Konsumchancen, aber letztendlich der Entzug von Grundrechten und Freiheit.

2 Begriffe, Abgrenzungen, Konzepte

*Nur am Widerspruch des Seienden zu dem,
was zu sein es behauptet, läßt Wesen sich erkennen.*
Theodor W. Adorno, 1966: 167

Warum es Werkzeuge wie den Priva Score heute braucht, wurde im vorangegangenen Kapitel beleuchtet. Für ein besseres Verständnis der Sachlage bedarf es nun im Folgenden eines Überblicks über relevante Begriffe. Dass das relativ ausführlich geschieht, ist für das Verständnis des Gesamtzusammenhangs notwendig. Eine oberflächliche Beschreibung des Ursprungs und der Auswirkungen des Digitalkapitalismus würden nicht ausreichen, um darzustellen, dass der Priva Score keineswegs nur eine Spielerei ist. Es handelt sich um eine Hilfestellung bei der ›digitalen Selbstverteidigung‹.

Digitalkapitalismus

Wie eingangs erwähnt, lassen sich drei kulturelle, gesellschaftliche und technologische Prozesse identifizieren, die den Digitalkapitalismus in seiner Entstehung begünstigten und noch heute unterstützen. Diese Prozesse werden als *Stränge* bezeichnet und gliedern sich in Aufklärung, Geister, Mythen und Ideologie sowie Soziotechnologie.

Der Digitalkapitalismus und die Vormacht seiner tragenden Unternehmen bringen reale Gefahren mit sich. Dies zeigt sich daran, dass diese Unternehmen Realitäten aus Interesse ihres Machterhalts konstruieren, die einen starken Einfluss darauf haben, wie eine Gesellschaft denkt, wie sie handelt, wie sie sich selbst definiert und welche Zukunftsvisionen sie prägt. Der Zusammenhang mit Datenschutz – dieser Begriff wird noch ausführlicher differenziert werden – liegt darin, dass die Geschäftsmodelle der Unternehmen mehr oder weniger auf Sammlung, Verarbeitung und Verkauf der Meta-, Verhaltens- und personenbezogenen Daten von Nutzer*innen basieren. Es muss verstanden werden, dass dieser Missbrauch keineswegs eine Notwendigkeit darstellt. Es sind schlicht ökonomische Strukturen, die aus Interesse verschiedener Unternehmen erhalten blei-

EINFLÜSSE

AUFKLÄRUNG
- Entzauberung
- Wiege des Kapitalismus
- Technisierung der Soziosphäre

DK

ben sollen und daher als notwendig, normal oder rechtens dargestellt werden. Dabei dreht es sich aber nicht um illegale Preisabsprachen, Wucher oder ähnliche im Vergleich eher lapidare Wirtschaftsvergehen. Bedroht werden gesellschaftliche Grundfesten. Doch der Reihe nach …

Strang 1: Aufklärung

> *Science fails to recognize the single most*
> *Potent element of human existence*
> *Letting the reigns go to the unfolding*
> *Is faith, faith, faith, faith*
> *Science has failed our world*
> *Science has failed our Mother Earth*
> System Of A Down: »Science«, 2001

Der zuvor beschriebene Umstand, dass ein Opt-out – eine Verweigerung und Ablehnung digitaler Datenverarbeitung seitens des Individuums – kaum noch zur Verfügung steht, ist ein beispielhaftes Symptom eines langen Prozesses. Dieser Prozess besteht aus drei hauptsächlichen Strängen, die im heutigen Digitalkapitalismus zusammenfinden und seine Existenz gemeinsam begünstigten. Der erste und älteste Strang, der dem heutigen Digitalkapitalismus den Weg geebnet hat, ist die Aufklärung – das Zeitalter der geistigen, politischen und gesellschaftlichen Transformation vom Ende des 17. Jahrhunderts bis zum 19. Jahrhundert.[1]

Die Aufklärung war der größtenteils vom Bürgertum getragene Wandel, der die damalige Gesellschaft von tradierter, nicht legitimierter Herrschaft des Adels und der konfessionell geteilten Kirchen befreien sollte. Nicht legitimiert deshalb, da Machtbesitz als *von Gott gegeben* akzeptiert und durch Thronfolge weitergereicht wurde. Beispielhaft für die Gedanken dieses Paradigmenwechsels seien die Schriften von Immanuel Kant und Jean-Jacques Rousseau genannt: Kants Essay *Beantwortung der Frage: Was ist Aufklärung?* von 1784 beginnt mit der Definition, dass Aufklärung »(…) der Ausgang des Menschen aus seiner selbst verschuldeten Unmündigkeit (…)« sei, wobei diese Unmündigkeit »(…) das Unvermögen [ist], sich seines Verstandes ohne Leitung eines anderen zu bedienen.«[2] Rousseaus zweibändige Abhandlung *Der Gesellschaftsvertrag oder Grundsätze des politischen Rechts* von 1762 entwirft im Rahmen des zweiten Buchs moderne Elemente einer legitimierten Herrschaft wie Gesetzgebung unter dem Subsidiaritätsprinzip, Gewaltentrennung oder Stimmrecht. Zudem entwickelt er den Begriff der Volkssouveränität.[3] Die zitierten Schriften verweisen auf zwei der zentralen aufklärerischen Prinzipien: Einsatz des Verstands bzw. der Rationalität und Legitimierung von Macht durch den Willen des Volkes. Die Aufklärung transportierte damit äußerst grundlegende Perspektiven, die eine Vielzahl von Grundannahmen über den Wert des Individuums etablierten, die bis heute u. a. in zahlreiche Verfassungstexte eingegangen sind.

Entzauberung

Der Prozess der Rationalisierung und die Befreiung aus tradierten, mythisch fundierten Ungleichheiten führte aber gleichzeitig in eine neue, ebenso unhinterfragte Unterwerfung. Diese galt der neuen Herrschaft systematisierenden Denkens naturwissenschaftlicher Prägung in Ursache-Wirkungs- bzw. Zweck-Mittel-Schemata:[4] einer »formale[n] Logik (…) als große Schule der Vereinheitlichung«,[5] wie Max Horkheimer und Theodor W. Adorno – beide Autoren der Kritischen Theorie – vor rund 80 Jahren diagnostizierten. Ein Vierteljahrhundert früher beschrieb Max Weber diesen Prozess bereits kritisch und prägte den Begriff »Entzauberung der Welt«. Er schrieb, dass die »(…) zunehmende Intellektualisierung und Rationalisierung (…)«[6] der Aufklärung keineswegs zu einem höheren Verständnis größerer Zusammenhänge führte. Vielmehr habe sich der Irrglaube etabliert, dass durch »Berechnung«[7] und Nutzung naturwissenschaftlicher Logik alles beherrschbar sei – auch die natürlichen menschlichen Lebensgrundlagen. Götter und Göttinnen wurden durch »(…) technische Mittel und Berechnung (…)«[8] ersetzt – eine negative Nebenfolge der Aufklärung mit Konsequenzen.

Wiege des Kapitalismus

Denn Weber beschreibt einen Zusammenhang zwischen der Rationalisierung und dem Entstehen des modernen Kapitalismus. Seine Wiege ist

Weber zufolge der Protestantismus, der die Grundlage für »rationalistische Lebensanschauungen«[9] gelegt hat. Kurzgefasst beschreibt Weber das Entstehen des modernen Kapitalismus anhand folgendem Prozess: Nach der Reformation bildeten sich verschiedene protestantische Sekten aus, die teilweise – bspw. Pietismus, Puritanismus und Calvinismus – an die Prädestinationslehre glauben. Diese Lehre besagt, dass es von Geburt an Menschen gibt, die von Gott auserwählt sind und auf die nach ihrem Tod ein Platz im Himmel wartet. Die Auswahl ist absolut und innerhalb der Lebenszeit nicht beeinfluss- oder abwendbar.[10] Um Selbstgewissheit zu erlangen, ob ein Mensch auserwählt ist, sieht Calvin Berufsarbeit als bestes Mittel an. Diese Arbeit dient allerdings ausschließlich der größeren Ehre Gottes. Erfolg im Beruf wird so zum Indikator für Auserwähltheit.Die protestantische Askese lehnt auch den Genuss oder die Konsumtion des Erwirtschaftenden ab. Den angehäuften Besitz gilt es zu erhalten und durch »(…) rastlose Arbeit zu vermehren.«[11] Da dies in Gottes Willen geschieht, bedarf es auch keiner moralischen Zurückhaltung des Gewinnstrebens. Die Gläubigen schaffen sich durch Arbeit die Gewissheit, zu den Auserwählten zu gehören. Die starke Konzentration auf die *diesseitige* Arbeit kappte jedoch die Verbindung zur Ebene eines transzendenten Glaubens. Diese Entwicklung kommt »(…) der Tendenz zu bürgerlicher, ökonomisch rationaler Lebensführung zugute (…).«[12] Als Ergebnis verfällt das religiöse Bewusstsein, sodass die Gläubigen ihr Handeln nicht an der Weisung einer überirdischen Autorität, sondern an den eigenen Wertvorstellungen ausrichten. Dadurch entstand ein »stahlhartes Gehäuse« (des Kapitalismus), in dem Güter eine »unentrinnbare Macht über den Menschen« errangen.[13]

So lässt sich auf Basis dieser Beschreibung behaupten, dass der moderne Kapitalismus aus einem Ritualismus heraus entstanden ist: Zuvor in ein Glaubenssystem eingebettet, das Arbeit und Vermehrung von Gütern empfahl, später dann die unhinterfragte Fortführung dieses Verhaltensschemas rein auf Basis einer entstandenen Routine.

Die negativen Folgen der Aufklärung und der Moderne sind eine Form von fehlgeleiteter Akzeptanz oder Ignoranz gegenüber einer Gesellschaft, die von der Unterwerfung unter excessive Rationalität und technologische Determinierung geprägt ist. Sie hat die Chance verpasst, sich nach einer

Hinwendung zu Wissenschaft und Technologie, mit ihrer Lebensgrundlage – der Natur – zu versöhnen und in einer Balance zu leben. Stattdessen wurde ein Weg der Effizienzsteigerung in Produktion, Arbeit und restlicher Lebenswelt beschritten, dessen Folgen sich in zunehmender Umweltzerstörung, großtechnischen Katastrophen und einer den multinationalen Konzernen unterworfenen Politik niederschlagen. Unsere Geschichte ist geprägt von Verehrung wirtschaftlichen Wachstums, technologischen Fortschritts und des Markts. In dieser Geschichte streben wir nach Fortschritt um jeden Preis, selbst wenn dieser Fortschritt weiterhin Umweltschäden und tiefgreifendes menschliches Leid verursacht.[14]

Technisierung der Soziosphäre
Die zuvor erwähnte Technisierung in Kombination mit der Überhöhung rationalisierten Denkens und Wahrnehmens, einem ideologischen Gerüst aus »(…) Technikglauben [und] wissenschaftlichem Wahrheitsmonopol (…)«,[15] macht ebenfalls Folgendes plausibel: Hierdurch wurde der Weg zu einer zunehmenden Anreicherung von Technologie geebnet, die wiederum einen strukturierenden Einfluss erzeugt(e). Denn eine reduzierte, eindimensionale Rationalität ist auch der Kern von Technologie: Systematisierung und eine Reduktion auf die logische Dimension. Eine gesellschaftliche Zuwendung zur Rationalisierung imitiert diese Logik der Technologie. Dadurch werden eine Annäherung zwischen Technosphäre und Soziosphäre und ein enges Bündnis zwischen den Gegensätzen erzeugt.[16] Diese Betrachtung ist ebenfalls Grundannahme der Akteur-Netzwerk-Theorie, die davon ausgeht, dass sich im Rahmen einer Ko-Evolution von Gesellschaft und Technologie eine enge Verknüpfung zwischen diesen heterogenen Komponenten ergibt. Da diese Verknüpfung *auf Augenhöhe* stattfindet, ergibt sich eine wechselseitige Beeinflussung, ohne dass Technologie oder Gesellschaft bestimmend sind. Infolgedessen verhalten sich Technologie und Gesellschaft in aufeinander abgestimmter Weise, sodass Eigenschaften und Verhaltensweisen auf beiden Seiten ein Ergebnis dieser entstandenen Beziehung sind.[17]

Herbert Marcuse – ebenfalls Autor der Kritischen Theorie – sieht hingegen in diesem Zusammenhang eine deutliche hierarchische Beziehung.

Er beschreibt, dass Technologie ein theoretisches Potenzial besitzt, den Menschen zu befreien und ihm die Möglichkeit einer freien Entfaltung durch Entlastung zu ermöglichen: Technologie als Dienerin. Aber durch die beschriebene Rationalisierung, Annäherung an Technologie und ihre Imitation wurde die inzwischen tradierte rationale Logik der Technologie umgekehrt auf die Gesellschaft übertragen – mit dem Ergebnis einer »(…) ökonomisch-technischen Gleichschaltung«.[18] Was diese Gleichschaltung bewirkt – so Marcuse –, ist die Unterdrückung menschlicher Individualität und sozialen Wandels. Diese wird nicht durch Gewalt und Zwang, sondern durch Technologie selbst gewaltvoll und ohne Not herbeigeführt. Der Mensch dient der Technologie und nicht umgekehrt. Infolgedessen wird der Spielraum gesellschaftlicher Entscheidungen und Wahlfreiheiten der Einzelnen eingeschränkt. Das macht Technologie zu einem überaus politischen Phänomen. Denn die Gewährung und Begrenzung von Freiheiten ist eine politische Aufgabe.[19]

Als Beispiel sei hier an die Schlüsselrolle der Dampfmaschine in der ersten industriellen Revolution erinnert. Die Dampfmaschine ermöglichte nie dagewesene Produktivität, musste aber aufgrund technischer Gegebenheiten und für die schnellstmögliche Amortisation ihrer Anschaffungskosten möglichst lange am Laufen gehalten werden. Karl Marx beschrieb die entstehenden Folgen: Da die Dampfmaschine als Taktgeberin den menschlichen Arbeiter*innen den Arbeitstakt vorgab, verdichtete sich die Arbeit massiv und die Arbeits- bzw. Produktionszeit wurde verlängert.[20] Konsequent und für die Arbeiter*innen zusätzlich belastender war später die Einführung des Schichtsystems, was einem technologischen Sachzwang gleichkommt, der mit ökonomischen Interessenlagen zunehmend unmenschliche Arbeitsverhältnisse erzeugte.

Dabei herrscht kein äußerer Determinismus, keine Eigenmächtigkeit der Technologie. Es handelt sich ausschließlich um eine kulturelle Zuschreibung, welche die Nutzung und die Wahrnehmung von Technologie auf diese Weise konstruiert und zum gesellschaftlichen Taktgeber erhebt.[21] Wird die rationale Logik der Technologie auf die Gesellschaft übertragen, mündet das in Sachzwänge wie die genannte Unmöglichkeit eines Opt-out.

EINFLÜSSE

GEIST, IDEOLOGIE UND MACHT

- Der Geist des Digitalkapitalismus
- Die Ideologie des Digitalkapitalismus
- Quelle
- Ideologie: Basis der Macht
- Ergänzung zur Ideologie
- Internetzugang für Freiheit und Gleichheit?
- Bilder und Begriffe

AUFKLÄRUNG

- Entzauberung
- Wiege des Kapitalismus
- Technisierung der Soziosphäre

DK

Aber: Technologie will und tut nichts selbst. Menschen entscheiden darüber, ob sie geschaffen und zu welchem Zweck sie eingesetzt wird.

Der erste Strang: Die inzwischen über mehr als ein Jahrhundert kultivierte rationalisierte Perspektive bereitete einen fruchtbaren Boden für die Popularisierung der *Kalifornischen Ideologie*, zu deren Stützpfeilern ein umfassender Glaube an technologischen Determinismus gehört.[22]

Strang 2: Geist, Ideologie und Macht des Digitalkapitalismus

> *People believe, thought Shadow. It's what people do.*
> *They believe, and then they do not take responsibility for their beliefs;*
> *they conjure things, and do not trust the conjuration.*
> *People populate the darkness;*
> *with ghosts, with gods, with electrons, with tales.*
> *People imagine, and people believe;*
> *and it is that rock solid belief, that makes things happen.*
> Neil Gaiman, 2001: 457

> *Morpheus: »It is the world that has been pulled over your eyes to hide you from the truth.«*
> *Neo: »What truth?«*
> *Morpheus: »That you are a slave, Neo.«*
> Lilly Wachowski, Lana Wachowski (Drehbuch, Regie):
> »The Matrix«, 1999

Der Geist des Digitalkapitalismus

In jeder vergangenen Kapitalismusepoche gab es stets zeitgenössische Kapitalismuskritik von der einen und Rechtfertigungen seiner Existenz von der anderen Seite. Ein ebenfalls jeweils zeitgenössischer »Geist des Kapitalismus« erfüllt die Aufgabe, Kritiker*innen zu besänftigen sowie den Kapitalismus zu rechtfertigen. Dieser Geist ist ein Begriff, der in soziologischem Zusammenhang durch den deutschen Nationalökonomen Werner Sombart zu Beginn des 20. Jahrhunderts geschaffen und später von Max Weber im Rahmen seines bereits zitierten Werks *Die protestantische Ethik und der Geist des Kapitalismus* aufgenommen wurde.[23]

Die grundlegende und idealtypische Form dieses Geistes besteht nach Weber aus mehreren Elementen, zu denen eine »Philosophie des Geizes«, ein »Ideal des kreditwürdigen Ehrenmannes« und eine Verpflichtung gegenüber der Vergrößerung des Kapitals gehören.[24] Weber destilliert diese drei Elemente aus einem Zitat von Benjamin Franklin. Dieses Zitat erfüllt im Rahmen Webers Schrift den Zweck einer ersten Annäherung, um was es sich bei dem Geist handelt. Für Weber beinhaltet der Geist solche ethisch gefärbten Leitlinien der Lebensführung – gefärbt, weil Franklin den Einsatz von Tugenden wie Pünktlichkeit und Fleiß predigt. Diese empfiehlt er stets zu verfolgen, allerdings nicht wegen ihres zwischenmenschlichen Werts, sondern ausschließlich als utilitaristisches Mittel zum Ziel der Kapitalvermehrung.[25] Die Logik der Kapitalvermehrung diene nicht mehr als Mittel für die Gestaltung eines glücklichen Lebens, da sie selbst zum wichtigsten Zweck des menschlichen Daseins wird.[26] Dieser Prozess einer Enthauptung – Abspaltung der auf Kapitalvermehrung abzielenden Lebensweise von einem moralischen Überbau – wurde im vorangegangenen Kapitel dargestellt.

Dass es einen solchen Geist gibt, liegt in der bereits beschriebenen »Entzauberung der Welt«. Der Paradigmenwechsel von einer feudalen Gesellschaft zu einer modernen und industriell-kapitalistischen Gesellschaft hinterließ durch die Entmystifizierung eine Kluft, eine »Welterklärungslücke«. Diese wurde durch eine »Remystifizierung« der Wissenschaft und neue, quasi-religiöse Bedeutungssysteme gefüllt.[27] Dazu gehört u. a. der Geist des Kapitalismus. Sein Charakter als Ersatzreligion zeigt sich darin, dass er in keiner Kapitalismusepoche auf ökonomischen, rationalen oder utilitaristischen Motiven basiert. Der Geist ist vielmehr ein ideologisches Gerüst, das aus ethisch-religiösen Leitlinien besteht. Mittels dieser bindet er seine Akteure auf moralischer Ebene an sich und mobilisiert Vorstandsetagen, Entscheider*innen und ökonomische Eliten zur Gefolgschaft. Der Geist prägt den jeweils epochalen Kapitalismus, rechtfertigt seine Existenz und dient dazu, die Unmoral des Kapitalismus moralisch einzubetten.[28] Der Geist ist ein »Rechtfertigungsapparat«.[29] Die Anpassung des Geistes an die jeweilige Kapitalismusepoche findet durch die Kritik am Kapitalismus statt. So wie die Kritik gegenüber dem Kapitalismus sich in jeder Epoche auf andere Gesichtspunkte stützt, passt sich der Geist der Kritik an.[30]

Das kann mit dem folgenden Beispiel erläutert werden: Der Industriekapitalismus des späten 19. und frühen 20. Jahrhunderts war von patriarchalisch geführten Familienunternehmen wie Siemens, Braun, Bosch oder Ford geprägt. Bei diesen Unternehmen war die Familie – bspw. für die Gründungsfinanzierung – jeweils Voraussetzung und Mittel ihrer Erfolge. In der Außenwahrnehmung verschwammen Unternehmen und Familie. Der Geist stützte sich in dieser Epoche dementsprechend auf bürgerliche und familienorientierte Werte. Der moralisch einwandfreie Wert des notwendigen Schutzes der Familie erzeugte die Absolution für das Ausstechen der Konkurrenz und die Ausnutzung der Mitarbeitenden.[31] Hingegen baute der Geist des tayloristisch geprägten und effizienzgetriebenen Managerkapitalismus ab Mitte des 20. Jahrhunderts auf heroische Firmendirektoren, die ein »(…) biografisches Sicherheits-, Kontinuitäts- [und] gesamtgesellschaftliches (…) Fortschrittsversprechen (…)« vermittelten.[32]

Im Digitalkapitalismus wird seine Existenz ebenfalls ethisch-moralisch gerechtfertigt. Der Geist vermittelt das Leitbild der Aufhebung sozialer Ungleichheit durch Chancengleichheit für alle – mittels digitalen Zugangs zu Information und Kommunikation.[33] Freie und gleiche Individuen können mittels des freien und gleichen Zugangs zu digitalen Werkzeugen ihre persönlichen Wünsche verfolgen – für den Zweck persönlichen, finanziellen Wohlstands und herrschaftsfreier Kommunikation durch Einsatz immaterieller Arbeit.[34] Der Internetzugang als emanzipativer Egalitätserzeuger per Knopfdruck.

Wird die Idee der technologisch erzeugten Chancengleichheit etwas weiter gedacht, werden diese *freien und gleichen* Nutzer*innen aber vielmehr in eine Arena neoliberaler Prägung gelockt. Denn Freiheit und Gleichheit sind keineswegs für alle gegeben, wenn es um die persönliche Bereicherung (finanzieller Wohlstand!) geht. Nicht verwunderlich ist, dass der Geist des Digitalkapitalismus lediglich die eigene Logik fortspinnt – selbst wenn Jeremy Rifkin 2014 in *Die Null-Grenzkosten-Gesellschaft* gerade durch diesen freien Zugang zur Erzeugung digitaler Güter den Rückzug des Kapitalismus proklamiert.[35] Die Trennung zwischen

Kapital und (unfreiwilligen) Arbeitskräften hat sich in der Ära des Digitalkapitalismus zunehmend verfestigt.

Der Geist des Digitalkapitalismus ist Teil eines weitaus größeren Ideologiekonstrukts, das genauerer Betrachtung bedarf. Denn Ideologie ist grundsätzlich eine Form eingeschränkter Kommunikation. Diese Beschränkung schließt alternative Entwürfe und damit alternative Handlungsweisen aus. Eine Reduktion auf eine bestimmte Alternative schränkt die Handlungsmöglichkeiten auf jene ein, die innerhalb der Ideologie akzeptiert sind. Als Folge wird die Ideologie affirmiert, stabilisiert und weiter verbreitet. Damit wird im Folgenden klar, dass diese Einschränkung der Kommunikation die Macht der Technologiekonzerne erzeugt und Prozesse in ihrem Interesse lenkt.

Die Ideologie des Digitalkapitalismus

Die Basis des ideologischen Konstrukts bildet eine Idee, die purem Technikdeterminismus entstammt, und zwar dem Solutionismus. Technikdeterminismus bedeutet, dass die Gesellschaft durch technologische Sachzwänge und durch Entwicklung von Technologie geprägt wird. »Menschliches Wollen und Handeln spielt für den Lauf der technisch-sozialen Entwicklung lediglich eine nachgeordnete Rolle, der gesellschaftliche Prozess erscheint als ein zwangsläufiges Schicksal.«[36] Solutionismus bedeutet, dass politische und gesellschaftliche Probleme quasi nur ähnlich einem Fehler in der Programmierung einer Software aufzufassen und zu behandeln sind. Wie bei Software auch können diese Probleme schlicht technisch gelöst werden bzw. *müssen* technisch gelöst werden. Jedes Problem ist ein Nagel, für den es einen technologischen Hammer gibt, sodass sich auch soziale Probleme auf rein technischer Ebene definieren lassen.[37] Die Umkehrung kann ebenfalls beobachtet werden: Beispielsweise wird Blockchain als *Lösung* für alle nur erdenklichen Probleme angepriesen. Empirisch lassen sich jedoch kaum Anwendungsfelder finden, in denen Blockchain reale Vorteile erzeugt.[38] Das liegt unter anderem daran, dass Blockchain in den meisten Anwendungsfällen einen grundsätzlichen, gesellschaftlichen Aspekt durch eine technologische Lösung ersetzen soll: zwischenmenschliches Vertrauen. Es wird also eine Technologie erzeugt, für die ein Problem erst gefunden werden muss.[39]

Auch auf eine der zentralen Kritiken am heutigen Kapitalismus – die Frage der Nachhaltigkeit – wird im Solutionismus eine Antwort gegeben: Nachhaltigkeit ist letztlich nur ein Problem, das sich durch effizientere Technologie lösen lässt. Dadurch lässt sich die Klimakrise also ganz einfach abwenden – wie ein dunkler Raum, der durch das Betätigen des Lichtschalters hell wird. Alle politischen, organisatorischen, sozialen und ökonomischen Momente werden durch technologische Sachzwänge und Rationalität ausgeblendet.

Ideologie ist eine der Strategien zur Reproduktion von Herrschaft, die auf Ebenen wie Kommunikation, Kultur, Psychologie, Emotionen und Überzeugungen operiert.[40] Ideologien erfüllen die Funktion, einen gegebenen Zustand zu festigen und gleichzeitig diesen Zustand gegen Kritik, historische Alternativen und die Hinterfragung der Selektivität eines bestehenden Zustands zu verteidigen.[41] Im vorliegenden Fall dient die Ideologie des Digitalkapitalismus auch als Karotte, die an einem Stock stets fast in Reichweite vor dem Maul eines Esels baumelt. Denn die Bedeutung einer neuen Technologie liegt nicht in dem, was sie im Hier und Jetzt leisten kann. Es geht darum, was ihre fortschrittlicheren Nachfolger*innen eines Tages leisten *könnten*. Die Gegenwart ist nur ein zukünftiges Potenzial. Mit jedem Fortschritt der Computertechnologie, jeder Markteinführung einer neuen Software oder Hardware nähert sich die Menschheit – so suggerieren die Tech-Konzerne – der Erfüllung. »Die zeitgenössische Realität ist die Beta-Version eines Science-Fiction-Traums: die imaginierte Zukunft.«[42]

Die Ideologie des Silicon Valley – Technikdeterminismus und Solutionismus – instrumentalisiert Mythen und die Vorstellungskraft der Gesellschaft. Gleichzeitig dient die Ideologie dazu, ökonomische und politische Prozesse zu verdecken.[43] Bei diesen Prozessen handelt es sich z. B. um die Entmachtung von Mitbewerbern oder die zuvor beschriebene Beeinflussung politischer Entscheidungsträger*innen zugunsten der Technologiekonzerne.

Die Spitze des ideologischen Eisbergs bildet der *Longtermism*, ein Ansatz, der insbesondere vom schwedischen Philosophen Nick Bostrom von der Oxford University geprägt ist.[44] Zunächst steht über dem Ansatz die Überlegung, alles dafür zu tun, die Menschheit vor dem Aussterben zu bewahren. Die gedanklichen Konsequenzen daraus und die zugehörigen Zukunftsvisionen sind aber äußerst fragwürdig – genauso wie die *langfristige* Konzentration auf das Überleben der Menschheit eine ethische Entschuldigung dafür liefert, sich nicht mit aktuellen existenziellen Problemen zu befassen.[45]

Inhaltlich geht es darum, dass die Zukunft der Menschheit zunächst von einer maximalen Steigerung der wirtschaftlichen Produktivität abhängig ist. Diese dient dazu, die technologische Entwicklung zu erzeugen, um eine Gattung von superintelligenten, technologisch optimierten Posthumanen riesiger Anzahl zu schaffen, die baldmöglichst das All kolonisieren.[46] Dies ist das Ziel, das verfolgt wird, und davon darf durch keine anderen, aktuell wichtigen oder historischen Themen abgelenkt werden.[47] Beispielsweise sind der Welthunger und die Auswirkungen der Klimakrise durchaus problematisch, aber nicht aktuell existenzbedrohend für die Menschheit als solche und damit zu vernachlässigen.[48] Daraus folgt automatisch eine erneute diskriminierende, koloniale Einteilung des Globus. Denn Hungersnöte, Desertifikation und Extremwetterereignisse bedrohen momentan in erster Linie den Globalen Süden.

Zur Verhinderung der Auslöschung der Menschheit sind auch Massenüberwachung und *predictive Policing* geeignete Mittel – falls jemand versuchen sollte, eine wie auch immer geartete Weltuntergangsvorrichtung in seinem Keller zu bauen.[49] Die Gegenwart besitzt ebenso wenig eine Bedeutung wie ein individuelles Leben: Jeder Mensch ist ein *Behälter*, der Wert enthält. Ergo sind *mehr* Menschen wichtiger als *weniger* Menschen. Es geht um den Netto-Wert einer riesigen Anzahl von Menschen in den All-Kolonien der fernen Zukunft – was das heutige Leiden und auch den Tod einer geringeren Anzahl Menschen relativiert. Diese radikal utilitaristischen Ideen werden von einigen zentralen Figuren des Tech-Konglomerats wie Jaan Tallin, Peter Thiel[50], Jeff Bezos[51] und Elon Musk öffentlich vertreten.[52] Die Musk Foundation und die Silicon Valley Community Foundation zählen zu den Hauptfinanzierern von Nick Bostroms »Future of Life«-Instituts.[53] Letztendlich geht es darum, dass ein kleines Grüppchen elitärer, libertärer, reicher und weißer Männer davon überzeugt ist, die Zukunft der Menschheit bestimmen zu dürfen.[54]

Die Quelle der Ideologie

Theoretische Ideen einer Vernetzung von Computern gab es seit Mitte der 1940er-Jahre. Anfang der 1960er-Jahre entstanden dann Veröffentlichungen am Massachusetts Institute of Technology, die diese Idee konkreter thematisierten. Eine Auswahl beteiligter Forschender wechselte in die U. S. Defense Advanced Research Projects Agency (DARPA). Auch der Think Tank RAND Corporation, der das US-Militär berät, hatte Interesse an der Idee, ein resilientes Kommunikationsnetzwerk im Fall eines russischen Atomschlags zu besitzen. Trotzdem blieb das 1969 aus vier Knoten bestehende »Arpanet« über viele Jahre hauptsächlich ein Werkzeug der Wissenschaft, bis die US-Bundesregierung 1990 das inzwischen deutlich gewachsene Internet privatisierte.[55]

Die Logik der digitalkapitalistischen Ideologie, dieser Glaube an die Übermacht der Technologie, entstammt der Entstehungsgeschichte des Silicon Valley. Ausgehend von den 1960er-Jahren schloss sich nach und nach eine heterogene Mischung von Kulturen mit partiell kongruenten Glaubensgrundsätzen zusammen. Dazu gehörten Anteile der linken, hippiesken Gegenkultur, der unternehmerische Eifer der aufkommenden Yuppies und der neuen rechten Gruppen aus dem Süden Kaliforniens. Allen gemein war eine starke Skepsis gegenüber der Regierung, die Vision libertärer Freiheit zusammen mit einem unregulierten, freien Markt, dem Wunsch nach Selbstermächtigung und einem unerschütterlichen Glauben an die befreiende Macht der Technologie[56] – Entfaltungsidealismus und Selbstermächtigung gepaart mit Technikdeterminismus. Viel finanzielle Förderung durch staatliche Institutionen seit den ersten Gehversuchen des Internets, Forschung und eine große Menge Ideologie erzeugten den Erfolg der späteren großen Technologiekonzerne – *nicht* technologische Genialität.

Und – das ist zentral – das politische Versagen auf Ebene des Kartellrechts. Denn es sind keineswegs Genies, die die heutigen Konzerne des Big Tech leiten. Sie sind nicht übermächtig und haben Ideen, auf die sonst niemand kommt, und das ist auch nicht die Quelle ihres Erfolgs.

Vor vier Jahrzehnten – just wenige Jahre vor der kommerziellen Öffnung des Internets – begann die Reagan-Administration damit, die

Durchsetzung von Wirtschaftsregulierungen inklusive des Kartellrechts einzuschränken. Dieser Ansatz wurde von der University of Chicago beeinflusst, die *Verbraucherwohl* und *wirtschaftliche Effizienz* betonte. Diese Logik bedeutete aber auch, dass unkontrollierte Marktmechanismen und wirtschaftliche Übernahmen kaum eingeschränkt wurden. Da sowohl die Demokratische als auch die Republikanische Partei diese Philosophie übernahmen, führten jahrzehntelange Politiken des Laissez-faire-Kapitalismus dazu, dass nur wenige Maßnahmen gegen Monopole oder Fusionen ergriffen wurden. Obwohl Großkonzerne ihre Konkurrenten aufkauften und in vielen Branchen eine hohe Marktkonzentration entstand, blieben wirksame Gegenmaßnahmen aus. Die langfristigen Auswirkungen waren der Verlust von Millionen hochwertiger Arbeitsplätze, sinkende Einkommen für die verbleibenden Angestellten, ein Rückgang bei der Gründung neuer Unternehmen und übermäßig hohe Preisanstiege in einigen Branchen – all dies resultierte aus dem Mangel an Wettbewerb.[57]

Und das bedeutet: Der Erfolg der großen Technologiekonzerne basiert zu Teilen auf den umgebenden wirtschaftlichen Bedingungen. Und die vielzitierte *disruptive* Kraft des Digitalkapitalismus ist ein hausgemachtes Problem. Regularien im Kartellrecht aufzuweichen ist Öl in das Feuer rechter Libertärer wie Peter Thiel – u. a. Gründer von PayPal, erster Geldgeber für Facebook, Unterstützer von Donald Trumps Präsidentschaftskandidatur und einer der einflussreichsten Köpfe des Silicon Valley.[58]

Die Ökosysteme der großen Tech-Konzerne sind ein deutliches Zeichen des gelockerten Kartellrechts. Durch die Möglichkeit, problemlos andere Firmen zu übernehmen, ohne sich mit den Kartellbehörden zu überwerfen, konnten die Ökosysteme der Tech-Konzerne groß und mächtig werden. Google trägt unter den großen Tech-Konzernen die Krone der meisten Akquisitionen.[59] Viele Dienste, die heute den Erfolg von Google ausmachen, waren keine Entwicklungen von Google selbst, sondern die Ideen von anderen Firmen – darunter YouTube[60], Maps[61] und Photos.[62] Hingegen waren viele eigene Entwicklungen von Google sehr wenig erfolgreich und sind inzwischen abgeschaltet. Dazu gehören: G+ als Versuch, ein soziales Netzwerk als Konkurrenz für Facebook aufzubauen,[63]

Google Allo als Versuch, einen Messenger wie WhatsApp zu etablieren,[64] und einer der größten Rohrkrepierer war Google Stadia.[65] Dies war der Versuch, eine Videospielplattform aufzubauen, was angesichts der Tatsache, dass der Markt fest in der Hand von Microsoft, Sony und Nintendo liegt, zumindest fragwürdig erscheint.

Trotzdem besitzt Google ein mächtiges Ökosystem, das es Google erlaubt – so, wie es auch bei Apple und Meta der Fall ist – einen *Walled Garden* aufzubauen, der es den Nutzer*innen sehr schwer macht, zu einem anderen Ökosystem zu wechseln. Der Walled Garden wird auch dadurch verstärkt, indem mögliche Alternativen oder konkurrierende Unternehmen einfach aufgekauft werden. Google überragt auf Ebene der Anzahl von Akquisitionen deutlich andere Konzerne wie Microsoft, Apple oder Meta, indem der Konzern seit seiner Gründung 259 Firmen und Start-ups bis zum Februar 2023 aufgekauft hat.[66] Diese Machtasymmetrie zwischen den Tech-Konzernen und den Nutzer*innen ist eine der zentralen Quellen der Datenmacht, die den Tech-Konzernen ihren riesigen Einfluss auf unser aller Leben ermöglicht. Welcher Mechanismus hinter dieser Macht steckt, wird im folgenden Kapitel genau betrachtet.

Ideologie als Basis von Macht

Wie zuvor gezeigt wurde, herrscht offensichtlich eine Machtasymmetrie zwischen den Technologiekonzernen und uns Nutzer*innen. Die empirischen Auswirkungen – bspw. im Designprozess von Technologien – werden noch genauer betrachtet. Bisher unbeantwortet ist die Frage nach dem genauen Mechanismus dieser Macht. Ideologie ist in diesem Prozess von großer Bedeutung, da sie eine spezielle und eingeschränkte Form von Kommunikation darstellt. Bei Niklas Luhmann findet sich eine ähnliche Überlegung. Seine posthum veröffentlichten Aufzeichnungen aus den 1960er-Jahren beschreiben die heutigen Verhältnisse in der Beziehung zwischen den Nutzer*innen, dem polit-ökonomischen Rahmen und den Technologiekonzernen sehr passend.[67] Im Folgenden gibt es einen kurzen Abriss, der die zugrunde liegende Logik der zugegebenermaßen komplexen Luhmann'schen Systemtheorie umreißt. Dieser ist für ein tieferes Verständnis sinnvoll, kann aber auch übersprungen werden.

Zugegeben: das Abstraktionsniveau der Luhmann'schen Systemtheorie ist hoch. Die Erläuterung eines Teilaspekts des Theoriegebildes ist aber für den Kontext des Buchs zweckdienlich und wird nach diesem Abschnitt anhand eines Beispiels dargestellt.

Es gilt die Annahme, dass die Gesellschaft aus selbstreferentiellen Systemen besteht, die Beziehungen zu sich selbst herstellen und diese von den Beziehungen zu ihrer sozialen Umwelt unterscheiden.[68] Diese soziale Umwelt ist die Gesellschaft, innerhalb der sich die Systeme bilden. Ein System operiert auf Basis von Kommunikation und entsteht durch eine Selektion. Die Selektion ist für ein System notwendig, um sich von seiner sozialen Umwelt zu unterscheiden. Es lässt sich so umschreiben, dass jedes System sich einem bestimmten Thema in seiner Kommunikation *widmet* und nur *ein* bestimmtes Thema auswählt – z. B. Kunst, Politik, Gesundheit, Bildung usw. Die soziale Umwelt eines Systems beinhaltet alle Themen und besitzt dadurch einen hohen Komplexitätsgrad. Durch die Selektion eines Systems herrscht intern ein niedriger Komplexitätsgrad: nur *ein* Thema ist hier für die Kommunikation relevant. Das Kunstsystem kommuniziert bspw. nicht über Inhalte des Gesundheitssystems. Durch die Selektion kann das System nun intern eine höhere, thematisch aber eingeschränkte Komplexität aufbauen, an der sich menschliches Erleben und Handeln orientieren können.[69]

Zentral ist der Gedanke der Reduzierung von Komplexität: Die Umwelt der Systeme – die Gesellschaft – beinhaltet alle *Themen*, was es einem System unmöglich machen würde, zu operieren: Die Kommunikation müsste all diese Themen verarbeiten – aber alle Themen könnten dann aufgrund der Fülle nur auf oberflächlicher Ebene Teil der Kommunikation sein. Trennt sich aber ein System von dieser maximal komplexen Umwelt ab und widmet sich in seiner Kommunikation nur *einem* Thema, kann dieses eine Thema sehr tief und damit mit hoher Komplexität in der Kommunikation verarbeitet werden.

Macht übt systemintern die Funktion einer Komplexitätsreduktion im Prozess dieser Abgrenzung zwischen Umwelt und System aus. Da die Systemumwelt eine hohe Komplexität aufweist, muss ein System einen »selektiven Umweltentwurf« erzeugen – also ein vereinfachtes

> Bild der Umwelt –, auf dessen Basis es handeln kann.[70] Die Steigerung von Komplexität im System ist nur durch solch ein vereinfachtes Bild der Systemumwelt möglich.
>
> Der Selektionsprozess, den das System für dieses Bild der Umwelt leisten muss, ist aufwendig. Das macht eine Arbeitsteilung der Informationsverarbeitung notwendig. Wo Arbeitsteiligkeit herrscht, entsteht automatisch Ungleichheit. Im nun folgenden Beispiel schränkt der Konzern Alpha die Kommunikation gegenüber der Nutzerin Bea ein. Empirisch wäre eine solche Einschränkung von Kommunikation bspw. »Wir müssen Eure Daten sammeln, um Eure Sicherheit zu gewährleisten.« Oder »… um Betrug vorzubeugen.« Oder »…ein besseres Nutzungserlebnis zu gewährleisten.«

Die Funktion von Macht in Luhmanns Systemtheorie wird zur besseren Nachvollziehbarkeit mit zwei beispielhaften Akteuren durchgespielt:

Bea ist eine Nutzerin der Software-Produkte aus dem Ökosystem des Unternehmens Alpha. Dieses Ökosystem bietet verschiedene nützliche Dienste wie E-Mail, Kalender, Navigation, Suchmaschine und Cloudspeicher. Alpha speichert auch Beas persönliche Daten wie Kontakte, Passwörter, Fotos, Videos und Dokumente. Obwohl Bea theoretisch andere Dienste nutzen könnte, ist sie seit Jahren bei Alpha und hat daher große Mengen Daten dort gespeichert. So wird das Ökosystem vom Konzern Alpha zu einem Walled Garden: Es besteht keine Interoperabilität zwischen den Ökosystemen solcher Plattform-Konzerne.

> Der Digital Markets Act des Europäischen Parlaments und Rats definiert Interoperabilität als »die Fähigkeit, Informationen auszutauschen und diese über Schnittstellen oder andere Lösungen ausgetauschten Informationen beiderseitig zu nutzen, sodass alle Hardware- oder Softwarekomponenten mit anderer Hardware und Software auf die vorgesehene Weise zusammenwirken und bei Nutzer:innen auf die vorgesehene Weise funktionieren.«[71]

Interoperabilität wäre folglich für den Konzern Alpha verheerend. Denn Bea bleibt bei Alpha, da aufgrund der fehlenden Interoperabilität ein Wechsel zu einem anderen Anbieter aufgrund der hohen Transaktionskosten mühsam wäre: Sämtliche über Jahre gesammelten Daten müssen transferiert werden. Zudem besteht die Sorge, dass Bea bei einem Wechsel vielleicht auch wichtige Kommunikationsverbindungen zu befreundeten Nutzer*innen verlieren könnte, die bei Alpha bleiben. Alpha hat dadurch einen wachsenden Einfluss auf Bea, da sie abhängig von den Diensten und der Dateninfrastruktur des Ökosystems ist. Alpha kann Änderungen an Datenschutzrichtlinien vornehmen oder neue Dienste einführen, die Bea nutzen muss, um ihre Daten nicht zu verlieren.

Alpha gestaltet eine Realität der Abhängigkeit für Bea und schränkt dadurch ihre Entscheidungsfreiheit ein.[72] Dies wird als »Einfluss« bezeichnet.[73] Bea ist sich zwar bewusst, dass sie andere Optionen hat, aber die Pfadabhängigkeit führt dazu, dass sie weiterhin Alphas Dienste nutzt. Alphas Macht wird durch die Begrenzung von Beas Alternativen gestärkt. Je öfter Bea den Vorgaben von Alpha folgt und die Logik des Geschäftsmodells bestätigt, desto fester wird Alphas Macht etabliert.

Die Macht von Alpha beruht darauf, dass es Alternativen gibt, die für Bea nachteilig wären. Bea neigt daher dazu, den Entscheidungen von Alpha zu folgen, um unangenehme Alternativen zu vermeiden. Alpha kann seine Macht weiter ausbauen, wenn seine Überlegenheit in zukünftigen Situationen vorhersehbar bleibt. Dadurch entsteht ein allgemein akzeptiertes Recht zur Machtausübung für Alpha.

Im Gegensatz zu klassischen Machttheorien – bspw. von Weber – geht es Luhmann darum, dass Macht kein Wille ist, »(…) der sich im Befehl und im Brechen von Widerstand äußert. (…) Stärker und unwiderruflicher wird die Komplexität oft durch ein frühzeitiges Definieren von Alternativen (…) reduziert (…).«[74]

Bedeutet: Es gibt bspw. keine Alternativen zur Sammlung von persönlichen Daten der Nutzer*innen. So wird das natürlich nicht formuliert. Es wird versteckt hinter Euphemismen. Etwa: Deine Daten müssen gesammelt werden, um Betrug vorzubeugen oder Sicherheit zu gewährleisten oder ein besseres Nutzungserlebnis erzeugen zu können.

Und wo gibt es für diese Machtausübung noch Beispiele außerhalb der eher typischen Situation von Nutzerin Bea? Dass die Narrative, die ideologische Basis und die Logik des Vorgehens der Technologiekonzerne von staatlicher Seite schon früh übernommen wurden, zeigt sich im Mutterland USA besonders deutlich. Ein Plädoyer des damaligen Vizepräsidenten Al Gore forderte 1991 bspw. den dringend notwendigen Ausbau von Infrastrukturen, um der erwarteten Konkurrenz auf den digitalen Märkten begegnen zu können.[75] Programmatisch lautete der Titel des Dokuments *Infrastructure for the Global Village*. Siehe da: Realitätskonstruktion, Einschränkung von Alternativen, Einfluss ausüben.

Folgendes Beispiel stammt aus jüngster Zeit und beschreibt ebenfalls sehr gut, wie ein Technologiekonzern Alternativen aus seiner offensichtlichen Machtposition heraus beschränkt: Ein Großteil der US-amerikanischen Administration liegt auf den Servern von Amazon Web Services (AWS).[76] Dies umfasst auch Geheimdienste wie die Central Intelligence Agency und die National Security Agency.[77] Der US-amerikanische Staat ist durch die Nutzung von AWS essenziell abhängig von einem einzelnen Wirtschaftsunternehmen. Die Machtposition von Amazon ist damit besiegelt. Stellen wir in diesem Zusammenhang einmal zwei unangenehme Fragen:

- Was wäre, wenn Amazon in einer Entscheidungssituation die Alternative des Rückzugs aus der Kooperation wählte?
- Wie will ein Staat einen Tech-Konzern regulieren, wenn die Machtverhältnisse so aussehen?

Ergänzende Betrachtung zur Ideologie

Mark Zuckerberg flötet 2016 auf seiner Facebook-Seite: »Heute stehen wir kurz davor, den nächsten Schritt zu tun. Unsere größten Chancen sind jetzt global – wie die Verbreitung von Wohlstand und Freiheit, die Förderung von Frieden und Verständnis, die Befreiung der Menschen aus der Armut und die Beschleunigung der Wissenschaft (…) Auch unsere größten Herausforderungen erfordern globale Antworten – wie die Beendigung des Terrorismus, die Bekämpfung des Klimawandels und die Verhinderung von Pandemien. Fortschritt erfordert jetzt, dass die Menschheit nicht nur als Städte oder Nationen zusammenkommt, sondern als globale Gemeinschaft.«[78]

Zuckerberg postete dies, nachdem bekannt wurde, wie sehr Facebook in die US-Präsidentschaftswahl von 2016 verstrickt gewesen war (dazu mehr in Kapitel 3). Zuckerberg liefert hier ein wunderbares Beispiel des Versuchs, die eigentlichen Ziele und das rücksichtslose Fehlverhalten seines Konzerns zu verdecken. Beinahe – so soll gedacht werden – ist Facebook ja gar nicht so schlimm – stellt Zuckerberg doch hier in Aussicht, ganz altruistisch die meisten der 17 Nachhaltigkeitsziele der Vereinten Nationen erreichen zu wollen. Wie das genau geschehen soll? Unklar. Aber es hört sich gut an. Insbesondere das Streufeuer aus Abstraktionen wie Frieden, Freiheit, Wohlstand und Verständnis erinnert stark an Propaganda einer anderen Phase der Selbstermächtigung.

Bei Philip K. Dick findet sich dafür eine gute Beschreibung. Sein Roman *The Man in the High Castle* von 1962 spielt in einem fiktiven Zeitabschnitt nach dem Zweiten Weltkrieg, in dem die Alliierten den Krieg verloren, Japan und das Dritte Reich hingegen gewonnen haben. Eine der Hauptfiguren des Romans denkt über die Ideologie der Nationalsozialisten nach. Parallelen zur Ideologie der großen Tech-Konzerne und insbesondere der zentralen Köpfe des Silicon Valley sind offensichtlich, angesichts des eben genannten Zitats, den Plänen der Besiedelung des Alls und der Ignoranz gegenüber den sozialen Fähigkeiten einer Gesellschaft oder eines Individuums.

»(…) Wir leben in einer psychotischen Welt. Die Verrückten sind an der Macht. (…) Aber was bedeutet es überhaupt, dieses Wort? Verrückt? (…) Es ist etwas, das sie tun, etwas, das sie sind, dachte er. Etwas unterhalb ihres Bewußtseins. Ihr mangelndes Wissen über andere. Das fehlende Bewußtsein dafür, was sie anderen antun, die Zerstörung, die sie verursacht haben und noch verursachen. Nein, dachte er, das ist es nicht. (…) Sind es ihre Pläne? Ja, ihre Pläne. Ihre Eroberung der Planeten. (…) Ihre Betrachtung der Welt; sie ist kosmisch. Sie sehen nicht einen Mann hier und ein Kind dort, sondern eine Abstraktion: Rasse, Land, Volk, Blut, Ehre. Nicht ehrenhafte Männer, sondern Ehre an sich. Ehre, die Abstraktion ist für sie real, das Wirkliche ist ihnen unsichtbar. (…) Sie identifizieren sich mit der Macht Gottes und glauben, selbst Gott zu sein. Darin liegt ihr grundlegender Wahnsinn. Für sie ist das nicht Hybris, nicht Stolz, ihr Ego ist bis an seine Grenzen angeschwollen – für sie sind das, was angebetet wird, und der, der anbetet, ineinander verschmolzen. Der Mensch hat nicht Gott aufgezehrt; Gott hat den Menschen aufgezehrt.«[79]

Ein Internetzugang für Freiheit und Gleichheit?

> *The revolution will not give your mouth sex appeal*
> *The revolution will not get rid of the nubs*
> *The revolution will not make you look five pounds thinner, because*
> *The revolution will not be televised, brother*
> Gil Scott-Heron: »The Revolution Will Not Be Televised«, 1971

Rufen wir uns das vorige Zitat von Mark Zuckerberg nochmals in Erinnerung: Um die »(…) Verbreitung von Wohlstand und Freiheit, die Förderung von Frieden und Verständnis, die Befreiung der Menschen aus der Armut (…)«[80] soll es – ihm? Dem Meta-Konzern? – gehen. Wie ein solcher freiheits- und gleichheitsstiftender Internetzugang aus Sicht des Tech-Konzerns aussieht, lässt sich am Beispiel eines solchen vermeintlich humanitären Projekts zeigen.

Internet.org (später *Free Basics* benannt) wurde im Jahr 2013 von Mark Zuckerberg angekündigt. Damals veröffentlichte er auf Facebook einen zehnseitigen Eintrag mit dem Titel »Is Connectivity a Human Right?«.[81] Darin betonte er wie so oft, dass es bei Facebook darum gehe, Menschen miteinander zu *verbinden*. Am Ende sollen alle Menschen auf der Welt miteinander verbunden sein – natürlich per Facebook. Damals *verband* Facebook laut Zuckerberg 1,15 Milliarden Menschen pro Monat miteinander – was eigentlich bedeutet, dass es damals wohl 1,15 Mrd. Nutzer*innen gab, die sich innerhalb eines Monats bei Facebook eingeloggt hatten. Aber bei der Überlegung, wie es möglich sein könnte, mehr Menschen miteinander *zu verbinden*, sei aufgefallen, dass der größte Teil der Menschheit keinen Zugang zum Internet habe. Die Vernetzung gehe zu langsam und die Kosten für den Zugang seien für viele Menschen zu hoch. Auf den folgenden Seiten des Dokuments wird in bunten Farben geschildert, wie sich der Konzern mit vielen Partnerunternehmen zusammentue, um die notwendige Datenmenge zu reduzieren und günstige Endgeräte nebst mobilen Datenverträgen zu ermöglichen.[82]

Tatsächlich hat Meta Partnerschaften mit Mobilfunkanbietern in verschiedenen Ländern des Globalen Südens geschlossen, damit Nutzer*innen den Internetzugang des Free-Basics-Programms ohne Mobilfunkgebühren verwenden können. Das Projekt ist bis heute in 65 Ländern aktiv, darunter Kolumbien, Ghana, Kenia, Mexiko, Pakistan und die Philippinen. Mit einem regulären Zugang zum Internet hat das aber wenig zu tun – genauso wenig, wie es dem Konzern darum geht, Menschen miteinander *zu verbinden*. Free Basics besteht aus einer Plattform, die einen Zugang zum Social-Media-Netzwerk Facebook und zu einer Hand voll anderer, grundlegender Informationen wie Nachrichten, Gesundheitsversorgung und Wettervorhersagen bietet. Weitere soziale Medien oder einen E-Mail-Dienst gibt es nicht. Die Nutzer*innen im Globalen Süden *bezahlen* wie alle anderen Nutzer*innen auch mit ihren personenbezogenen und einer großen Menge an Metadaten[83], auch wenn der Zugang zur Plattform kostenlos zu sein scheint. Obwohl Zuckerberg in seinem Blog-Post betont, wie wichtig Wissen für die Menschheit und das Arbeitsleben ist, handelt es sich keineswegs um Wissen, das hier größtenteils vermittelt wird: Vielmehr werden die Nutzer*innen Teil einer »digitalen Kolonialisierung«[84], indem sie mit den Konsumchancen und -mustern des Globalen Nordens sowie einer großen Menge an Falschinformationen konfrontiert werden. Schließlich ist Facebook laut Studienlage die Social-Media-Plattform, die am stärksten bei der Verbreitung von Fake News beteiligt ist.[85] Und dieser Umstand hat gerade im Globalen Süden teils verheerende Auswirkungen: Fehlinformationen und Hassreden heizen die ethnische Gewalt im anhaltenden Bürgerkrieg in Äthiopien an. Das Versäumnis von Facebook, Moderator*innen einzustellen und KI-Systeme zu entwickeln, um Hassreden und Fehlinformationen in regionalen Sprachen und Dialekten angemessen zu erkennen, ist gut dokumentiert.[86]

Der Vorwurf einer digitalen Kolonialisierung begründet sich durch den Aufbau und den Inhalt der Plattform. Die App beinhaltet eine große Menge Drittanbieterdienste aus den USA, während Inhalte in lokaler Landessprache wenig oder kaum vorhanden sind. Auch Angebote für eigene Kreativität werden nicht geboten. Da die App gar keinen direkten Zugang zum Internet bietet, werden die Nutzer*innen auf die Rolle passiver Konsumentinnen und Konsumenten reduziert.[87]

Das Angebot von Inhalten in den regionalen Sprachen wäre eine Chance für die Plattform gewesen. Ein bekanntes und oft kritisiertes Problem ist, dass ein Großteil der ca. 7.000 weltweit gesprochenen Sprachen[88] im Internet nicht repräsentiert ist. Angebote in regionalen Sprachen und Dialekten hätten für die Stärkung der Identität der Nutzer*innen wirklich einen Beitrag liefern können. Dass die regionalen Sprachen hier nicht berücksichtigt werden, hat noch eine andere Konsequenz: Die Marginalisierung von Sprachen führt dazu, dass sich ein Großteil der Nutzer*innen in einer der dominanten Sprachen, die innerhalb des Internets gesprochen werden, ausdrücken müssen. Das hat einen deutlichen Einfluss auch auf die Menge an Inhalten und Wissen, die im Internet kursiert: Ein Großteil der Inhalte ist englischsprachig und stammt aus den USA und Westeuropa, was einen selbstverstärkenden Effekt von Ungleichheit erzeugt.[89] 80 % der Inhalte des Internet sind »weiß und westlich«.[90] Free Basics trägt also dazu bei, dass sich die Ungleichheit zwischen dem Globalen Norden und dem Globalen Süden auch in den digitalen Bereich erstreckt.

Abgesehen von den fragwürdigen Inhalten der Plattform gibt es andere Kritikpunkte, die deutlich zeigen, dass die Ideologie des Digitalkapitalismus, ein Zugang zum Internet würde Freiheit und Gleichheit erzeugen, auch an dieser Stelle ausschließlich Propaganda ist. Free Basics verstößt gegen die Netzneutralität[91], da Meta zumindest teilweise Kontrolle über den Zugang zum Internet in bestimmten Regionen besitzt und darüber entscheidet, welche Dienste und Inhalte verfügbar sind. Durch diese Monopolstellung ist wirtschaftliche und politische Beeinflussung möglich. Die Folgen sind Unausgewogenheit der Wettbewerbssituation, Einschränkung des Zugangs zu Informationen und Innovationen, Begrenzung der Meinungsvielfalt und Unterdrückung alternativer bzw. oppositioneller Stimmen.

Dazu kommt die Aushöhlung von Datenschutz und Privatsphäre auch für den Globalen Süden: Meta hat Zugriff auf den Datenverkehr und die

Aktivitäten der Nutzer*innen auf der Plattform. Es ist davon auszugehen, dass zumindest einige der Nutzer*innen von Free Basics nicht über ausreichende Kenntnisse oder Ressourcen zum Schutz ihrer Privatsphäre verfügen, was ein Einfallstor für den Missbrauch von Daten und Überwachung bietet. Und selbst wenn ausreichende Kenntnisse vorhanden sind – wenn Free Basics die einzige Möglichkeit ist, zumindest so etwas Ähnliches wie das Internet zu nutzen, sind die Nutzer*innen gezwungen, den Schutz ihrer Daten und Privatsphäre zu ignorieren.

Die Industrienationen des Globalen Nordens nutzen den Süden als Rohstofflieferanten für Informations- und Kommunikationstechnologie und als Müllhalde für den entstehenden Elektroschrott. Meta nutzt zusätzlich die Armut der Bevölkerungsgruppen dafür aus, eine große Menge Daten billig abzugreifen – im Tausch gegen eine Karikatur des Internets.

Bilder und Begriffe als Teil der Ideologie

Techniksoziologisch betrachtet werden Innovationen, während sie noch in den Kinderschuhen stecken, häufig mit einer Reihe von Erwartungen verbunden. Diese erzeugen einen Schutzraum für eine Innovation, indem sie sich die Erwartungen auf mögliche Potenziale und Einsatzfelder richten. Darüber hinaus reduzieren Erwartungen Unsicherheiten und Komplexität, motivieren Akteure, organisieren Ressourcen und erzeugen Legitimation. Je bildhafter diese Erwartungen und Visionen vermittelt werden, umso besser lassen sie sich vorstellen und desto wirkmächtiger werden sie, bis sie eine selbstverstärkende Dynamik erzeugen.[92] Daher waren in der jüngeren Technikgeschichte – z. B. zur Zeit der Elektrifizierung – Bilder im wörtlichen und übertragenen Sinne immer ein entscheidender Faktor für den Erfolg neuer Technologien.

Wenn es um technologische Innovationen geht, entsteht diese Dynamik in der Regel aus einem Geflecht von Mythen, Machtverhältnissen, Narrativen sowie politischen und wirtschaftlichen Kräften, die sich gegenseitig stützen.[93] Eine Ideologie kann dann auf Basis der schützenden Erwartungen diesen Schutzstatus weiter aufrechterhalten. Ähnlich dem Geist des Kapitalismus schließt eine Ideologie befürwortende Akteure zusammen und immunisiert gegen Kritik.

Diese Zusammenhänge lassen sich nicht nur bei der Elektrifizierung oder dem Einstieg in das Atomzeitalter zeigen.[94] In gleicher Form zeigte sich dieser Prozess im Rahmen der Verbreitung des Internets. Im Vordergrund standen in den frühen 1990er-Jahren neue und äußerst bildhafte Begriffe, die das damals dominante Narrativ der heldenhaften Supernerds, die das Internet vorgeblich von ihren Garagen aus entwickelt haben, ergänzten: »Global Village«, »Cyberspace« und »Information Superhighway«. Diese Bilder erweiterten die Erwartungen um die Idee, das Internet sei etwas Zukünftiges, Abenteuerliches und Unendliches – aber auch die Schnellstraße in die Informationsgesellschaft, in der Bildung, Wirtschaft und Administration besser und schneller sein werden.[95] Und die Welt schrumpft durch die Technologie zu einem Dorf zusammen, in dem alle miteinander kommunizieren können.

So naiv diese Begriffe heute wirken, sie waren essenziell und erzeugten nach und nach einen Netzdeterminismus, der es den Technologiekonzernen ermöglichte, sich zu etablieren, unersetzlich zu machen und auf Basis der Ideologie von Technikdeterminismus und Solutionismus ihre Macht zu erweitern. Ideologien schränken jedoch stets den Spielraum für Kritik oder Verweigerung gegenüber – in diesem Fall – einer neuen Technologie ein. Erneut sei hier der technologische Determinismus ins Gedächtnis gerufen in Form der Unmöglichkeit eines Opt-out.

Der französische Philosoph Jean-François Lyotard – einer der wichtigsten Vertreter der Postmoderne – diagnostizierte vor rund vierzig Jahren, dass es einen engen Zusammenhang zwischen Macht und Sprache gibt. Sprache und Wissen sind nicht neutral oder objektiv, sondern von Machtbeziehungen und sozialen Kontexten geprägt. Er sah in der *Computergesellschaft*[96] eine zunehmende Popularität besonders einer Gattung dieser sprachlichen Übertragung und Darstellung von Machtverhältnissen – den »Metanarrativen«.[97] Dies sind große Erzählungen oder Geschichten, die versuchen, der Welt eine bestimmte Ordnung quasi ›anzudichten‹. Diese Narrative gehen nach Lyotard von »multinationalen Konzernen«[98] aus und dienen der Legitimierung und dem Ausbau von Macht, indem sie Versprechungen von Effizienzsteigerung und gesellschaftlicher Optimierung enthalten.[99]

Heute ist der Punkt erreicht, an dem das Internet weltweit von wenigen Technologiekonzernen kontrolliert wird. Aber Macht benötigt Reproduktion, um erhalten zu bleiben, wie zuvor dargestellt. Daher geht es heute nicht mehr um »Cyberspace« oder den »Information Superhighway«. Die Ideologie wird inzwischen durch eine Vielzahl anderer Begriffe gestreut. Auch diese konstruieren vermeintliche Notwendigkeiten und nützen die gesellschaftliche Vorstellungskraft aus. Begriffe wie »Smart City« und »Künstliche Intelligenz« sind nicht einheitlich definiert, bieten aber viel Raum für Projektion und vermitteln einen Eindruck von Magie.

Häufig funktionieren smarte Gadgets nicht einmal so, wie es die Technologiekonzerne in der Öffentlichkeit darstellen. Neben anderen Fakten wird unterschlagen, dass eine große Menge *kostenloser Arbeit* von Nutzer*innen in die Funktion von Software und Hardware einfließt. Es dreht sich um den Beitrag einer großen Menge *menschlicher* Arbeit und keineswegs um die technologische Genialität eines Tech-Konzerns. Unterschlagen wird das, weil es den beiden Grundfesten Solutionismus und Technikdeterminismus zuwiderläuft: Technologie soll es alles richten – Menschen sind dabei überflüssig.

Angeführt sei nur ein Beispiel für die unersetzlichen Beiträge der Nutzer*innen in die Funktion digitaler Dienste: Auf vielen Webseiten, die z. B. Kontaktformulare besitzen, befinden sich zur Sicherheit ReCaptchas, damit das Kontaktformular nicht von Spambots mit Müll überflutet wird. ReCaptchas dienen dazu, sich als Mensch zu identifizieren, indem eine Aufgabe erfüllt werden muss, die ein Spambot nicht zu lösen imstande ist. Für diese Überprüfung wird häufig eine Auswahl von zwölf Bildern gezeigt. Der/Die Nutzer*in muss entscheiden, auf welchen der Bilder sich bspw. ein Hydrant befindet, und diese Bilder anklicken. Was währenddessen im Hintergrund geschieht, ist, dass der/die Nutzer*in durch die Auswahl der korrekten Bilder unfreiwillig die Bilderkennungssoftware von Google trainiert, also Arbeit für Google leistet – und das ohne Vergütung.[100]

Am Beispiel »Smart City« zeigen Marketingmaterialien der Unternehmen IBM und Cisco alle bisher beschriebenen Strategien einer Ideologie: Das Narrativ diagnostiziert, dass eine urbane Krise herrsche, die aber

EINFLÜSSE

GEIST, IDEOLOGIE UND MACHT
- Der Geist des Digitalkapitalismus
- Die Ideologie des Digitalkapitalismus
- Quelle
- Ideologie: Basis der Macht
- Ergänzung zur Ideologie
- Internetzugang für Freiheit und Gleichheit?
- Bilder und Begriffe

AUFKLÄRUNG
- Entzauberung
- Wiege des Kapitalismus
- Technisierung der Soziosphäre

SOZIOTECHNOLOGIE
- Magie
- Suggestion
- Stellenwert von Technologie
- Fetisch
- Manifestation
- Soziale Konstruktion durch Machtasymmetrie
- Design und Governance
- Reflexive Technologie und digitale Governance

DK

durch technologische Erlösung *repariert* werden könne. Diese Konstruktion verfolgt drei Ziele: Sie
- vereint die Vorstellungen von Akteuren und Institutionen zu einer einheitlichen Idee, was eine Smart City sein soll,
- verkauft und verbreitet diese spezielle Form von *Smartness* der genannten Unternehmen und
- verdrängt alternative Ideen zu anders gearteten Formen einer Smart City.

Konstruiert werden also Zukunftsvisionen, die im Hier und Jetzt die bestehenden soziopolitischen Verhältnisse weitgehend widerspiegeln und verstärken.[101] Dasselbe gilt für KI, deren Einsatz für die Technologiekonzerne hauptsächlich zur Optimierung ihrer Geschäftsmodelle dient – etwa durch Nutzung bei Zielgruppenwerbung. Gleichzeitig verschärft ihr Einsatz aber existierende Ungleichheiten in Bezug auf Gender, Ethnizität und Klasse.[102]

Strang 3: Soziotechnologie

Any sufficiently advanced technology is indistinguishable from magic.
Arthur C. Clarke, 1973: 218

»Aber er hat ja gar nichts an!« rief zuletzt das ganze Volk. (…)
Und die Kammerherren gingen und trugen die Schleppe, die gar nicht
da war.
Hans Christian Andersen: »Des Kaisers neue Kleider«, 1837

Der dritte Mechanismus umfasst die Manifestation von Technologie innerhalb der Gesellschaft als soziotechnisches System, also »(…) die charakteristische technologische Wirkung, die sich aus der Verknüpfung von Technologie, materieller Kultur und gesellschaftlicher Koordination von Arbeit ergibt.«[103]

In diesem Kapitel wird der Stellenwert, die kulturelle Zuschreibung und soziale Konstruktion, *was* Technologie ist und welche gesellschaftliche Funktion sie hat, beschrieben. Als Erstes geht es dabei um die metaphysische Ebene, indem gezeigt wird, wie ähnlich Technologie und Magie sind und welche Folgen das für das heutige digitale Zeitalter hat. Eine zweite Ebene analysiert die tatsächliche physische Manifestation von Technologie in der Gesellschaft. Auf einer dritten Ebene wird der Aspekt der sozialen Konstruktion von Technologie und insbesondere der damit verbundenen Machtasymmetrie im Designprozess von Technologie untersucht. Diese Ausführungen zeigen, dass der gesellschaftliche Umgang mit Technologie trotz all der innewohnenden rationalen Sachlichkeit und Regelhaftigkeit alles andere als kühl und durchdacht ist. Daher mündet das Kapitel in einem Plädoyer für die Notwendigkeit eines reflexiven, rationalen Umgangs mit Technologie. Die Funktion des Designs als dafür benötigtes Steuerungsmedium und die inhaltliche Ähnlichkeit der Begriffe Design und Governance werden betrachtet. Anhand verschiedener kritischer Betrachtungen über die Moderne bzw. die negativen Nebenfolgen der Aufklärung wird auf Basis der Kernargumente verschiedener Autoren versucht, eine reflexive Zukunftsvision zu entwerfen, in der sich Gesellschaft und Natur auf Augenhöhe begegnen.

Zunächst bedarf es einer Definition, was mit Technologie gemeint ist. Im soziologischen Sinne ist Technologie ein durch den Menschen erschaffenes Artefakt, welches für seinen Einsatz eine bestimmte Handlung und für die zielgerichtete Anwendung ein bestimmtes Wissen voraussetzt.[104]

Technologie besteht offenbar zumeist aus zwei interagierenden Komponenten: einem körperlichen, physischen Element – der *Hardware* – und einem zweiten Wissens- oder Informationselement – der *Software*.[105] Damit ist beinahe alles, was den Menschen heute umgibt, Technologie – von der Fensterscheibe bis zum Türscharnier und selbst die Geburt eines menschlichen Wesens ist mit einer Vielzahl medizinischer Werkzeuge und Materialien, die ebenfalls Technologie sind, verbunden.

Diese Definition beschreibt, was Technologie ist. Sie verfehlt allerdings sowohl die *Ursache* von Technologie als auch ihren Zweck, den sie im Allgemeinen verfolgt. Technologie schlägt eine einfache oder kompliziertere Brücke zwischen etwas Gegebenem – wie z. B. Rohstoffe, Objekte, Zustand oder Ereignis in der natürlichen oder sozialen Umwelt – und einem erwünschten Zustand dieses Gegebenen.[106] Das macht Technologie zu einem Instrument, das der Reduktion von Unsicherheit hin zu einer

Ursache-Wirkungs-Beziehung dient. Und diese Ursache-Wirkungs-Beziehung besteht zwischen dem Gegebenen und dem erwünschten Zustand.[107] Wird der Begriff der Unsicherheit mit dem Begriff *Kontingenz* ersetzt, dient Technologie – nach Luhmann – als Mittel zur Komplexitätsreduktion.[108] Zentral für seine Beschreibung von Technologie ist die Zeit, die zwischen Ursache und Wirkung liegt. Die Zukunft – so Luhmann – ist ein Lagerhaus von Möglichkeiten[109] und die erwünschte Zukunft zu erreichen, erzeugt Selektionszwang.[110] Denn zwischen dem erwünschten Zielzustand und dem *Davor* besteht Kontingenz: Es könnte auch anders möglich sein. »Kontingenz heißt Risiko«.[111] Das Risiko besteht darin, dass das erwünschte Ziel nicht erreicht werden könnte, es könnten viele andere Zustände, die nicht erreicht werden sollen, entstehen und diese Komplexität bedarf einer Reduktion. Technologie reduziert in diesem Geflecht diese Komplexität: Es gibt *ein* gewünschtes Ziel. Technologie wandelt den Charakter des einen gewünschten Ziels unter der Menge unendlich möglicher, zufällig bevorstehender und nicht gewünschter Ereignisse in eine Bestimmung um und entkoppelt dieses von störenden Prozessen.[112] Technologie macht aus möglichen Zukünften eine Reihe erwartbarer Gegenwarten. Bildhaft gesprochen: In einem großen Bällebad, gefüllt mit Tausenden von Bällen, gibt es einen einzelnen, blauen Ball, der gefunden werden soll. Technologie führt direkt zu dem blauen Ball und räumt alle anderen Bälle aus dem Weg. »Der Lauf der Zeit überführt Zukunft in Vergangenheit, bestimmt das Unbestimmte, ›formt‹ die ›Materie‹, reduziert die Komplexität der Welt.«[113]

Diese Luhmann'sche Beschreibung dient in den folgenden Unterkapiteln als Grundlage, die Ähnlichkeit zwischen den beiden auf den ersten Blick unverbundenen Ebenen Technologie und Magie aufzuzeigen.

Magie

Die erwähnte Nähe, das vollkommene Umfasstsein von Technologie von der Wiege bis zur Bahre, besteht noch nicht lange. Technologie war lange Zeit in begrenzten, klar umrissenen Bereichen der Lebenswelt zu finden. Lange vor unserer Zivilisation besaß Technologie in primitiven Kulturen bereits eine tragende Funktion, war aber lediglich verbunden mit Fertigung von Gegenständen des täglichen Gebrauchs, Jagd, Behausung – und

Magie.[114] Dieser Begriff meint nicht das Kaninchen, das aus einem Zylinder gezogen wird. Magie, Religion und Technologie sind drei Formen von »Ungewissheitsabsorption«,[115] die zu unterschiedlichen Zeitpunkten der Menschheitsgeschichte dominant waren und die Menschheit bis heute begleiten.

Magie bedeutete ursprünglich, durch menschlichen Willen Naturvorgänge oder Ereignisse zu erzeugen oder zu verhindern, indem eine spirituelle Handlung vollzogen wurde. Magie entspringt dem Wunsch nach einem zu erreichenden, vielleicht jedoch unerreichbaren Ziel.[116] Das kann auch die Anrufung einer höheren Entität bedeuten. Trotzdem gibt es eine klare Trennlinie zur Religion: Zum einen unterwerfen die meisten Religionen den Menschen einer göttlichen Macht, während Magie Gegebenheiten – bspw. einen Naturzustand – aus eigener Kraft zu lenken versucht.[117] Zum anderen ist Religion eher etwas Abstraktes, während Magie erheblich konkreter ist.[118]

Die Ähnlichkeit zwischen den Eigenschaften von Magie und Technologie zeigt sich bereits gleich hier: Wie Technologie baut auch Magie eine Brücke zwischen etwas Gegebenem und einem Ziel, das mit diesem Gegebenen passieren soll.[119] Magie und technologische Prozesse besitzen konkrete und praktische Ziele.[120] Die Prozedur von Magie beinhaltet Rituale und Gegenstände oder Zutaten für mystische Medizin, die nie verändert werden (dürfen). Auch dies entspricht technischer Rationalität und angewandtem Handlungswissen: Der Vollzug eines Rituals oder das Bedienen einer Kaffeemaschine beinhalten beide die Vorhersage eines zukünftigen Zustands – dadurch, dass es eine wiederholte, stets identische Tätigkeit ist.[121] Wird von den notwendigen Schritten abgewichen, entsteht kein Kaffee. Wie beschrieben: *eine* gewünschte Bestimmung wird aus einer Vielzahl möglicher, unerwünschter Ereignisse erreicht.

Auch in der Funktion sind sich Magie und Technologie sehr ähnlich: Während Magie mit Worten und Riten funktioniert, operiert Technologie mit (physikalischer) Kraft.[122] Magie vermittelt zwischen Mensch und höheren Kräften, Technologie zwischen Mensch und Materie. Magie unterwirft – so die Vorstellung – die Macht von Göttern und Göttinnen dem Willen des Menschen. Technologie tut dies mit der Natur.

Und die Funktion der Ungewissheitsabsorption ist ebenfalls redundant: Unabhängig davon, ob es um das Überleben in primitiver Behausung in direktem Kontakt mit den Elementen geht oder um Klimakrise, Pandemien und Artensterben, damals wie heute geht es darum, Unsicherheit und Unvorhersehbarkeit – Kontingenz – zu überwinden.[123]

Suggestion
Die Ungewissheitsabsorption von Magie und Religion – und damit auch von Technologie – basiert auf der kollektiven und traditionellen Macht der Suggestion.[124] Psychologisch gesehen beeinflusst Suggestion das Denken, Fühlen, Wollen und/oder Handeln eines Menschen unter Umgehung der rationalen Persönlichkeitsanteile. Menschen sind unter bestimmten Umständen leichter suggestibel. Dies steht in Abhängigkeit ihrer Denk- und Urteilsfunktion sowie der Situation. Suggestibilität ist u. a. erhöht bei Angst, in einem unbestimmten Wahrnehmungsfeld und in der Masse. Die drei wesentlichen Anteile der Suggestion sind »(…) eine affektive Gemeinschaftsbildung, (…) die Umgehung rationaler Persönlichkeitsanteile, (…) das Bedürfnis zur Introjektion aufseiten des Suggerendus.«[125] Letzteres bedeutet, dass die Person, die durch Suggestion beeinflusst werden soll, ein Bedürfnis danach haben muss, eine fremde Anschauung zu übernehmen.[126]

Prinzipiell ist Suggestion ein äußerst alltägliches Phänomen und von großer Bedeutung im Kontakt mit sich selbst und anderen Menschen. Das zeigt sich bspw. dann, wenn es darum geht, andere oder sich selbst durch einen antreibenden Gedanken oder eine Handlungsaufforderung zu motivieren. Ein Beispiel kann dies verdeutlichen: »Ihr zieht heute in den Kampf gegen eure Feinde. Euer Herz verzage nicht, fürchtet euch nicht und erschreckt nicht und lasst euch nicht grauen vor ihnen; denn der HERR, euer Gott, geht mit euch, dass er für euch streite mit euren Feinden, um euch zu helfen.«[127] Das Zitat ist eine Suggestion par Excellence: Die Gemeinschaft wird angesprochen, die rationale Überlegung von Verwundung oder Tod wird verschoben und die Unsicherheit vor dem nächsten Tag wird absorbiert, aufgrund der vermittelnden Vorstellung, dass ein transzendentes, übermächtiges Wesen der Gruppe beistehen wird.

Dadurch bietet Suggestion jedoch auch ein Einfallstor für Manipulation und die Ausübung von Macht. Wie beschrieben ist ein Zustand von Angst, Unsicherheit und unklarer Wahrnehmung eine Situation, in der Suggestion besonders effektiv wirkt. Wer oder was letztendlich über diesen Zustand hinweghilft, die Ungewissheit absorbiert, ist diejenige, welche das Ritual durchführt – die Magierin, oder, wie im Fall des genannten Zitats, eine Geistliche. Sie halten die Macht in Händen, denn sie *verzaubern* andere Menschen durch ihre Suggestion. Unsicherheit ist das, was das Bedürfnis danach eröffnet, die Suggestion anzunehmen und eine fremde Anschauung zu übernehmen. Dadurch wird Suggestion zu einem psychologischen Instrument, das dazu verwendet werden kann, die Gedanken und das Verhalten anderer Menschen zu kontrollieren. Diese vermittelte, aber verzerrte Wahrnehmung führt zur Akzeptanz einer Realität, die dem/der Magier*in einen Vorteil verschafft.[128] Das eröffnet für das Thema dieses Buchs zwei Ebenen, auf denen die Verzauberung wirkt:

- Technologie selbst verzaubert. Ein anschauliches Beispiel sind die Autofahrer*innen, die sich auf ihr GPS blind verlassen haben.[129] Diese fuhren bspw. in einen Fluss, da das Navigationsgerät eine Brücke zeigte. Dabei war es klar ersichtlich, dass es sich hier um eine Fehlinformation des Navigationsgeräts handelte. Bei diesem Beispiel wird die Grenze zwischen Magie und Religion sogar überschritten: Ein technologisches und magisches Werkzeug ist ursprünglich dazu gedacht, die Komplexität (hier: des Wegenetzes) zu reduzieren und zum gewünschten Ziel zu führen. Im genannten Beispiel wird diesem Werkzeug aber selbst der Stellenwert einer Gottheit zugesprochen, dem sich der Mensch im blinden Glauben unterwirft.
- Magische Praktiken verdecken die Vorgänge selbst und damit verbundene Probleme, indem sie nur bestimmte Aspekte zeigen[130] – eine Magie, die bspw. in der Tagespolitik allgegenwärtig erscheint. Die Übermacht, die vermeintliche Innovationskraft der großen Technologiekonzerne, macht sich daran fest, mit Ritualen wie der jährlichen Präsentation des neuen iPhones, eine Suggestion – oder Massenhysterie? – zu erzeugen. Macht ist im digitalen Zeitalter allgegenwärtig, aber diese Macht ist oft am effektivsten, wenn sie verborgen ist und

durch Ideologien der Zustimmung und der Unvermeidlichkeit *normalisiert* wird. Digitale Technologie eignet sich dafür ganz besonders, ist sie doch stets eine *Blackbox*.

Unverkennbar zeigt sich die Ähnlichkeit mit dem deterministischen Charakter der Technologie selbst. Die Realität wird verzerrt, indem eine Geschichte über Technologie erzählt wird, die sie mit Innovation und Erfindungsgeist verbindet. Technologie und Innovation werden häufig sogar als Synonyme empfunden.[131] Und Innovation ist der zentrale Begriff für beinahe alle Pläne, Vorhaben und Geschäftsmodelle in kapitalistischen Gesellschaften geworden. Soziale Institutionen, Universitäten und/oder die Wettbewerbsfähigkeit gegenüber anderen Nationen – alles scheint von der Innovationsfähigkeit abzuhängen. Daher besitzt auch Innovation einen quasi-religiösen Stellenwert und wird wie ein Fetisch verehrt.[132]

Was aber aus den Chefetagen der großen Technologiekonzerne kommt, ist keineswegs neu. Es sind lediglich althergebrachte Ideen der Belle Époque, des Art déco und des Modernismus:

E-Mobilität (Elon Musk), fliegende Autos (Larry Page), Luftschiffe (Sergei Grin), Raketen im Orbit und im Weltraum (Elon Musk, Jeff Bezos, Paul Allen).[133] Das Narrativ der Technikgeschichte wird von weißen, reichen, privilegierten Cis-Männern dominiert,[134] die suggerieren, die Gesellschaft befände sich fest umschlossen im Griff der Vergangenheit. Und noch problematischer ist, dass durch den Rückhalt des Technikdeterminismus zudem eine alternativlose Zukunft schon heute festgelegt wird.[135]

Hier sei nochmal an die Einschätzung von Jean-François Lyotard erinnert, der solche Formen von »Metanarrativen«[136] als Mittel zur Legitimierung und zum Ausbau von Macht beschrieb, die dadurch Macht etablieren, indem sie Versprechungen von Effizienzsteigerung und gesellschaftlicher Optimierung enthalten.[137]

Fraglich ist aber mindestens, ob die Kultur der Technologie tatsächlich hinterherhinkt, die Welt jemals zum globalen Dorf wurde und warum sich dieses angebliche Hinterherhinken, wenn Digitalisierung angeblich so viel radikal ändert, nicht in der Produktivitätsstatistik zeigt.[138] Denn Fakt ist, dass sich schon der Einzug des Personal Computers auf Ebene der Produktivität kaum bemerkbar gemacht hat.[139] Trotz ihrer suggerierten Potenziale zeigt sich dieses Produktivitätsparadoxon erneut im Rahmen einer zunehmend digitalisierten Wirtschaft und einer vermeintlichen vierten industriellen Revolution.[140]

Die CEOs der Technologiekonzerne sind die Magier, die erfolgreich verdecken, um was es tatsächlich geht: Einfluss und Autorität. Es geht darum, sich bereits heute durch den vermeintlichen Ausblick auf das vermutete Potenzial einer Technologie, den Freibrief für die Ausübung von Macht zu holen, politische Entscheidungen zu beeinflussen und sich als Autorität für bestimmte Technologien zu nominieren.

Das Medium Digitalisierung ist lediglich das, was Ziele wie Macht und Einfluss zum jetzigen Zeitpunkt am schnellsten und effektivsten erreichen lässt. Es könnte auch um andere Themen gehen: Zu früheren Zeiten waren es Weltraumtechnologien oder Atomwaffen. Und Ende des 19. Jahrhunderts waren es Konzerne wie AEG oder General Electric, die mit ihren Technologien im Bereich Elektrizität viel Mitsprache bei politischen Entscheidungen erlangten. Wir sollen glauben, dass wir es in den Chefetagen der Tech-Konzerne mit Genies zu tun haben, die geschafft haben, was die Unternehmen der Frühzeit des Internets – wer erinnert sich noch an Compuserve, Lycos oder Altavista? – nicht geschafft haben: einen essenziellen Teil unserer täglichen Arbeit und unserer Lebenswelt zu regieren und damit über diese Anteile unseres Lebens bestimmen zu dürfen. Nur hat es, wie vorhin erwähnt, mit Genialität nichts zu tun. Die Lockerung des Kartellrechts in der Reagan-Administration war wichtig, die privatwirtschaftliche Nutzung öffentlicher Güter, Wagniskapital nach dem Platzen der Immobilienblase und eine große Menge Ideologie sind die wichtigsten Faktoren, die den Konzernen ihre Vormachtstellung verliehen haben. Denn bahnbrechende, geniale Inhalte werden so gut wie nicht geliefert.

Am deutlichsten zeigt sich das im Bereich der Informations- und Kommunikationstechnologie (IKT). Wie innovativ, wie utopisch können die Produkte aus Silicon Valley tatsächlich sein? Die Empirie spricht eine klare Sprache: Echte Innovationen *dürfen* sogar im Rahmen der Datenökonomie des Digitalkapitalismus gar nicht entstehen. Die Begründung ist einfach: Echte Innovationen stören organisatorische Strukturen in

Unternehmen und benötigen auf sozialer Ebene ein hohes Maß an Anpassungsleistung – u. a. aufgrund von Berührungsängsten und Lernprozessen.[141] Wenn sich aber das zentrale Geschäftsmodell hauptsächlich um die Erfassung und Verarbeitung persönlicher Daten dreht, *kann* es sich nicht um radikale bzw. disruptive Innovationen handeln, die von den Technologiekonzernen vermeintlich mehrfach jährlich vorgestellt werden. Das würde der notwendigen Einfachheit im Umgang mit den Geräten zuwiderlaufen und das Produktionsmittel Daten schwerer zugänglich machen. Trotzdem wird jedes Jahr aufs Neue fabuliert, das neue digitale Gadget XY sei ein Durchbruch, angeblich nie da gewesen und bahnbrechend.

Die heutige Zivilisation ist fixiert auf Materialität, was gegenüber der Magie und magischem Denken eine Empfindung von Naivität oder Infantilität erzeugt. Es wird Kindern überlassen, an gute Feen zu glauben oder Gegenständen Lebendigkeit zuzusprechen. Technologie ist heute allgegenwärtig. Und da Technologie und Magie in vielerlei Hinsicht als ein und dasselbe betrachtet werden müssen, sind wir heute sehr viel stärker von Magie umgeben, als das primitive Stammeskulturen waren. Magie umgibt die Soziosphäre heute so sehr, ist so amorph und wandlungsfähig. Das Selbstverständnis der Gesellschaft, modern zu sein, indem wir Traditionen und Aberglauben wie Magie hinter uns gelassen haben, ist nur ein frommer Wunsch.[142]

Unvermeidlich kommt dabei der französische Philosoph und Wissenschaftstheoretiker Bruno Latour in den Sinn:

In *Wir sind nie modern gewesen* (Ersterscheinung auf französisch, 1991) hinterfragt er die Grundannahmen der Moderne, die seiner Ansicht nach ein großes Missverständnis darstellt, das unsere heutigen Handlungs- und Denkräume verengt. Er kritisiert die Überhöhung der modernen Wissenschaften und die damit einhergehende Trennung zwischen Fakten und Vermutungen, Objekt und Betrachtendem, Realität und Konstruktion sowie Belegbarem und Glaubensdingen.[143] Latour argumentiert, dass diese Trennung die tatsächlichen Mechanismen unserer Lebenswirklichkeit verkennt. Daraus folgen falsche Annahmen und damit eine tiefgreifende Beschneidung des Blicks auf die Realität. Kurz: Die Annahme einer Trennung zwischen Fakten und Vermutungen konstruiert eine falsche Realität. Fakten und Vermutungen lassen sich Latour zufolge nicht trennen, da sie bspw. in einem Forschungsprozess beide den Prozess beeinflussen.[144] Es können damit keine Fakten nur für sich alleine stehen. Dasselbe gilt für die Trennung zwischen Objekt und Betrachtendem. Die Betrachtung eines Objekts kann nie objektiv sein – sie liegt im Auge des Betrachtenden.

Latours Ausführungen können direkt auf die oben genannte Fehlwahrnehmung bezogen werden: Wie gezeigt wurde, ist es ein Irrglauben, Magie, Aberglauben und ähnliche funktionalistische Requisiten als Gesellschaft hinter sich gelassen zu haben, sich davon getrennt zu haben und heute ausschließlich nach Ratio und ökonomisch-technischem Kalkül zu operieren. Nicht zuletzt zeigte die Corona-Pandemie auf erschreckende Art und Weise, wie sich Verschwörungsmythen schnell und wirkungsmächtig etablieren können, die sich genau gegen wissenschaftliche Erkenntnisse stellen. Wie zuvor beschrieben, hat die im Zuge von Aufklärung und Reformation geschaffene Erklärungslücke viel Raum nicht nur für den Geist des Kapitalismus sondern auch für modernen Aberglauben geschaffen.

Zum Stellenwert von Technologie: wirtschaftshistorischer Hintergrund

Ein wichtiger Einfluss auf die Änderung des Stellenwerts von Technologie in der Gesellschaft im Vergleich zu den zuvor angesprochenen Stammeskulturen, in denen Technologie hauptsächlich in bestimmten Nischen der Lebenswelt von Bedeutung war, geht mit dem Faktor der Massenproduktion einher. Diese hatte grundlegenden Einfluss auf hochentwickelte Industriegesellschaften (»Wohlstandsgesellschaften«)[145] in Hinblick auf Handlungsmuster und die Bedeutungszuschreibung von Technologie – insbesondere Technologie als Konsumartikel und als Medium für Konsum.

In Deutschland und anderen Industrienationen brachte der Fordismus mit der Einführung des Fließbands enorme Produktivitätssteigerungen. Mitte der 1970er-Jahre überstieg jedoch die Produktion den Konsum. Dadurch kam es zu einem Ungleichgewicht zwischen Angebot und Nachfrage. Der infolgedessen steigende Lebensstandard wurde schon Ende der 1950er-Jahre vonseiten der Wachstumskritik diagnostiziert – u. a. hinsichtlich beschleunigter Abnutzung und sinkender Wertschätzung materieller Güter durch das steigende Angebot und einen hohen Anteil maschineller statt handwerklicher Herstellung.[146] Großes Angebot und infolge billige Preise ermöglichten den höheren Lebensstandard und -stil, was Wertvorstellungen und Konsummuster nachhaltig beeinflusste.[147] Verstärkt wurden ebenfalls bereits existente Phänomene wie Statuswettbewerb durch Geltungskonsum:[148] Das Herausstellen von Konsumgütern, denen ein gewisser Eindruck von Luxus anhaftet – Reisen, große Autos, Markenklamotten und inzwischen digitale Technologie – um die (erwünschte) Zugehörigkeit zu einer sozialen Schicht zu demonstrieren.[149]

Weitere Trends machten Technologie zu einem zentralen Faktor für Konsum und soziale Abgrenzung: Ein mehrdimensionales, sich gegenseitig beeinflussendes Gefüge aus

a) einem rasanten und sich beschleunigenden technologischen Fortschritt, insbesondere im Bereich der Informations- und Kommunikationstechnologien,[150]
b) der Globalisierung mit zunehmend diversifizierten Lieferketten zusammen mit *Lean Management*,
c) weiteren gesamtgesellschaftlichen Veränderungen im Freizeitbereich[151] (40 bzw. 35-Stunden-Woche) sowie
d) ökonomischen Wettbewerbsstrategien, wie z. B. einer zunehmend emotionalen und Lifestyle-orientierten Werbung.

Fetisch

Es zeigt sich, dass am Besitz von materiellen Produkten – hier: Technologie – deutlich mehr hängt als der Gebrauchswert. Insbesondere der oben beschriebene Einfluss des Geltungskonsums ist dafür ein Beispiel: Der Versuch, durch die Zurschaustellung technologischer ›Errungenschaften‹ den Anschein der Zugehörigkeit zu einem höheren sozialen Status zu erwecken. Technologie transportiert und kommuniziert kulturelle Inhalte.[152] In anderen Worten bringt sie »(…) zum Ausdruck, wer man sein und als was man gelten möchte«.[153] Daher werden beim Kauf nicht nur die technische Funktion, sondern auch eine »Identitäts- und Symbolfunktion«[154] erworben.

Auf verschiedenen Ebenen wird seit langer Zeit Produkten im allgemeinen und hier speziell Technologie ein religiöser Charakter zugeschrieben. Zunächst sind technologische Güter Konsumartikel und Konsum ist seit dem Zeitalter der Massenproduktion eine »Ersatzreligion« geworden.[155] So dient der Konsum in einer entzauberten Welt[156] einer Wiederverzauberung und befriedigt spirituelle Bedürfnisse.[157] Ein anderer Aspekt der Anbetung von Technologie besteht in einer narzisstischen Bewunderung des mysteriösen und erstaunlichen Charakters der eigenen, menschlichen Handarbeit[158]: Materialien werden geschaffen, zusammengefügt, in Form gebracht und ihnen wird ›ein Leben eingehaucht‹. Der Fetisch wird nach Hause gebracht und funktioniert wie von Zauberhand.

Rund hundert Jahre vor der eben erwähnten Betrachtung des französischen Soziologen Jacques Ellul findet sich diese Überlegung bei Karl Marx. Er analysiert, dass im Rahmen eines kapitalistischen Wirtschaftssystems die produzierten Gegenstände nicht mehr anhand ihres Gebrauchswerts oder anhand der für ihre Entstehung investierten Arbeit bemessen werden. Sobald sie eine handelbare Ware werden, erhalten sie einen »rätselhafte[n] Charakter«,[159] sie werden »sinnlich übersinnliche oder gesellschaftliche Dinge.«[160] Nach Marx besteht zwischen Mensch und produzierten Gegenständen eine Beziehung, die der Anbetung eines Fetischs gleicht. Ein Fetisch ist im ursprünglichen, religiösen Sinn ein Gegenstand, in dem ein übernatürliches Wesen lebt und der dadurch als Manifestation dieser höheren Macht verehrt wird. Und charakteristisch für Religion ist – wie im Zusammenhang mit Magie beschrieben – die Unterwerfung unter eine göttliche Macht. Nach Marx spiegeln sich jedoch die gesellschaftlichen und Herrschaft ausübenden Produktionsverhältnisse in den produzierten Waren wider. Diese entsprechen in diesem Zusammenhang einer göttlichen Macht. Dieser Herrschaft unterwirft sich der Mensch unbewusst.[161] Die religiöse Praxis besteht dann in der Überhöhung des Stellenwerts der Waren als Fetisch.

Manifestation

Außerhalb des Gebrauchswerts von Technologie besteht eine zusätzliche Zuschreibung in der Assoziation von Komfort und Luxus.[162] Dies gilt insbesondere für digitale Technologie, die durch ihren inzwischen stets betonten smarten Charakter viele Dinge des Alltags vermeintlich so viel einfacher macht. So jedenfalls der vermittelte Eindruck: automatische Beleuchtung, Informationen und Musik via Zuruf an den heimischen Assistenten, E-Commerce rund um die Uhr, ohne sich auch nur vom Sofa zu erheben.

Der Beginn des steigenden Einzugs digitaler Technologie in die (heimische) Lebenswelt und damit auch die Geburtsstunde des Digitalkapitalismus lässt sich an der dritten industriellen Revolution im Bereich der Mikroelektronik festmachen. Ein wichtiger Meilenstein dafür war die Entwicklung des ersten Mikroprozessors 1971.[163] Das stellt aber keineswegs den Beginn einer *Computer-Revolution* dar. Denn für den zivilen Teil der Bevölkerung des globalen Nordens existierte digitale Technologie trotz der Existenz des Mikroprozessors zunächst kaum. Eine Anwendbarkeit war nicht gegeben bzw. konnte nicht vermittelt werden. Der tatsächliche Einsatz von Computertechnologie begann zwar schon 1945, ging jedoch bis in die späten 1970er-Jahre beinahe ausschließlich vom Militär aus.[164] Mitte der 1970er-Jahre wurde der Prototyp eines Personal Computers einigen Lehrkräften des MIT vorgestellt, die aufgrund mangelnder Fantasie für einen möglichen Einsatz sich nicht beeindruckt zeigten.[165] Erst ab 1978 – mit der zweiten PC-Generation – konnten Computer erworben werden, die nicht erst aus einem Bausatz zusammengebaut werden mussten.[166] Mit Beginn der 1980er-Jahre tauchten Computer zunehmend in Arbeitswelt und Privathaushalten auf. Für den heimischen Bereich gab es zunächst Videospielkonsolen und wenig später auch Computer, welche beinahe ausschließlich der Unterhaltung dienten und im tieferen Preissegment angesiedelt waren. Treffend wurden diese in Abgrenzung zum PC am Arbeitsplatz als *Homecomputer* bezeichnet. Damalige PCs wären schon rein finanziell für den heimischen Einsatz vollkommen unerschwinglich gewesen. Mit der Entwicklung der digitalen Technologie kamen in den 1980er-Jahren bspw. Digitaluhren, schnurlose Heimtelefone, die Compact-Disc auf. Ein weiterer Umbruchpunkt war die Wandlung des Internets ab den späten 1990er-Jahren. Die zuvor populären Bulletin Boards – quasi schwarze Bretter des Internets – waren passé. Parallel mit enorm steigenden Nutzungszahlen brachte die Ära des *Web 2.0* die sozialen Medien hervor. Parallel etablierte sich die Kommerzialisierung des Internets mit E-Commerce und dem Werbegeschäft und machte Daten zum begehrten Produktionsmittel. Das *Internet of Things* machte es zum Standard, heimische Gerätschaften notwendigerweise mit einem Internetanschluss zu versehen: Smart TVs, Überwachungskameras, Smart Meter oder weiße Waren wie Kühlschrank, Wasch- und Spülmaschinen. Nicht zuletzt sind solche Komforts, sich vom Wäschetrockner nach Ende seiner Tätigkeit eine Pushnachricht auf das Telefon schicken zu lassen eine weitere, willkommene Möglichkeit, begehrte Nutzungsdaten zu sammeln.

Die folgenden Zahlen zeigen die Normalität und Breite der Nutzung digitaler Technologie am Beispiel deutscher Haushalte und damit den einfachen Zugang der Datenökonomie zum Produktionsmittel Daten: Im Jahr 2021 besaßen 92 % der deutschen Haushalte einen Internetanschluss,[167] in der Altersgruppe zwischen 16 und 18 Jahren besaßen 96 % ein Smartphone,[168] 2020 nutzen knapp 92 % »jeden oder fast jeden Tag« das Internet.[169] Im selben Zeitraum hatte fast jeder fünfte Haushalt einen TV-Anschluss via Internet[170] und 2022 nutzten rund 43 % der Bevölkerung smarte Haushaltsgeräte wie Heizungs-, Licht- und/oder Stromsteuerung mittels Smart Home-Technologie.[171]

Die Beobachtung, dass eine Funktion digitaler Technologie ihre Nutzung als Statussymbol ist, gilt unabhängig vom Geldbeutel. Denn die breite Palette an digitalen Endgeräten in unterschiedlichen Preissegmenten erzeugt eine Uniformität des Digitalen im Alltag unabhängig von den Einkommensverhältnissen der einzelnen Nutzer*innen. Damit eignet sich auch ein Smartphone ohne Apfel-Logo als identitätsstiftendes Statussymbol.

Zur sozialen Konstruktion von Technologie durch Machtasymmetrie

Erneut: Technologie besitzt keinen eigenen Willen. Sie ist ein Artefakt, was bedeutet, dass sie vom Menschen geschaffen ist. Aber wie eben beschrieben, gewinnt sie durch Zuschreibung eine neue Ebene von Bedeutung und Charaktereigenschaften, wodurch sie in der Folge trotzdem so etwas wie eine eigenständige Macht entwickelt: Ihr Einsatz erzeugt (Pfad-)Abhängigkeiten und grenzt durch ihren deterministischen Charakter Alternativen aus. Denn der Einsatz zieht gewisse Zwänge nach sich: Technologie benötigt elektrische Energie, Technologie stellt Ansprüche an die Umgebung wie Temperatur oder Luftfeuchtigkeit, Technologie benötigt andere

Technologie, um korrekt zu funktionieren, auch wird bestimmtes Knowhow für den Umgang vorausgesetzt – kurz: Das Benützen von Technologie ist nicht möglich, ohne von ihr benützt zu werden, da das eigene Handeln und Verhalten geprägt und gesteuert wird. Und ihr Einsatz legt durch diesen Determinismus Zukünfte am Zeitpunkt ihrer Nutzung fest.

Durch den beschriebenen deterministischen Charakter treten neue Merkmale zu Technologie hinzu, in denen sich ein gewisses Maß an Eigenständigkeit durchaus zeigt. Zunächst einmal hat sie einen traditionellen Bezug verloren. Technologische Innovationen sind vielmehr eine Referenz auf Technologie selbst und nehmen immer weniger Bezug auf zuvor existente, analoge Artefakte oder Naturvorbilder. Und eine neue Qualität von Technologie ist besonders bemerkenswert: Ihre Autonomie steigt kontinuierlich.[172] Dies ist offensichtlich bei Maschinenkomponenten, die aufgrund einer Messung des Verhaltens einer anderen Maschine steuernd in deren Betrieb eingreifen. Zum Beispiel misst ein Bauteil die Temperatur einer Maschine und greift in deren Arbeitsprozess ein, damit sie nicht überhitzt. Eigentlich gibt es solche Rückkopplungsfunktionen bereits seit dem Ende des 18. Jahrhunderts: Der Fliehkraftregler diente dazu, die Arbeitsgeschwindigkeit von Dampfmaschinen konstant zu halten. »Kybernetik« wurde dies in den 1940er-Jahren vom US-amerikanischen Mathematiker Norbert Wiener genannt.[173] Der Begriff beschreibt sinnbildlich (»Kybernetes« ist im Griechischen die steuernde Person, etwa auf einem Schiff) die Steuerung und Regelung von Maschinen, wie das der Handlungsweise lebender oder sozialer Systeme entspricht. Solche Systeme handeln auf Basis von äußeren Reizen – von Feedback – und besitzen teilweise eine begrenzte Fähigkeit zur Selbstreproduktion.

Aber das ist im Bereich digitaler Technologie ein ganz grundsätzliches Feature geworden. Es ist so basal, dass die Besonderheit nicht mehr auffällt – sei es nun ein Fitnesstracker oder das Cookie, das Verhaltensdaten an Databroker versendet. Und für das Training von Modellen künstlicher Intelligenz – der zentralen Technologie des Digitalkapitalismus – ist Feedback unerlässlich.

Prophetisch schreibt Marcuse 1967: »Im Medium Technik verschmelzen Kultur, Politik und Wirtschaft zu einem allgegenwärtigen System, das alle Alternativen in sich aufnimmt oder abstößt. Produktivität und Wachstumspotenzial dieses Systems stabilisieren die Gesellschaft und halten den technischen Fortschritt im Rahmen von Herrschaft.«[174] Damit wird der Technologie durchaus ein gewisses Maß an Autonomie zugestanden. Für Marcuse ist Technologie in einer Machtposition und dient als Steuerungsmedium der Gesellschaft.

Nochmals: Technologie ist vom Menschen geschaffen. Daher muss Technologie als Medium von Macht und Herrschaft verstanden werden. Aber hinter Technologie stehen Menschen, deren Interesse es ist, Macht und Herrschaft auszuüben. In den Worten des Religionsphilosophen Paul Tillich formuliert: »(…) [E]s ist eine fremde Macht über die Technik gekommen. Die Technik mit ihren unbegrenzten Möglichkeiten war die Versuchung. Die Entscheidung aber gab die Wirtschaft und ihre Zwecksetzung. (…) Aus der Herrschaft des Menschen wurde die Herrschaft *über* Menschen, wurde Klassenherrschaft und der Versuch, zu Gunsten weniger alle übrigen im Dienst des Zweckes zu entmachten.«[175] Für Marcuse ist damit auch die viel zitierte Neutralität von Technik passé: »Angesichts der totalitären Züge dieser Gesellschaft lässt sich der traditionelle Begriff der ›Neutralität‹ von Technik nicht mehr aufrechterhalten. Technik als solche kann nicht von dem Gebrauch abgelöst werden, der von ihr gemacht wird; die technologische Gesellschaft ist ein Herrschaftssystem, das bereits im Begriff und Aufbau der Techniken am Werke ist.«[176]

Autor*innen von heute kommen auf einen ähnlichen Schluss: Die Politikprofessorin Virginia Eubanks, Autor Jamie Susskind und Wirtschaftsprofessor Daaron Acemoglu – alle aus den USA – betonen in ihren Veröffentlichungen die Bedeutung von Macht und Politik bei der Gestaltung der Technologie und des Fortschritts. Sie argumentieren, dass die Verteilung von Macht und Ressourcen in der Gesellschaft entscheidend dafür ist, wer von Technologie und Fortschritt profitiert und wer nicht.[177] Anders als zu Marcuses Zeiten sehen sie natürlich den Einfluss der Digitalisierung auf die Machtfrage. »Computercode verfügt über die beeindruckende Fähigkeit, menschliche Aktivitäten zu kontrollieren – geräuschlos, automatisch, präzise –, und duldet dabei keinerlei Einspruch. So wird eine wachsende Zahl von gesellschaftlichen Regeln durchgesetzt. (…) Bald werden Milliarden von einst dummen Gegenständen mit dem Internet verbunden, mit Sensoren und Rechenleistung ausgestattet sein, sodass sie mit uns und miteinander interagieren können. All diese Technologien werden Regeln enthalten, und wir werden sie befolgen müssen.«[178]

Der deterministische Charakter der Technologie.

Ab Mitte der 1980er- und 1990er-Jahre beschäftigte sich ein damals neuer Zweig techniksoziologischer Forschung mit der sozialen Konstruktion von Technologie.

> Konstruktion bedeutet hier, dass Objekte keinen eindeutigen, richtigen Charakter besitzen. Gesellschaftlich wird jeweils ein *Bild* (Charakterisierung, Wahrnehmung) von einem Objekt erzeugt. Meist festigt sich eines dieser Bilder und wird gesellschaftlich als Konvention akzeptiert, wobei dies auch gruppenspezifisch unterschiedlich sein kann.[179] Das Bild eines Schnitzels könnte zum Beispiel je nach Perspektive als *leckeres Mittagessen* oder als *Tierleiche aus der Massentierhaltung* konstruiert werden.

Hervorzuheben sind besonders die Veröffentlichungen des britischen Soziologen Trevor Pinch und des niederländischen Soziologen Wiebe Bijker. Deren Betrachtungen waren damals grundlegend, greifen aber genau an folgendem Punkt zu kurz: dem ungleichen Zugang zum Designprozess von Technologie. Mit *Design* ist hier nicht ihre Gestaltung gemeint, sondern ihre Entwicklung und Herstellung. Für Pinch und Bijker ist die Existenz »relevanter sozialer Gruppen« für die soziale Konstruktion von Technologie die zentrale Komponente:[180] Jeweils innerhalb einer Gruppe wird die gleiche Interpretation über die Bedeutung einer Technologie[181] geteilt. Andere, ebenfalls beteiligte Gruppen schreiben der Technologie andere Bedeutung zu. Während eines Aushandlungsprozesses zwischen diesen Gruppen setzt sich das Design der Technologie fort, bis zwischen den Gruppen ein Konsens erreicht ist. Dieser Konsens ist erreicht, wenn durch den Aushandlungsprozess erreicht wurde, dass die Technologie für alle beteiligten Gruppen »funktioniert«.[182] Dies unterstellt, das sämtliche soziale Gruppen gleichberechtigt an diesem Designprozess beteiligt und anwesend sind, dass es keine Konflikte innerhalb der Gruppen gibt, und übersieht zusätzlich die Existenz diverser Akteure, die nicht geschlossen als Gruppe auftreten (können).[183] Übersehen wird, dass Technologie und damit auch ihre soziale Konstruktion stark durch eine Machtasymmetrie gesteuert wird. Gruppen, die keine Stimme haben, werden auch im Rahmen empirischer Forschung übersehen – bspw. wenn Arbeitskräfte keinen Einfluss auf das Design von Technologie haben, die sie arbeitstäglich einsetzen.[184] Das bedeutet, dass Machtasymmetrie im Designprozess fast immer ein Faktor ist, der diesen Prozess zumindest anteilig beeinflusst.

Zwei Beispiele im Kontext des Themas dieses Buchs sind:

- Die Versorgung mit Ressourcen von öffentlicher bzw. staatlicher Seite: Diese spielt in Zusammenhang mit wirtschaftlichen Interessen und weicheren Aspekten wie Erwartungsdynamiken eine große Rolle, wenn es um den Zugang bzw. die Verhinderung des Zugangs von Gruppen im Designprozess einer neuen Technologie geht. Zweifel an Notwendigkeit oder negativen Nebenfolgen einer Technologie finden im Rahmen solcher Dynamiken in der Regel kein Gehör. Im vorangegangenen Kapitel wurde bereits die Rolle staatlicher Gelder bei der Etablierung des Internets beschrieben. Ein ähnliches Beispiel in der Koordination aus ökonomischen und staatlichen Akteuren findet sich im Zeitraum der Elektrifizierung.[185]
- Durch die stets betonte, unausweichliche Determinante Digitalisierung ist keinesfalls die Technologie selbst das Problem, sondern die Tech-Konzerne, welche die Software, Hardware, Ideologie und damit die Determinismen liefern: Diese Machtasymmetrie ist heute allgegenwärtig. Sie zeigt sich u. a. bei den Walled Gardens der Soft- und Hardware der Konzerne Google und Apple, in denen Nutzer*innen der Produkte nur mit sehr hohen Transaktionskosten in den anderen Garten wechseln können. Die Asymmetrie zeigt sich anhand von Netzwerkeffekten bei Social Media-Plattformen, bei denen die Nutzer*innen teils unfreiwillig Mitglied werden, da der Großteil des Bekannten- und Freundeskreises diese nutzt. Dasselbe gilt für Messenger-Apps, die durch Umgehung von Interoperabilität[186] zur Nutzung zwingen, wenn ein/e Nutzer*in nicht ausgeschlossen sein möchte. Die Asymmetrie zeigt

sich daran, dass Google bestimmte Vorgaben für die Gestaltung und Inhalte von Webseiten macht. Webseiten, die diese Vorgaben ignorieren, werden bestraft, indem der Such-Algorithmus diese Seiten in den Ergebnissen der Google-Suchmaschine weit unten ansiedelt. Einen solchen Zwang auszuüben, diesen Vorgaben zu folgen, ist nur einem Monopol möglich. Damit definiert Google gleichzeitig, *was eine Suche im Internet ist*. In diesem Fall handelt es sich um eine Suche innerhalb von Seiten, die sich den Gestaltungsregeln von Google unterwerfen. Natürlich muss auch der Inhalt zur Suche passen – aber vielleicht gibt es auch Seiten, deren Inhalt besser zur Suchanfrage passt, die aber nicht den Gestaltungsregeln von Google entsprechen.

- Diese Aufzählung könnte lange fortgesetzt werden – aber genannt werden muss im Zusammenhang des Themas dieses Buches noch, dass der Designprozess digitaler Endgeräte ebenfalls eine große soziale Gruppe ausschließt: Diese Gruppe umfasst alle Nutzer*innen, die Wert auf ihren Datenschutz, Privatsphäre und ihre Datensouveränität legen.

Design und Governance

Stammeskulturen hatten Vertrauen in die Magie,
antike Hochkulturen in die Götter und die Moderne in die Technik.
Dirk Baecker, 2015: 89

Die Digitalisierung ist eine gesamtgesellschaftliche Transformation. Daher erzeugt der Ausschluss sozialer Gruppen vom Designprozess der Technologien soziale Ungleichheit. Es wurde gezeigt, dass die heutige Gesellschaft einen Bezug zu Technologie besitzt, der einer Beziehung zu Magie und Religion entspricht. Ein reflektierter rationaler Zugang findet auf gesellschaftlicher, politischer oder ökonomischer Ebene kaum statt. Das wurde durch die Themen der Erwartungsdynamiken, der Bilder und der ideologischen Hintergründe der Technologiekonzerne gezeigt. Die mangelnde Reflexion ist angesichts folgenden Zusammenhangs äußerst problematisch: Es muss zunächst festgestellt werden, dass Technologie mit ihrer Logik exponentieller Steigerung das ist, was die Menschheit an den Rand des globalen Kollapses geführt hat. Paradoxerweise ist aber ein Verzicht auf Technologie nicht nur nicht mehr möglich – dafür ist die Abhängigkeit von Technologie viel zu groß –, sondern auch falsch. Die Menschheit benötigt *mehr* Technologie, um sich vom Abgrund entfernen zu können. Die Abwendung von fossilen Energieträgern, die vollständige Umstellung auf erneuerbare Energien u. a. für eine Dekarbonisierung der Industrie oder das Erreichen aller 17 Nachhaltigkeitsziele der UN sind Prozesse, die ohne den Einsatz von digitaler Technologie in vielen Anwendungsfeldern nicht zu realisieren sind.[187] Mehr Technologie darf allerdings nicht mit *mehr* magischem Denken und religiöser Unterwerfung einhergehen. Das Vertrauen muss auf einen alternativen Mechanismus für Ungewissheitsabsorption gelenkt werden, um den Technologieeinsatz ethisch, nachhaltig, reflexiv und rational zu gestalten. Denn vielleicht gab es nie mehr Ungewissheit als jetzt.

In diesem Zusammenhang muss das oben genannte Zitat des deutschen Soziologen Dirk Baecker ergänzt werden. Er vertritt den Standpunkt, dass das *Design* für die »nächste Gesellschaft«[188] zwei Funktionen übernehmen wird – im Kontext des Themas dieses Buchs sogar übernehmen *muss*. Zum einen wird das Design als Mechanismus der Ungewissheitsabsorption an die Stelle der Magie, der Götter und der Technologie treten. Zum anderen dient Design als notwendige Weiterentwicklung, da es ermöglicht, »(…) bestimmte Aspekte der Vernetzung von Mensch, Umwelt, Technik und Gesellschaft reflexiver [zu behandeln], als dies möglicherweise früher der Fall war.«[189]

Für ein besseres Verständnis muss kurz erklärt werden, um was es sich bei der Baecker'schen Vokabel der »nächsten Gesellschaft« handelt. In *Studien zur nächsten Gesellschaft* von 2007 findet sich bereits einleitend eine kurze Definition: »Die nächste Gesellschaft ist die Computergesellschaft. Sie wird sich von der Buchdruckgesellschaft der Moderne so dramatisch unterscheiden, wie diese von der Schriftgesellschaft der Antike.«[190] Baecker argumentiert, dass die nächste Gesellschaft strukturell und kulturell grundlegend durch den kommunikativen Raum des Computers und des Internets geprägt sein wird.

Sechzehn Jahre nach Erscheinen des Buchs (und des ersten iPhones) sollten wir uns angesichts der umgebenden Technologisierung der Lebenswelt bereits mitten in dieser nächsten Gesellschaft befinden – wir diese Gesellschaft sein. Teilweise lässt sich das bestätigen. Denn Baecker hat auch einige Punkte, die Thema des vorliegenden Buchs sind, antizipiert, die für uns heute aktuell sind. Dazu gehören z. B. Einwirkungen der Digitalisierung auf die politische Kommunikation: Die zunehmende Vernetzung und Digitalisierung der Gesellschaft führe zu einer Veränderung der Art und Weise, wie politische Kommunikation stattfindet. Dies könne – so Baecker – sowohl Chancen als auch Herausforderungen für politische Akteure und Institutionen mit sich bringen, wie die Notwendigkeit, sich an neue Kommunikationskanäle und -formate anzupassen – aufgrund des sich im Rahmen von sozialen Medien einstellenden Kritiküberschusses.[191]

Wie oben bemerkt besteht die Notwendigkeit eines reflektierteren Umgangs mit Technologie, da zukünftig mehr Technologie benötigt wird und ihr Einsatz und ihre Entwicklung mit sehr viel mehr politisch-wirtschaftlicher Rationalität und Abwägung erfolgen, aber eben auch alle betroffenen und beteiligten Gruppen auf Augenhöhe zusammenbringen muss. Es geht also um Governance. Baeckers Anforderung an das Design und der Begriff der Governance decken sich weitestgehend:

Governance ist allgemein »die Lenkung des Ablaufs von Ereignissen in einem sozialen System«.[192] Genauer dient sie der Komplexitätsreduktion: Sie trifft kollektive Entscheidungen in einem Umfeld, in dem es kein Kontrollsystem gibt, das die Beziehungen zwischen einer Vielzahl von Akteuren regelt.[193] Ausführlicher umfasst der Begriff alle »(…) Formen und Mechanismen der Koordinierung zwischen mehr oder weniger autonomen Akteuren, deren Handlungen interdependent sind, sich also wechselseitig beeinträchtigen oder unterstützen können.«[194]

> Ein kurzes, eher triviales Beispiel zur Illustration: In einer Wohngemeinschaft stapelt sich regelmäßig gebrauchtes Geschirr. Niemand fühlt sich zuständig, aber alle Bewohner*innen der WG erkennen hier verschiedene Probleme, die die Beteiligten stören: Fliegen, Ästhetik, Geruchsbelästigung und nie sind genügend saubere Teller da. Hier gibt es keine Hierarchie: Alle dort wohnenden Akteure sind gleichberechtigt. Ihre

> Handlungen sind unabhängig voneinander (z. B. keine gemeinsamen Mahlzeiten), aber die Handlungen bzw. die Nicht-Handlungen (Abspülen) beeinflussen einander. Daher muss in gemeinsamer Ausarbeitung ein Reglement geschaffen werden, das die Problematik bewältigt. Das ist Governance.

Die Nähe zwischen Governance und Design ist eng, da Design ebenfalls weit gefasst als Entwicklung von Maßnahmen verstanden werden kann, die darauf abzielen, bestehende Situationen in gewünschte Situationen zu verwandeln.[195] Sowohl Design als auch Governance sind in erster Linie prozessual angelegt. Sie basieren auf Verhandlungen und Iterationen. Beide Begriffe sind die richtigen Adressaten der Gestaltung für eine Gesellschaft, die ihr Leben nicht so fortführen kann, wie es bislang geschehen ist.[196] Beide Begriffe bieten die notwendige Funktion, ihnen misstrauen zu können, beinhaltet also die Funktion der Reflexion. Misstrauen ist angebracht, da Design und Governance von Menschen gemacht wird. Das gilt zwar für die Technologie auch – aber wie gezeigt wurde, lädt diese viel zu sehr dazu ein, ihr magische Eigenschaften zuzurechnen, sie zu überhöhen oder sich der ideologischen Spielchen ihrer Entwickler*innen zu unterwerfen. Entscheidungen aber auf Ebene von Design und Governance laden dazu ein, sie zu reflektieren und zu hinterfragen. Technologie wartet hingegen mit Determinismen auf, die eben *nicht* hinterfragt werden können und weitere Pfade bereits festlegen. Design und Governance machen beide sichtbar, was sie gestalten, und sind im Zweifelsfall modifizierbar – denn beide verbergen nicht, dass ihre Entscheidungen kontingent[197] sind. Bedeutet: Die Entscheidungen sind nicht endgültig, sondern stets ein *Zwischenergebnis*. Entscheidungen von so großer Tragweite müssen sogar stets ein Zwischenergebnis sein: Governance, die hier als Lösungsprozess vorgeschlagen wird, muss sich mit immens komplexen Fragestellungen befassen. Aufgrund der Komplexität ändern sich Einflussfaktoren, Randbedingungen, wirtschaftliche, soziale und technologische Entwicklungen eben auch. Daher müssen Entscheidungen angepasst werden.

Das ist ein hohes Maß an Anforderung für die nächste Gesellschaft, da Design und Governance ganz offensichtlich keine Selbstläufer sind. Sie übertragen die Verantwortung der Gestaltung von Technologie und Gesellschaft auf die Gesellschaft selbst. Denn keine selbst ernannten oder echten göttlichen Gestalten sind da, um die Menschheit zu retten. Der Kaiser ist und bleibt nackt: Die Schneider können noch so oft betonen, dass ihre Webstühle den feinsten Stoff zu weben vermögen – es sind einfach nur Betrüger, die per Suggestion den Kaiser, seine Diener und die Bevölkerung dazu bringen, an Dinge zu glauben, die nicht existieren.

Design und Governance betreffen die Makro-Ebene, die großen Prozesse. Die Notwendigkeit von Sichtbarkeit, Reflexion und Hinterfragung besteht aber genauso auf der Mikro-Ebene. Im Kontext dieses Buchs muss es beim Umgang mit Technologie ebenfalls um Hinterfragung und Misstrauen gehen. Die Schattenspiele der Technologiekonzerne sind keine Orientierungspunkte. Nutzer*innen von heute sind aufgrund der im ersten Kapitel genannten Zusammenhänge auf sich selbst zurückgeworfen und müssen ihre Grundrechte, ihre Datensouveränität und informationelle Selbstbestimmung selbst beschützen. Das in Kapitel 4 beschriebene Werkzeug Priva Score ist solch eine Möglichkeit eines verbesserten Schutzes. Es ist gestaltet mit Transparenz, die dazu einlädt, zu misstrauen, und bietet – als Werkzeug für die Öffentlichkeit – auch die Möglichkeit der Modifikation durch Hinterfragung. Darüber hinaus ist es an der *Gestaltung* einer wünschenswerten Zukunft beteiligt.

Reflexive Technologie und digitale Governance

> *Müssen wir wirklich Himmel und Erde in Bewegung setzen,*
> *um den Netzwerken der Wissenschaften und Technologien*
> *Platz zu machen? Ja, genau, den Himmel und die Erde.*
> Bruno Latour, 1993: 10 (übersetzt von FSF)

Das vorangegangene Kapitel wirft nun natürlich die Frage auf, wie eine solche nächste Gesellschaft bzw. diese wünschenswerte Zukunft aussieht – genauer: wie dieser reflektierte Umgang mit Technologie sich etablieren kann. Nennen wir diesen Prozess *digitale Governance*. Meist umfasst dieser Begriff die Nutzung von Informations- und Kommunikationstechnologien zur Verbesserung der Effektivität und Rechenschaftspflicht öffentlicher Institutionen und Dienstleistungen.[198] Es geht hier aber um einen anderen Anteil der digitalen Governance. Sie soll dazu beitragen, die Bürger*innenbeteiligung, Inklusion und Ermächtigung in Entscheidungsprozessen zu fördern, die ihr Leben beeinflussen. Die *Digitalität* der Governance bezieht sich also nicht auf die Form, sondern in erster Linie auf den Inhalt. Ziel ist, auf Meso-Ebene (Zivilgesellschaft) Aushandlungsprozesse zu etablieren, die den Druck erzeugen, auf politischer Ebene ebenfalls einen reflektierten Kurs im Umgang, bei der Regulierung, der Förderung etc. einzuschlagen.

Im Rückblick gibt es mehr als hundert Jahre Kritik an den negativen (Neben)Folgen der Aufklärung und der entstandenen Moderne. Und eben einer der zentralen Punkte ist dabei die fehlgeleitete Rationalisierung, die – wie zuvor beschrieben – als Einflussfaktor für den heutigen Status von Technologie und die Unterwerfung unter ihren Determinismus gesehen werden muss. Im Folgenden werden die Forderungen und Zukunftsentwürfe einiger Werke miteinander verwoben, um zu konkretisieren, was auf den zurückliegenden Seiten gefordert wurde: Keine Verneinung von Technologie, sondern ein Umdenken hinsichtlich des Umgangs, Governance für ihre Entwicklung und ihren Einsatz sowie die Hinterfragung ihres sozial zugewiesenen, überhöhten Status.

Zunächst kann festgehalten werden, dass Netzwerke ein zentrales Element für Aushandlungsprozesse bei verschiedenen Autor*innen darstellen. Aufgrund der Art und Weise, wie Netzwerke beschrieben werden, sind sie die ideale Arena für Governance.

Zwar ist Dirk Baecker kein Autor der Modernismuskritik, er betont aber in *Studien für die nächste Gesellschaft* verschiedentlich die Wichtigkeit von Netzwerken in der Gesellschaft und die Bedeutung von Reflexion und kritischer Auseinandersetzung mit Technologie und Kommunikation. Innerhalb von Netzwerken handelt es sich bei den Beteiligten um Akteure, die prozessual »(…) Ideen, Vorschläge, Rücksichten und Fluchtpunkte [einbringen und austauschen], mit denen andere gewonnen werden und mit denen weitergearbeitet werden kann.«[199] Bruno Latour –

klarer Vertreter der Modernisierungskritik – sieht Netzwerke ebenfalls als zentrales Element, meint dies aber nicht technisch, zweidimensional oder dreidimensional. Latour beschreibt, dass ein Netzwerk in seinem Sinne so viele Dimensionen wie Akteure hat, die hier verbunden sind.[200] Latour sieht diese Netzwerke als Möglichkeit, der Komplexität der globalen Probleme wie Klimawandel, Umweltzerstörung und soziale Ungerechtigkeit zu begegnen und diese zu bearbeiten.[201] Die Existenz dieser Netzwerke spielt für Latour eine Rolle, die auch politisch anerkannt werden muss. Er fordert eine Politik, die auf der Anerkennung der Interdependenz und der Verflechtungen aller Akteure basiert. Seine Forderung ist das Konzept einer »symmetrischen Anthropologie«.[202] Diese versteht sich als Gegenentwurf zur Dichotomie zwischen Natur und Kultur, was eine alternative Sichtweise auf die Moderne bietet. In der symmetrischen Anthropologie werden sowohl menschliche als auch nicht menschliche Akteure als Teil eines Netzwerks betrachtet, in dem sie miteinander interagieren, ihr Leben konstituieren und gleichermaßen in sozialen Prozessen und Beziehungen betrachtet werden sollten. Dies bietet eine Neubewertung der Beziehungen zwischen Menschen, Dingen und Umwelt, die sich damit ›auf Augenhöhe‹ – begegnen.[203] Durch diesen Wegfall von Hierarchien entsteht laut Latour auch eine Neubewertung der Rolle von Wissenschaft und Technologie in der Gesellschaft. Das lässt zu, Wissenschaft und Technologie vom Sockel der Überhöhung zu holen und vielmehr als kleine Teile eines Ganzen zu sehen.

Diese Vielschichtigkeit von Akteuren und Gesichtspunkten, die miteinander verwoben werden müssen, um die komplexen Probleme von heute zu lösen, findet sich auch im Konzept der reflexiven Modernisierung.

Die Soziologen Ulrich Beck, Anthony Giddens und Scott Lash veröffentlichten 1996 Reflexive Modernisierung. Der Begriff bezieht sich auf den Prozess, bei dem die Modernisierung selbst zum Gegenstand der Reflexion wird, und besitzt klare Bezüge zu Werken der Aufklärung.[204] Dieser Prozess betrifft alle gesellschaftlichen Teilsysteme und führt nach Ansicht zu einer grundlegenden Transformation der Gesellschaft.

Die Autoren eröffnen eine Trennung zwischen einer ersten und einer zweiten Moderne: Die erste, *geschehene* Moderne ist durch die Industriegesellschaft und ihre sozialen Strukturen gekennzeichnet, während die *zu erreichende* zweite Moderne durch die Reflexion und Kritik an diesen entstandenen Strukturen und Problemen geprägt ist. In der zweiten Moderne sind die Menschen mit den Folgen der Modernisierung, wie Umweltproblemen und sozialen Veränderungen, konfrontiert.[205] Sie beinhaltet ein geschärftes Bewusstsein für die mit der Modernisierung verbundenen Risiken und Unsicherheiten, wie Umweltzerstörung, soziale Ungleichheit und das Potenzial für technologische Katastrophen. Die Theorie betont die Bedeutung der Reflexivität, d. h. der Fähigkeit, das eigene Handeln und die Folgen dieses Handelns zu reflektieren, um die Risiken und Ungewissheiten der Modernisierung zu bewältigen.[206] Dabei unterstreichen die Autoren die Rolle der Politik bei der Gestaltung des Modernisierungsprozesses und die Notwendigkeit einer demokratischen Beteiligung an der Entscheidungsfindung: Die zweite Moderne sollte die politische Beteiligung der Bürgerinnen und Bürger fördern und ihnen die Möglichkeit geben, aktiv an Entscheidungsprozessen teilzunehmen, um die Modernisierung gemeinsam zu gestalten.[207]

Nun sind Baecker, Latour, die Autoren der reflexiven Moderne, aber auch andere Modernismuskritiker wie die im ersten Strang genannten Adorno und Horkheimer sparsam, was konkrete Schritte zur Lösung dieser globalen Probleme anbelangt. Damit bleibt auch die Frage nach einer Möglichkeit offen, wie eine digitale Governance geschaffen werden soll. Immerhin lassen sich durch die Überschneidungen der Kritik grobe Konturen erkennen:

Was die nächste Gesellschaft braucht, was wir brauchen, ist eine Aushandlung und Harmonisierung pluraler Perspektiven – nur so kann die (digitale) Governance gelingen. Zur Erklärung, was das bedeutet, nutzen Ulrich Beck und die belgische Philosophin Isabelle Stengers unabhängig voneinander das Beispiel des Hurrikans Katrina. Diese verheerende Naturkatastrophe ereignete sich Ende August 2005 in den US-amerikanischen Bundesstaaten Florida, Louisiana, Alabama und Georgia. Der Sturm erzeugte einen Schaden von ca. 160 Milliarden US-Dollar und seine Geschichte ist geprägt von politischer Ignoranz gegenüber der betroffenen Bevölkerung. Zum Beispiel wurde erst rund eine Woche nachdem der Hurrikan eine Spur der Verwüstung hinterlassen hatte, eine militärische Hilfstruppe in das Krisengebiet entsandt.[208] Katrina steht bis heute als Symbol über den Geschehnissen für die soziale Ungleichheit und den systemischen Rassismus der USA. Wer sich nicht in Sicherheit bringen konnte – etwa aus finanziellen Gründen – waren größtenteils die dort ansässigen People of Color. Diese traf der Sturm dann umso härter.[209]

Beck beschreibt, dass die Diskurse rund um Katrina eine neue Qualität besaßen. Er sieht darin einen Paradigmenwechsel, da hier zwei problematische, aber bislang getrennte Themen zusammentrafen: ökologische Herausforderungen, die im Rahmen der menschlich erzeugten Klimakrise immer deutlicher zutage treten, und der Rassismus in den USA. Bis zum Hurrikan Katrina seien Überschwemmungen nicht in diesem Ausmaß als ein Thema der Umweltgerechtigkeit betrachtet worden. Beck plädiert dafür, die ungleiche Verteilung der Auswirkungen von Katrina als Folgen von Sklaverei und institutionalisiertem Rassismus ins Bewusstsein zu rufen – und zwar in der Öffentlichkeit wie auch in der Wissenschaft. Es geht darum, den Rassismus mit Umweltgerechtigkeit in Verbindung zu bringen. Diese Art der »Verbindung des Unverbundenen« sei die Art und Weise, wie die Unsichtbarkeit der Nebenwirkungen sichtbar gemacht wird.[210] Latour würde hier zustimmen: Die Trennung dieser Probleme ist eine unzulässige Dichotomie, die allerdings mit Latours netzwerkbasiertem Ansatz der symmetrischen Anthropologie umfasst würde.

Stengers diagnostiziert an dem Geschehnis des Sturms mehrere Probleme. Zunächst sieht sie Katrina als Beweis, dass die Regierungen – nicht nur in den USA – unfähig sind, die globale Klimakrise angemessen zu bewältigen, da sie sich auf wirtschaftliches Wachstum konzentrieren, selbst wenn dies zu Umweltschäden und sozialen Ungleichheiten führt.[211] Dies würde die soziale Ungleichheit verstärken und zu einer globalen Apartheid (»a planetary New Orleans«[212]) führen, die auf Sicherheitsfragen und Zugang zu Ressourcen basiert.

Alle Autor*innen sehen die Politik mehr oder weniger überfordert und die Lösung der Probleme – seien diese nun die Klimakrise oder der Umgang der Gesellschaft mit Technologie – in Netzwerken und der Zivilgesellschaft. Die Multidimensionalität heutiger Probleme kann nur durch ebenso multidimensionale Governance-Netzwerke bearbeitet werden. Die Machtasymmetrie und der Ausschluss von Gruppen aus dem Designprozess von Technologien bspw. kann nur durch Mitwirkung und Zugang dieser Gruppen am Designprozess behandelt werden. Der Designprozess selbst muss in einem solchen Netzwerk stattfinden und ausgehandelt werden. Dies gilt auch für Fragen des Technologieeinsatzes: Ob und wenn ja, in welcher Form Technologie als sinnvolles Instrument zur Problemlösung eingesetzt werden soll, muss ebenfalls durch einen Diskurs im Netzwerk beantwortet werden. Dies ist ein vollkommener Gegenentwurf zum Technikdeterminismus. Denn Technologie und wissenschaftliche Erkenntnisse sind nur ein Puzzlestückchen in einem gigantischen Netzwerk.

Um es zu konkretisieren: Es muss über Beteiligung nachgedacht werden – Beteiligung der Gesellschaft und Mitwirkung an politischer Gestaltung. Niedrigschwellig und politisch leider weniger wirksam waren zunächst repräsentative Umfragen, wie sie beispielsweise die Bertelsmann Stiftung, die Heinz Nixdorf Stiftung und die Ludwig-Erhard-Stiftung 2008 zu Grundsatzfragen der Sozialen Marktwirtschaft durchgeführt haben. Hier entstanden klare politische Forderungen nach Tempolimits, einer ökologischen Umsteuerung und einer allgemeinen Grundsicherung.[213] Erstaunlich, dass 15 Jahre später genau über diese Punkte immer noch diskutiert werden muss. Aber auch Fragen zum Umgang mit Technologie könnten hier bearbeitet werden. Diese müssten dann für politische Wirksamkeit in Petitionen münden. Wenn das notwendige Quorum einer Petition erreicht ist, muss nach Grundgesetz Art. 45c ein Petitionsausschuss sich mit dem Begehren befassen. Hochaktuell ist, dass Petitionen bald ein niedrigeres Quorum benötigen (früher waren 50.000 Unterschriften notwendig, nun sollen es 30.000 werden) und dass Petitionen mit 100.000 Unterschriften direkt im Bundestag diskutiert werden müssen.[214]

Darüber hinaus existiert eine Vielzahl anderer Möglichkeiten, beteiligte Governance-Prozesse abzuhalten und diese politisch wirksam zu gestalten. Dazu gehören Bürger*innenräte, wie sie aktuell von der Bundesregierung durchgeführt werden. In mehreren Sitzungen diskutieren hier Bürger*innen, die nach Alter, Geschlecht, Wohnort, Bildungsstand und

Migrationshintergrund zufällig ausgelost werden. Diese werden von wissenschaftlichen, wirtschaftlichen und zivilgesellschaftlichen Expert*innen informiert und diskutieren, um konkrete politische Forderungen zu erarbeiten.[215] Aufgrund der hohen Konzentration des Verfahrens können hier auch entsprechend komplexere Themen bearbeitet werden – bspw. ethische Grundsätze beim Einsatz von KI oder der Einsatz von Gesichtserkennung in der Öffentlichkeit.

Und darüber hinaus existiert eine Vielzahl weiterer Formen der Beteiligung. Dazu zählen Stadtteilversammlungen und Bürger*innendialoge, bei denen auf lokaler Ebene Bürger*innen direkt mit ihren gewählten Vertretenden sprechen können, um Anliegen zu diskutieren und Lösungen zu finden – zum Beispiel gegen den Einsatz KI-gestützter Videoüberwachung. Außerhalb der politisch normierten Grenzen existieren viele zivilgesellschaftlich initiierte Möglichkeiten: Dazu zählen zum Beispiel Bürger*inneninitiativen, die sich zu Interessengruppen zusammenschließen, um gemeinsam politischen Druck auszuüben oder Veränderungen in bestimmten Bereichen zu fordern.

Eine deutlich höhere Eskalationsstufe ist der zivile Ungehorsam – wobei an dieser Stelle von diesem abgeraten wird, um sich dem Verdacht zur Aufforderung zu einer Straftat zu entziehen.

Ziviler Ungehorsam bezieht sich auf eine Form des politischen Protests oder Widerstands, bei der Menschen bewusst und gewollt Gesetze oder Regeln brechen, um auf bestehende Ungerechtigkeiten, Diskriminierung oder andere soziale Probleme aufmerksam zu machen. Diese Art des Protests erfolgt oft gewaltfrei und mit dem Ziel, öffentliche Aufmerksamkeit zu erregen, die öffentliche Meinung zu beeinflussen und Veränderungen in der Gesellschaft herbeizuführen. Dazu gehört in aller Regel die Akzeptanz der (rechtlichen) Konsequenzen sowie eine ethische oder moralische Überzeugung, dass der Status quo nicht akzeptabel ist und dringend geändert werden muss.

Die Aufgabe der Governance ist aber so umfassend, dass eine Möglichkeit, diese zu implementieren, eine unvorstellbare große Aufgabe darstellt. Beck und Stengers zeigen auf, wie vieldimensional Governance im 21. Jahrhundert aussehen müsste. Und alleine die Forderung, dass Governance Technologie steuern muss, ist ebenfalls an Größe und Komplexität enorm. Allerdings führt kein Weg daran vorbei – wer soll es denn richten, wenn nicht die Gesellschaft selbst? Der Technikdeterminismus á la Silicon Valley ist die Antithese eines reflektierten Umgangs mit Technologie. Und wie in den kommenden Kapiteln beschrieben wird, ist diese technokratische Philosophie auf politischer Ebene inzwischen ebenfalls breit etabliert.

Es besteht daher die Notwendigkeit, diesen technologischen Skeptizismus möglichst früh – beginnend in Kitas – zu vermitteln. Während sich früher Medienkompetenz hauptsächlich auf den Umgang mit Fernsehen, Zeitschriften und Videospielen bezog, muss sie heute sehr viel mehr thematische Aspekte umfassen: Digitalisierung und Bewältigung ihrer negativen Nebenfolgen, digitale Nachhaltigkeit, Potenziale der teilweisen Aussöhnung mit der Natur unter Zuhilfenahme technologischer Mittel, digitale Mündigkeit, informationelle Selbstbestimmung – und eben eine skeptische Einstellung gegenüber Technologie sowie der Dringlichkeit einer Lenkung und Steuerung.

Die Umsetzung eines Umdenkens bezüglich der Rolle der Technologie, Skepsis und eine Reinigung von der Magie liegt als Last auf den Schultern der nächst-nächsten Gesellschaft. Wir als heutige nächste Gesellschaft stehen aber in der Position der Vermittlung und müssen durch genannte Wege den Druck ausüben, uns von der Magie zu befreien.

Zwischenfazit: drei Stränge

Die in den vergangenen Kapiteln beschriebenen drei Stränge trafen zwischen den späten 1990er- und den 2000er-Jahren zusammen: die Prägung des Denkens und Wahrnehmens durch die Aufklärung, der kapitalistische Geist, die Ideologie von Solutionismus und Technikdeterminismus sowie die Ubiquität digitaler Technologie in der gegenwärtigen Lebenswelt inklusive ihrer gesellschaftlichen Funktion als Zaubermaschine und Ersatzreligion.

Durch die Aufklärung prägten Rationalisierung und Säkularisierung das Denken und Handeln und öffneten, vermittelt über die protestantische Ethik, die Tore für den modernen Kapitalismus. Der kapitalistische Geist bot stets Rechtfertigung für die Unmoral des Ausstechens der Konkurrenz und die Ausbeutung der Arbeitskräfte, was auch für den Digitalkapitalismus gilt: Der Zugriff für alle Menschen in Gleichheit und Freiheit auf Kommunikation, Wissen und Dienste für die Rifkin'sche Null-Grenzkosten-Gesellschaft heiligt heute die Mittel. Da Technologie in diesem Märchen die zentrale Rolle spielt, greifen hier der kapitalistische Geist und die kalifornische Ideologie mit Solutionismus und Technikdeterminismus fest ineinander. Eine Gesellschaft, rationalisiert und durch *Techno-Logik* strukturiert, wird von vermeintlich innovativer Technologie und den rituellen Zaubershows der großen Technologiekonzerne verzaubert. Technologie wird zum Fetisch, der das Herrschaftsdiktat aus ökonomischer Macht durch Verhüllung von Alternativen durchsetzt. Nutzer*innen haben hier keine Wahl – die Uniformität des Digitalen hat sich fest etabliert. Das Digitale ist so smart, Luxus und Komfort, Statussymbol und externalisiertes Ich. Damit bilden diese drei Stränge gemeinsam den kulturellen, ökonomischen, technologischen und gesellschaftlichen Rahmen für die Existenz dessen, was im Folgenden als ein noch näher zu definierender Digitalkapitalismus bezeichnet wird.

ANMERKUNGEN

1. Hillmann 1994: 52 f.; Stichwort Aufklärung
2. Kant 1784: 516
3. Rousseau 1762/2012
4. Horkheimer/Adorno 1944/1988: 20
5. ebd.: 13
6. Weber 1919/2002: 488
7. ebd.
8. ebd.
9. Weber 1905/2009: 66
10. Weber 1905/2009: 86 f.
11. ebd.: 154
12. ebd.: 157
13. ebd.: 164 f.
14. Stengers 2015: 17 f.
15. Beck 1994: 22
16. Ellul 1967: 78 f.
17. Schulz-Schaeffer 2000: 188
18. Marcuse 1967: 23
19. Sadowski 2020: 6
20. Marx 1872/2021: 384 ff.
21. Nye 2006: 20
22. Barbrook/Cameron 1996
23. Sombart 1902/2018; Weber 1905/2009
24. Weber 1905/2009: 40
25. ebd.: 41 f.
26. ebd.: 42
27. Krauss 2003: 155
28. Ross 2000: 103
29. Boltanski/Chiapello 2006: 58
30. ebd.: 68
31. Kocka 2017: 85 f.
32. Nachtwey/Seidl 2017: 14
33. ebd.: 21; Barbrook/Cameron 1996: 7
34. Faucher 2018: 41
35. Rifkin 2014
36. Degele 2002: 30
37. Morozov 2014: 6
38. Stinchcombe 2018
39. Jonas 1993
40. Fuchs 2020: 217
41. Hillmann 1994: 354; Stichwort »Ideologie«
42. Barbrook 2007: 6 – übersetzt von FSF
43. Bory 2020: 32
44. Torres 2022
45. Bostrom 2003: 6
46. ebd.: 2 f.
47. ebd.
48. Nordmann 2021
49. Bostrom 2019: 465
50. Torres 2022
51. Marx 2019
52. Tynan 2016; Levy 2018; Powell 2019
53. Narayan et al. 2023
54. Taplin 2018: 5
55. Shapiro 1999: 16 f.
56. Barbrook/Cameron 1996: 45 ff.
57. Hill 2023
58. Schulz 2017:86
59. Crunchbase 2023
60. La Monica 2006
61. LeMay 2005
62. Albanesius 2013
63. Snider 2019
64. Welch 2018
65. Cranz 2022
66. Crunchbase 2023

67 Luhmann 2013
68 Luhmann 1987: 31
69 Luhmann 2013: 9
70 ebd.: 48
71 Europäisches Parlament 2022: Art. 2 Abs. 29
72 ebd.: 48
73 ebd.: 50 ff.
74 ebd.: 86
75 Gore 1991
76 Staab 2016: 8; DePillis 2018
77 Konkel 2014; Konkel 2021; Amazon Web Services 2023
78 Abrams 2017; übersetzt von FSF
79 Dick 1962: 43 ff.
80 Abrams 2017; übersetzt von FSF
81 Zuckerberg 2013
82 ebd.
83 Solon 2017
84 Yeboah et al. 2017; Holev 2020: 6
85 Guess et al. 2020; Hopp et al. 2020
86 Elliott et al. 2021
87 Yeboah et al. 2017
88 Anderson 2010; Price 2023
89 Graham/Foster 2016
90 Graham/Sengupta 2017
91 Netzneutralität bedeutet, dass alle Daten im Internet gleich behandelt werden sollten, ohne dass bestimmte Dienste oder Inhalte bevorzugt werden. Die Einhaltung der Netzneutralität kann entscheidend für die Aufrechterhaltung eines offenen und freien Internets angesehen werden, in dem alle Nutzer*innen gleichberechtigten Zugang zu Inhalten und Diensten haben, ohne von Gatekeepern oder großen Unternehmen kontrolliert oder beeinflusst zu werden.
92 Weider/Sühlmann-Faul 2011: 81 ff.
93 Bory 2020: 32
94 Konrad 2004
95 Bory 2020: 16
96 »Computerized Societies«, Lyotard 1985: 3
97 Lyotard 1985: 33
98 Lyotard 1985: 5
99 Lyotard 1985: xxiv
100 Mayer-Schönberger/Cukier 2013: 99
101 Sadowski/Bendor 2019
102 Interview mit der Soziologin Alex Hanna in AW AlgorithmWatch gGmbH 2022: 19
103 Bray 2007: 40; übersetzt von FSF
104 Ausführlicher und für den geschichtlichen Hintergrund des Begriffs: Sühlmann-Faul und Rammler 2018: 37 f.)
105 Rogers 2003: 13
106 Gell 1988: 6
107 Rogers 2003: 13
108 Luhmann 1976: 143
109 ebd.: 131
110 ebd.: 141
111 Luhmann 1987: 47
112 Luhmann 1976: 143
113 Luhmann 2013: 49 – Betonung im Original
114 Ellul 1967: 64
115 Baecker 2015: 89
116 Malinowski 2013: 163
117 Hillmann 1994: 507; Stichwort: »Magie«
118 Mauss/Hubert 2013: 108
119 Gell 1988: 6; Ellul 1967: 25
120 Leacock 1954: 63
121 Sørensen 2013: 235 f.
122 Mauss/Hubert 2013: 108
123 Moeran 2017: 133
124 Mauss/Hubert 2013: 108
125 Häcker/Stapf 1998; Stichwort »Suggestion«, 848 f.
126 ebd.: Stichwort »Introjektion«, 414
127 5. Mose 20 3–5; Kursivsatz von FSF
128 Moeran 2017: 148 ff.
129 Hansen 2015

130 Hansen 2015
131 Rogers 2003: 12 f.
132 Ampuja 2020: 31 f.
133 Edgerton 2019: viii f.
134 Bray 2007: 40
135 siehe Kapitel »Ideologie des Digitalkapitalismus«
136 Lyotard 1985: 33
137 Lyotard 1985: xxiv
138 Edgerton 2019: 5
139 Solow 1987: 36
140 Kuntze/Mai 2020: 20
141 Rogers 2003: Kapitel 10 und 11
142 Styers 2013: 258
143 Latour 1993: 24 ff., 35 f.
144 Latour 1993: 136 f.
145 Hillmann 1994; Stichwort »Massenkonsum«, 531
146 Sühlmann-Faul 2022: 28 f.
147 Hillmann 1994: ebd.
148 Früh und grundlegend: Veblen 1899, später Bourdieu 1979, McCracken 1990 sowie Neckel 1991 und 2000
149 Hillmann 1994: Stichwort »Geltungskonsum«, S. 266
150 Petschow et al. 2020: 292
151 ebd.: 377
152 McCracken 1986
153 Schultz / Orland / Reusswig / Werth 1992: 63
154 ebd.
155 Bolz 2002: 88
156 Siehe Kapitel »Entzauberung«
157 ebd.: 115 f.
158 Ellul 1967: 24
159 Marx 1872/2021: 84
160 ebd.
161 »Sie wissen das nicht, aber sie tun es«: Marx 1872/2021: 86
162 Ellul 1967: 40 ff.
163 Computer History Museum 2023
164 Vahrenkamp 2018
165 Nye 2007: 40 f.
166 Miller 1989: 29
167 Statista 2023a
168 Statista 2023b
169 Statistisches Bundesamt 2023
170 Statistisches Bundesamt 2021
171 Paulsen/Moltrecht 2022
172 Ellul 1967: 13 f.
173 Ramge 2018: 50
174 Marcuse 1967: 19
175 Tillich 1987: 186, Hervorhebung durch FSF
176 Marcuse 1967: 18
177 Eubanks 2019; Acemoglu/Johnson 2023; Susskind 2023
178 Susskind 2023: 58 f.
179 Gergen 1985: 266 ff.
180 Pinch/Bijker 1984: 411 ff.;
181 Pinch und Bijker schreiben stets von »Artefact«
182 Bijker 1995: 270
183 Klein/Kleinman 2002: 32 f.; Bray 2007: 40
184 Russel 1986: 335
185 Hughes 1983: 175 ff.
186 Interoperabilität würde bspw. folgende Situation bedeuten: Nutzerin A und Nutzerin B verwenden unterschiedliche Messenger-Apps. Trotzdem kann Nutzerin A eine Nachricht von ihrem Messenger aus schicken, die Nutzerin B dann in ihrer Messenger-App empfangen und beantworten kann.
187 Maier 2018; PricewaterhouseCoopers GmbH 2019; Brandes et al. 2021; International Telecommunication Union 2021; Reset.org 2022
188 ebd.
189 ebd.
190 Baecker 2007: Erste Umschlagseite
191 Beacker 2007: 109

192 Edwards et al. 2012: 11, übersetzt von FSF
193 ebd.
194 Benz et al. 2007: 9
195 Jonas 2023: 59
196 Kaminer 2019: 159 ff.
197 Kontingenz ist die *Mitte* zwischen Notwendigkeit und Unmöglichkeit. Kontingent im soziologischen, systemtheoretischen Sinn ist »(…) etwas, was weder notwendig noch unmöglich ist; was also so, wie es ist (war, sein wird), sein kann, aber auch anders möglich ist.« (Luhmann 1987: 152)
198 Hanisch et al. 2023
199 Baecker 2007: 21
200 Latour 1996: 369 f.
201 Latour 1993: 126
202 Latour 1993: 92
203 Latour 1993: 138 f.
204 Beck 1996: 19
205 Giddens 1996: 116 f.
206 Beck 1996: 22 f.; 64 ff.
207 Beck 1996: 69 ff.
208 Metych et al. 2023
209 Stengers 2015: 23
210 Beck 2015: 80
211 Stengers 2015: 31 f.
212 Stengers 2015: 49
213 Vehrkamp et al. 2008
214 Geyer 2023
215 Bürgerrat Klima 2021

3 Gibt es den Digitalkapitalismus überhaupt?

Die heutige kapitalistische Wirtschaftsordnung ist ein ungeheurer Kosmos, in den der einzelne hineingeboren wird und der für ihn, wenigstens als einzelnen, als faktisch unabänderliches Gehäuse, in dem er zu leben hat, gegeben ist. Er zwingt dem einzelnen, soweit er in den Zusammenhang des Marktes verflochten ist, die Normen seines wirtschaftlichen Handelns auf. Der Fabrikant, welcher diesen Normen dauernd entgegenhandelt, wird ökonomisch ebenso unfehlbar eliminiert, wie der Arbeiter, der sich ihnen nicht anpassen kann oder will, als Arbeitsloser auf die Straße gesetzt wird.
Max Weber, 1919/2002: 488

Bevor der Digitalkapitalismus definiert wird, muss zunächst begründet werden, dass es sich um eine eigenständige Epoche des Kapitalismus handelt, die sich deutlich von früheren Epochen unterscheidet.

Der deutsche Historiker Jürgen Kocka führt aus, dass der Begriff *Kapitalismus* eine Doppelfunktion besitzt: Einerseits diene er dazu, Beobachtungen der eigenen Zeit zu beschreiben, die in Abgrenzung von früheren Verhältnissen »als neu und modern« erscheinen. Andererseits diene der Begriff der wissenschaftlichen Analyse.[1] Demzufolge zeigt sich bei erster Annäherung an den Digitalkapitalismus schnell, dass es plausibel ist, diesen als eine neue Epoche des Kapitalismus anzusehen. Denn der Kapitalismus als Wirtschafts- und Gesellschaftsordnung[2] charakterisiert sich stets in Abhängigkeit kultureller, gesellschaftlicher und polit-ökonomischer Rahmenbedingungen – und technologischer Entwicklungen. Daran zeigen sich unmittelbar zwei »neue und moderne« Merkmale des Digitalkapitalismus, die ihn von anderen Kapitalismusepochen unterscheidbar machen.

Zunächst unterscheidet sich der Digitalkapitalismus von anderen Formen durch das Produktionsmittel[3] Daten, das in den vorangegangenen Kapitalismusepochen eine andere und untergeordnete Funktion hatte – zum Beispiel als Grundlage des Controllings oder für die Analyse von

Absatzzahlen. Insbesondere wäre in früheren Kapitalismusepochen die Übertragung, Verarbeitung und Analyse großer Datenmengen sehr viel aufwendiger gewesen. Die Digitalisierung hat das einfach, schnell und günstig gemacht. Aber darin, dass inzwischen personenbezogene und Metadaten einen zentralen Faktor darstellen, Geschäftsmodelle ausschließlich auf diesen Daten aufbauen und Konzerne vom Sammeln und Verkaufen dieser Daten leben, zeigt sich ein klares Unterscheidungsmerkmal: Es lässt sich behaupten, dass dieses neue Produktionsmittel den entscheidenden Katalysator des Digitalkapitalismus darstellt. Daten tragen zentrale kapitalistische Funktionen – als Trainings- und Verarbeitungsmaterial von KI-Modellen, als Mittel zur Koordination und Ausgliederung von Arbeitskräften, für die Optimierung von Produktionsprozessen und die Wandlung von Gütern mit geringer Gewinnspanne in Dienste mit hoher Gewinnspanne, zur Erzeugung neuer Geschäftsmodelle und – hervorstechend – für den Verkauf zielgerichteter Werbung.[4]

Die Analyse der über der Datensammlung liegenden höheren Ebene und der Zwecke ihres Einsatzes bzw. ihrer Vermarktung offenbart unzweideutig die Motive Macht und Kontrolle. Das »Herrschaftssystem«[5] Technologie zeigt dies am deutlichsten bei der Anwendung von Big Data und KI. Beide Technologien werden auf Gebieten eingesetzt, die bedingt einen ökologischen[6] oder sozialen[7] Mehrwert erzeugen. Aber das Missbrauchspotenzial ist bei keiner anderen aktuellen Technologie so groß.

Der »arbeitende Nutzer«[8] bzw. die arbeitende Nutzerin befindet sich in dieser Form des Kapitalismus in einer bizarren Position: Als unbezahlte Quasi-Arbeitskraft zwischen den Rädern einer neuartigen kapitalistischen Wertschöpfung werden seine/ihre Lebensführung, seine/ihre Lebensäußerungen – im privaten Umfeld, am Arbeitsplatz und in der Öffentlichkeit – sowie sein/ihr Verhalten extrahiert und verwertet.[9]

Wie erfolgreich der Handel mit Daten ist, zeigt u. a. die Disruption des Werbemarkts: Bei klassischen Medien wie Zeitungen, Magazinen, TV und Radio sinken Werbemarktanteile stetig, während digitale Formate stetig zunehmen.[10] Aber wichtiger ist Folgendes: Dieser »(…) bis vor Kurzem nicht bekannte, [oder zumindest nicht systematisch für ökonomisch relevant gehaltene], produktiv nutzbare Rohstoff mit einer neuartigen Übertragung in verwertbare Warenform (…)«[11] untergräbt sowohl die Privatsphäre von Nutzer*innen als auch auf verschiedene Weise demokratische Grundfesten der Gesellschaft. Dazu in Bezug zur Demokratie später mehr.

Die zweite Charakteristik zur Abgrenzung des Digitalkapitalismus von vorangegangenen Kapitalismusepochen ist die Verflechtung von Gesellschaft und Technologie, die – wie bereits gezeigt – in dieser Form in der bisherigen Menschheitsgeschichte nicht existierte. Inzwischen handelt es sich zunehmend um *digitale* Technologie, die den zentralen Treiber des Digitalkapitalismus ausmacht.

Beachtenswert ist, dass es in den neueren Epochen des Kapitalismus stets sowohl eine Abhängigkeit zwischen Technologie und Kapitalismus als auch eine gegenseitige Verstärkung gegeben hat. Dies zeigt sich spätestens ab der ersten industriellen Revolution mit der Dampfmaschine als zentralem Treiber des damaligen (früh)industriellen Kapitalismus: Technologie diente als Investitionsobjekt und gleichzeitig zur Steigerung der Produktivität in den Fabriken.[12] Karl Marx beschrieb diesen Zusammenhang bereits 1872 in Bezug darauf, was er »Maschinerie«[13] nennt: »Sie ist Mittel zur Produktion von Mehrwert.«[14] Die von Joseph Schumpeter beschriebene »schöpferische Zerstörung« als Kernbestand der kapitalistischen Wirtschaftsweise realisierte sich erst mit dem Industriekapitalismus.[15] Der Zusammenhang zwischen Technologie und Kapitalismus lässt sich auch im Wandel der Zeit beobachten: Während heute vormals analoge Technologien digitalisiert werden (E-Book-Reader, (teil)autonome Fahrzeuge, smarte Uhren, Spülmaschinen etc.) zeigte sich dasselbe Prinzip auch in vorangegangenen Wirtschaftsepochen – etwa Ende des 19. Jahrhunderts durch die Mechanisierung vormals rein manueller Wirtschaftssektoren wie des Agrarbereichs. Durch den zunehmenden Automatismus von Technologie und den dadurch ebenfalls automatisierten technologischen Fortschritt wurde seit der Industrialisierung jede weitere Phase des Kapitalismus auch *technologischer*. Ein Beispiel hierfür ist die Einführung des Fließbands, woraufhin später die weitere Fragmentierung der Produktion in viele kleinere Einheiten und damit zahlreichere Fließbänder in breiter Variation erfolgte. Zu nennen ist auch der Parketthandel an den Wertpapierbörsen: Früher bestand dieser aus Stift, Papier, Gesten und lautem Rufen. Der Handel läuft inzwischen ausschließlich automatisiert in Form des elektronischen Handelssystems ab.[16] Das bedeutet, dass heute – im Zeitalter des Digitalkapitalismus – das vorläufige Maximum der Technologisierung des Kapitalismus erreicht ist. Die Technologie ist mehr als ein fester Bestandteil, es handelt sich vielmehr um eine Ko-Determination: Der Kapitalismus existiert durch Technologie und stößt dadurch sogar in virtuelle Ebenen vor. Außerdem werden diese Möglichkeiten der Technologie, ihr Entwicklungspfad, durch den Kapitalismus gelenkt: Trotz Möglichkeiten des Self Publishings, frei zugänglicher Informationen oder Creative Commons ist der Zugang zu diesen vermeintlich kostenlosen Gütern immer an den Zugang zu Technologie gebunden. Es zeigen sich darin die stets charakteristischen Erfahrungen des Kapitalismus. Dazu zählt zum Beispiel der neokoloniale Ressourcenabbau für die Hardware, die technologische Produktion und Assemblierung oder die Finanzialisierung von Krediten und Schulden, um wiederum Technologie zu bezahlen. Die Gesellschaft im Zeitalter des Digitalkapitalismus ist eine kapitalistische Gesellschaft, in der Phänomene wie Wikipedia jedoch keinen Widerstand von *außen* darstellen, sondern fest in den Rahmen des Kapitalismus eingebunden sind.[17]

Aufgrund dieser engen Verknüpfung von Technologie und Kapitalismus liegt es nahe, dass sich der Ausgangspunkt des Digitalkapitalismus um den Zeitpunkt der dritten industriellen Revolution in den 1970er-Jahren festmachen lässt. Seitdem wurden *digitale* Technologien zum Investitionsobjekt und Produktivitätstreiber. Das erklärt die großen Investitionen, die zum damaligen Zeitpunkt Firmen wie IBM zuflossen.[18] Im Jahr 1980 betrugen die Investitionen in den IT-Sektor 50,1 Mrd. US-Dollar, 1990 waren es bereits 154,6 Mrd. US-Dollar und auf dem Höhepunkt im Jahr 2000, vor dem Platzen der Dotcom-Blase, 412,8 Mrd. US-Dollar.[19]

Der letztendliche Durchbruch für die Etablierung digitaler Technologie im Wirtschaftssektor und die später folgende Digitalökonomie erfolgte in den 1990er-Jahren durch die Kulmination dreier Prozesse:

- Ko-Determination des Ausbaus der Globalisierung und die Möglichkeit grenzenloser Kommunikation,
- Digitalisierung des Finanzsektors und

- Öffnung des damals noch nicht kommerzialisierten Internets für die Allgemeinheit.

In diesen Zeitraum fällt auch eine tiefgreifende Umstrukturierung der Wirtschaft, die durch die zunehmende Vernetzung möglich wurde: Durch die Möglichkeiten digitaler Kommunikation optimierten viele Unternehmen ihre Zulieferketten und boten fortan ihre Produkte und Dienstleistungen zusätzlich im Internet an.[20] Dies ging häufig einher mit einer Verkleinerung des Portfolios, einer stärkeren Konzentration auf das Kerngeschäft und einem Trend zu radikalem Outsourcing, Lohnfertigung und Franchising. Darüber hinaus wurden Start-ups als neue Unternehmensform und Innovationstreiber insbesondere im Technologiesektor innerhalb kürzester Zeit nahezu allgegenwärtig.[21]

Der Tech-Branche war die große Gewinnerin nach dem Platzen der Immobilienblase im Jahr 2008, als das Zinsniveau zunächst von der US-Notenbank, dann von der Bank of England und schließlich von der Europäischen Zentralbank auf ein Niveau zwischen 0 und 0,5 Prozent gesenkt wurde. Diese Niedrigzinspolitik machte Investitionen in klassische Finanzanleihen zunehmend unattraktiv, wovon die Technologiekonzerne profitierten.[22] Höhere Renditemöglichkeiten versprachen damals die teilweise hochriskanten Investitionen am Aktienmarkt in den digitalen Technologiesektor: häufig in Start-ups, aber eben auch in die großen Player, was Microsoft, Alphabet, Facebook, Amazon und Apple auf die ersten Plätze der Aktienmärkte katapultierte. Auch aktuell »(…) fließen in den USA rund 70 % aller Risikokapitalinvestitionen in Informations- und Kommunikationstechnologien.«[23]

Zuletzt stellt das Plattform-Geschäftsmodell einen klaren Einschnitt in die Art und Weise dar, wie Unternehmen als Akteure agieren und teilweise ohne eigene Produktion, Lagerhaltung oder nennenswerte Dienstleistung trotzdem profitieren. Genannt werden muss auch die informelle und unfreiwillige Mitarbeit von Nutzer*innen, die später noch genauer beleuchtet wird.

Somit kann die Epoche des Digitalkapitalismus eindeutig von ihren Vorgänger*innen abgegrenzt werden. Zwar gelten die alten Erfahrungen des Kapitalismus – aber es ist eine Epoche des Kapitalismus, die sich um digitale Technologien und Daten herum aufbaut. Parallel zu den Errungenschaften der Mikroelektronik und der steigenden Rechenkapazität entpuppte sich diese neue Form des Kapitalismus immer mehr als eigenständiges Phänomen. Nicht mehr die Öl- und Automobilkonzerne sind bestimmend, sondern die Konzerne, deren Geräte und Dienste sich über vergleichsweise kurze Zeit unumkehrbar in der individuellen Lebenswelt und dem Gesellschaftssystem etabliert haben. Der Einfluss auf wirtschaftliche Prozesse zeigt sich deutlich und viele, auch große Unternehmen, die nicht den Sprung ins digitale Zeitalter geschafft haben, mussten radikal und kurzfristig umdisponieren – oder gingen unter. Ein kurzer Rückblick auf die kapitalismuskritische Perspektive von Karl Marx soll zeigen, dass kein Zweifel besteht: Der Digitalkapitalismus zeigt in der langen Reihe kapitalistischer Epochen die vielleicht drastischste Form einer rücksichtslosen Verwertung der Conditio Humana.

Der Marx'sche Fokus liegt auf der grundsätzlichen Verteilungsfrage des Kapitals und der Machtasymmetrie, die durch eine eindeutige Ungleichverteilung entsteht. Nur zählten zu Marx' Zeiten noch nicht personenbezogene oder Metadaten zu den Produktionsmitteln. Trotzdem sind die Parallelen deutlich: Da diese Daten eine Kapitalform sind, stellt sich die Frage nach der Verteilung und dem Zugriff auf dieses Kapital. Denn die Verfügungsgewalt über das Kapital erzeugt Macht über diejenigen, welche diese Verfügungsgewalt nicht besitzen. Heute sind das die Nutzer*innen.

Während es bei Marx u. a. um die Arbeitskraft ging, aus der die Kapitalseite ihren Mehrwert erzeugte,[24] geht es im Digitalkapitalismus um Daten der Nutzer*innen, aus denen Technologiekonzerne ihren Mehrwert erwirtschaften. Bei Marx ist die Arbeitskraft ›verdinglicht‹. Sie ist handelbare Ware und der Mensch, von dem sie ausgeht, tritt in den Hintergrund: »Der Mensch selbst als bloßes Dasein von Arbeitskraft betrachtet, ist ein Naturgegenstand, ein Ding (…)«[25]. Arbeitskraft vollzieht damit den Prozess, der nach Marx' Diagnose alles und jeden in einer kapitalistischen Gesellschaft zu einem Ding, einer Ware mit einem zugewiesenen Preis macht.[26] Der *Wert* ist keine Größe, da Handel auf Preis, nicht auf Wert basiert.

Doch der Digitalkapitalismus treibt diese Entwertung des menschlichen Beitrags auf die Spitze: Die Nutzer*innen sind in der bizarren Position, selbst die Quelle des Kapitals zu sein. Es geht nicht mehr um einen Beitrag, der vom Menschen ausgeht wie die Arbeitskraft. Es geht um den Menschen selbst – unser Verhalten, unsere Wünsche, unsere Interessen und Geheimnisse in Form von Daten. Nicht nur Arbeitskraft ist verdinglicht – wir sind verdinglicht. Unsere Privatsphäre ist nur ein Quell von Kapital. Und aus diesem Grund herrschen auch keine moralischen oder ethischen Hürden, unsere Identität abzugreifen und zu verkaufen. Wir sind im Digitalkapitalismus zu einem Ding geworden. Und ein Ding hat keinen Wert und keine Rechte – sondern nur einen Preis.

Digitalkapitalismus: Elemente und Definition

Es wird sehr viel über Digitalkapitalismus oder angrenzende, größtenteils synonyme Begriffe wie *digitale Ökonomie, Plattform-Kapitalismus, Daten-Kapitalismus* etc. geschrieben. Umfassende Definitionen sind jedoch kaum zu finden. Eine Ausnahme ist die US-amerikanische Wirtschaftswissenschaftlerin Shoshana Zuboff, die den plakativen Begriff des »Überwachungskapitalismus« u. a. folgendermaßen definiert: »[e]ine parasitäre Wirtschaftslogik, in der die Produktion von Waren und Dienstleistungen einer neuen globalen Architektur der Verhaltensänderung untergeordnet wird.«[27]

Andere neutralere Definitionen bestehen nur aus bestimmten Teilaspekten des Digitalkapitalismus, auf welche die Autorinnen und Autoren in ihren Veröffentlichungen Wert legen. Für eine Definition, die umfassend und die für das vorliegende Buch zweckdienlich ist, müssen daher zuerst die konstitutiven Elemente und Mechaniken des Digitalkapitalismus dargelegt werden. Da in der Literatur häufig auf drei Elemente abgehoben wird – das Plattform-Geschäftsmodell,[28] die Einschränkung der Privatsphäre[29] und die Beeinträchtigung demokratischer Prozesse[30] – werden diese Aspekte im Folgenden dargelegt. Vor einer Zusammenfassung und der Definition wird zusätzlich die Rolle Künstlicher Intelligenz untersucht.

Einflüsse

Geist, Ideologie und Macht
- Der Geist des Digitalkapitalismus
- Die Ideologie des Digitalkapitalismus
- Quelle
- Ideologie: Basis der Macht
- Ergänzung zur Ideologie
- Internetzugang für Freiheit und Gleichheit?
- Bilder und Begriffe

Soziotechnologie
- Magie
- Suggestion
- Stellenwert von Technologie
- Fetisch
- Manifestation
- Soziale Konstruktion durch Machtasymmetrie
- Design und Governance
- Reflexive Technologie und digitale Governance

Aufklärung
- Entzauberung
- Wiege des Kapitalismus
- Technisierung der Soziosphäre

DK

Auswirkungen

Plattformen
- Gemeinsamkeiten
- Monopol und Monopson
- Digitale Skalenerträge
- (Informelle) Arbeit

Das Plattform-Geschäftsmodell

*Denn wer hat, dem wird gegeben, dass er die Fülle habe;
wer aber nicht hat, dem wird auch das genommen, was er hat.*
Matthäus-Evangelium 13, 12

Verschiedene Autorinnen und Autoren konzentrieren sich bei der Beschreibung des Digitalkapitalismus auf das Plattform-Geschäftsmodell der großen Technologiekonzerne wie Amazon, Alphabet oder Meta bzw. einer Vielzahl kleinerer Plattform-Unternehmen wie Netflix oder Zalando. Während andere Unternehmen seit der Öffnung des Internets für die Öffentlichkeit versucht haben, ihre Finanzen effizienter einzusetzen, aber letztendlich ihr klassisches Pipeline-Geschäftsmodell nicht verändert haben, operieren die genannten Konzerne auf Basis dieses grundsätzlich anderen Modells.

Solche Plattformen sind erst durch die digitale Technologie und die starke Vernetzung möglich, während sie gleichzeitig die Potenziale des Internets überaus geschickt monetarisieren. Es handelt sich auch nicht ausschließlich um ein US-amerikanisches Thema – es ist ein globales Phänomen und daher müssen auch bspw. Tencent, Alibaba oder Baidu aus China genannt werden, die das chinesische Internet dominieren.[31] Da die Plattformen ein zentraler Teil des Digitalkapitalismus sind, muss an dieser Stelle das Geschäftsmodell genauer beschrieben werden.

Vorab aber gilt: Nicht das Geschäftsmodell selbst oder digitale Technologien stehen ›einfach so‹ aufgrund ihrer Existenz in einem überaus problematischen Verhältnis zu Freiheitsrechten von Individuen und demokratischen Funktionsweisen von Gesellschaften. Es sind *Menschen*, die Konzerne leiten und die Entscheidung treffen, aus den Verhaltensspuren, den personenbezogenen Daten und der Privatsphäre auf Kosten einer gesamten Gesellschaft Profite zu erzielen. Und während die Ideologie des Silicon Valley (siehe Kapitel 2) stets die freie Zugänglichkeit des Internets für alle Menschen als Quelle von Freiheit und Gleichheit proklamiert und alle Nutzer*innen problemlos in Minuten einen eigenen Web Shop eröffnen können, ist diese angebliche Freiheit ein Mythos: Die *Landschaft Internet* wird von den Technologiekonzernen und ihrem Plattform-Geschäftsmodell dominiert.

Gemeinsamkeiten
Plattformen und ihre Betreiberunternehmen unterscheiden sich u. a. wirtschaftlich und in ihrer sozialen Reichweite stark voneinander.[32] Trotzdem existieren übergreifende Gemeinsamkeiten, die das Geschäftsmodell der Plattform charakterisieren.

Das *erste Merkmal* betrifft die basale Abgrenzung von klassischen und linearen Geschäftsmodellen, die Produkte und Dienstleistungen direkt oder über Zwischenhändler an die Nachfrageseite verkaufen: das Pipeline-Geschäftsmodell. In diesem erfolgt die Form des Austauschs, indem zwei Akteure zusammengeführt werden: Angebot und Nachfrage. Plattformen hingegen basieren auf der Interaktion von drei oder mehr Akteuren. Der Hauptakteur ist das Unternehmen, das die Plattform betreibt, Ressourcen zur Verfügung stellt und zumindest zwei oder mehr Akteure zusammenführt: Lieferung, Einkauf, Produktion, Dienstleistung usw.[33] Das ist die Essenz des Plattform-Modells. Ein einfaches Beispiel ist eBay, wo Anbieter*innen von Neu- und Gebrauchtwaren und die Nachfrageseite auf der vom Unternehmen eBay zur Verfügung gestellten Plattform aufeinander treffen. Sicherheit, Wege des Bezahlens und Regeln des Handelns obliegen eBay und es streicht dafür bei einem erfolgreichen Geschäft einen prozentualen Anteil des Erlöses ein.

Eine Eigenart von Plattformen ist auch, dass die Rollenverteilung zwischen Anbietenden und Nachfragenden variieren kann, wenn zum Beispiel Käufer*innen selbst auf eBay verkaufen oder etwa Filmschaffende auf YouTube den Umgang mit Schnittsoftware lernen, um hinterher auf derselben Plattform ihre Filme zu bewerben. Zur deutlicheren Abgrenzung betrachten wir die Hotelbranche: Erfolgt die Buchung eines Hotelzimmers über die Webseite des Hotels, entspricht das dem Pipeline-Modell. In den seltensten Fällen werden Hotelgäste selbst ein Hotel betreiben. Hingegen besitzt die Plattform Airbnb keine Immobilien oder Zimmer. Hier treffen sich die anbietende und die nachfragende Seite auf einer von Airbnb bereitgestellten Plattform. Und hier kann es durchaus öfter der Fall sein, dass Vermietende im eigenen Urlaub zu Mietenden werden – oder umgekehrt.

Das *zweite Merkmal* sind Netzwerkeffekte, die ganz zentral über den Erfolg einer Plattform bestimmen. Je mehr Nutzer*innen auf einer Plattform aktiv sind, desto attraktiver wird diese für andere, die bislang noch nicht auf der Plattform sind.[34] Damit haben Plattformen die Tendenz, Monopole zu werden.[35] Der US-amerikanische Soziologe Robert K. Merton bezeichnete dieses Prinzip als Matthäus-Effekt in Anlehnung an den eingangs zitierten Bibelvers: Erfolge der Vergangenheit erzeugen zukünftig mit hoher Wahrscheinlichkeit weitere Erfolge. Merton beobachtete diesen Effekt in Zusammenhang mit wissenschaftlichen Veröffentlichungen: Das Zitieren einer Quelle in einer Veröffentlichung macht die zitierte Quelle ›sichtbarer‹. Dadurch entsteht ein selbstverstärkender Prozess, da infolgedessen diese Quelle immer häufiger zitiert wird, während andere Arbeiten in den Hintergrund treten.[36]

Bezogen auf die Plattform bedeutet das Folgendes: Bieten bspw. viele Hersteller von Nahrungsergänzungsmitteln ihre Produkte bei dem E-Commerce-Riesen Amazon an, ist eine neue Firma derselben Branche quasi gezwungen, ebenfalls über Amazon zu verkaufen. Oder je mehr Nutzer*innen Google für ihre Internetsuche wählen, desto besser werden Googles Algorithmen trainiert. Das führt in Zukunft zu besseren Suchergebnissen und umso attraktiver wird die Suchmaschine für zunehmend mehr Nutzer*innen.[37] Durch diesen Netzwerkeffekt entsteht aber auch ein *Lock-in-Effekt*. Wenn auf einer Plattform bereits viele Anbietende und Nachfragende ihre Geschäfte abwickeln, ist ein Wechsel auf eine andere Plattform kaum möglich: Die Nachfrageseite findet auf einer anderen Plattform wahrscheinlich eine schlechtere Auswahl, weniger Produkte, höhere Preise oder schlechtere Suchergebnisse. Und die Anbieterseite wird auf einer anderen Plattform auf weniger Nachfrage treffen. Es handelt sich also um einen zweiseitigen Netzwerkeffekt.[38] Darüber hinaus lassen sich die Netzwerkeffekte zusammen mit der Dominanz der Plattformen auch offline beobachten: Bspw. sind die Bewertungen von Hotels, Restaurants, medizinischen Praxen usw. auf Google für potenzielle Kundschaft eine enorm wichtige Informationsquelle.[39] Infolgedessen leitet die Anzahl der Sterne auf Google Maps oder der Google-Suchmaschine die Kundschaft in Geschäfte mit guter Bewertung, während eine schlechte

Wertung imstande ist, Geschäfte zu zerstören. Wirtschaftliche Freiheit ist vor allem für Dienstleistungsunternehmen nur dann Freiheit, wenn sie sich dem Diktat einer Plattform wie Google unterwerfen.

Und der Netzwerkeffekt lässt sich auch künstlich erzeugen. Dies konnte in jüngster Vergangenheit beobachtet werden, als der Meta-Konzern seinen Twitter-Konkurrenten *Threads* eröffnete. Zwischen dem 5. Juli und dem 10. Juli 2023 gab es plötzlich 100 Millionen Nutzer*innen.[40] Oder zumindest Benutzer*innen-Konten. Denn um Threads zu nutzen, braucht es ein Account bei Instagram, was auch zum Meta-Konzern gehört. Meta hat also offenbar für alle Instagram-Nutzer*innen ein Account auch bei Threads angelegt. Und wer noch nicht bei Instagram war, aber Threads nutzen möchte, muss sich nun auch bei Instagram anmelden.

Das *dritte gemeinsame Merkmal* von Plattform-Unternehmen ist das Metcalfe'sche Gesetz: Der Wert eines Kommunikationssystems wächst proportional zur Anzahl der möglichen Verbindungen, während die Kosten des Kommunikationssystems nur proportional zur Anzahl der Nutzer*innen steigen.[41] Mit anderen Worten: Mehr Nutzer*innen auf einer Plattform bedeutet immer weniger Kosten und immer mehr Wertsteigerung für die Plattform. Die virtuelle Existenz von Plattformen führt dazu, dass lediglich mehr Server benötigt werden, um eine möglichst große Zahl von neuen Nutzer*innen unterzubringen. Eine bereits existierende Infrastruktur und niedrige Grenzkosten ermöglichen quasi unendliches Wachstum und mehr Nutzer*innen sorgen für den oben beschriebenen Netzwerkeffekt.[42] Plattformen wachsen auch aus einem anderen Grund exponentiell statt linear: Wenn ein lineares Pipeline-Geschäftsmodell eine neue Nutzerin oder einen neuen Nutzer gewinnt, wird eine einzige neue Verkaufsbeziehung aufgebaut. Hier gibt es einen Akteur, der anbietet, und einen Akteur, der nachfragt. Auf einer Plattform – die häufig wie ein Marktplatz mit vielen anbietenden Akteuren funktioniert – bedeutet das hingegen das Potenzial für sehr viele Beziehungen und damit sehr viele Absatzchancen für die Anbieter*innen auf der Plattform.[43]

Monopole

Durch die genannten Netzwerkeffekte befinden sich Plattform-Unternehmen, die in derselben Branche sind, auf einem Verdrängungsmarkt: Für die Nutzer*innen auf der Plattform ist es aus den zuvor genannten Gründen wie dem Netzwerkeffekt nicht attraktiv, mehrere Plattformen parallel zu nutzen. Wechseln Nutzer*innen auf eine andere Plattform, wird das für die Betreiber-Unternehmen zu einem Nullsummenspiel: Abwanderung der Nutzer*innen von einer Plattform bedeutet Zuwanderung zu einer anderen Plattform. Das Abwandern ist aber für die Betreiber-Unternehmen unattraktiv, weswegen es eine Vielzahl von Strategien gibt, einen Exodus zu verhindern. Das Thema der Walled Gardens wurde bereits in Kapitel 2 dargestellt. Aber ein Abwandern lässt sich auch dadurch verhindern, dass ein Unternehmen ein Monopol besitzt oder zumindest die Plattform mit dem größten Marktanteil ist. Das Unternehmen dahinter ist dann ein ›Flaschenhals‹, an dem Anbietende, die ihre Waren verkaufen möchten, nicht vorbeikommen.

Es bieten sich verschiedene Möglichkeiten an, zum Monopol oder zum Quasi-Monopol zu werden:

- Die Strategie vieler Plattformen ist es, Services oder Apps *kostenlos* anzubieten. Das ist ein starkes Argument, um die Nachfrageseite zu locken.[44] Zu sehen ist das beim kostenlosen Versand bei Amazon, kostenlosen Office Tools bei Google oder einer Vielzahl kostenloser Apps in den App Stores von Google und Apple. Die Finanzierung erfolgt in der Regel durch Quersubventionierung,[45] indem bspw. eine Plattform, die sich über Werbeeinnahmen finanziert, zur Finanzierung der ›kostenlosen‹ Angebote mehr Geld von der Werbekundschaft verlangt. Die Argumentation ist, dass durch die kostenlosen Services ein vermehrter Zustrom von Nutzer*innen einsetzt bzw. eingesetzt hat und die Werbeanzeigen von mehr Nutzer*innen gesehen werden.[46] Dadurch steigt die Plattform in ihrer Attraktivität für Werbekundschaft.
- In anderen Fällen sind die Konzerne durch viel Investitionskapital im Hintergrund geschützt, sodass es möglich ist, auch längerfristig kaum oder gar keine Gewinne zu machen. Diese Sicherheit im Hintergrund bietet auch die Möglichkeit, mit sehr niedrigen Preisen oder kosten-

losen Angeboten, die Konkurrenz vom Markt zu verdrängen. Hinter den Investitionen steckt die Hoffnung, zu einem späteren Zeitpunkt eine große Rendite zu erwirtschaften: Wenn der Netzwerkeffekt einsetzt und die Plattform groß skaliert, sinken die Grenzkosten und die Dienstleistung oder die Produkte können weiterhin zu unschlagbar günstigen Preisen angeboten werden.[47] Diese Strategie zahlte sich bspw. bei Uber aus. Ähnliches gilt auch für den Prime-Versand von Amazon, der zumeist sogar ein Minusgeschäft für den Konzern bedeutet,[48] aber attraktiv für die Kund*innen ist, die deshalb vorzugsweise bei Amazon bestellen.[49]
- Alternativ gibt es das *Freemium*-Modell, bei dem die Basisversion bspw. einer App kostenlos ist, die Vollversion aber kostenpflichtig.[50]

Alle drei Strategien zielen darauf ab, die Konkurrenz zu verdrängen und durch Netzwerkeffekte eine zumindest annähernde Monopolstellung zu erreichen, um Skalenerträge zu erzeugen, Einkaufspreise zu senken und billiger als die anderen Unternehmen zu sein.

Ein proprietäres Produkt ist dabei besonders hilfreich – wie bspw. die beste Suchmaschine, der Store mit dem breitesten Angebot oder das soziale Netzwerk mit den meisten Nutzer*innen.

Angebots- oder Nachfragemonopol?

Auf den vorangegangenen Seiten wurden die Plattformen so betrachtet, dass es als Angebotsseite attraktiv ist, ein Monopol zu besitzen oder zumindest den größten Marktanteil innezuhaben. Welche Probleme Monopole mit sich bringen, kennen wir alle vom Monopoly spielen: Spätestens, wenn eine Mitspielerin oder ein Mitspieler anfängt, auf den teuren Straßen Hotels zu bauen, können die anderen Mitspielenden in der Regel einpacken. Durch das Würfelglück wird ein künstliches Angebotsmonopol erzeugt, bei dem die Mitspielenden nach dem Zufallsprinzip gezwungen werden, horrende Preise für eine Übernachtung zu bezahlen. Auf dem Spielfeld sind alle Straßen für sich allein genommen ein Angebotsmonopol. Die Würfel entscheiden darüber, bei welchem Angebotsmonopol der/die Mitspielende übernachten muss. Es gibt keine Alternative, keinen anderen anbietenden Akteur auf demselben Feld, der einen Wettbewerb um attraktivere Preise erzeugen würde.

Genauer: Ein Monopol ist eine Marktform, bei der es nur eine anbietende Seite für ein bestimmtes Gut oder eine Dienstleistung gibt. Der/die Anbietende hat die volle Kontrolle über das Angebot und kann den Preis für das Gut oder die Dienstleistung selbst bestimmen, da es keine direkte Konkurrenz gibt.[51]

Ein Monopson (oder Nachfragemonopol) hingegen ist eine Marktform, bei der es nur eine nachfragende Seite und viele Anbietende gibt. Damit besteht die Marktmacht auf der Nachfrageseite und diese kann die Preise beeinflussen, die sie für die angebotenen Güter oder Dienstleistungen zahlt.[52]

In beiden Fällen herrscht ein sehr ungleiches Verhältnis mit einer stark konzentrierten Marktmacht auf einer Seite. Der Zustand einer Monopsonie ist zwar selten, aber im Zeitalter des Digitalkapitalismus und der Dominanz des Plattform-Geschäftsmodells doch häufiger zu beobachten.

Ein offenkundiges Beispiel für ein Angebotsmonopol ist Google auf dem Markt für Suchmaschinen. Weltweit hat Google als Suchmaschine auf dem Desktop einen Marktanteil von über 83 %, mobil sind es über 95 %.[53] Da es kaum Konkurrenz gibt, hat Google die volle Kontrolle über den Markt und kann den Preis und die Bedingungen für Werbetreibende festlegen.

Ein Beispiel für ein Monopson sind Audio-Streamingdienste für Musik oder Hörbücher: Kreativ Schaffende im Bereich Musik oder Literatur sind auf die großen Anbieter angewiesen, um ihre Werke zu verkaufen. Es gibt also viele Anbietende und nur einen oder wenige Nachfragende. Im Bereich Musik herrscht kein Nachfragemonopol auf dem Markt für Streamingdienste. Spotify steht hier zwar seit geraumer Zeit auf dem ersten Platz mit etwas über 30 %, aber es gibt einige Konkurrenz.[54] Bei Hörbüchern sieht es anders aus. Genaue Zahlen über die Marktanteile gibt es nicht, aber zumindest wurde der Anteil der Amazon-Tochter Audible auf 90 % geschätzt.[55] Hörbücher sind auch ein gutes Beispiel dafür, in welcher Situation sich die Kreativbranche im Digitalkapitalismus befindet. Durch den großen Marktanteil können Autor*innen Audible quasi nicht vermeiden. Audible ist ein Monopson, da es viele Anbietende gibt – Autorinnen und Autoren – aber beinahe nur einen Nachfragenden. Und diese Situation wird zulasten der Anbietenden rücksichtslos ausgenutzt.

In den Jahren 2020 und 2021 gab es ein Gerichtsverfahren gegen Audible. Kläger waren die Verlage Golden Unicorn Enterprises Inc. und Big Dog Books LLC. Diese warfen Audible vor, seine selbstveröffentlichten Autor*innen zu niedrig zu bezahlen, indem es die Anzahl der verkauften Hörbücher falsch angab. Laut Klage ermöglicht Audibles »Great Listen Guarantee«, die 2016 eingeführt wurde, Abonnent*innen den Umtausch von Hörbüchern bis zu 365 Tage nach dem Kauf, wodurch sie unbegrenzten Zugang zu Hörbüchern ohne zusätzliche Kosten erhalten. Sprich: Auch wenn ein Hörbuch komplett gehört wurde, können Abonnement-Kund*innen dieses Buch bei Audible gegen ein anderes Buch umtauschen. Für die Kundschaft von Audible ist das ein unschlagbares Angebot.

Aber: Im Falle eines Austauschs erhalten nur Autor*innen des Ersatzhörbuchs eine Tantiemenzahlung. Die Diskrepanz wurde im Oktober 2020 aufgedeckt, als ein Softwarefehler es den Autor*innen ermöglichte, die wirklichen Hörbuchverkäufe einschließlich Rückgaben und Umtausch zu sehen, im Gegensatz zu den Nettozahlen, die ihnen Audible sonst zur Verfügung gestellt hatte. In den sozialen Medien wurde dieser Vorfall »#Audiblegate« getauft.

Autor*innen, die eine grobe Berechnung vornahmen, stellten fest, dass die meisten von ihnen nur zwischen 50 und 85 % der Tantiemen erhalten hatten, die sie ohne die von Audible berechnete Verschleierung erhalten hätten.[56] Die Klage endete mit minimalen Zugeständnissen von Audible: Die 365-Tage-Frist für die Rückgabe und den Austausch eines Hörbuchs wurde auf sieben Tage reduziert. Und für alle Autor*innen gab es eine *Bonuszahlung* von zusätzlichen 5 % zu den sonstigen Tantiemen. Darüber hinaus wurden die Abrechnungsmodalitäten weiterhin geheim gehalten.[57] Zwar gab es riesige Proteste von Zehntausenden Autor*innen und vielen Verlagshäusern.[58] Aber ein Monopson kann es sich leisten, diesen Ärger an sich abperlen zu lassen.

Marktverhältnisse wie diese erlauben es Monopsonen und Monopolen der Flaschenhals für den Marktzugang zu sein und den Wert, den kreativ Schaffende generieren, maximal abzuschöpfen.

Skalenerträge und Erträge ohne Grenzkosten
Der Wert von Plattformen für die Technologiekonzerne besteht darin, dass sie optimal darin sind, verschiedene Probleme zu lösen, die zwischen Erzeugung und Erlös liegen. Denn – so oft auch das Gegenteil behauptet wird – geht es den Konzernen nicht um »Wohlstand und Freiheit« oder »Frieden und Verständnis«.[59]

Bei Skalenerträgen ist es offensichtlich: Firmen, die im Internet Werbung schalten wollen, kommen um die Plattformen Facebook und Google nicht herum. Die beiden Unternehmen besitzen aktuell mit Abstand den größten Anteil an digitalen Werbeeinnahmen weltweit mit 39 % (Google) und 18 % (Facebook).[60] Beide Plattform-Unternehmen haben aufgrund ihrer immensen Datenmacht die besten Möglichkeiten, potenziellen Zielgruppen Werbung ausgesprochen genau zu zeigen.

> Datenmacht ist definiert als Informationsgefälle zwischen einer Organisation (Unternehmen, Behörde …) und einem Individuum.[61] Eine jedwede Organisation, die die Möglichkeit besitzt, Daten zu sammeln, zu verarbeiten und zu verknüpfen, besitzt dadurch große Datenmacht gegenüber einem Individuum.

Plattformen sind aber auch die Lösung für zwei anders gelagerte Probleme.
- Problem 1: Beschaffung des Produktionsmittels Daten. Plattformen bieten im Vergleich zum Pipeline-Geschäftsmodell die Möglichkeit, große Datenmengen zu sammeln, die durch Beobachtung des Verhaltens und der Interaktion der Nutzer*innen entstehen, während sie sich auf der Plattform bewegen.[62] Ein einfaches Beispiel ist, dass Amazon keine Marktanalysen durchführen muss. Es ist für den Konzern einfach zu sehen, welche Produkte sich gut verkaufen, was gesucht wird, nach welchen Kriterien eine Auswahl stattfindet. Häufig stellt Amazon Produkte, die sich besonders gut verkaufen dann selbst her und verkauft sie unter einem der vielen eigenen Label. Amazon hat knapp 90 Eigenmarken, die teilweise offensichtlich zu Amazon gehören (»Ama-

zon Basics«) und teilweise diese Zugehörigkeit verdecken (»Meraki«, »Mama Bear«, »Scout & Ro«).[63] Die von Amazon selbst hergestellten Produkte werden dann günstiger angeboten als die externen Anbietenden im Amazon Marketplace.[64] Im Zusammenhang mit der Privatsphäre wird später auf die problematischeren Folgen der Beobachtung der Nutzer*innen eingegangen.

- Problem 2: Gewinne aus Gütern, die unendlich skalierbar sind. Wenn Güter quasi kostenlos und dezentral produziert und verteilt werden können, fällt es schwer, ihnen einen wirtschaftlichen Wert zuzuordnen. Denn meist bestimmt die Knappheit eines Guts seinen Preis. Wie kann also ein Gewinn aus einem Produkt, das nicht knapp ist, erwirtschaftet werden?[65] Bei Software oder Webinaren ist es augenfällig: Software lässt sich unbegrenzt kopieren und weiterreichen. Werden die Instandhaltungskosten wie Updates, Patches etc. einmal unterschlagen, entstehen zur Erzeugung der Software nur einmal Kosten. Dasselbe gilt für ein Webinar in Form eines Videos. Ob das 10, 100 oder 1 Mio. mal angeschaut wird, macht keinen Unterschied. Die Lösung für dieses Problem liegt darin, dass Plattformen keine *normalen* Märkte mit freiem Handel sind. Es sind »proprietäre Märkte«.[66] Die Plattform-Konzerne haben durch die Erstellung eines abgegrenzten Markts die Freiheit, die Regeln des Zutritts, der Kommunikation und der ökonomischen Transaktionen in unverhandelbarer Form zu bestimmen. Es lässt sich dadurch beobachten, dass diese hierarchische Ordnung zwischen den betreibenden und nutzenden Akteuren stets mit strenger Kontrolle und Ausbeutung einhergeht. Die Konzerne haben durch den Betrieb eines Monopols bzw. Monopsons die Möglichkeit, alle Strukturen und Regeln ausschließlich zu ihrem eigenen Vorteil anzupassen. Dieses Machtgefälle ist substanziell und systemisch für das Geschäftsmodell.[67] Die Akteure treffen sich virtuell am selben Ort, haben aber kaum Einblick in die Prozesse, die dort hinter den Kulissen stattfinden. Da das Betreiberunternehmen die Plattform zur Verfügung stellt und damit den kompletten Big-Data-Überblick über sämtliche Interaktionen und sonstige Prozesse hat, ist es ihm möglich, alle Vorgänge in Echtzeit zu beeinflussen.[68]

Wie beschrieben entsteht durch den Netzwerkeffekt zusammen mit der Monopol- bzw. Monopsonstellung für Anbieterinnen und Anbieter ein Zwang, Teil eines solchen proprietären Markts zu werden. Der App Store von Apple oder der Google Play Store eignen sich als Beispiele. In den Stores werden Apps für Endgeräte mit dem Betriebssystem iOS (Apple) bzw. Android (Google) angeboten und verkauft. Die Konzerne stellen den Programmiererinnen und Programmierern die notwendige Software zur Erstellung der Apps kostenlos zur Verfügung.[69] Bei beiden Betriebssystemen ist es den Nutzer*innen nicht ohne Weiteres möglich, Apps aus anderen Quellen auf ihren Geräten zu installieren. Das bedeutet drei Dinge:

Erstens stellen die App Stores damit ein *Angebots*monopol dar. Wer Apps braucht, wird mit größter Wahrscheinlichkeit den App Store des Anbieters des jeweiligen Betriebssystems nutzen bzw. ist bei Apple sogar dazu gezwungen.[70]

Zweitens sind Programmierer*innen, die ein breites Publikum erreichen wollen, gezwungen, ihre Apps in diesen Stores anzubieten.

Drittens sind die Stores dadurch auch gleichzeitig *Nachfrage*monopole/Monopsone. Das macht sie quasi zu einem zweiseitigen Flaschenhals für die Nutzer*innen der Betriebssysteme einerseits und für die Programmierer*innen andererseits.

Der Gewinn für die Konzerne entsteht in diesem Fall, indem die Programmierer*innen einen hohen Anteil (Apple aktuell 30 %, Google zwischen 15 % und 30 %) ihres Verkaufserlöses (oder des Erlöses aus Werbung, die in den meisten kostenlosen Apps eingeblendet wird) als »Provision« (Apple) bzw. »Servicegebühr« (Google) an die Technologiekonzerne entrichten müssen.[71]

Bei Amazon Marketplace – hier können externe Händler*innen ihre Produkte verkaufen – ist es genauso: Amazon bietet den Händler*innen kostenlose Lehrmaterialien an, um ihre Waren den vorgegebenen Regeln entsprechend und erfolgreich zu verkaufen. Ein Platz beim Amazon Marketplace kostet aber neben der monatlichen Gebühr in Höhe von 39 € plus MwSt.[72] je nach Produkt zusätzlich Verkaufsgebühren zwischen 7 % und 45 %.[73] Amazon hat durch den Marketplace ein sehr viel breiteres und dadurch für die Kundschaft attraktiveres Portfolio an Waren, für die der

Konzern bspw. keinerlei eigene Lagerkosten hat. Amazon verdient hier durch die monatliche Standgebühr und die Verkaufsgebühren Produzentenrenten.

> Wie eben gezeigt, sind »Verkaufsgebühren«, »Provisionen« oder »Servicegebühren« eine Möglichkeit der Monetarisierung einer Plattform. Streng genommen handelt es sich bei diesen Gebühren um Renten bzw. Produzentenrenten. Das ist die Differenz zwischen den Herstellungskosten eines Guts und dem Marktpreis. Die Produzentenrente fällt entsprechend höher aus, wenn bspw. eine kurzfristige Knappheit eines Gutes ausgenutzt wird, um einen höheren Marktpreis zu verlangen.[74]
>
> In Bezug auf die App Stores und den Amazon Marketplace handelt es sich um Renten, da es sich um einen abgeschotteten Markt handelt, auf den die Programmierer*innen und Händler*innen aufgrund der monopolähnlichen Stellung der App Stores und Amazons angewiesen sind. Aufgrund des oben genannten Metcalf'schen Gesetzes können weitere Händler*innen quasi ohne zusätzliche Kosten für Apple, Google und Amazon auf die Plattformen aufgenommen werden, sodass diese Verkaufsgebühren für verkaufte Apps oder Waren Produzentenrenten sind.

Der Zugang zu einer Plattform selbst ist eine andere Möglichkeit der Monetarisierung – etwa wenn Firmen ihre Marke und offene Stellen auf LinkedIn präsentieren wollen.[75] Ein erweiterter Zugang kann ebenfalls monetarisiert werden. Das Freemium-Modell wurde bereits erwähnt. Nutzer*innen können sich bei LinkedIn ein kostenloses Konto anlegen. Für mehr Kontrolle über die Darstellung des Profils, Möglichkeiten der Kontaktaufnahme zu anderen Nutzer*innen und Ähnlichem muss aber bezahlt werden. Der Kauf von Werbeanzeigen bei Google AdWords fällt in dieselbe Kategorie: Wer einen Blumenladen in Hamburg sucht, wird per Suchmaschine fündig. Um in den Suchergebnissen aber höher gelistet zu werden, kann sich eine Floristin bei der Suchmaschine einkaufen, indem sie Werbeanzeigen bei Google schaltet.[76]

Trotz dieser verschiedenen Strategien läuft es darauf hinaus, dass in einer durch Digitalisierung erzeugten »Null-Grenzkosten-Wirtschaft«

letztlich nur mittels Überwachung und Aneignung von personenbezogenen und Metadaten der Nutzer*innen Gewinne erzielt werden können – um sie für Werbung zu nutzen, Algorithmen zu trainieren und weitere Möglichkeiten zu bieten, mehr Daten zu erzeugen.[77] Das Plattform-Geschäftsmodell behandelt Menschen als Rohstoffquellen, die dazu konditioniert werden, ihre Daten freiwillig preiszugeben.[78]

Arbeit

Plattformen lassen sich u. a. am Merkmal der Anzahl direkt mit dem Unternehmen verbundener peripherer Funktionen unterscheiden. Die großen Plattformen der Konzerne wie Apple oder Alphabet besitzen eine Vielzahl von Komponenten und Services und bieten ein digitales Hard- und Software-Ökosystem. Diese Konzerne betreiben ihr Geschäftsmodell mit großen Abteilungen für Forschung und Entwicklung, eigenen Datenzentren und Netzwerkinfrastrukturen. Dazu gehört auch eine große Anzahl Angestellter, sodass alle Elemente in das Betreiben des Geschäftsmodells einbezogen werden. Daneben gibt es die Plattformen, die ein einzelnes Kerngeschäft betreiben wie Uber, Netflix, Lieferheld oder Zalando. Diese tendieren dazu, weniger eigene Infrastrukturen zu besitzen, da die Plattform zumeist nur der Vermittlung dient. Damit sind bspw. der zu vermietende Wohnraum bei Airbnb und die Fahrzeuge bei Uber ausgegliedert. Netflix und Airbnb besitzen auch keine eigenen Datenzentren, sondern nutzen die Server von Amazon.[79]

Ein ähnlich differenziertes Bild zeigt sich bei der Ausgliederung bezahlter Arbeit. Bei den kleineren Plattformen – Crowdworking, Mobilitätsanbieter, Lieferdienste etc. – gibt es in der Regel nur einen kleinen Kern von Angestellten. Die meisten Arbeitskräfte sind scheinselbstständige Einzelunternehmer*innen.[80] Diese Ausgliederung von Arbeitskräften mit einfacheren, aber notwendigen Aufgaben ist ein konstitutiver und zentraler Bestandteil des Geschäftsmodells der Plattformen. Aufgrund der Möglichkeit, den offiziellen Geschäftssitz einer Plattform schnell und einfach zu ändern, lassen sich internationale Bestimmungen für Arbeitsschutz, Regeln für den Mindestlohn oder Sozialabgaben umgehen.[81] Denn bei Plattformen gibt es keine Industriegebäude, keinen Fuhrpark oder Fertigungsanlagen, die den Standort wechseln müssten. Eine Plattform ist in erster Linie Software, die überall und von überall betrieben werden kann.

Zwar handelt es sich nicht um ein neues Phänomen, da Deregulierung und Flexibilisierung von Arbeitsbeziehungen seit geraumer Zeit zunehmen: In einer postfordistischen und neoliberalen Wirtschaftsordnung treten über die vergangenen Jahrzehnte systemische Entgrenzungen von Arbeit und Leben deutlich hervor.[82] Durch neue technologische Möglichkeiten findet dies bei den Plattformen aber in radikaler Form mittels algorithmischer Regelsetzung, Koordination, Leistungskontrolle und Überwachung statt – dies gilt insbesondere für die scheinselbstständigen Arbeitskräfte, die nicht zum festen Kern der Konzerne gehören. Dadurch können die Unternehmen Arbeitskraft in nie dagewesener Perfektion variabel und lückenlos steuerbar einsetzen,[83] schnell anheuern und schnell feuern.

Da Algorithmen inzwischen eine Vielzahl der Aufgaben des unteren und mittleren Managements übernehmen,[84] sind viele – insbesondere ungelernte – Arbeitskräfte auf die einfachsten und schlechtbezahltesten Jobs ohne Aufstiegschancen angewiesen.[85] Aus dem Prekariat wird im Digitalkapitalismus das »Cyberiat«.[86] Empirisch ist das z. B. bei Amazon zu beobachten: In den Lagerhallen müssen sich die Arbeitskräfte, welche die Pakete füllen, an vorgegebene Routen und feste Zeitvorgaben für das Zusammensuchen der Waren halten. Wird von den Vorgaben abgewichen, droht zunächst ein Verweis und bei mehrfachem Fehlverhalten die Kündigung.

Die Erniedrigung setzt sich jenseits der Arbeitszeit fort. Nach Ende der Schicht gehen die Arbeitskräfte auf dem Weg zum Ausgang an großen Bildschirmen vorbei. Auf diesen werden die Silhouetten von ehemaligen Arbeitskräften gezeigt, die beim Diebstahl ertappt wurden und denen gekündigt wurde. Teil der Darstellung ist eine Auflistung der gestohlenen Waren, deren Wert sowie die exakte Angabe, wo und wann diese gestohlen wurden.[87] Eine unmissverständliche Zurschaustellung der herrschenden Kontrolle und Überwachung.

Und auch hier zeigt sich die enge Verbindung zwischen Technologie und Kapitalismus, nicht nur in der Perfektion im Einsatz von Arbeitskraft, sondern auch darin, zukünftig die prekären Arbeitskräfte von Plattformen wie Uber durch selbstfahrende Fahrzeuge[88] oder Roboter in den Lagerhallen von Amazon zu ersetzen.[89]

Die Entmenschlichung von Arbeitskraft kennt also noch eine weitere Stufe.

In unserem Alltag können wir viele Beispiele für diese Strategien auch jenseits der Lagerhallen von Amazon beobachten. Die Logik der Automatisierung zieht sich seit der Industrialisierung wie ein roter Faden durch die Geschichte. Und wie in den Kapitalismusepochen zuvor beginnt die Substitution menschlicher Arbeitskraft unten – auf der Ebene, die sich am schlechtesten wehren kann. Zum Beispiel an den Supermarktkassen, die durch Selbstbedienungskassen ersetzt werden, oder in der Stadtbibliothek: Ausleihen und Zurückbringen funktioniert nicht mehr am Tresen, sondern an einem Scanner. Die Kompetenz der Angestellten wird darauf reduziert, nur noch die zurückgebrachten Bücher zu sortieren – bis auch sie irgendwann durch einen Roboterarm ersetzt werden.

Informelle Arbeit

Die Nutzer*innen sind auch als unfreiwillige und unbezahlte Arbeitskräfte von fundamentaler Bedeutung für die Plattformen. Zuvor wurde das kurz am Beispiel des Trainings der Bilderkennung von Google bei ReCaptcha-Abfragen angerissen. Dies ist aber nur ein Bruchteil der Arbeit, welche die Nutzer*innen leisten. Der deutlich größere und im Kontext dieses Buchs zentrale Punkt ist, dass sie in erster Linie die Quelle des Produktionsmittels Daten sind. Nutzer*innen von Plattformen sind im Rahmen des beschriebenen Machtgefälles, das klare und unveränderliche Formen des Verhaltens und der Kommunikation vorschreibt, eine betriebliche Wertquelle.[90] Dies geschieht durch eine allgegenwärtige Kommodifizierung individueller Verhaltensspuren, die Shoshana Zuboff als Kernelement des »Überwachungskapitalismus« beschreibt[91] und die der deutsche Soziologe Günter Voß als eine neue Form kapitalistischer Kolonialisierung bezeichnet.[92] Diese Kolonialisierung besteht in einer Ausweitung profitorientierten Wirtschaftens durch den Zugriff auf bislang nicht in dieser Form kapitalisierte Bereiche wie das Alltagsleben. Die technische Struktur der

Plattformen ist so konzipiert, dass die Nutzer*innen je nach Ausrichtung zum Beispiel *Content* erzeugen, Listen von Produkten anlegen oder kaufen, Kommentare und Bewertungen hinterlassen oder *Likes* setzen und dadurch ihr Verhalten in verwertbares Datenmaterial wandeln.[93] Streng genommen ist das keine Arbeit, sondern es handelt sich ausschließlich um die (unfreiwillige) Offenlegung ihrer alltäglichen Lebensäußerungen – die aber für die Konzerne ein zentrales Kapital sind.[94] Für sämtliche dieser genannten Inhalte reklamieren die Plattformbetreiber das Recht der Nutzung. Beispielsweise schreibt Facebook in den Nutzungsbestimmungen (Stand Juli 2022), dass das Urheberrecht für Beiträge etc. durchaus bei den Nutzer*innen liegt. Jedoch gilt folgende Einschränkung: »Damit wir unsere Dienste bereitstellen können, ist es jedoch erforderlich, dass du uns einige gesetzliche Berechtigungen zur Verwendung solcher Inhalte erteilst.«[95] Das dadurch von den Nutzer*innen ausgehändigte Rohmaterial wird von den Plattformbetreibern zu einem wertvollen Gut aufbereitet. Erst durch diese Verarbeitungsaktivitäten werden diese verstreuten, häufig beiläufig hinterlassenen digitalen Verhaltensspuren zu einer Ware. Diese hat einen vielfachen Wert für die Unternehmen. Sie dienen zur Verfeinerung und Qualitätsverbesserung der plattformeigenen Algorithmen, die zum Beispiel Inhalte empfehlen, sie werden als handelbare Datensätze oder als personalisierte Werbemöglichkeiten genutzt.[96]

Das immense Machtgefälle zwischen den Konzernen und den Nutzer*innen äußert sich durchaus nicht offen als Druck, Zwang oder Ähnliches. Wie in Kapitel 2 anhand des Luhmann'schen Machtbegriffs beschrieben, manifestiert sich Macht durch die Beschränkung von Kommunikation und Begrenzung einer Auswahl an Alternativen. Das entspricht den Handlungsstrukturen der Plattformen gegenüber den Nutzer*innen. Denn wie in einem Supermarkt, in dem die teureren Waren auf Augenhöhe zu finden sind, wird das Handeln der Akteure innerhalb der Plattform im Sinne der betreibenden Unternehmen gelenkt. Das geschieht zum Beispiel durch Beeinflussung des Newsfeeds durch speziell selektierte Inhalte, um die Nutzer*innen möglichst häufig und lange auf der Plattform zu halten. Für den Großteil der Nutzer*innen offenbart sich diese Ausübung von Macht kaum wahrnehmbar und weitgehend geräuschlos hinter einer Fassade vermeintlich wohlwollender Offenheit, die ihnen von den Plattformen vorgespielt wird. Der Meta-Konzern suggeriert in den Nutzungsbedingungen von Facebook pures Wohlwollen: »Meta entwickelt Technologien und Dienste, mit deren Hilfe sich Menschen miteinander vernetzen, Gemeinschaften bilden und ihre Unternehmen stärken können.« Und weiter: »Für die Nutzung von Facebook (…) erheben wir keine Gebühren (…). Stattdessen bezahlen uns Unternehmen, Organisationen und andere Personen dafür, dass wir dir Werbeanzeigen für ihre Produkte und Dienstleistungen zeigen. Unsere Produkte und Dienste ermöglichen es dir, mit deinen Freunden und Gemeinschaften zu kommunizieren und personalisierte Inhalte und Werbeanzeigen zu erhalten, die nach unserer Ansicht relevant für dich sein und deinen Interessen entsprechen könnten. (…) Wir verwenden deine personenbezogenen Daten, um festzulegen, welche personalisierten Werbeanzeigen wir dir zeigen.«[97]

Es lässt sich – siehe in Kapitel 1 zu den Aspekten des Opt-out und des Privacy Paradox – diskutieren, ob sich die Akteure doch letztlich freiwillig auf den Plattformen bewegen. Viele Inhabende eines Ladengeschäfts oder eines Vertriebs von Produkten sehen sich aufgrund der bereits dargestellten Gründe durchaus gezwungen, zum Beispiel Waren per Amazon Marketplace zu verkaufen. Aber ob freiwillig oder nicht – die Regeln der Plattformen sind nicht beeinflussbar. Die Akteure werden umfassend von undurchsichtigen Systemen überwacht, die sie nicht kontrollieren und nicht beeinflussen können. Stattdessen müssen sie sich im Tausch für den Zugang zur Plattform auf den Missbrauch personenbezogener Daten, ihrer Kommunikationsinhalte und Verhaltensspuren einlassen.[98]

Die Situation, die sich hier offenbart, erinnert erneut an die Ausführungen von Karl Marx. Er beschreibt die Funktion des Proletariers als Maschine zur Produktion von Mehrwert.[99] Aus Perspektive der Plattformunternehmen sind die Nutzer*innen ebenfalls nicht mehr: Content erzeugen, Likes hinterlassen, sich beobachten lassen, auf Werbeanzeigen klicken, konsumieren. Das Bild der Maschine kommt dem recht nahe.

EINFLÜSSE

GEIST, IDEOLOGIE UND MACHT
- Der Geist des Digitalkapitalismus
- Die Ideologie des Digitalkapitalismus
- Quelle
- Ideologie: Basis der Macht
- Ergänzung zur Ideologie
- Internetzugang für Freiheit und Gleichheit?
- Bilder und Begriffe

SOZIOTECHNOLOGIE
- Magie
- Suggestion
- Stellenwert von Technologie
- Fetisch
- Manifestation
- Soziale Konstruktion durch Machtasymmetrie
- Design und Governance
- Reflexive Technologie und digitale Governance

AUFKLÄRUNG
- Entzauberung
- Wiege des Kapitalismus
- Technisierung der Soziosphäre

DK

AUSWIRKUNGEN

PLATTFORMEN
- Gemeinsamkeiten
- Monopol und Monopson
- Digitale Skalenerträge
- (Informelle) Arbeit

PRIVATSPHÄRE
- "Privacy is no longer a social norm"
- Dimensionen der Privatsphäre
- Privatsphäre ist Macht
- Machtasymmetrie auf drei Ebenen
- Datensouveränität
- Datenschutz und Privatsphäre
- Metadaten, Anonymisierung, Pseudonymisierung
- Zusammenhang zur Nachhaltigkeit

Infiltration der Privatsphäre

I am the eye in the sky
Looking at you
I can read your mind
I am the maker of rules
Dealing with fools
I can cheat you blind
And I don't need to see any more to know that
I can read your mind
The Alan Parsons Project: »Eye in the Sky«, 1982

Die Aufgabe des eigenen Raums zum Experimentieren
bedeutet die Aufgabe jeder Ambition,
das eigene Leben selbst zu bestimmen –
also die stillschweigende Akzeptanz des Status quo.
Evgeny Morozov, 2015

Wie dargestellt sind Plattformen das zentrale Geschäftsmodell des Digitalkapitalismus. Sein zentrales Produktionsmittel sind personenbezogene Daten und Metadaten, welche ebenfalls Verhaltensdaten umfassen. Diese Daten werden durch die Überwachung von Nutzer*innen auf ihren Wegen durch das Internet, durch Nutzung von Plattformen, Internetdiensten, digitalen Endgeräten und Apps gesammelt. Wie zuvor mehrfach beschrieben, beeinträchtigt das Sammeln und Verarbeiten dieser Daten die Nutzer*innen auf vielfältige Weise. Im Zeitalter der Digitalisierung ist es zwar üblich, da möglich, einen erheblichen Teil der analogen Welt inklusive menschlicher Lebensäußerungen, verschriftlichte Gedanken und dergleichen zu datafizieren. Aber im Fall von personenbezogenen Daten und Metadaten von Menschen wird häufig ignoriert, dass es sich nicht *einfach nur um Daten*, sondern um einen Menschen handelt, der diese preisgibt. Und ein Mensch hat – in der Wahrnehmung zumindest der Nationen, die von den Gedanken der Aufklärung kulturell beeinflusst sind – als Individuum Anrecht auf Würde und darauf, sein Leben nach persönlichen Wünschen zu gestalten. Dazu gehört ein Anrecht auf Privatsphäre. Eine

Infiltration der Privatsphäre verstößt gegen diese Grundfreiheiten und zerstört den Schutzraum, in dem es möglich ist, seine Persönlichkeit zu entfalten, seinen Wünschen, Fantasien und Leidenschaften nachzugehen.

In Deutschland und in vielen anderen demokratischen Staaten ist es in speziellen Situationen staatlichen Behörden erlaubt, Grundfreiheiten einzuschränken. Aber im Fall des Digitalkapitalismus dreht es sich nicht darum, beispielsweise die Öffentlichkeit vor Gefahren zu schützen. Es handelt es sich um ein rein ökonomisches Kalkül, welches bis zur Persönlichkeit vordringt, um Werbeanzeigen exakter platzieren zu können, Geschäftsmodelle zu entwickeln und KI zu trainieren. Nur wenn die Privatsphäre von Nutzer*innen geschützt und ihre Grundrechte als Bürgerinnen und Bürger anerkannt werden, können sie sich innerhalb einer Gesellschaft frei bewegen.

Zunächst zeigt ein Rückblick, wie die Idee der Privatsphäre sich entwickelt hat, wie Entscheidungen des Bundesverfassungsgerichts diesen Begriff umschreiben, wie sich Privatsphäre definieren lässt, wie sie sich zu Datenschutz, informationeller Selbstbestimmung und Datensouveränität verhält und was diese Themen eigentlich mit Nachhaltigkeit zu tun haben.

Rückblick: »Privacy is no longer a social norm«

»Die Menschen haben sich daran gewöhnt, nicht nur mehr Informationen und verschiedene Arten von Informationen auszutauschen, sondern dies auch offener und mit mehr Menschen zu tun (…). Diese soziale Norm hat sich im Laufe der Zeit einfach weiterentwickelt«, sagte Mark Zuckerberg auf einer Preisverleihung 2010.[100] Er steht mit dieser Einschätzung nicht allein. Auch Andreas Weigend – ehemaliger »Chefwissenschaftler«[101] bei Amazon und Dozent für Computer Science – hat eine ähnliche Einschätzung: Privatsphäre sei »(…) ein Konzept, das erst vor recht kurzer Zeit durch Technik möglich wurde«[102] bzw. sei »ein Wimpernschlag in der menschlichen Geschichte.«[103]

Es handelt sich hier schlicht um Desinformation angesichts der historischen und kulturellen Faktenlage. Diese Aussagen konstruieren eine falsche Realität. Es ist die übliche Suggestion, die verdecken soll, worum es wirklich geht. Zuckerberg will sich für die umfassende Überwachung der

Facebook-Nutzer*innen durch seine Behauptung einen Freibrief ausstellen. Weigand malt das Bild einer goldenen Zukunft, die dadurch entsteht, dass alle Nutzer*innen möglichst viele Daten teilen. Dies würde u. a. fairere Arbeitsplätze gestalten[104] und genauere medizinische Behandlungen ermöglichen.[105]

Korrekt ist eigentlich Folgendes: Sozialhistorisch existiert seit der vorchristlichen Antike die Idee einer Trennung zwischen einer privaten Sphäre und einer Sphäre des Öffentlichen. Auch gab es stets von jeweils Herrschenden Bemühungen, in diese privaten Sphären einzudringen oder diese zu begrenzen. Ihre Bedeutung hat sich aber im Kontext kulturellen und sozialen Wandels verändert. Im klassischen Altertum beschrieb Aristoteles bspw. eine Trennung zwischen der familiären Sphäre (Oikos) und dem öffentlichen und politischen Leben (Polis).[106] Allein die Definition von *Familie* hat sich in den vergangenen 2000 Jahren deutlich gewandelt. Im Zeitalter der Renaissance und seit der Reformation popularisierte sich das Konzept der Individualität auch durch den Konflikt zwischen der katholischen Kirche und dem Protestantismus. Erstere stand für eine kollektivistische, hierarchisch organisierte Lesung der lateinischen Bibel durch den Priester und ausschließlich im Rahmen der Messe. Der Protestantismus ermöglichte und förderte durch Luthers Übersetzung der Bibel ins Deutsche auch das private, individuelle Bibelstudium. Zusammen mit der Erfindung des Buchdrucks war das ein Katalysator für die Erweiterung von Autonomie und Individualität auf andere Lebensbereiche. Damit rückte die Kernfamilie als identitätsstiftende Instanz in den Vordergrund, in der Werte, Riten und Ansichten zumeist geteilt wurden.[107] Damit entstand ein *Innen* und ein *Außen*, was das Bedürfnis nach Abgrenzung gegenüber der sozialen Umwelt erzeugte. Die Möglichkeit, dieser Trennung der Sphären war aber größtenteils ein Phänomen der Mittelschicht bzw. im deutschsprachigen Raum des neu erstarkten Bürgertums. Untere Schichten behielten bis in die erste Hälfte des 18. Jahrhunderts die etablierten Lebensgemeinschaften von Eltern, Kindern, weiteren Verwandten, Auszubildenden und Bediensteten bei. Arbeitsstätte und Privathaushalt wurden zumeist nicht getrennt. Durch veränderte Einkommens- und Arbeitsstrukturen trennten sich die Domänen Privathaushalt und Arbeitsstätte für die bürgerlichen Kernfamilien. Architektonische Neuerungen in den bürgerlichen Häusern trugen ebenfalls dazu bei, funktionale Zuordnungen von öffentlichen und privaten Räumen einzuführen, was zuvor dem Adel vorbehalten war.[108] Das starke Bevölkerungswachstum in Europa ab Mitte des 19. Jahrhunderts zusammen mit dem korrelierenden Urbanisierungstrend beförderte ein zusätzliches Abgrenzungsbedürfnis: Die Stadtbevölkerung war im Vergleich zu früheren Zeiten durch Wachstum der Städte und Zuzug von mehr Fremdheit als zuvor umgeben. Parallel dazu beeinflussten technologische Entwicklungen das Bedürfnis nach dem neuen Ideal der Privatheit. Die steigende Alphabetisierungsrate erzeugte Nachfrage nach Gedrucktem allgemein. Die Briefpost – eine bereits existente Technologie, aber nun zuverlässiger und billiger – erlebte einen großen Aufschwung. Nun war es möglich, auch sehr persönliche Mitteilungen ganz gezielt einer anderen Person an entfernten Orten zukommen zu lassen. Boulevardblätter wurden das Massenmedium, die bevorzugt über politische Skandale, Anzüglichkeiten oder Fehltritte des Adels berichteten. In einer zunehmend medienbeeinflussten Gesellschaft wurde Privatheit zu einem wertvollen Gut.[109]

Das bedeutet, dass spätestens mit der Aufklärung, die unter anderem den Wert des Individuums etablierte, auch die Frage nach der Privatsphäre, wie wir sie heute kennen, aufkam. Spätestens ab jetzt hatten Menschen *etwas zu verbergen*. Die Briefpost war die Möglichkeit, auch über längere Distanzen einer bestimmten Person persönliche Gedanken mitzuteilen, ohne dass eine dritte Person davon erfuhr. Die Auflösung des kollektiven Lebens hin zu kleineren Gruppen und Individualität erzeugte das Bedürfnis danach, auch innerhalb der Persönlichkeit ein Innen und ein Außen zu entwickeln. Und dieses Innen war nun ein Platz für Kontroverses, Revolutionäres, Abweichendes oder Anstößiges.

Dimensionen der Privatsphäre und Definition
Die deutsche Philosophin Beate Rössler hat – bedeutsam für die Diskussion des Themas – die Privatsphäre in drei verschiedene Dimensionen unterteilt.[110] Die erste und einfachste Dimension der Privatsphäre ist die *lokale Ebene*. *Einfach* deswegen, weil der Begriff der *Sphäre* bereits die Assozia-

tion eines Ortes erzeugt. Diese Ebene betrifft den Zugang zu Orten, aber auch dem Körper eines Menschen. Es zeigt sich, da es offensichtlich nicht um ein allgemeines Verbot geht, dass Privatsphäre mit Selbstbestimmung und Kontrolle zusammenhängt: Selbstbestimmung entscheidet darüber, ob jemandem der Zugang zu privaten Räumen oder die Berührung des Körpers erlaubt oder verboten wird.[111] Kontrolle bedeutet, die Erlaubnis des Zugangs zu einem Ort oder der Berührung des Körpers einer anderen Person nicht binär gestalten zu müssen – ganz oder gar nicht – sondern dosieren und gezielt erlauben zu können.

Selbstbestimmung ist auch bei der zweiten Dimension – der *informationellen Ebene* – entscheidend. Diese Dimension wurde erstmals 1890 in einem Zeitschriftenbeitrag der US-amerikanischen Juristen Louis Brandeis und Samuel D. Warren diskutiert. Anlass für den Artikel war das Eindringen von Paparazzi in die Hochzeitsfeier von Warrens Tochter.[112] Der Standpunkt der Autoren war, dass die damalige Rechtsprechung nicht ausreiche, um eine Verletzung der Privatsphäre zu sanktionieren. Die Notwendigkeit wurde angesichts der Popularisierung der Boulevardblätter und technologischer Veränderungen gesehen.[113] Fotografie war damals deutlich spontaner und einfacher als zuvor möglich geworden. Die Argumentation der Autoren für eine Erweiterung der Rechtsprechung ist folgende: Ein Recht, wie bspw. nicht angegriffen oder grundlos inhaftiert zu werden, assoziiert ein Besitztum. Jemand *besitzt* ein Recht wie einen anderen Gegenstand. Dies würde, so die Autoren, aber im beschriebenen Fall nicht zutreffen. Es gehe weniger um die Entwendung eines Gegenstands oder Körperverletzung, sondern vielmehr um eine Verletzung der *Persönlichkeit*.[114] Das »Right to Privacy« sei demnach das Prinzip, welches innere gedankliche oder emotionale Vorgänge schützen müsse.[115] Auch wenn es sich bei dieser Eheschließung um eine öffentliche Veranstaltung gehandelt hat – Selbstbestimmung entscheidet in diesem Fall, ob Bilder von diesem persönlichen Ereignis veröffentlicht werden dürfen oder nicht.

Ähnlich ist die Einschätzung des deutschen Bundesverfassungsgerichts, das im berühmten *Volkszählungsurteil* 1983 die informationelle Selbstbestimmung »[u]nter den Bedingungen der modernen Datenverarbeitung (…)« als Grundrecht unter Bezug auf das allgemeine Persönlichkeitsrecht (Art. 1 Abs. 1 sowie Art. 2 Abs. 1 GG) anerkannt hat. Individuen sollen »(…) gegen unbegrenzte Erhebung, Speicherung, Verwendung und Weitergabe [ihrer] persönlichen Daten (…)« geschützt werden. Informationelle Selbstbestimmung ist demnach »(…) die Befugnis des Einzelnen, grundsätzlich selbst über die Preisgabe und Verwendung seiner persönlichen Daten zu bestimmen.«[116] Das BVerfG folgt damit der Argumentation, die das wegweisende Gutachten zu Grundfragen des Datenschutzes von Steinmüller et al. 1971 beinhaltet, welches den Begriff der informationellen Selbstbestimmung einführte.[117] Auf dieses Gutachten wird noch eingegangen.

Die dritte Dimension der Privatsphäre ist die *Entscheidungsebene*. Eng gefasst betrifft diese Entscheidungen über den eigenen Körper. Drei Beispiele dafür wären die Debatte über den *Abtreibungsparagraphen* 218 des deutschen Strafgesetzbuchs, Schutz vor sexueller Belästigung und Respekt für die Diversität sexueller Orientierungen. Das verweist auf die grundsätzliche Frage, wie jemand seine eigenständige Identität formen will. Diese Entscheidungsebene der Privatsphäre ist notwendig, um im sozialen Kontext leben und handeln zu können, ohne darin gestört zu werden.[118]

Alle drei Dimensionen umfassen die Themen Kontrolle und Selbstbestimmung. Werden diese Mechanismen gestört oder können sich nicht in individuell gewünschter Form entfalten, hat das schwere Konsequenzen für die Freiheit von Individuen, Gruppen und ganzen Gesellschaften. Daher stellt die Privatsphäre gewissermaßen einen Generalschlüssel zu uns selbst dar – inkl. unserer Wünschen, Fantasien und dunkelsten Geheimnisse. Dieses Innerste mit jemand anderem zu teilen, ist ein äußerst intimer Akt, weil diese Informationen in den falschen Händen verletzbar machen.[119]

Was in diesem Zusammenhang ›Freiheit‹ heißt, wurde 1859 bereits vom englischen Philosophen John Stuart Mill in seinem nach wie vor aktuellen Werk *On Liberty (Über die Freiheit)* dargestellt. Er versucht nicht zu beantworten, wie es um die Freiheit des menschlichen Willens bestellt ist, sondern er nähert sich dem Begriff Freiheit pragmatisch. Es geht ihm um »(…) soziale Freiheit, will sagen: Wesen und Grenzen der Macht, welche die Gesellschaft rechtmäßig über das Individuum ausübt.«[120] Die freie Entfaltung von Möglichkeiten, Wünschen und Neigungen ist durch die unterdrückende Einwirkung seiner sozialen Umwelt begrenzt. Herrschaft und Freiheit stehen daher im Konflikt. Konsequenzen trägt dann nicht nur das Individuum, sondern die gesamte Gesellschaft: Nur wenn sich Individuen optimal entfalten können, kann sich die Gesellschaft als Ganzes weiterentwickeln. Umgekehrt gilt, dass eine Einschränkung individueller Freiheit die gesamtgesellschaftliche Entwicklung hemmt. Daher sollte die individuelle Freiheit im öffentlichen Interesse stehen[121] – wobei Mill ähnlich wie das Grundgesetz die Grenzen der individuellen Freiheit dort sieht, wo die Freiheit eines anderen in Denken oder Handeln beeinträchtigt wird: Freiheit bedeutet für Mill »(…) die Möglichkeit, unser eigenes Wohl auf unsere eigene Weise zu erreichen, solange wir nicht versuchen, andere ihres Gutes zu berauben oder dessen Erwerb zu vereiteln«.[122]

Die Frage einer Definition von Privatsphäre wird im bereits genannten Gutachten von Steinmüller et al. umfassend[123] diskutiert. Die Autoren kommen zu dem Schluss, dass eine Definition von Privatsphäre unmöglich sei. Zur selben Schlussfolgerung kommen auch Autorinnen und Autoren aktueller Literatur.[124] Manche Autor*innen geben den Versuch sogar auf und befassen sich mit einer überkomplexen Kartografie eines »Gebiets der Privatsphäre«.[125]

Jedoch ergibt sich aus den beschriebenen Dimensionen – der lokalen, der informationellen und der Entscheidungsebene – heute durch die Ubiquität digitaler Technologie täglich die Frage, *wem* Zugang zur Persönlichkeit, zu inneren Vorgängen gewährt wird und *mit wem* persönliche bzw. personenbezogene Informationen geteilt werden. Wie beschrieben hängen alle drei Dimensionen mit Kontrolle und Selbstbestimmung zusammen. Das heißt, dass das, was Privatsphäre umfasst und wem Zugang zur Privatsphäre erlaubt wird, eine individuelle Entscheidung ist. In Kombination dieser Überlegungen lautet der Vorschlag des Verfassers für eine Definition von Privatsphäre:

> Privatsphäre ist der individuell bestimmte und kontrollierte Bereich, dessen physische und psychische Inhalte nur in selbstbestimmter Weise mit der Außenwelt geteilt werden.

Privatsphäre und Macht
Privatsphäre ist ein Bereich, der nach obiger Definition eigentlich nur durch den eigenen Willen geöffnet werden sollte. Und Zugang zur Privatsphäre einer anderen Person zu haben, verschafft eine mächtige Position. Diskussionen über Privatsphäre sind letztendlich Diskussionen über die Macht, die personenbezogene Daten – *Daten über Menschen* – besitzen.[126] Francis Bacon formulierte »Wissen ist Macht«.[127] Die spezielle Form von Wissen, nämlich *Wissen über Menschen* erzeugt Macht über Menschen. Es ermöglicht die Steuerung von Verhalten und Manipulation, schränkt Entscheidungs- und Wahlmöglichkeiten ein – und damit die Freiheit, »unser eigenes Wohl auf unsere eigene Weise zu erreichen«.[128] Die Sammlung von personenbezogenen Daten und Metadaten, um die Wünsche, Einstellungen und Gedanken von Nutzer*innen zu erfahren und zu monetarisieren, schränkt diese Freiheit ein. Sie entzieht den Nutzer*innen ihre Rechte einer freier Entscheidung und wandelt diese in Kapital um.

Was das bedeutet, zeigt sich an einer Entscheidung des US-amerikanischen Supreme Courts im Juni 2022, der das bundesstaatlich einheitliche Abtreibungsrecht kippte. Die Bundesstaaten können nun selbst entscheiden, ob das allgemeine Abtreibungsrecht gilt oder per Gesetz verboten ist. Vor Gericht sind damit Suchanfragen bei Google etwa in Bezug auf Abtreibungsmediziner*innen, Ortungsdaten aus der Nähe von Kliniken und die Daten aus Periodentracking-Apps Beweismittel – bzw. Informationen, welche die Polizei überhaupt erst auf die Spur einer *Täterin* führen können.[129] Denn die Technologiekonzerne geben eine Vielzahl von Informationen an amerikanische Ermittlungsbehörden weiter.[130]

Eine aktuelle Studie der Mozilla Foundation zeigt, dass ein Großteil von Menstruations-Apps auf Ebene des Datenschutzes sehr schlecht abschneiden.[131] In die Schlagzeilen kam 2019 eine App namens »Flo«, da diese Daten der Nutzer*innen an Facebook weitergab, was in den Datenschutzrichtlinien verschwiegen wurde.[132] Datenspuren wurden 2022 einer 17-Jährigen in Nebraska zum Verhängnis, da der Meta-Konzern den Behörden u. a. durch Herausgabe von privaten Chatnachrichten Beweismittel lieferte. Das Mädchen hatte ihre Schwangerschaft mittels einer Abtreibungspille abgebrochen und wurde deswegen angeklagt.[133]

Der Anteil der lokalen und der Entscheidungsebene von Privatsphäre – das Recht, selbst über den eigenen Körper zu bestimmen – ist damit genommen. Und digitale Datenspuren können die Menschen verraten, die trotz einer veränderten Gesetzeslage ihre Freiheitsrechte nutzen wollen.

Ein anderes Beispiel dafür, was geschieht, wenn die Möglichkeit der freien Entscheidung genommen wird, ist der »Cambridge-Analytica-Skandal«. Im Rahmen der US-Präsidentschaftswahlen 2016 wurde versucht, 87 Millionen Facebook-Nutzer*innen, die sich noch nicht für die Demokraten oder die Republikaner entschieden hatten, über den Inhalt ihres Newsfeeds zu manipulieren. Die Auswahl der Betroffenen fand über detaillierte Persönlichkeitsprofile statt, die Drittanbieter anhand umfangreicher Daten der Nutzer*innen erstellen konnten.[134] Die identifizierten Nutzer*innen erhielten neben Wahlwerbung der Republikaner eine Fülle von Desinformationen und negativer Propaganda über die Demokraten. Ähnliche Manipulationen werden im Rahmen intransparenter psychologischer Experimente von Facebook selbst durchgeführt. Etwa inwieweit positive oder negative Inhalte im Newsfeed entsprechend positive bzw. negative Beiträge der Nutzer*innen erzeugen.[135] Solche Untersuchungen dienen dem Interesse, welche Inhalte des Newsfeeds zu erhöhten Klickzahlen auf Werbeanzeigen führen. Darüber steht jedoch wie eigentlich fast immer die Intention, Verhalten zu kontrollieren, zu manipulieren und zu automatisieren, um größere Mengen des Produktionsmittels Daten sammeln zu können.

Machtasymmetrie auf drei Ebenen

> And the ghost of Descartes screams again in the dark
> »Oh, how could I have been so wrong?« (…)
> I am drowning in a digital sea
> I am slipping beneath the sound
> Here my voice goes to ones and zeroes
> Thrice: »Digital Sea«, 2007

Wie in Kapitel 2 mittels des Luhmann'schen Machtbegriffs dargestellt, funktioniert Macht durch die Einschränkung von Kommunikation. Das entstehende Informationsgefälle basiert auf einer ungleichen Verteilung von Information: Akteur A gibt an Akteur B eine beschränkte Menge an Information weiter, sodass B weniger Handlungsalternativen zur Verfügung stehen. Damit beschränkt Akteur A den Handlungsspielraum von Akteur B. Akteur A kann Akteur B auf diese Weise steuern.

Für den Digitalkapitalismus ist ein solches Macht- und Informationsgefälle ein konstituierendes Element. Grundsätzlich besteht auf Ebene von Datenmacht[136] zwischen Individuen und Organisationen wie Technologiekonzernen, aber ebenfalls staatlichen Behörden, immer eine Ungleichheit. Wie mit den Ungleichheit erzeugenden Informationen verfahren wird, ist in diesem Fall eine Frage der politischen Herrschaftsform. In einer Demokratie ist das Hinterlegen von Informationen bei Behörden auch damit verbunden, eigene Rechte wahrnehmen zu können – bspw. vom Stimmrecht Gebrauch zu machen. Nur dreht es sich im Digitalkapitalismus um rein privatwirtschaftliche Interessen, eine solche Ungleichheit zu erzeugen und ständig weiter auszubauen. Nutzer*innen unterstützen – unfreiwillig – in jeder Minute diesen Ausbau. Und die Einflussnahme auf das Handeln der Nutzer*innen entsteht auf drei Ebenen, die sich in der unfreiwilligen Preisgabe von Daten eröffnen.

Die *erste Ebene* besteht darin, was Nutzer*innen als Verhaltensspuren teilen: Suchbegriffe in der Suchmaschine, Fotos in sozialen Medien, personenbezogene Daten in Profilen etc. Die *zweite Ebene* liegt ›hinter‹ diesen Daten. Es ist der Kontext. Die Daten, die geteilt werden, enthalten sekundäre implizite Informationen.[137] Denn die erste Ebene gibt bereits Auskunft über den individuellen Lebensstil, das soziale Milieu und Freizeitaktivitäten. Schon daraus lassen sich bereits sensible Informationen, wie z. B. die Einkommensverhältnisse, gewinnen. Auf der zweiten Ebene wird dieser Informationsstand noch durch Metadaten ergänzt, z. B. Gerätedaten, Uhrzeit der Aktivität, Standort oder Browserverlauf.

Die Kombination dieser beiden Ebenen führt zu einer *dritten Ebene* – der Ableitung. Diese umfasst das, was die mit Millionen von Datensätzen gefütterten Algorithmen der Konzerne schlussfolgern.[138] Durch diese Big-Data-Anwendung lässt sich ein recht genaues Persönlichkeitsprofil erstellen – eben ein solches, wie es im genannten Cambridge-Analytica-Skandal genutzt wurde. Ein solches Profil offenbart Informationen, welche die wenigsten Menschen mit der Öffentlichkeit oder fremden Konzernen teilen würden: psychometrische Profile, Intelligenzquotient, Krankheiten, Substanzmissbrauch, Beginn oder Ende einer intimen Beziehung ebenso wie der Inhalt beruflicher Projekte, Prognosen über künftige Pläne und Handlungen. Eine zusätzliche Problemlage kommt an diesem Punkt hinzu: Ob diese Schlussfolgerungen korrekt sind oder nicht, wird nicht überprüft. Da von vielen Stellen – Unternehmen, Behörden, Versicherungen und Banken – auf solche Datensätze zurückgegriffen wird, kann eine falsche Schlussfolgerung über Schicksale entscheiden:[139] ob bspw. Bankkund*innen einen Kredit oder Bewerber*innen die Arbeitsstelle bekommen. Hier kommt noch die sogenannte *Automation Bias* dazu. Dieses sozialpsychologische Phänomen ist die menschliche Tendenz, die Vorschläge von automatisierten Entscheidungsfindungssystemen wie einer Kredit-Scoring-Software oder KI-Systemen zu bevorzugen. Widersprüchliche Informationen, die ohne Automatisierung gemacht wurden, werden infolge ignoriert, selbst wenn sie korrekt sind.[140]

Im Kontext dieses Buchs bedeutet das: Wenn Macht auf der Beschränkung von Alternativen und der Steuerung von Handlungen durch Informationsasymmetrie beruht, wenn Freiheit darauf beruht, das Leben nach eigenen, autonomen Wünschen zu gestalten, und wenn Privatsphäre ein individueller Bereich ist, aus dem persönliche Informationen nur selbstbestimmt mit der Außenwelt geteilt werden – dann muss es darum gehen, den Schutz der Privatsphäre ernst zu nehmen und die persönliche Freiheit zu wahren, damit es möglich bleibt, Alternativen selbst zu wählen und sie nicht einfach vorgesetzt zu bekommen. Das betrifft den Bereich von Lebensentwürfen genauso wie die Auswahl von Betriebssystemen, Internetdiensten und Apps. Sonst ist Privatsphäre tatsächlich ein Ding der Vergangenheit.

Datensouveränität

In politikwissenschaftlicher Perspektive bezog sich Souveränität (lat.: Überlegenheit) bis zur Entmachtung des Adels auf die Hoheitsgewalt einer/eines Herrschenden. Später wurde der Begriff im Zusammenhang der Beziehungsgestaltung zwischen Nationalstaaten verwendet. In der

Regel achten Nationalstaaten die Souveränität anderer Nationalstaaten durch die Berücksichtigung von Selbstbestimmungsrecht und Nichteinmischungsprinzip.[141] Seit den Veröffentlichungen des ehemaligen CIA-Mitarbeiters Edward Snowden im Jahr 2013 über die Überwachungsaktivitäten des US-amerikanischen Geheimdiensts NSA erreichte der Souveränitätsbegriff eine besondere Popularität. Das steht in Zusammenhang mit aufgeworfenen Fragen zu den politischen Beziehungen zwischen den USA und anderen Staaten. Die Veröffentlichungen zeigten eine radikale Ausübung hegemonialer Macht und auch die erheblichen Möglichkeiten der Datensammlung und -verarbeitung durch die Geheimdienste der USA, durch die restlichen *Five Eyes* und durch Technologieunternehmen.[142]

Mittlerweile wird zumeist zwischen technologischer Souveränität, digitaler Souveränität[143] und Datensouveränität unterschieden. Es herrscht allerdings in der Literatur keine Einheitlichkeit: Digitale Souveränität ist teilweise ein Oberbegriff[144] oder wird wie im ursprünglichen Sinne des Begriffs Souveränität in geopolitischer Hinsicht bspw. für unterschiedliche Handhabung von Regulierungsfragen in Bezug auf Technologiekonzerne verwendet. Technologische Souveränität bezieht sich zumeist auf das Thema von Abhängigkeiten von Infrastrukturen, von Hard- und Software.[145] Zentral für den Kontext dieses Buchs ist aber sowohl die Kontrolle als auch die Verfügungsgewalt über die eigenen Daten unabhängig von der jeweils zugrunde liegenden Infrastruktur.

Damit ähnelt Datensouveränität stark der informationellen Selbstbestimmung. Beide Begriffe heben die Bedeutung der individuellen Freiheit und des Schutzes der Privatsphäre im Kontext der Datenverarbeitung hervor. Da sich beide Begriffe auf dieselbe Idee beziehen – dass Einzelpersonen die Kontrolle über ihre eigenen Daten haben sollten sowie ihre Privatsphäre und ihr Datenschutz respektiert werden sollten – werden informationelle Selbstbestimmung und Datensouveränität im Folgenden synonym verwendet.

Datenschutz und Privatsphäre

Im Jahr 1971 wurde im Auftrag des Bundesinnenministeriums ein Gutachten in Auftrag gegeben, das zuvor bereits an zwei Stellen angesprochen wurde. Das Gutachten entstand dadurch, dass sich die damaligen Fraktionen der FDP und SPD mit einer kleinen Anfrage an das Ministerium gewandt hatten. Darin wurde die Frage aufgeworfen, inwieweit der Datenschutz angesichts der zunehmenden Informatisierung der öffentlichen Verwaltungen eingeschränkt werden könnte und ob dies rechtlich neu geregelt werden müsste.[146]

Das genannte Gutachten besitzt bis heute einen großen Wert, da die Autoren zum damaligen Zeitpunkt mit beachtlicher Weitsicht bereits auf eine Vielzahl theoretischer Gefahren hingewiesen haben, die im Umgang mit personenbezogenen Daten und deren Akkumulation an einem zentralen Ort existieren. So wird darin z. B. festgestellt, dass eine Institution, die eine gewisse Datenmenge über die Bevölkerung besitzt, auch über große Macht verfügt. Die Begründung ist, dass es anhand der Daten möglich sein könnte, mittels statistischer Modelle z. B. Verhalten und Reaktion zu prognostizieren oder soziale Gruppen nach Eigenschaften zu kategorisieren. Damit würde »(…) die Bevölkerung insoweit transparent und berechenbar; sie wird experimentierfähig.«[147] Aufgrund »wissenschaftlich zuverlässige[r] Informationen« sei dann nicht nur die Beeinflussung der Bevölkerung, sondern auch die »Aussonderung bestimmter Volksgruppen, z. B. Juden«,[148] möglich. Verschiedene problematische Folgen werden skizziert, u. a. die mögliche Zementierung einer Regierung durch Beeinflussung der Bevölkerungswahrnehmung. Dieser Punkt ist aus damaliger Sicht – knapp 30 Jahre nach dem Ende des Nationalsozialismus – naheliegend und zugleich hochaktuell angesichts autokratischer Staaten, die ihre Bevölkerung mit einer Vielzahl unterschiedlicher digitaler Technologien überwachen.

Die Autoren beschreiben die Beziehung zwischen Datenschutz und Privatsphäre: »Der Datenschutz umfasst den Schutz vor Gefahren aus der öffentlichen wie der privaten Verwaltung. Bedroht ist vor allem der Einzelne in seiner ›Privatsphäre‹; Analoges gilt für Personenmehrheiten. Dieser Bereich ist umfasst vom Datenschutz (…). Die Gefahren und die Schutzobjekte sind im Wesentlichen dieselben, gleichgültig, ob die Bedrohung von öffentlicher oder privater [Informationsverarbeitung] ausgeht: stets droht der Einbruch in den Autonomiebereich der Person(enmehrheit). (…) Vielmehr kann eine Regelung des [Datenschutzes] nur dort anknüpfen, wo auch die Gefährdung ihre reale Grundlage hat: an der Information und ihrer Verarbeitung (…)«.[149] Das bedeutet, dass der Datenschutz die Privatsphäre eines Individuums oder einer Gruppe durch einen geregelten Umgang mit Informationen und deren Verarbeitung schützt. Und da – wie gezeigt – Privatsphäre direkt mit der Würde des Menschen sowie der freien Entfaltung seiner Persönlichkeit zusammenhängt, schützt der Datenschutz *Menschen* und nicht Daten – oder in der Formulierung der Stiftung Datenschutz: »Datenschutz soll nicht die Daten an sich schützen, sondern stets die Person, auf die sich die Daten beziehen.«[150]

Steinmüller et al. ergänzen, dass der Datenschutz für Individuen nur ein Teil der Gleichung ist. Die Autoren beziehen sich darauf, dass Einzelne stets Teil von Gruppen sind. Die Privatsphäre, die ein Leben nach eigenen Vorstellungen ermöglicht, reicht stets in den politischen Bereich hinein. Und um manche dieser Vorstellungen verwirklichen zu können, bedarf es einer Vergemeinschaftung mit Gleichgesinnten. Dadurch umfasst der Datenschutz auch soziale Gruppen wie NGOs, politische Parteien und private Chatgruppen.[151]

Angesichts der heutigen Situation muss das ergänzt werden. Ein laxer Umgang eines Individuums mit den eigenen personenbezogenen Daten vereitelt in vielen Fällen den Datenschutz anderer Personen. Wenn sich z. B. jemand aus dem Bekanntenkreis dazu entscheidet, den Messenger WhatsApp zu verwenden, werden sämtliche Kontaktdaten aus dem Smartphone dieser Person auf die Server des Meta-Konzerns übertragen.[152] Das umfasst nicht nur Telefonnummern, sondern auch die Namen aller Personen aus der Kontaktliste. Auch die Daten von Personen aus der Kontaktliste, die WhatsApp nicht nutzen, werden auf diese Weise trotzdem an Meta übermittelt. Metas Server befinden sich zu größeren Teilen in den USA, die nach der Datenschutz-Grundverordnung (DSGVO) als Drittland gelten. In Drittländern kann nicht garantiert werden, dass das Datenschutzniveau durch die DSGVO eingehalten wird.[153] Zudem geben US-amerikanische Unternehmen auf Anfrage staatlicher Behörden wie zuvor geschildert meist sehr viele Informationen preis. Damit gilt heute – salopp formuliert –: »Dein Datenschutz ist mein Datenschutz.«

Soll heißen: Der laxe Umgang mit den eigenen persönlichen Daten kompromittiert u. U. den Datenschutz anderer.

Datenschutz definiert sich nach der DSGVO als Grundrecht: »Der Schutz natürlicher Personen bei der Verarbeitung personenbezogener Daten ist ein Grundrecht. Gemäß Artikel 8 Absatz 1 der Charta der Grundrechte der Europäischen Union sowie Art. 16 Abs. 1 des Vertrags über die Arbeitsweise der Europäischen Union hat jede Person das Recht auf Schutz der sie betreffenden personenbezogenen Daten.«[154] Es wird betont, dass der Datenschutz auf derselben Ebene wie andere Grundrechte steht – z. B. Gedanken-, Gewissens- und Religionsfreiheit.[155]

Da die DSGVO allerdings nur den Schutz *personenbezogener* Daten umfasst, was auch für das Bundesdatenschutzgesetz (BDSG) gilt, kann die Privatsphäre angesichts der Sammelpraxis der Technologiekonzerne nicht umfassend geschützt werden: Es gibt keine Rechtsgrundlage für den Schutz von Metadaten, anonymisierten oder pseudonymisierten Daten. Ein Datenschutz, der insbesondere Metadaten nicht umfasst, erfüllt seinen Zweck nicht. Die globale Vernetzung, der Austausch von Daten verschiedener Dienste und besonders die Nutzung von Big Data verstärken die Machtasymmetrie zwischen Technologiekonzernen und Nutzer*innen. Die Einräumung von Rechten ist aufgrund dieser Ungleichheit zwar wichtig, verfehlt aber – wie nun verschiedentlich gezeigt – das Ziel: Wer sich auf der schwachen Seite der *Machtwippe* befindet, kann von seinen Rechten keinen Gebrauch machen oder ist gezwungen, auf Ausübung dieser Rechte zu verzichten.

Metadaten, Anonymisierung und Pseudonymisierung

Für Metadaten gilt, dass sie mit den meisten Informationen verbunden sind, die Nutzer*innen bei ihrer täglichen Interaktion und Kommunikation im Bereich des Digitalen erzeugen. Trotzdem werden sie häufig nicht als sensibel eingestuft. Ihre Aussagekraft ist jedoch äußerst weitreichend. Demonstriert wurde das u. a. in einem Forschungsprojekt, das sich mit dem Kurznachrichtendienst Twitter (inzwischen »X«) befasste. Für diesen Dienst gilt, dass jeder gesendete *Tweet* 144 zusätzliche Metadaten erzeugt. Die Forschenden zeigten, dass sich nur anhand der Metadaten eines Tweets dessen Autorin oder Autor mit über 90 %iger Wahrscheinlichkeit identifizieren lässt. Nicht der Inhalt der Nachricht, sondern Uhrzeit der Nachricht, Standort und Gerätedaten machten dies möglich.[156] Wie gezeigt, ist es einem kleinen Team Forschender möglich, eine Anonymisierung zu umgehen. Dann ist dies auch staatlichen Behörden problemlos möglich, was für Aktivist*innen oder Dissident*innen gefährlich sein kann. Twitter ist aufgrund der Geschwindigkeit, mit der Informationen an einen großen Kreis von Menschen geteilt werden können, insbesondere für die zivilgesellschaftliche Berichterstattung von politischen Ereignissen von besonderem Wert.

Michael Hayden, ein ehemaliger Direktor sowohl der CIA als auch der NSA, machte eine schwerwiegende Aussage zur Relevanz von Metadaten während einer Debatte an der Johns Hopkins University im Jahr 2014. Hayden antwortete auf ein Zitat des ehemaligen NSA-Generals Counsel Stewart Baker, dass »wenn man genug Metadaten hat, man nicht wirklich den Inhalt [von Mitteilungen] braucht«. Hayden sagte, dass Bakers Bemerkung »absolut korrekt« sei und fügte hinzu: »Wir töten Menschen auf der Grundlage von Metadaten«.[157] Der Hintergrund dazu ist, dass Metadaten u. a. beinhalten können, von welchem Standort mit welchem Gerät ein anderes Gerät kontaktiert wird, und wie oft das passiert. Durch Verknüpfung mit anderen Metadaten und Informationen ist die Identifikation einer Person sehr leicht möglich.

Anonymisierung bedeutet, dass aus Datensätzen bestimmte eindeutige Identifikationsmerkmale – Name, Geburtsdatum o. Ä. – entfernt werden und so die Daten theoretisch ohne Gefahr für die Privatsphäre datenschutzkonform verarbeitet werden können. Pseudonymisierung ersetzt Identifikationsmerkmale durch willkürliche Angaben, die keinen Rückschluss auf das originale Merkmal zulassen. Diese Schutzmaßnahmen erfüllen aber nur bei einem Teil der Daten – bspw. im Rahmen eines Forschungsprojekts – ihren Zweck. Im Bereich von Big Data und KI gilt aber, dass durch eine große Menge und Varianz der Informationen wie Kaufverhalten, Standortdaten, Online-Aktivität in Kombination eine Re-Identifizierung problemlos möglich ist.[158]

Denn die Anonymisierung ist weniger eine Eigenschaft der Daten, sondern eine Kombination aus den Daten und der Institution, die die Daten besitzt: Während die anonymisierten Daten an einem Ort durch die Anonymisierung aus Perspektive des Datenschutzes sein können, können dieselben Daten an einem anderen Ort zur Re-Identifizierung führen – wenn z. B. andere Daten vorliegen, die durch Kombination den anonymisierten Datensatz entschlüsseln.[159]

Der folgende Fall zeigt das. Im Jahr 2018 wurde offenbar, dass Daten des Kaufverhaltens vom Zahlungsdienstleister Mastercard an Google weitergereicht werden. Für Google geht es darum, eine Werbeerfolgsmessung im Einzelhandel durchzuführen: Ermittelt wird, ob ein Produkt innerhalb von 30 Tagen gekauft wird, nachdem Nutzer*innen dafür online eine Werbeanzeige gesehen haben. Google teilte mit, dass die Daten anonymisiert seien. Mastercard betonte die Nutzung eines doppelblinden Verschlüsselungsverfahrens.[160] Da Google aber Zugriff auf eine Vielzahl von Datenquellen hat und bspw. von Nutzer*innen trotz ausgeschalteter Ortungsdienste deren Standorte mitverfolgt,[161] ist eine Identifikation der Mastercard-Kund*innen kein Problem.

Der Zusammenhang zwischen Datenschutz, Privatsphäre und Nachhaltigkeit

> *They took all the trees, put 'em in a tree museum*
> *And they charged the people a dollar and a half just to see ,em*
> *Don't it always seem to go*
> *That you don't know what you've got 'til it's gone?*
> *They paved paradise, put up a parking lot*
> Joni Mitchell: »Big Yellow Taxi«, 1970

Auf den vergangenen Seiten wurde der Zusammenhang zwischen Datenschutz, Privatsphäre und Nachhaltigkeit bereits angerissen, aber nicht genau betrachtet. Das wird im Folgenden nachgeholt und gleichzeitig dient dieser Abschnitt auch als kurzes Zwischenfazit zu den beschriebenen Themen.

Innerhalb der vergangenen knapp zehn Jahre haben Erkenntnisse und Diskurse aus dem Fachbereich *Digitalisierung und Nachhaltigkeit* vermehrt in die Öffentlichkeit sowie in politische und ökonomische Agendas Einzug gehalten. Insbesondere Bündnis90/Die Grünen haben Aspekte des

Themas, dass Digitalisierung und Nachhaltigkeit an verschiedenen Punkten in massivem Konflikt stehen, in den Koalitionsvertrag des 20. Deutschen Bundestags eingebracht. Der Deutsche Nachhaltigkeitspreis hat ebenfalls erstmals 2019 einen Sonderpreis Digitalisierung eingeführt und verleiht den Preis inzwischen auch für IT-Hersteller und Dienstleister, die sich hier durch Nachhaltigkeit besonders hervortun.

Allerdings ist es wie bei anderen Themen unserer Zeit auch: Was in die Medien und die Öffentlichkeit dringt und was sich Unternehmen auf die Fahnen schreiben, sind die Aspekte, die sich einfach und plakativ kommunizieren lassen. Dabei werden die ökologischen Folgen der Digitalisierung – etwa der Energieverbrauch durch Nutzung und Herstellung digitaler Endgeräte oder die CO_2-Belastung durch Datenzentren – überbetont, da sich hier der Zusammenhang zwischen Digitalisierung und den negativen Einwirkungen auf Nachhaltigkeit leichter darstellen lässt.

Dabei ist der Anteil der negativen Folgen für die soziale Nachhaltigkeit sehr viel größer und vielschichtiger. Dazu zählen die verheerenden sozialen Auswirkungen in den Abbauländern der Rohstoffe, die für Batterien, Endgeräte und Infrastrukturen benötigt werden. Zum Beispiel erlebt die Demokratische Republik Kongo seit mehr als dreißig Jahren einen blutigen Bürgerkrieg mit Millionen ziviler Opfer. Die beteiligten Paramilitärs finanzieren ihre Waffen u. a. durch den Rohstoffabbau.[162] Der Menge sozialer Probleme nimmt auch im Vergleich zu den ökologischen Themen zu. Denn jedes ökologische Problem wird früher oder später ein soziales Problem – etwa, wenn Landstriche in Chile unbewohnbar werden, da dort das siliziumhaltige Grundwasser abgepumpt wird.[163] Zuerst stirbt hier die Lebensgrundlage der anwohnenden Landwirt*innen. Danach stehen die betroffenen Familien ohne Arbeit und Einkommen da.

In den sozialen Bereich gehören auch Themen wie die vieldimensionale *Digital Divide*, bei der ältere Bürger*innen gegenüber jüngeren Generationen ins Hintertreffen geraten oder bildungsferne Haushalte im Bereich Medienkompetenz abgehängt sind. Dazu zählen weitere Themen und Probleme, auf die die Politik keine Antworten weiß, die aber die Demokratie direkt bedrohen: Desinformation und Wahlmanipulation durch Soziale Medien und der Einsatz von Künstlicher Intelligenz. Es ist aktuell vollkommen unklar, inwieweit hier gesellschaftliche Resilienz aufgebaut werden kann. Und auch die Themen Datenschutz und Privatsphäre gehören in den Bereich, bei der die Digitalisierung negative Nebenfolgen für die soziale Nachhaltigkeit birgt. Doch der Reihe nach:

Datenschutz ist ein grundlegendes Konzept, das darauf abzielt, die Privatsphäre und die persönlichen Daten von Individuen und Gruppen zu schützen. Es bezieht sich auf die Kontrolle und den Schutz der Informationen, die wir über uns selbst preisgeben, sei es online oder offline. Datenschutz beinhaltet den Schutz vor unerwünschter Offenlegung, Missbrauch oder Diebstahl persönlicher Informationen. Er beinhaltet auch das Recht auf Informationelle Selbstbestimmung, also das Recht einer Person, selbst zu entscheiden, welche Informationen über sie gesammelt und verwendet werden.

Privatsphäre ist ein ebenfalls wichtiger Aspekt, der eng mit Datenschutz verbunden ist. Wie zuvor formuliert: Privatsphäre ist der individuell bestimmte und kontrollierte Bereich, dessen physische und psychische Inhalte nur in selbstbestimmter Weise mit der Außenwelt geteilt werden. Privatsphäre bezieht sich also auf den Raum, den Menschen benötigen, um ihre persönlichen Informationen und ihr Privatleben zu schützen. Privatsphäre ermöglicht es uns, uns sicher und geschützt zu fühlen, indem wir Kontrolle über unsere persönlichen Informationen haben und entscheiden können, wer Zugriff darauf hat. Es geht um die Wahrung unserer Würde, unserer Identität und unserer persönlichen Freiheit.

Der Datenschutz und die Privatsphäre spielen eine entscheidende Rolle bei der Schaffung einer nachhaltigen Gesellschaft. Der Begriff Nachhaltigkeit ist seit Jahrzehnten ein weithin akzeptiertes Leitbild auf politischer, gesellschaftlicher und ökonomischer Ebene. Der Begriff ist so weit etabliert, dass die Selbstverständlichkeit wirtschaftlichen Wachstums und technologischen Fortschritts inzwischen einer quasi impliziten Begründungspflicht unterliegt.[164] Wobei der in Kapitel 2 genannte Geist des Kapitalismus als Abwehrmechanismus gegenüber Kapitalismuskritik ein mächtiger Widersacher ist, wenn es um konkrete Schritte der Umsetzung geht.

Historisch gesehen, existiert eine sehr große Zahl an Definitionen, die den Begriff ›Nachhaltigkeit‹ beschreiben. Weit verbreitet und häufig zitiert ist dabei die Version aus dem Bericht an die Vereinten Nationen von 1987. Diese Definition stammt von der Politikerin und dreimaligen norwegischen Ministerpräsidentin Gro Harlem Brundtland, die bei dem Bericht federführend war. Übersetzt steht dort zu lesen: »Nachhaltige Entwicklung ist eine Entwicklung, die gewährt, dass künftige Generationen nicht schlechter gestellt sind, ihre Bedürfnisse zu befriedigen, als gegenwärtig lebende.«[165] Der deutsche Sozialwissenschaftler Peter Carnau schreibt: »Die Grundidee [der Nachhaltigkeit] basiert also auf der einfachen Einsicht, dass ein System dann nachhaltig ist, wenn es selber überlebt und langfristig Bestand hat.«[166]

Datenschutz und Privatsphäre sind in diesem Zusammenhang von großer Bedeutung, da sie die Grundlage für das Vertrauen und die Sicherheit schaffen, die für eine nachhaltige Entwicklung erforderlich sind. Datenschutz schützt die individuellen Rechte und Freiheiten der Menschen und gewährleistet, dass ihre persönlichen Informationen nicht missbraucht oder ausgenutzt werden. Indem wir unsere Daten schützen, bewahren wir nicht nur unsere Privatsphäre, sondern auch die Grundwerte unserer Gesellschaft. Da wir in einer Zeit leben, in der jeden Tag neue Möglichkeiten geschaffen werden, unsere Lebensäußerungen zu datafizieren, steigt ebenso täglich die Notwendigkeit, unseren Datenschutz sehr ernst zu nehmen. Dies umfasst den bewussten Umgang mit unseren persönlichen Daten und die Auswahl von sicheren Kommunikations- und Technologieplattformen. Wir sollten auch darauf achten, wie unsere Daten von Unternehmen und Regierungen verwendet werden, und gegebenenfalls unsere Zustimmung verweigern, wenn wir Bedenken haben.

Wenn wir der genannten Definition von Gro Harlem Brundtland folgen, bedeutet das, dass unser Datenschutz heute einen deutlichen Einfluss auf den Datenschutz künftiger Generationen hat. Vernachlässigen wir heute den Datenschutz, sehen wir ihn als lästig oder unnütz an, bedeutet das, dass künftige Generationen mit zunehmend weniger Grundrechten aufwachsen. Grundrechte, die wir heute als selbstverständlich betrachten wie Rede- und Versammlungsfreiheit, Religionsfreiheit oder das Telekommunikationsgeheimnis sind Rechte, die zuletzt im Rahmen des Dritten Reichs in Deutschland massiv eingeschränkt wurden. Ebenso gibt es viele

EINFLÜSSE

GEIST, IDEOLOGIE UND MACHT

- Der Geist des Digitalkapitalismus
- Die Ideologie des Digitalkapitalismus
- Quelle
- Ideologie: Basis der Macht
- Ergänzung zur Ideologie
- Internetzugang für Freiheit und Gleichheit?
- Bilder und Begriffe

SOZIOTECHNOLOGIE

- Magie
- Suggestion
- Stellenwert von Technologie
- Fetisch
- Manifestation
- Soziale Konstruktion durch Machtasymmetrie
- Design und Governance
- Reflexive Technologie und digitale Governance

AUFKLÄRUNG
- Entzauberung
- Wiege des Kapitalismus
- Technisierung der Soziosphäre

DK

AUSWIRKUNGEN

DEMOKRATIE
- Kommodifizierung
- Steuertricks
- Unentbehrlichkeit
- Corporate Capture
- Predictive Policing
- Digital Health Care
- Schulen
- Staatliche Überwachung

PLATTFORMEN
- Gemeinsamkeiten
- Monopol und Monopson
- Digitale Skalenerträge
- (Informelle) Arbeit

PRIVATSPHÄRE
- "Privacy is no longer a social norm"
- Dimensionen der Privatsphäre
- Privatsphäre ist Macht
- Machtasymmetrie auf drei Ebenen
- Datensouveränität
- Datenschutz und Privatsphäre
- Metadaten, Anonymisierung, Pseudonymisierung
- Zusammenhang zur Nachhaltigkeit

autokratische Regime in anderen Ländern, in denen digitale Technologien dafür eingesetzt werden, Grundrechte einzuschränken, Opposition zu entmachten, Minderheiten zu unterdrücken und die Zivilgesellschaft zu untergraben. Gerade aufgrund der Mächtigkeit digitaler Technologien und ihres Missbrauchspotenzials geht es täglich darum, an unsere Freiheit und die Freiheit künftiger Generationen zu denken.

Daher ist es an der Zeit, dass jede*r Einzelne Verantwortung übernimmt und sich für den Schutz der Privatsphäre und den verantwortungsvollen Umgang mit Daten einsetzt. Gleichzeitig müssen politische Entscheidungsträger handeln und die notwendigen Maßnahmen ergreifen, um Datenschutz und Privatsphäre zu gewährleisten. Notwendig hierfür ist die Befähigung der Menschen zur kritischen Auseinandersetzung mit der Technologie und ihren Daten, die Vermittlung von Nachhaltigkeit im Bildungskontext, aber auch eine dynamische Aus- und Weiterbildungslandschaft, damit auch Entscheidungsträger*innen aus Politik, Wirtschaft und Gesellschaft entsprechende Kompetenzen im Bereich der nachhaltigen Digitalisierung erwerben können.[167] Wie bereits im Zusammenhang mit der Notwendigkeit eines Governance-Prozesses für eine neue Form des gesellschaftlichen Umgangs mit Technologie beschrieben, kann nur durch die Einbeziehung aller relevanten Akteure und die Schaffung eines Klimas des Vertrauens und der Kooperation eine nachhaltige und gerechte Zukunft geschaffen werden.

Beeinträchtigung demokratischer Prozesse

Just how deep do you believe?
Will you bite the hand that feeds?
Will you chew until it bleeds?
Can you get up off your knees?
Are you brave enough to see?
Do you wanna change it?
Nine Inch Nails: »Hand That Feeds«, 2005

Der dritte konstitutive Faktor des Digitalkapitalismus ist die Beeinträchtigung demokratischer Prozesse und das Vordringen in den öffentlichen Raum. Nach den beschriebenen Beobachtungen drängt sich die Überlegung auf, dass die Infiltration der Privatsphäre und die beinahe grenzenlose Sammlung von personenbezogenen und Metadaten nur Zwischenschritte sind. Inzwischen dringen die Technologiekonzerne seit Jahren ebenfalls in den öffentlichen Raum vor und übernehmen Aufgaben, die in den Bereich der Daseinsvorsorge von Bund, Ländern und Kommunen gehören.

Die Entstehungsgeschichte des Silicon Valley wurde in Kapitel 2 beschrieben. Die heterogene Mischung aus der Gegenkultur der Hippies, neuen rechten Gruppierungen und – ab den 1980er-Jahren – dem Unternehmergeist der Yuppies verband zwei Dinge: erstens den unerschütterlichen Glauben an die befreiende Kraft der Technologie und zweitens das libertäre Misstrauen gegenüber Staat, Gesellschaft und Demokratie. Technologie ist demnach das Allzweckmittel, das die Gesellschaft zu steuern vermag und etwaige Probleme, die dabei entstehen könnten, ebenfalls löst. Neben Technikdeterminismus und Solutionismus haben kultureller Wandel und gesellschaftliche Prozesse keinen Platz.[168] Diese Realitätskonstruktion zeigt sich heute auf verschiedenen Ebenen – zum Beispiel im Selbstbild der Big-Tech-Konzerne. In ihrer Selbstwahrnehmung stehen diese an der ›Speerspitze der technologischen Innovation‹. Und da sich die digitale Technologie angeblich viel zu schnell entwickelt, würden gesellschaftliche Entwicklungen oder der Verstehensprozess in der Politik ins Hintertreffen geraten. Das rechtfertigt die Ansicht, dass Regulierung fehl am Platze ist und Regierungen sich darum keinesfalls bemühen sollten.[169] Und wie in Kapitel 2 ebenfalls beschrieben, folgt daraus auch, dass nur einige wenige elitäre reiche Männer das Anrecht haben, über die Zukunft der Menschheit zu bestimmen.[170] Diese Vorstellungen werden jedoch – wie auf den kommenden Seiten gezeigt werden wird – vielerorts von Politik, Öffentlichkeit und öffentlichen Institutionen eher bestärkt als widerlegt, geschweige denn zurückgewiesen.

Kommodifizierung öffentlicher finanzieller Förderung
Es kann nicht als ein Paradoxon angesehen werden, sondern muss als heuchlerische Taktik benannt werden: Trotz des libertären Argwohns

gegenüber dem Staat wurde nie gezögert, finanzielle Förderung aus öffentlicher Hand zu privatisieren. Dies ist – historisch gesehen – eine zentrale Säule des Erfolgs der Technologiekonzerne und ein wiederkehrendes Muster im Digitalkapitalismus. Die Last dieses Vorgehens trägt aber die Gesellschaft.[171] Das hängt damit zusammen, dass Steuergelder auch für die Finanzierung von Innovationsförderung eingesetzt werden. Staaten investieren häufig in Forschung und Entwicklung, da Innovationen im frühen Stadium fast ausschließlich teuer und risikobehaftet sind. Grundlagenforschung und frühe Phasen von Innovationen sind für private Investorinnen und Investoren unattraktiv.[172] Was heute in Form von Hard- und Software-Produkten aus den Technologiekonzernen kommt, wurde zu einem großen Teil von Steuerzahlerinnen bezahlt: Die ersten »Gehversuche« der Vernetzung von Computern Ende der 1960er-Jahre wurden staatlich gefördert.[173] Öffentlich finanzierter Ausbau von Infrastrukturen beförderte – neben politischer Rückendeckung – die Kommerzialisierung des Internets in den 1990er-Jahren. Das iPhone selbst basiert auf öffentlich geförderten Forschungsprojekten. Die Forschung für die Sprachassistentin SIRI wurde von der Defense Advanced Research Projects Agency (DARPA), einer Abteilung des US-Verteidigungsministeriums finanziert, GPS stammt ursprünglich von der US Navy und die Touchscreen-Technologie ist eine Entwicklung der CIA. Die Hypertext Markup Language (HTML), die Strukturierungssprache des Internets, stammt aus dem von europäischen Staaten finanzierten CERN-Forschungslabor und der Google-Algorithmus wurde von der US-amerikanischen National Science Foundation gefördert.[174] Die Narrative von *innovativen Genies* und ihren Konzernen verleugnen den kollektiven Anteil, der ihren Status erst ermöglicht hat. Das Verdecken dieser Fakten gehört zu den magischen Praktiken und der Suggestion der Konzerne (siehe Kapitel 2).

Die Problematik dieser Strategie des Schmarotzertums lässt sich bei der Infrastruktur verdeutlichen: Das Leitungsnetz, die erforderlichen Baumaßnahmen und zugehörige Leistungen sind öffentlich finanziert. Die Hard- und Software zur Nutzung der Infrastruktur stammt hingegen größtenteils aus den digitalen Ökosystemen großer Technologiekonzerne. Deren Produkte zu nutzen, drängt sich aufgrund der Verbreitung für öffentliche Institutionen wie Ämter und Behörden quasi auf: 92 % der Büros in Deutschland nutzen das Office-Paket von Microsoft.[175] Trotz sinkender Dominanz liegt der Anteil von Computern, die Windows als Betriebssystem nutzen, aktuell bei 75 % weltweit.[176] Microsoft, Google und Amazon teilten sich im vierten Quartal 2022 mehr als 65 % Marktanteil bei den Cloudservices.[177] Die Alternative – ein eigenes digitalsouveränes System mit Open Source Hard- und Software zu errichten – wird aufgrund des verbundenen Aufwands vermieden. Infolgedessen zahlt die öffentliche Hand sowohl für die Bereitstellung der Infrastruktur als auch für die notwendigen Hard- und Software-Komponenten. Das wandelt öffentliche Gelder in private Renditen. Und gleichzeitig weitet das die Kontrollmöglichkeiten der Technologiekonzerne über Bereiche aus, die für staatliche Institutionen essenzielle Bedeutung haben.[178]

Dazu ein Beispiel: Amazon sich hat vor wenigen Jahren still und leise einen Vertrag gesichert, der es dem Konzern erlaubt, Städte, Landkreise und Schulen in den USA mit verschiedenen Waren zu beliefern. Damit fließen Milliarden an öffentlichen Geldern in die Kassen von Amazon. Dieser Vertrag entspricht allerdings nicht einem fairen Wettbewerb im öffentlichen Einkaufswesen. Er lässt wichtige Sicherheitsvorkehrungen vermissen und könnte die Steuerzahlenden am Ende teurer zu stehen kommen.

Die Konditionen des Vertrags sind eindeutig zugunsten von Amazon gestaltet und bieten keinen Schutz vor Preissteigerungen. Im Gegensatz zu normalen Praktiken im Einkaufswesen werden Amazons dynamische Preise verwendet, was die öffentlichen Kassen zusätzlich belastet. Eine Preisanalyse zeigt, dass die Preise von Amazon Business durchschnittlich 6–10 % höher liegen als die Preise unabhängiger Handelsunternehmen.[179]

Amazon nutzt den Vertrag auch geschickt, um zwischen lokalen Unternehmen und Regierungen zu vermitteln. Das mag zunächst vorteilhaft aussehen, hat aber seinen Preis: Amazon verlangt satte 15 Prozent der Einnahmen der Unternehmen und bestimmt die Verhandlungen, während der Konzern gleichzeitig mit diesen Unternehmen konkurriert. Das alles passt in Amazons größere Strategie der Kommodifizierung.

Immerhin haben einige US-amerikanischen Städte die Zusammenarbeit aufgrund der Risiken für fairen Wettbewerb und vernünftige Preise abgelehnt. Sie setzen auf lokale Unternehmen und ein faires Geschäftsumfeld.

Angesichts der wachsenden Macht von Amazon haben die Städte nun die Wahl: Entweder fördern sie weiter das Amazon-Monopol oder sie ergreifen Maßnahmen, um eine vielfältigere Wirtschaft zu fördern.[180]

Steuertricks

Ein häufiger Kritikpunkt an den Technologiekonzernen ist, dass trotz riesiger Gewinne kaum Steuern gezahlt werden, sodass sich schon auf den ersten Blick ein objektives Ungleichgewicht ergibt. Bekanntermaßen befinden sich die großen Technologiekonzerne seit geraumer Zeit auf den Spitzenplätzen der Aktienmärkte. Auch die Rangliste der wertvollsten Marken – im Sinne des finanziellen Werts und der Bedeutung – wird von Apple, Google, Amazon und Microsoft angeführt.[181] Trotzdem zahlen diese Konzerne notorisch niedrige Steuern. Am Beispiel von Apple zeigt sich die *Kreativität* des Vorgehens: Der Konzern schloss mit Irland 1991 ein Abkommen und baute im Tausch gegen steuerliche Bevorzugung zwei Niederlassungen in Irland. Das irische Interesse bestand in der Aussicht auf Arbeitsplätze. Der normale Unternehmenssteuersatz beträgt dort 12,5 %. Apple zahlte jedoch 2014 bspw. nur 0,005 % Unternehmenssteuer. Trotz einer Aufforderung der EU, dass Irland von Apple mindestens 1 % Körperschaftssteuer verlangen müsse, da das Abkommen sonst nach EU-Richtlinien als Wirtschaftsförderung gelte, wurde keine Nachzahlung gefordert.[182] Nach wie vor sind die europäischen Hauptniederlassungen von Apple, aber auch von Google und Meta, in Irland – aufgrund der steuerlichen Bevorzugung. Und dadurch wird der Konflikt einer unterlassenen Steuerforderung an die EU und Irland zurückdeligiert.

Alle genannten Konzerne taktieren nicht nur in Europa auf diese Art. Das sogenannte *transfer pricing*[183] ist auf der ganzen Welt zu beobachten. Dadurch, dass diese Konzerne keine Produktions-, Industrieanlagen und dergleichen transportieren müssen, sind sie in der Wahl ihrer Standorte flexibel. Die Belegschaft wird mitgenommen oder neu angeheuert und Bürokomplexe gibt es überall. Transfer Pricing funktioniert, indem Abteilungen der Konzerne, die Einkommen erzeugen, in Steueroasen verlegt werden. Hingegen werden Abteilungen, die Kosten verursachen, meist in Länder mit hohen Steuern verlagert.[184] Durch dieses Vorgehen erfolgt kaum Rückfluss von Geldern in den jeweiligen Staatshaushalt. Folglich werden die Möglichkeiten der öffentlichen Hand eingeschränkt, wenn es z. B. darum geht, öffentliche Einrichtungen wie Kindergärten und Schulen zu finanzieren oder soziale, strukturelle Schwächen durch Umverteilung von Mitteln auszugleichen.[185] Die Technologiekonzerne beteiligen sich an der Verstärkung sozialer Ungleichheit,[186] schwächen staatliche Institutionen und lassen Steuerzahlerinnen und Steuerzahler dafür bluten.

Unentbehrlichkeit
Auch auf anderen Ebenen machen sich die Technologiekonzerne unentbehrlich, streichen öffentliche Gelder ein und wandeln sie in private Gewinne um. Der US-amerikanische *Kampf gegen den Terror* nach den Anschlägen des 11. September 2001 erzeugte eine Vielzahl von Partnerschaften zwischen dem Staat und Technologiekonzernen. Ein Beispiel ist, dass die Abteilung für Wagniskapital-Investitionen des CIA Erstinvestorin für das Unternehmen Palantir Technologies war, das auf Big-Data-Analysen spezialisiert ist. Die Dienstleistungen der Firma werden seit damals an CIA, NSA und FBI verkauft.[187]

Im Jahr 2009 haben Facebook, Google und Apple der US-Regierung für das PRISM-Überwachungsprogramm Zugang zu ihren Datenbanken gewährt.[188] Die Geheimdienste konnten rechtsstaatliche Funktionsprinzipien der Gewaltenteilung und demokratische Prozesse umgehen, indem sie mit den antidemokratischen Technologiekonzernen zusammenarbeiteten – natürlich ohne gerichtliche Durchsuchungsbeschlüsse o. Ä. Der Krieg gegen den Terror heiligte die Mittel. Dass die Technologiekonzerne heute so mächtig sind, liegt nicht zuletzt daran, dass solche Kooperationen den Konzernen eine mächtige, unentbehrliche Stellung verschafft haben. Die Dominanz der Technologiekonzerne wurde damit teilweise direkt von staatlicher Seite aus erzeugt.[189] Auch nach 9/11 sind Konzerne wie Google eine Art Auskunftei nicht nur für US-amerikanische Ermittlungsbehörden. Zwei Beispiele für den enormen Umfang dieser Vorgänge: Aus dem Transparenzbericht von Google geht hervor, dass im ersten Halbjahr 2017 fast 50.000 Anfragen nach Daten aus rund 83.000 Nutzer*innenkonten von Regierungsbehörden weltweit gestellt wurden. Google beantwortete 65 % dieser Anfragen und reichte erfragte Daten weiter.[190] Apple erhielt in der zweiten Hälfte 2021 mehr als 12.000 Anfragen aus 54 Ländern für die Herausgabe von Daten aus Nutzer*innenkonten wie gespeicherten Fotos, E-Mails, Kontaktlisten oder Kalendern. Davon wurden 85 % positiv beantwortet.[191]

Auch für die deutsche Parteienlandschaft sind Social Media-Plattformen wie Twitter (inzwischen »X«), Instagram und Facebook unentbehrlich geworden. Auch andere Möglichkeiten der Digitalisierung wie Eye Tracking – die Analyse von Augenbewegungen – wird für die Gestaltung von Online-Werbeanzeigen und klassischen Werbeplakaten eingesetzt.[192] Ein massiver Missbrauch der persönlichen Rechte von Wählerinnen und Wählern wie im Cambridge-Analytica-Skandal (siehe zuvor) fand in Deutschland noch nicht statt. Trotzdem nutzen Parteien wie CDU/CSU, SPD und FDP die Möglichkeiten, ihre Wahlwerbung per Microtargeting gezielt an bestimmte Gruppen Wählender auszuspielen – mit thematischer Anpassung an die jeweilige Zielgruppe. Die genannten Parteien geben darüber so gut wie keine Informationen preis.[193] Facebook und Twitter sind seit Langem ein wichtiges Sprachrohr der deutschen Politik. Radio- und Zeitungsmeldungen beziehen sich häufig auf Aussagen der Politikerinnen und Politiker aus den sozialen Medien.

Die Ambivalenz ist offensichtlich: Deutsche Parteien nutzen Methoden, welche die Persönlichkeitsrechte der Bürgerinnen und Bürger untergraben, anstatt Politik zu gestalten, die dieselben Menschen vor solchen Methoden schützt. Privatwirtschaftliche Unternehmen wie Twitter werden unhinterfragt und offenbar alternativlos zur Hofberichterstattung genutzt, und das, obwohl das Unternehmen inzwischen von Elon Musk gekauft wurde, der eine Agenda mit gefährlichen Ideologien (siehe Kapitel 2) und rücksichtslosen Plänen verfolgt. Durch Nutzung dieser Dienste unterwerfen sich die Politikerinnen und Politiker den unverhandelbaren Regeln, die zur funktionalen Grundlage von Plattformen gehören. Nach der vielzitierten Definition des US-amerikanischen Politikwissenschaftlers David Easton ist Politik »die Herstellung und Durchsetzung kollektiv verbindlicher Entscheidungen.«[194] Die Regeln, die auf Plattformen autoritativ durchgesetzt werden und für eine große Zahl Nutzer*innen gültig sind, machen Plattformen ebenfalls zu politischen Akteuren. Daher muss sich gefragt werden, wie es um die Demokratie bestellt ist, wenn sich legitimierte Vertretende des Volkes den Regeln mächtiger, privatwirtschaftlicher Unternehmen unterwerfen.

Corporate Capture

Die Frage der Regulierung von Technologiekonzernen aufgrund von Problemen mit dem Datenschutz oder monopolistischen Marktpositionen wird seit geraumer Zeit diskutiert. Eine Regulierung ist nicht nur aus ökonomischer Sicht aufgrund der Wettbewerbsverzerrung überfällig, sondern auch aufgrund der dargestellten negativen Einflüsse auf Individuen, Gesellschaft und demokratische Institutionen. Aber durch eine Mischung aus Abhängigkeiten und fragwürdigen Partnerschaften besteht im Mutterland der Technologiekonzerne wenig Interesse, konkrete Schritte zu verfolgen. Nicht zuletzt liegt das daran, dass ein Wechsel von Personen in höheren Positionen aus Technologiekonzernen in politische Ämter und umgekehrt zu beobachten ist. In auffällig vielen Regierungsbehörden der USA, die sich mit ökonomischen oder technischen Fragestellungen beschäftigen, arbeiten ehemalige Mitarbeitende von Google. Dazu gehörten 2018 strategisch entscheidende Positionen wie die des stellvertretenden Bundesanwalts in der Abteilung für Kartellrecht des Justizministeriums, der Chief Digital Officer des Weißen Hauses und die nationale technische Direktorin (Chief Technology Officer, CTO).[195]

Ähnliches lässt sich auch bei der Abhängigkeit der US-amerikanischen Administration vom Amazon Web Services (AWS) beobachten. Dass ein großer Teil der Behörden diesen Cloudservice nutzt, wurde in Kapitel 2 beschrieben. Ein Teil dieser Partnerschaft basiert auf ähnlichen Seitenwechseln wie zwischen Google und der US-amerikanischen Regierung.

Seit 2018 hat Amazon Web Services mindestens 66 ehemalige Beamtinnen und Beamte der US-Regierung mit Erfahrung in den Bereichen Akquisition, Beschaffung oder Technologieeinführung eingestellt, die meisten direkt von Regierungsstellen und mehr als die Hälfte von ihnen aus dem Verteidigungsministerium. Andere AWS-Mitarbeitende kommen aus Ministerien wie Homeland Security, Justiz oder dem Finanzministerium. Gleichzeitig wurden mehr als 600 Regierungsbeamt*innen bei Amazon im gleichen Zeitraum eingestellt. Das erzeugt eine wachsende Präsenz des Unternehmens in unmittelbarer Nähe des US-Regierungssitzes Washington D. C.[196]

Diese Einstellungswelle unterstreicht, wie Technologieunternehmen immer stärker in die Abläufe der Regierung selbst eingebunden werden – und für Kabinettsbehörden und nationale Sicherheitsoperationen immer unverzichtbarer werden.

Dieses Phänomen der *revolving doors*[197] ist ein Teil des Vorgangs, der sich Corporate Capture (auch »Policy Capture«[198] oder »Regulatory Capture«[199]) nennt. Die OECD definiert Corporate Capture als Prozess, »(…) durch den öffentliche Entscheidungen über Gesetze, Verordnungen oder politische Maßnahmen konsequent oder wiederholt vom öffentlichen Interesse weg und hin zu den Interessen einer bestimmten Interessengruppe oder Person gelenkt werden, und zwar durch die Absicht und das Handeln dieser Gruppe oder Person.«

Unzulässige Beeinflussung kann auch ohne direkte Beteiligung (und ohne Wissen) der öffentlichen Entscheidungsträger erreicht werden, indem Informationen manipuliert oder enge soziale oder emotionale Bindungen zu ihnen aufgebaut werden.[200] Direkte Maßnahmen drehen sich meist um das Sich-Verschaffen von Vorteilen wie Geschenke, attraktive Job-Angebote oder finanzielle Unterstützung politischer Kampagnen. Indirekte Einflussnahme kann in Form von Beeinflussung von Medienberichten, Teilnahme an Anhörungen oder der Veröffentlichung wissenschaftlicher Studien sein, die ein positives Licht auf die Interessenträger*innen werfen.[201]

Warum auch die europäische Seite bei Fragen der Regulierung oder der Durchsetzung von Maßnahmen zum Schutz der Öffentlichkeit fahrlässig apathisch ist, wurde bereits kurz skizziert: Gezielte Lobbyarbeit und Desinformation vonseiten der Technologiekonzerne, die sich in vielen Fällen auf das Europäische Parlament und die Europäische Kommission fokussieren.

Es kann gezeigt werden, dass Vertreter*innen von Konzernen wie Microsoft, Meta und Alphabet zu den Personen gehören, welche die meisten Treffen mit Vertreter*innen der verschiedenen Ebenen der Kommission und des Parlaments haben. Neben den offiziellen Treffen mit politischen Entscheidungsträger*innen finden auch viele informelle Veranstaltungen wie Empfänge und Arbeitsessen unter Ausschluss der Öffentlichkeit statt.[202]

Das Beispiel Google: Seit der Registrierung im Transparenzregister 2014 initiierten Abgesandte des Konzerns über dreihundert Treffen mit Vertreter*innen der Kommission, Abgeordneten des Kabinetts oder Direktor*innen im EU-Parlament oder der Kommission.[203] Das EU-Transparenzregister zeigt auch, dass Google im Jahr 2022 für Lobbyarbeit zwischen 6 und 6,5 Millionen Euro investiert und 26 Lobbyist*innen im Parlament postiert hat. Durch diese Lobbyist*innen ist Google vor Ort auch in verschiedenen Expertengruppen vertreten, beteiligt sich an öffentlichen Anhörungen und Entwicklung von Roadmaps – welche thematisch mit den Geschäftsmodellen von Google verbunden sind.[204] Darüber hinaus fließt finanzielle Unterstützung an europäische Denkfabriken und Forschungseinrichtungen, was den Informationsfluss zu den Entscheidungsträger*innen von vermeintlich unabhängiger Seite zusätzlich kontrolliert.[205] Google, Microsoft, Amazon, Meta und Apple finanzieren 73 europäische Think Tanks zumindest teilweise.[206]

Ein Beispiel, wie stark das Europäische Parlament durch Lobbyarbeit dieser Konzerne beeinflusst wird, ist eine Sammlung von Regularien im Sinne der Nutzer*innen und ihrer Privatsphäre namens *ePrivacy*[207]. Ein erster Entwurf entstand Ende 2016. Die Regularien sollten ursprünglich die europäische DSGVO ergänzen. Der Parlamentsbericht zu dem Entwurf spricht von fast 4.000 Änderungsanträgen durch Parlamentarier*innen, die größtenteils im Sinne der Technologiekonzerne waren.[208] Die neuen Regeln hätten die Einschränkung der Privatsphäre durch das Tracking der Nutzer*innen für gezielte Werbeeinblendungen erheblich schwerer gemacht.[209] Bis heute ist ePrivacy nicht verabschiedet. Massive Beeinflussung fand ebenfalls auf EU-Ebene im Vorfeld des Digital Market Act und des Digital Services Acts statt – zwei Initiativen, die deutliche

Regularien für die Verbreitung von Fake News (DSA) und die Vormachtstellung von Konzernen wie Google beinhalten.[210]

Daseinsvorsorge: Predictive Policing

> *If a man is considered guilty*
> *For what goes on in his mind*
> *Then give me the electric chair*
> *For all my future crimes, oh*
> Prince: »Electric Chair«, 1989

Auf der einen Seite wird deutlich, dass Technologiekonzerne eine Doppelstrategie verfolgen, um einerseits demokratische Institutionen wie nationale Regierungen oder das Europäische Parlament zu manipulieren, um sie in ihrer Zielsetzung und Wirksamkeit einzuschränken. Auf der anderen Seite lassen sich verschiedene Taktiken der Einflussnahme beobachten, die auf Bereiche abzielen, die in die Zuständigkeit der nationalen Regierungen, der Bundesländer oder der Kommunen fallen.

Mehrere deutsche Bundesländer rüsten ihre Polizei mit Überwachungsprogrammen des bereits erwähnten Unternehmens Palantir Technologies aus. Laut der Website des Unternehmens macht das eingesetzte Programm »Gotham«[211] Folgendes: »[Es] verknüpft und bereichert riesige Mengen von Daten nahezu in Echtzeit und stellt sie in einer einzigen Ansicht dar, die es den Nutzer*innen ermöglicht, gemeinsam schnellere und sicherere Entscheidungen zu treffen.«[212] So funktioniert der Einsatz in Deutschland: Die in Hessen eingesetzte Version von Gotham namens »Hessendata« verknüpft sieben normalerweise getrennte Datenbanken miteinander. Dazu gehören Polizeidatenbanken für Kriminalfälle, Verbindungsdaten aus der Telefonüberwachung und Daten aus sozialen Medien.[213] Zwar hat das Bundesverfassungsgericht den Einsatz im Februar 2023 eingeschränkt, aber das System bleibt grundsätzlich im Einsatz.[214] Die DSGVO schreibt den Grundsatz der Datenminimierung vor (Art. 5, Abs. 1c). Es sollen nur so viele Daten erhoben werden, wie es für die Verarbeitung unbedingt erforderlich ist, was aber die gegenteilige Logik von Big-Data-Anwendungen wie Gotham darstellt. Hier wird ›alles mit allem‹

in Verbindung gebracht. Zusätzlich entstehen diverse Probleme: Bei vielen algorithmischen Anwendungen besteht Intransparenz, inwieweit ein möglicher Treffer überhaupt Sinn ergibt und wie ein trainiertes System zu einem Ergebnis gelangt ist. Es drängt sich auch die Frage auf, inwieweit das Personal, das Zugriff auf die Software hat und damit arbeitet, über die Funktionsweise trainierter Systeme geschult ist. Dies wäre die Grundlage notwendiger Skepsis über die ›Ergebnisse‹ der Software. Ebenfalls ist häufig unklar, mit welchen Daten ein solches System trainiert wurde und je nach Quelle dazu neigt, diskriminierende Vorurteile zu bestätigen.[215] Darüber hinaus gilt ein Grundsatz der Statistik: Mehr Daten bedeuten nicht zwangsläufig mehr Information. Mehr Daten bedeuten zunächst nur eine größere Wahrscheinlichkeit, auf Korrelation zu stoßen. Und Korrelation ist nicht Kausalität.[216] Als Beispiel: Es besteht eine Korrelation sinkender Geburtenraten und dem sinkenden Anteil in der Population von Störchen. Das ist aber reiner Zufall. Denn es besteht kein kausaler Zusammenhang zwischen der geringeren Population von Störchen und einer sinkenden Geburtenrate, obwohl beide Merkmale sinken.

Das bedeutet, dass eine solch radikale Form der Rasterfahndung dazu tendiert, eine hohe Zahl von falschpositiven Treffern zu erzeugen. Zur falschen Zeit am falschen Ort gewesen zu sein oder im Bekanntenkreis vielleicht eine Person mit Vorstrafe zu haben, kann Unschuldige zu Verdächtigen machen. Am wichtigsten dabei ist, dass die Berechnung, mit welcher Wahrscheinlichkeit eine Person ggf. in Zukunft eine Straftat begehen könnte, absurd ist. Zunächst einmal könnte prinzipiell jeder Mensch eine Straftat begehen. Zudem unterstellt das Verfahren, Menschen auf Basis algorithmischer Vorhersagen zu verdächtigen, eine deterministische Handlungslogik, die empirisch nicht existiert und daher seit beinahe 70 Jahren von den Sozialwissenschaften abgelehnt wird.[217] Die Freiheit der Entscheidung wird genommen und durch einen Generalverdacht ersetzt. Dabei geht es um Freiheiten wie die Auswahl des Freundeskreises, der Meinungsäußerung, des Wohnortes und dergleichen. Nur nach Maschinenlogik haben diese Dinge darauf Einfluss, ob ein Mensch eine Straftat begeht oder nicht.

Aus diesen Gründen sind solche Systeme eine massive Einschränkung demokratischer Grundrechte. Trotzdem ist das Interesse von Behörden der Exekutive daran hoch. Die dies bedingende Logik wurde im Rahmen der vorangegangenen Seiten bereits beschrieben: Gesellschaftliche Probleme wie Kriminalität mit Technologie zu lösen, ist Thema technikdeterministischer und solutionistischer Märchen aus dem Silicon Valley. Das ist zunächst aus den beschriebenen Gründen – Einschränkung demokratischer Grundrechte – äußerst kritisch zu bewerten. Problematisch ist auch, dass in diesem Fall Kriminalität quasi kommodifiziert wird: Aus dem sozialen Problem der Kriminalität werden private Gewinne erwirtschaftet. Und da sich Probleme, die nicht aus dem Bereich der Technologie stammen, nicht mit technologischen Mitteln abschalten lassen,[218] wird die Nachfrage nach Produkten wie Gotham auch auf absehbare Zeit bestehen bleiben, da das Problem der Kriminalität bestehen bleibt: Technologische Probleme sind spezifisch, treten in geschlossenen Systemen auf, sind nicht mit der komplexen Vielschichtigkeit der Conditio Humana verbunden und lassen sich in vielen Fällen auch nicht endgültig lösen. Zudem haben solche *Technological Fixes* die üblichen Nebenfolgen wie andere Technologien auch.[219] In diesem Fall richtet sich eine solche Form digitaler Überwachung gegen die gesetzestreue Mehrheit der Bevölkerung und keineswegs gezielt auf die delinquente Minderheit.

Es ist das perfekte Geschäft: Privatwirtschaftlicher Gewinn wird durch vermeintliche Lösungen real existierender sozialer Probleme erzeugt. Zusätzlich besteht eine weitere Möglichkeit, Daten zu sammeln, und Technologiekonzerne werden quasi dazu gedrängt, weitere Bereiche des öffentlichen Raums zu übernehmen.[220] Die zugrunde liegende Logik untergräbt Prozesse der gesellschaftlichen Normsetzung, da diese privatwirtschaftlichen Akteure primär eine Strategie verfolgen, die auf die Vermehrung von Datenkapital abzielt.[221] Unberücksichtigt bleiben hier – typisch technokratisch und der Ideologie des Silicon Valley folgend – öffentliche Diskurse und gesellschaftliche Aushandlungsprozesse. Infolgedessen werden soziale Errungenschaften für Minderheiten, Frauen- und Kinderrechte oder Themen wie Teilhabe nur dann in Betracht gezogen, wenn sich daraus Profite in finanzieller Form oder in Form von Macht erzielen lassen.

Digital Health Care

Overthinking, overanalyzing seperates the body from the mind
Withering my intuition, leaving opportunities behind
Tool: »Lateralus«, 2001

Die Tech-Konzerne haben auch seit einiger Zeit großes Interesse an Gesundheitsdaten, da sie wertvolle Informationen für verschiedene Zwecke bieten. Allerdings verweist dieses Thema erneut auf die Konflikte und Schwierigkeiten, die sich im Rahmen von Datensammlung, Kommodifizierung und dem Erzeugen von Mehrwert auf Kosten von Individuen und der Gesellschaft zeigen.

Das begründet sich zunächst durch die Nutzung der Daten für neue Geschäftsmodelle: Gesundheitsdaten können dazu beitragen, bestehende Produkte und Dienstleistungen zu verbessern oder neue zu entwickeln. Zum Beispiel baut Amazon ein Ökosystem der amerikanischen Online-Apotheke Amazon Pharmacy, dem Amazon-Fitnesstracker Halo und dem Sprachassistenten Echo auf, um Gesundheitsservices aus einer Hand anzubieten.[222] Und es ist richtig, dass auf Ebene von Forschung und Entwicklung die riesigen Datenmengen, die Big-Tech-Unternehmen sammeln, für medizinische Studien und Forschungszwecke genutzt werden können. Diese Daten können dazu beitragen, neue Medikamente, Therapien oder Diagnosemethoden zu entwickeln.[223] Doch es zeigt sich, dass es auch in diesem Fall nicht um Gemeinnützigkeit geht. Das Vorgehen der Konzerne ist – vorsichtig formuliert – dubios.

Amazon bezieht seit 2019 Gesundheitsdaten der britischen National-Health-Service-Website (NHS.uk) – der Website des britischen Gesundheitssystems. Diese Seite enthält medizinische Informationen über Krankheiten, Medikamente, aber auch statistische Analysen – etwa über die Häufigkeit von Krankheiten in bestimmten Alterskohorten.[224] Amazon nutzt diesen Zugang, um Echo Informationen hinzuzufügen, sodass Nutzer*innen »Alexa« nach ihrem Gesundheitszustand oder Symptomen fragen können. Wohlgemerkt: Für Amazon ist dieser Datenzugang kostenlos, die Daten werden aber vom medizinischen Fachpersonal zusammengetragen, das aus der öffentlichen Hand bezahlt wird.

Es stellt sich die Frage, ob Nutzer*innen des Sprachassistenten sich dazu eingeladen fühlen, ihre medizinischen Daten mit Amazon zu teilen. Möglicherweise werden die Daten aus Gesprächen mit Alexa für die Entwicklung von Apps wie etwa einem Symptom-Checker auf KI-Basis ohne Zustimmung der Nutzer*innen verwendet. Dies könnte dazu beitragen, die KI von Amazon auf Kosten der Privatsphäre der Nutzer*innen weiter zu verbessern. Obwohl die meisten Menschen bereit sind, ihre medizinischen Daten für akademische oder öffentlich finanzierte Forschungszwecke zu teilen, findet ein Großteil der KI-Forschung im Gesundheitswesen in den Tech-Konzernen statt. Zum Beispiel konzentrieren sich Google und Meta darauf, Gesundheitsdaten nicht nur zu sammeln, sondern auch für den Aufbau von KI- und maschinellen Lernsystemen zu nutzen.[225]

Bei der Sammlung großer Datenmengen ergeben sich automatisch Probleme auf Ebene der Privatsphäre. Denn das Risiko der De-Anonymisierung von Daten steigt mit der Menge der übertragenen Daten. Selbst bei angemessener Aggregation und Anonymisierung besteht ein gewisses Risiko, insbesondere bei breiteren Datensätzen, die zur Suche nach Mustern und Beziehungen verwendet werden.[226] Identifizierbare Lokalisierungsdaten können beispielsweise mit Krankenhausunterlagen verknüpft werden und die Identität der Patient*innen aufdecken. Versuche der Verknüpfung wurden bereits unternommen: Der Meta-Konzern arbeitete 2018 mit Radiologinnen und Radiologen der New York University zusammen, um maschinelles Lernen für die Auswertung von MRT-Scans zu entwickeln. Als Meta die Patient*innenakten mit Profilen verknüpfen wollte, wurde das Projekt gestoppt.[227] Der Gedanke, der hinter der Verknüpfung von Gesundheitsdaten mit den Profilen der Nutzer*innen steht, ist klar: Zusätzliche Informationen über etwaige Krankheiten von Individuen und Gruppen machen es möglich, genauere Profile zu erstellen, um Werbung noch genauer auszuspielen.[228] Durch die Vermessung von Körpern und die Verknüpfung von Verhaltens- und Gesundheitsdaten werden extrem genaue Einblicke in die Lebenswelt von Individuen ermöglicht. Das bedroht nicht nur die Privatsphäre, sondern auch die Autonomie der Nutzer*innen. Die Informationen über das Verhalten und die Gesundheit der Nutzer*innen werden als wertvolles Kapital betrachtet und verwendet, um personalisierte Werbung und andere Produkte anzubieten. Dies kann zu einer fortschreitenden Überwachung und Kontrolle der individuellen Entscheidungen führen.[229]

Darüber hinaus könnte die zunehmende Verwendung von Wearables und anderen Technologien zur Überwachung der Gesundheit zu einer Form der »digitalen Gouvernementalität«[230] führen. Bedeutet: Individuen werden dazu ermutigt, sich selbst zu optimieren und zu kontrollieren, bestimmte Verhaltensweisen anzunehmen oder zu vermeiden, um ihre Gesundheit zu verbessern oder Risiken zu minimieren. Dies kann jedoch zu einer Einschränkung der individuellen Freiheit und Autonomie führen, da die persönlichen Entscheidungen von algorithmischen Vorgaben und gesellschaftlichen Normen beeinflusst werden. Denn da die Geräte auf Basis proprietärer Algorithmen, unklarer Datenbasis und statistischer Methodik ihre Messungen vornehmen, ist es für die Nutzer*innen letztlich vollkommen unklar, ob die angezeigten Werte und Analysen reliabel und valide erhoben wurden – sprich: korrekt gemessen und sinnvoll sind.[231] Der Umgang mit Wearables und die Unterwerfung unter auf unbekannter Basis ermittelte Werte erinnert erneut an die fehlgeleiteten Anteile der Aufklärung: Die Illusion, alles beherrschen zu können, indem es sich berechnen lässt.

Problematisch ist auch die Erzeugung bzw. Verstärkung sozialer und gesundheitlicher Ungleichheit. Diese Gefahr droht einerseits, wenn Versicherungsunternehmen Zugang zu Gesundheitsdaten erhalten und diese Informationen nutzen, um individuelle Risiken besser einzuschätzen und möglicherweise diskriminierende Praktiken anzuwenden, wie z. B. dass höhere Prämien für Personen mit bestimmten gesundheitlichen Bedingungen verlangt werden. Auf Basis neoliberaler Logik werden dann die Wearables zum Instrument einer dezentralen und dadurch unsolidarischen Verantwortungsverschiebung auf das Individuum. In den USA arbeiten bereits Krankenversicherungen mit der Apple-Watch und festen Vorgaben für Aktivitätsziele. Dabei haben die Versicherungen Zugriff auf die aufgezeichneten Daten der Uhr. Werden die Aktivitätsziele erreicht, ist die Apple-Watch kostenlos und es winkt ein günstigerer Versicherungstarif. Werden die Aktivitätsziele verfehlt, muss die Uhr selbst abbezahlt werden. Empirisch zeigt sich, dass Teilnehmende an solchen Programmen ihre Aktivität tatsächlich signifikant steigern. Für die Versicherungen bedeutet das, Kosten senken und genauere Risikokalkulationen vornehmen zu können.[232] In Deutschland wird noch nicht direkt auf die Daten zugegriffen, aber Förderung für die Apple-Watch wird von einigen Krankenkassen auch schon angeboten.[233]

Dabei stellt sich ganz nebenbei die Frage, ob diese Strukturen sich nicht in einigen Jahren dadurch rächen, dass die höhere Aktivität zwar kurzfristig zu besserer Gesundheit, längerfristig aber zu einem heftigen Zuwachs etwa an Hüftoperationen führt.

Andererseits spielt hier die Digital Divide eine Rolle: Die Nutzung von Gesundheitsdaten durch Big-Tech-Unternehmen kann zu Ungleichheit führen, da Menschen mit geringerem Zugang zu digitalen Technologien und geringerer Gesundheitskompetenz möglicherweise nicht in gleichem Maße von den Vorteilen der digitalen Gesundheitsangebote profitieren. Dadurch nehmen infolge gesundheitliche Ungleichheiten weiter zu.[234] Und wie immer gilt: Die Sammlung großer Datenmengen birgt die Gefahr, dass persönliche Informationen in die Hände von Dritten gelangen, die sie für unerwünschte Zwecke nutzen könnten.[235]

Wie sieht es hier mit den Möglichkeiten aus, dass die persönlichen Gesundheitsdaten nicht für das Training von KI oder die Erzeugung von Geschäftsmodellen genutzt werden? Gibt es hier einen Opt-out? Auch, wenn es hier zunächst nicht um privatwirtschaftliche Gewinne geht, lautet die Antwort in Deutschland *jein*. Der Hintergrund dafür ist folgender: Das Bundesgesundheitsministerium plant aktuell, Gesundheitsdaten umfassend zu digitalisieren und zu nutzen. Das würde es Forschenden und Krankenkassen ermöglichen, auf diese Daten zuzugreifen. Die zentrale Initiative ist die Einführung der elektronischen Patientenakte (ePA), die ab Anfang 2025 allen Versicherten zur Verfügung stehen soll. Da hier ein Opt-out-Verfahren vorgesehen ist, müssen Versicherte aktiv widersprechen, wenn sie die ePA nicht nutzen möchten. Und das Widersprechen will gut überlegt sein, da es mit der Speicherung der Gesundheitsdaten nicht getan ist. Die neu geschaffene rechtliche Grundlage ermöglicht die pseudonymisierte Nutzung von Gesundheitsdaten zu Forschungszwecken, ohne vorherige Einwilligung der Versicherten.[236] Wie eben dargestellt, ist die Beschwichtigung, die Daten seien ja pseudonymisiert und dadurch anonym, eher ein Grund zusätzlicher Sorge als ein Grund der Beruhigung.

Die weiteren Probleme dieses Vorhabens sind zahlreich: Krankenkassen dürfen personenbezogene Daten ihrer Versicherten auswerten, um Gesundheitsrisiken zu identifizieren und darauf hinzuweisen. Auch das kann nur durch ein Opt-out-Verfahren verhindert werden. Die Rolle des Bundesbeauftragten für den Datenschutz und die Informationsfreiheit (BfDI) ist noch unklar. Allerdings liegt die Vermutung nahe, dass der Einfluss dieses Amtes eingeschränkt werden könnte, um das Verfahren wie geplant umsetzen zu können. Die Pläne sehen auch vor, Gesundheitsdaten in die USA zu übermitteln, was Datenschutzbedenken aufwirft.[237] Die Veröffentlichungen des Ministeriums zu diesem Thema erzeugen den Eindruck eines unmittelbaren Zugzwangs, an dieser Stelle schnell ›Nägel mit Köpfen‹ machen zu wollen – auch auf Kosten der Privatsphäre und der informationellen Selbstbestimmung der Betroffenen.

Zudem ist es dann für die Tech-Konzerne noch einfacher, an Gesundheitsdaten von deutschen/europäischen Bürgerinnen und Bürgern zu kommen. Das erzeugt nicht nur Probleme auf Ebene des Datenschutzes, sondern verstärkt die ökonomische Schieflage: Die Daten, die die Tech-Konzerne durch Tracking via digitalen Endgeräten oder aus anderen Quellen sammeln, führen zu mehr Datenmacht und dadurch zu einem Vorsprung auf dem Gesundheitsmarkt. Waren und Dienstleistungen werden – wie bei anderen Produkten auch – bevorzugt und eine faire Preisbildung wird verhindert. Längerfristig besteht die Gefahr, dass Amazon, Google oder Apple durch diesen wirtschaftlichen Einfluss schnell zum größten Gesundheitsanbieter weltweit werden können.[238]

In Betrachtung all dieser Problemlagen – Datenschutz, Privatsphäre, Einschränkung der Selbstbestimmung, Zunahme von Datenmacht und Wettbewerbsverzerrung sowie Missbrauch von Gesundheitsdaten – umfasst die Aussage der ehemaligen Bundesjustizministerin und Mitglied des Deutschen Ethikrates Sabine Leutheusser-Schnarrenberger alle diese Ebenen, wenn sie in Bezug auf Gesundheitsdaten sagt: »Sensiblere Daten als diese gibt es nicht.«[239]

Aber so offensichtlich die Probleme der Wettbewerbsverzerrung, der Autonomie und der Privatsphäre auch sind – die deutsche Bundesregierung scheut sich nicht, den feuchten Traum der Tech-Konzerne in Form einer digitalen Technologie-Megalomanie aufzubauen, die tiefer in das Individuum kaum dringen könnte. Denn was auf der Meta-Ebene über den Vorhaben des Gesundheitsministeriums steht, ist erneut die solutionistische Ideologie der Tech-Konzerne: Ein Mehr an Daten ermöglicht die technische Lösung jedes – in diesem Fall auch gesundheitlichen – Problems.

Daseinsvorsorge: Schulen
Ein anderes Beispiel für das Vordringen in den öffentlichen Raum und die Erzeugung von Abhängigkeiten sind Schulen. Dieser Prozess ist ebenfalls nicht aus sich heraus entstanden. Der neoliberalistische Zug, weitreichende Sektoren der Gesellschaft zu kommodifizieren, ist schon lange im Bereich der Bildung an Schulen und Hochschulen angekommen. Dies zeigt sich bspw. in der ökonomisch orientierten Einführung von Bachelor und Masterstudiengängen und internationalen Handelsabkommen wie dem General Agreement on Trade in Services (GATS) der WTO, das – im Sinne einer Ausweitung neoliberalistischer Ordnungsideen – grundlegende politische und rechtliche Schritte für die Deregulierung und Privatisierung des Bildungssektors beinhaltet.[240] Vor dem Hintergrund dieser zunehmenden Anpassung an den Digitalkapitalismus und das kapitalistische System insgesamt ist auch Digitalisierung an deutschen Schulen Pflicht.

Das ergibt zunächst Sinn: Schüler*innen werden früher oder später ohnehin mit IT zu tun haben. Und vorher sollten sie durch die Vermittlung von Themen wie Medienkompetenz darauf vorbereitet sein. Das ist insbesondere in bildungsfernen Haushalten etwas, das nicht unbedingt von den Eltern vermittelt werden kann. Doch Schulen sind notorisch unterfinanziert. Da die Situation an manchen Standorten so prekär ist, dass selbst für die Instandhaltung von Dächern kein Geld vorhanden ist,[241] ist fraglich, wie die Digitalisierung finanziert werden soll. Die Schulen sind dadurch gezwungen, auf privatwirtschaftliche Angebote zurückzugreifen. Apple,

Microsoft, Google und Samsung bieten ihre Produkte feil, bilden Lehrkräfte fort, da es auch im Bereich der Fortbildung im Bereich der Vermittlung von Unterrichtsinhalten unter Einbindung digitaler Endgeräte an Angeboten mangelt, und verschenken Software und Geräte. Die Politik und die Kultusministerien scheinen sich für diese Unterwanderung nicht zu interessieren.[242] Denn was dahintersteht, sind zweierlei Intentionen:

- Schüler*innen, die früh an die digitalen Ökosysteme von Google oder Apple gewöhnt sind, werden höchstwahrscheinlich auch später Nutzer*innen derselben Produkte sein – nicht zuletzt aufgrund der Logik der Walled Gardens.
- Außerdem geht es darum, möglichst früh Daten sammeln zu können. Von daher ist es fraglich, wie ernsthaft zum einen ein kritischer Umgang mit digitalen Geräten und Diensten in der Schule thematisiert werden kann, und zum anderen die ökologischen und sozialen Schäden der Digitalisierung verständlich gemacht werden können, wenn diese Themen obligatorisch auf schicken Displays mit Apfel-Logo vermittelt werden.

Der öffentliche Raum ist ein strategisches Ziel der Technologiekonzerne. Da Demokratie und Technokratie aber nicht zusammenpassen, wird der öffentliche Raum nach und nach der ›Techno-Logik‹ unterworfen. Die Gesellschaft hat Potenzial, ist aber fehlerbehaftet, muss daher wie Software durch Patches repariert werden – zumindest, wenn durch die Brille der Silicon-Valley-Ideologie geschaut wird. Wenn immer mehr Aufgaben der Daseinsvorsorge entweder direkt an die Technologiekonzerne ausgegliedert oder zumindest nach deren Ideologie bearbeitet werden, ist das Ziel erreicht: Staaten und Gesellschaften werden immer abhängiger, eine Gegenwehr oder eine Abkehr ist immer weniger möglich, was die Wahrscheinlichkeit einer Regulierung der Geschäftsmodelle oder einer Einschränkung der Hegemonie immer weiter senkt. Beihilfe dabei leistet die Politik nicht nur durch die genannten Beispiele, sondern auch durch Anpassung politischer Inhalte an die technikdeterministische Ideologie: Das Problem der Misshandlung von Tieren in Schlachthöfen soll durch Videoüberwachung gelöst werden – nicht etwa das Problem der Massentierhaltung mit seinen ökologischen Folgen.[243] In den USA war nach 9/11 der Kampf gegen den Terror die Rechtfertigung für die Einführung einer beispiellosen Überwachung. Die Rechtfertigung der Europäischen Kommission für die geplante Überwachung sämtlicher Chatnachrichten oder sogar dem Verbot der Ende-zu-Ende-Verschlüsselung[244] ist angeblich der Kampf gegen den Austausch von »Child Sexual Abuse Material« (CSAM)[245] – ein weiterer Versuch der Einschränkung demokratischer Grundrechte und ein Generalverdacht gegenüber Millionen unschuldiger Nutzer*innen, die z. B. in Deutschland ein grundgesetzliches Anrecht auf das Telekommunikationsgeheimnis und damit auch die Verschlüsselung ihrer Nachrichten haben. Solche Technological Fixes – der Versuch, soziale Probleme durch Technologie zu lösen – zeigen, wie sehr sich das politische System an die Ideologie des Silicon Valley angepasst hat.

Staatliche Überwachung

Aber jetzt ist es klar, nicht wahr? Ihr seht es ja selbst.
Die Wahrheit ist, dass die Militärtechnologie, die uns umgibt,
die Bedingungen für die Entstehung einer totalen Mobilisierung
geschaffen hat. Von nun an können wir, wo immer wir uns befinden,
identifiziert, zur Ordnung gerufen und gegebenenfalls neutralisiert
werden. Das einsame Individuum, der freie Wille, die Demokratie
sind obsolet geworden: Die Datenexplosion hat aus der Menschheit
ein einziges Nervensystem gemacht, einen Mechanismus aus
vorhersehbaren Standardkonfigurationen, gleich einem Vogel-
oder Fischschwarm.
Giuliano Da Empoli, 2023: 252 f.

Die zuvor erwähnte Beihilfe des politischen Apparats für die Tech-Konzerne – einerseits, indem der öffentliche Raum unkritisch Big Tech überlassen wird und andererseits die technikdeterministische Ideologie von Silicon Valley übernommen wird – führt zu einem weiteren Aspekt, der die Abhängigkeit und die gleichzeitige Vorteilhaftigkeit einer Verbindung zwischen politischen Kräften, staatlichen Behörden und den Tech-Konzernen zeigt.

Im historischen Rückblick auf das Thema Privatsphäre[246] wurde festgestellt, dass Privatsphäre immer mit einer Konfliktlinie gegenüber den Machthabenden einherging. Das heißt, dass auch Überwachung durch die jeweils Herrschenden seit geraumer Zeit als ein stetes Phänomen gesehen werden muss.

Der griechische Rhetoriker Isokrates (436–338 v. Chr.) schrieb affirmierend, dass das Volk die Vorstellung entwickeln solle, der Herrscher sei immer anwesend und habe Kenntnis von allen Taten und Gedanken. Die Existenz von Überwachung bzw. ihrer Gegenwehr lässt sich auch an diversen Berühmtheiten zeigen: Alexander der Große (356–323 v. Chr.) überwachte die Feldpost seiner Soldaten, der römische Kaiser Augustus (63 v. Chr.-14 n. Chr.) chiffrierte seine Briefe mit einem Verschlüsselungssystem. Sehr viel später baute Joseph Fouché – Polizeipräsident unter Napoleon Bonaparte (1769–1821) – den ersten modernen Inlandsgeheimdienst der Geschichte auf, der u. a. systematisch Personenkarteien erstellte.[247]

Ein früher Höhepunkt staatlicher Überwachung fand ebenfalls in Frankreich unter Ludwig XIV. (1638–1715) statt, der als absolutistischer Herrscher regierte. Jean-Baptiste Colbert war der damalige Finanzminister und führte verschiedene Reformen und Maßnahmen zur Stärkung der königlichen Macht durch, darunter auch die Überwachung der Briefpost zur Kontrolle von Informationen und zur Sicherung der königlichen Autorität. Colbert professionalisierte die Methodik dieser Überwachung und nutzte dafür das bereits unter Ludwig XIII. und dem berüchtigten Cardinal Richelieu eingerichtete *Cabinet Noir* – einer Art geheimdienstliches Büro. Für die Überwachung der Briefpost beschäftigte Colbert dort Menschen mit besonderen Fähigkeiten in Mathematik (wg. eventueller Verschlüsselung), Kalligrafie (Manipulation von Inhalten) und der spurlosen Öffnung von Siegeln.[248] Einer der Gründe für die zentralistische Ordnung von Frankreich war, dass dadurch auch die Briefpost grundsätzlich via Paris transportiert wurde, was ein Abfangen und Durchleuchten im Cabinet Noir einfacher machte.

Es gibt drei geschichtliche Gründe, weswegen diese Überwachung eingeführt wurde: Erstens gab es damals schon vergleichsweise viele Menschen, die Lesen und Schreiben konnten. Dies ermöglichte, persönliche

Gedanken zu notieren und diese auch Dritten mitzuteilen. Der zweite Grund war das Zeitalter der Aufklärung. In ihrem Zuge (vgl. Kapitel 2) wurde die Legitimation von Herrschaft infrage gestellt, was für einen absolutistisch herrschenden König problematisch war. Der dritte Grund war der gewaltsame Tod des Königs von England, Schottland und Irland Karls I. im Jahr 1649. Dieser löste das Parlament auf, um ebenfalls absolutistisch zu herrschen. Das Vorgehen Karls I. löste zwei Bürgerkriege aus, wobei er im zweiten von Vertretern des neuen, durch das Militär aufgestellten Parlaments, enthauptet wurde.[249] Dies wurde in den Herrschaftshäusern Europas als Angriff auf die göttlich verbürgte Ordnung adeliger Herrschaft wahrgenommen.[250] Diese drei Gründe machten es für Louis XIV. notwendig, die persönlichen Gedanken der Bevölkerung zu erfahren, um seine eigene Macht zu erhalten. Natürlich gab es damals auch entsprechende Methoden der Gegenwehr, um den geheimen Inhalt von Briefen weiterhin geheim zu halten – etwa das Chiffrieren, Verwendung unsichtbarer Tinte oder das Versenden an Deckadressen, um die Empfänger*in zu schützen.

Damals war es u. a. der Tod Karl I. Prinzipiell hat sich aber an der Konfliktlinie und an der Begründung für staatliche Überwachung nichts verändert: Es gibt eine mehr oder weniger legitimierte Macht und eine Gruppe, die diese Macht zumindest hinterfragt oder erschüttern möchte. Dies umfasst auch die häufigsten Ziele des Terrorismus: Die Abschaffung bestehender Herrschaftsverhältnisse durch illegale Gewaltakte und Verbreitung von Angst für ein politisches Ziel.[251]

9/11 war der Moment, in dem in den USA und befreundeten Staaten staatliche Überwachung ein zuvor unbekanntes Ausmaß angenommen hat. Erst durch die Enthüllungen von Edward Snowden 2013 wurde publik, was zuvor nicht erahnt werden konnte. 1.) Die Sammlung von Telefondaten von Millionen von US-Bürger*innen durch die National Security Agency (NSA), einschließlich Anrufdetails und Standortdaten, 2.) die Zusammenarbeit zwischen der NSA und ausländischen Geheimdiensten, insbesondere den *Five Eyes*-Partnern (USA, Großbritannien, Kanada, Australien und Neuseeland), bei der globalen Überwachung und 3.) der Existenz von XKeyscore, einem Analysewerkzeug der NSA, das es ermöglicht, nahezu alle Online-Aktivitäten, einschließlich E-Mails, Chats und besuchte Websites, zu überwachen und 4.) das PRISM-Programm, mit dem die NSA direkten Zugriff auf die Server großer Technologieunternehmen wie Google, Facebook und Apple hat.[252] Dieser letztgenannte Punkt verweist auf die enge Verflechtung, die sich innerhalb der letzten zwei Jahrzehnte zwischen den Tech-Konzernen und staatlicher Überwachung ergeben hat.

An dieser Stelle kurz zum Hintergrund von PRISM, dessen Akronym euphemistisch für »Planning tool for Resource Integration, Synchronization, and Management«[253] (deutsch: Planungswerkzeug für Ressourcenintegration, -synchronisation und -management) steht. PRISM umfasst, eine Vielzahl von Daten über Personen, darunter auch Daten aus den Beständen großer Technologieunternehmen wie Google, Microsoft, Facebook, Yahoo, Apple und anderen.[254] Das Programm zielt darauf ab, direkten Zugriff auf die Kommunikation von Nutzer*innen zu erhalten, einschließlich E-Mail-Kommunikation, Sprachanrufe, SMS, Kommunikation in sozialen Medien, Metadaten, Videoanrufe, Suchpräferenzen usw. Die gesammelten Informationen werden von speziellen Systemen verarbeitet und analysiert, die Sprach-, Text- und Videodaten sowie digitale Netzwerkinformationen verarbeiten, zu denen auch die Standorte und eindeutigen Gerätesignaturen der Zielpersonen gehören. PRISM hat jeweils direkten Zugang zu den Servern der beteiligten Unternehmen. Der rechtliche Hintergrund ist der Protect America Act, ein US-amerikanisches Bundesgesetz, das der NSA die Überwachung von Zielen ohne richterliche Anordnung ermöglicht.[255] Das bedeutet, dass die NSA in diesen Vorgängen keiner weiteren Kontrolle unterliegt und ohne Rücksicht auf Gewaltenteilung oder demokratische Prinzipien freie Hand besitzt.

PRISM ist ein gutes Beispiel für Beziehungen zwischen Regierungsbehörden und privaten Unternehmen zur Entwicklung und Umsetzung von Überwachungstechnologien. Es lässt sich von einem Überwachungs-Industrie-Komplex (Surveillance-Industrial-Complex, SIC)[256] sprechen, da das Verhältnis dem militärisch-industriellen Komplex (MIC), der sich auf die Beziehung zwischen dem Militär und der Verteidigungsindustrie bezieht, stark ähnelt. Ähnlichkeit besteht auch dadurch, dass ein Großteil der Technologien, um die sich der SIC dreht, ebenfalls militärischen Ursprungs sind.

Im Fall der USA zeigte sich, dass das Bündnis zwischen dem Militär und der Waffenindustrie nach dem Zweiten Weltkrieg einen starken Einfluss auf die US-Außenpolitik hatte. Der Grund war, dass die Waffenindustrie starken Lobbyeinfluss gewann und dadurch der Kongress dazu tendierte, sich eher für als gegen die Beteiligung an Konflikten zu entscheiden – was der Waffenindustrie Aufträge durch das Militär sicherte.[257]

An dieser historischen Entwicklung zeigt sich, dass die Sorge des potenziell unverhältnismäßigen Einflusses privater Unternehmen auf die Regierungspolitik im Bereich der Überwachung und der nationalen Sicherheit keine übertriebene Panikmache darstellt. Ob es sich um den MIC oder den SIC dreht – der Grund hinter solchen Bündnissen ist nicht zuletzt das Thema Geld bzw. eigentlich Geldmangel auf staatlicher Seite. Das ist vor allem aktuell der Fall: Im technologischen Wettlauf des digitalen Zeitalters wird es für Staaten immer kostspieliger, mit den sich ständig weiterentwickelnden Überwachungsmethoden und -technologien Schritt zu halten.[258] Während allerdings der MIC ggf. auch als Wirtschaftsfördermaßnahme zwischen Staat und Industrie als gleichberechtigte Partner auf Augenhöhe angesehen werden kann, ist das Verhältnis zwischen den Tech-Konzernen und dem Staat beim SIC ein anderes. Durch die Strategien der Tech-Konzerne zur Vermeidung von Steuerzahlungen, ergibt sich immer weniger Bewegungsfreiheit für die öffentliche Hand. Welche Lösung gibt es also, einerseits Überwachung zu gewährleisten, aber im technologischen Wettlauf abgehängt zu sein – sprich: Von denjenigen, die überwacht werden sollen, übertrumpft zu werden? Für den Staatsapparat besteht quasi ein Zwang, Bündnisse mit den Tech-Konzernen einzugehen. Deren Nimbus ist es ja ohnehin, die Speerspitze der technologischen Entwicklung zu sein. Ein Bündnis erspart zwar den Aufbau eigener, souveräner staatlicher Infrastrukturen zur Überwachung, geht aber mit einer Abgabe von Macht, Legitimation und Entscheidungshoheit an die Unternehmen einher. In offenbarer Unkenntnis oder Ignoranz dieses Zusammenhangs stellen es die US-amerikanischen Geheimdienste auch als großen Gewinn für die Schlagfertigkeit der Nation dar, Bündnisse mit den Tech-Konzernen einzugehen aufgrund der technologischen Fortschrittlichkeit. So stellen es zum Beispiel Vertreter der CIA in Bezug auf die Nutzung der Amazon-Cloud-Infrastruktur AWS dar. Diese Zusammenarbeit sei laut John G. Edwards, Chief Information Officer der CIA, »(…) die innovativste Sache, die wir je gemacht haben, und hat einen wesentlichen Einfluss sowohl auf die CIA als auch auf das IC [Information Community = Verbund der 18 Geheimdienste der USA]. (…) Das ist wahrscheinlich das Sicherste, was es gibt.«[259] Laut Sean Roche, assoziierter stellvertretender Direktor für digitale Innovationen der CIA, ermögliche die Nutzung von AWS auch, »(…) dem Feind jeweils einen Schritt voraus zu sein.«[260]

Dass diese Technologien dafür eingesetzt werden, Menschen rücksichtslos und nahtlos auszuspähen, wird dabei natürlich nicht erwähnt. Alles scheint erlaubt und notwendig, wenn es um den Schutz der Nation geht und darum, Bedrohung durch »den Feind« abwehren zu können. Freiheitsrechte und Privatsphäre der Bevölkerung scheinen hier keine Hürde zu sein. Auch ist die Abtretung von Macht an einen Konzern kein Problem, dessen Geschäftspolitik mit funktionalen Werten für die Erhaltung eines Staates wenig zu tun hat (Kommodifizierung, mangelnder Umweltschutz, kaum existentes Arbeitsrecht, unfairer Wettbewerb …). Ist es dann nicht paradox, wenn es einerseits um den Schutz der Nation geht – andererseits diese Nation aber unter Generalverdacht steht und daher durchleuchtet werden muss?

Auch hier regiert die Ideologie Silicon Valleys, die Entscheidungsträger*innen der Politik infiziert hat: Terrorismus scheint ebenfalls lediglich ein Problem zu sein, das sich am besten per Technologie bzw. einem technologischen Vorsprung lösen lässt. Der Besitz *besserer* Technologie zaubert den Terrorismus quasi hinfort. Verschiedene Studien zeigen deutlich, dass die Massenüberwachung durch die US-Geheimdienste keineswegs effektiv in der Verhinderung von Terroranschlägen ist.[261] Aber dies scheint keine Rolle zu spielen.

Die Überwachung der US-Amerikaner*innen und vermutlich vieler Menschen, deren persönliche Daten auf US-amerikanischen Servern liegen oder die auch nur ab und zu im Internet unterwegs sind, ist maßlos und läuft Grundrechten und dem Prinzip des freien Willens zuwider –

einem Wert, der schon in der Präambel der US-amerikanischen Verfassung benannt wird. Darin steht zu lesen: »Wir, das Volk der Vereinigten Staaten, von der Absicht geleitet, (…) das Glück der Freiheit uns selbst und unseren Nachkommen zu bewahren, setzen und begründen diese Verfassung für die Vereinigten Staaten von Amerika.« Aber wir leben im Zeitalter der deterministischen Big-Data-Logik. Das bedeutet, dass der erste, der vielleicht einzige Schritt, der nahe liegt, ist, mehr Daten zu sammeln. Daher führt es auch nicht zu einem Umdenken, wenn so etwas Unwahrscheinliches wie 9/11 passiert. Es führt nicht dazu, den Pfad zu verlassen. Vielmehr führen solche Ereignisse zum Gedanken, dass mehr Daten gesammelt werden müssen.

Die eingesetzte Technologie ist je nach Kontext aber auch zu sehr viel mehr fähig. Was für Potenziale hinter einem solchen technologischen Regime stehen, zeigt sich bei einem Blick in Länder, die mit dem Einsatz von Überwachungstechnologien offensiver umgehen.

Werfen wir einen Blick nach China:

Dort lebt die muslimische Minderheit der Uiguren, die ca. elf Millionen Menschen umfasst und dort seit mehr als 1.000 Jahren größtenteils in der nordwestchinesischen Provinz Xinjiang lebt. Die nominell autonome Region, in der auch kasachische und tadschikische Ethnien sowie Hui-Muslime leben, steht seit dem 18. Jahrhundert offiziell unter chinesischer Kontrolle. Die uigurische Minderheit wird von der dominanten Ethnie Chinas – den Han-Chines*innen, welche ca. 91 % der Bevölkerung Chinas[262] umfasst – wirtschaftlich und kulturell marginalisiert und politisch diskriminiert.[263] Der grundsätzliche Vorwurf der Landesführung gegenüber den Uiguren ist Separatismus und Terrorismus. Zwar ist ein kleiner Bruchteil der Volksgruppe tatsächlich an terroristischen Attentaten beteiligt, jedoch werden sämtliche Uigur*innen unter Generalverdacht gestellt und unterdrückt.[264]

Zur Überwachung und Bespitzelung der Uiguren wird die in China weitverbreitete Überwachungstechnologie eingesetzt, die für das seit 2014 schrittweise eingeführte Sozialkreditsystem verwendet wird. Wohlgemerkt: Der Sozialkredit wird nicht landesweit erhoben, sondern aktuell nur in bestimmten Provinzen und Städten. Die Regierungspartei forciert allerdings den Einsatz für das gesamte Land.[265]

Kurz gefasst wird die Bevölkerung der Volksrepublik durch das Sozialkreditsystem nach ihrem Verhalten in Kategorien eingeteilt. Für das Verhalten in der Öffentlichkeit gibt es jeweils die Möglichkeit, dem Score Punkte hinzuzufügen, als auch Punkte zu verlieren. Punktabzug gibt es zum Beispiel für das Überqueren der Straße bei roter Ampel, unehrliche Entschuldigungen für begangene Straftaten oder die Mitgliedschaft in Sekten jeglicher Art. Zusätzliche Punkte gibt es zum Beispiel für regelmäßige Besuche und Pflege der Eltern oder positive Äußerungen über die Regierung in sozialen Medien. Wer einen hohen Score hat, hat u. a. bessere berufliche Chancen oder kürzere Wartezeiten in Krankenhäusern. Wer einen niedrigen Score hat, erhält u. a. kein Darlehen bei einer Bank oder darf nicht mehr reisen.[266]

Diese kurze Darstellung dient dazu zu zeigen, was der Einsatz digitaler Technologie ermöglicht. Denn der Score wird mittels einer umfassenden Überwachung von Internetaktivitäten, Verhalten im öffentlichen Raum per Videokameras und Gesichtserkennung, Kaufverhalten und Behördeninformationen ermittelt.

Dieselbe Technologie, die der Sanktionierung normierten Verhaltens dient, wird zur Folterkammer für die Uiguren.[267] Eine spezielle Überwachungsdatenbank enthält u. a. Aufzeichnungen von Verhören, Daten der Internetaktivitäten, Nutzung bestimmter Apps und Videomaterial der in Xinjiang weitverbreiteten Überwachungskameras. Auch hier werden auf algorithmischer Basis Kategorien vergeben. Die Datenbank teilt die uigurische Bevölkerung in Gefahrenkategorien und diese Zuteilung hat ebenfalls direkte Konsequenzen: Verdächtigen Uigur*innen droht die Inhaftierung und Einweisung in Umerziehungslager, in denen ebenfalls eine vollständige Überwachung in jeder Situation stattfindet. Mehr als einhunderttausend Uiguren wurden seit der Errichtung der Lager dort gefangen gehalten.[268] Ehemalige Insass*innen berichten von Folter und sexuellem Missbrauch.[269]

Dies ist ein besonders drastisches Beispiel für den Einsatz von Überwachungstechnologie zur Geißelung einer gesellschaftlichen Gruppe. Es zeigt, dass die Normierung von Verhalten, etwa aufgrund von Ideologie, Vorurteilen oder anderweitig motivierter Diskriminierung, heute mithilfe digitaler Technologien schnell und perfekt durchgesetzt werden kann. Es braucht keine Spezialist*innen mehr, die Briefe öffnen. Das Cabinet Noir steckt vielmehr in jeder Hosentasche.

Es muss klar sein, dass, auch wenn wir uns mancher Privilegien der demokratischen Kultur im Alltag nicht bewusst sind, Regierungsverhältnisse nie sicher sind. Denn aktuell ist weltweit zu beobachten, dass es immer wieder Bewegungen weg von einer weltoffenen, demokratischen Haltung hin zu Abgrenzung und Nationalismus gibt. Das bedeutet, dass Demokratie keine Versprechen für die Ewigkeit ist und sich Grundfesten wie eine Staats- und Regierungsform durchaus ändern können. Eine Gefahr, die in einer Veränderung einer freiheitlich demokratischen Ordnung im Zeitalter der Digitalisierung besteht, ist folgende: Individuen und Gruppen, die sich gegen eine veränderte politische Ordnung richten, sind einfach und schnell zu identifizieren. Historische, blutige Umstürze wie die chinesische Kulturrevolution, die stalinistische Diktatur oder die Machtergreifung des Nationalsozialismus in Deutschland waren für erklärte Feinde der neuen staatlichen Ordnung und Ideologien verheerend. Heute wäre die Identifikation von Oppositionellen durch den Zugriff auf viele privatwirtschaftliche und staatliche Datenbanken im Handumdrehen durchführbar. Unter der Voraussetzung, dass der Zugang zum Internet nach einem Umsturz nicht sofort gesperrt wird, könnte das Verfassen eines kritischen Posts, das ›Liken‹ oder auch nur das Lesen dieses Posts dann selbst bei Maßnahmen eines möglichst anonymen Zugangs zum Verhängnis werden – genauso wie aktuelle oder in der Vergangenheit liegende Mitgliedschaften in den ›falschen‹ Vereinen, Zugehörigkeit zu jeder denkbaren Minderheit oder Kontakt zu den ›falschen‹ Individuen. Das Internet vergisst nichts. Und wir teilen tagtäglich mit sehr vielen Firmen, Plattformen, Behörden und Versorgungsunternehmen mehr oder weniger heikle Informationen und diese liegen dann u. U. über Jahrzehnte als Karteileichen auf irgendwelchen Servern – und warten darauf, vielleicht von der falschen Person zum falschen Zeitpunkt gefunden zu werden.

Zwischenfazit: Demokratie

Demokratie ist nicht effizient. Demokratie ist langsam, soll u. a. Teilhabe ermöglichen, Macht durch den Willen des Volkes legitimieren und gesellschaftliche Schieflagen beheben. Wenn eine Demokratie gut funktionieren soll, benötigt sie Wähler*innen, die über garantierte Freiheiten verfügen. Das bedeutet auch, dass diese Menschen Geheimnisse bewahren oder nur gezielt und willentlich teilen können sollten. Staatliche Institutionen haben u.a. die Aufgabe, diese Freiheitsrechte zu gewährleisten und im Zweifelsfall gegen (neue) Bedrohungen zu beschützen. Und genauso wie die Privatsphäre keine moralisch-ethische Hürde in den Operationen der Technologiekonzerne darstellt, stellt Demokratie ebenfalls keine Hürde dar. Politik, legitimierte Macht und Demokratie sind eine Gefahr für den Ausbau der Machtasymmetrie.

Jedoch ist die Anpassung an die technikdeterministische und solutionistische Ideologie der Tech-Konzerne zum Beispiel beim Thema Gesundheitsdaten in Kombination mit Unterfinanzierung öffentlicher Bereiche (Schulen …) eine explosive Mischung, die es den Tech-Konzernen zusätzlich einfach macht, öffentliche Bereiche zu übernehmen und ihren Einfluss geltend zu machen. Das zeigt sich auch am Überwachungs-Industrie-Komplex, in dessen Rahmen der US-amerikanische Staat eine besonders enge Beziehung mit den Konzernen eingeht, die Technologie für staatliche Überwachung bereitstellen. Und auch das ist gefährlich in einer ohnehin angegriffenen Demokratie: In Zeiten, in denen der Populismus große Landgewinne verzeichnet, Autokratie und Nationalismus auf dem Vormarsch sind, sind die Möglichkeiten der Überwachung durch digitale Technologie quasi ein Garant für die Unterdrückung individueller oder gruppenbasierter Opposition.

Die Ideologie und die Strategien der Tech-Konzerne werden hier ausschließlich affirmiert. Von Regulierung oder sonstigen Bestrebungen z.B. für erhöhte Steuerzahlungen ist kaum die Rede.

Zusammenfassend lässt sich feststellen, dass der Digitalkapitalismus durch die dominanten Geschäftsmodelle der Technologiekonzerne die Bewegungsfreiheit der Gesellschaft und die Handlungsfähigkeit von staatlichen Institutionen einschränkt. Dies geschieht auf Basis der Ideologie von Technikdeterminismus und Solutionismus und zielt darauf ab, Abhängigkeiten zu erzeugen und Regulierung zu verunmöglichen. Dafür werden die Kommodifizierung öffentlicher Güter, Gelder und Bereiche,

EINFLÜSSE

GEIST, IDEOLOGIE UND MACHT

- Der Geist des Digitalkapitalismus
- Die Ideologie des Digitalkapitalismus
- Quelle
- Ideologie: Basis der Macht
- Ergänzung zur Ideologie
- Internetzugang für Freiheit und Gleichheit?
- Bilder und Begriffe

SOZIOTECHNOLOGIE

- Magie
- Suggestion
- Stellenwert von Technologie
- Fetisch
- Manifestation
- Soziale Konstruktion durch Machtasymmetrie
- Design und Governance
- Reflexive Technologie und digitale Governance

AUFKLÄRUNG

- Entzauberung
- Wiege des Kapitalismus
- Technisierung der Soziosphäre

DK

AUSWIRKUNGEN

DEMOKRATIE
- Kommodifizierung
- Steuertricks
- Unentbehrlichkeit
- Corporate Capture
- Predictive Policing
- Digital Health Care
- Schulen
- Staatliche Überwachung

PLATTFORMEN
- Gemeinsamkeiten
- Monopol und Monopson
- Digitale Skalenerträge
- (Informelle) Arbeit

PRIVATSPHÄRE
- "Privacy is no longer a social norm"
- Dimensionen der Privatsphäre
- Privatsphäre ist Macht
- Machtasymmetrie auf drei Ebenen
- Datensouveränität
- Datenschutz und Privatsphäre
- Metadaten, Anonymisierung, Pseudonymisierung
- Zusammenhang zur Nachhaltigkeit

„KÜNSTLICHE INTELLIGENZ"
- Der aktuelle Diskurs
- Technische Hintergründe
- Das ökonomische Interesse
- KI im juristischen und polizeilichen Einsatz
- KI: Datenschutz und Privatsphäre
- Automatisierung und Arbeitswelt
- Machtasymmetrie
- Tautologischer Fehlschluss
- Der Geist in der Maschine
- Nebelkerze Moratorium

die Vermeidung von Steuerzahlungen, die Beeinträchtigung von Gesetzgebungsprozessen und das Vordringen in Bereiche der Daseinsvorsorge als Taktiken eingesetzt. Diese Maschinerie bedroht die Demokratie und die Zukunft.

Und nun stellt sich die entscheidende Frage, ob die das Internet Nutzenden diese Konzerne durch weitere Datenspenden 24 Stunden pro Tag unterstützen wollen.

Angesichts des Grundrechts auf Datenschutz sollten sich alle bewusst machen, wie wichtig dieses Recht ist und wie es wirksam wahrgenommen werden kann. Der Priva Score stellt einen einfachen Einstiegspunkt dar, um die Datensouveränität der Nutzer*innen zu stärken.

»Künstliche Intelligenz«

Aber erst seit der Einführung der Maschinerie bekämpft der Arbeiter das Arbeitsmittel selbst, die materielle Existenzweise des Kapitals.
Karl Marx, 1872: 406 f.

Die Funktion Künstlicher Intelligenz (KI)[270] wurde bereits mehrfach implizit angeschnitten, bislang aber noch nicht genauer betrachtet. Es lässt sich behaupten, dass KI für den Digitalkapitalismus konstituierend ist. Daher ist es logisch, dass sich in dieser Technologie alle Probleme des Digitalkapitalismus widerspiegeln: die ideologischen Grundpfeiler Technikdeterminismus und Solutionismus, Machtasymmetrie zwischen Technologiekonzernen und Gesellschaft, dadurch auch Machtasymmetrie im Designprozess der Technologie, Einschränkung des Datenschutzes und Infiltration der Privatsphäre, Beeinträchtigung demokratischer Prozesse sowie Kommodifizierung öffentlicher Güter. Hinzu kommt noch, dass der Einsatz von KI soziale Ungleichheit verstärkt und damit das Potenzial hat, Gesellschaften zu spalten.

Der aktuelle Diskurs
KI steht im Mittelpunkt des Digitalkapitalismus. Für seine dominanten Akteure – die Technologiekonzerne – ist KI die »zentrale Verwertungsma-

schine«.[271] Denn sie ist in der Lage, große Mengen an Daten zu verarbeiten und zu analysieren, also den Wert der gesammelten Daten zugänglich zu machen. Der Diskurs über KI im Allgemeinen ist hochaktuell. Einer der wichtigsten Auslöser dafür ist die Popularität des Chatbots »ChatGPT«, dessen dritte Version seit Ende 2022 öffentlich zugänglich ist. Durch dieses Sprachmodell wurde der Abstraktionsgrad der sonst im öffentlichen Bewusstsein mythisch, verdeckt und mächtig anmutenden Algorithmen[272] zumindest teilweise reduziert. Und das Interface ermöglicht, die KI so einfach wie das Verfassen einer E-Mail zu bedienen. Ein sehr leistungsfähiges System ist nun der Öffentlichkeit zugänglich und seine Fähigkeiten sind plötzlich konkret erfahrbar geworden. In vielen Fällen ist der Kontakt mit KI-Systemen zumeist unbewusst, aber alltäglich – etwa bei Vorschlägen von Streaming-Diensten, beim E-Commerce oder der Kreditvergabe.[273] Aber dadurch, dass nun potenziell jede Person mit Zugang zum Internet mit einem außerdem so eloquenten System bewusst in Kontakt sein kann, vergeht kein Tag, an dem nicht ein Zeitungsartikel, ein Fernseh- oder Radiobeitrag den Chatbot thematisiert. Häufig ist der Aufhänger, dass die Autor*innen eines Beitrags sich die Frage stellen, ob sie nicht bald von einer Maschine ersetzt werden. Der Gedanke ist nicht aus der Luft gegriffen, denn die technikdeterministische Logik legt nahe, dass Technologie leistungsfähiger, schneller, schlicht besser als ein Mensch Aufgaben zu erfüllen vermag. Zunächst geht es bei KI also um Produktivitätssteigerung.

Technische Hintergründe

In rein technischer Perspektive mag es richtig sein, dass KI-Systeme den Menschen in ihrer Leistung überflügeln, nur decken diese bis dato immer nur einen schmalen, klar abgegrenzten Ausschnitt von Aufgaben ab. Und darin ist ihre Leistung in der Regel dem Menschen überlegen. Die Überlegenheit basiert darauf, dass diese Systeme, um eine bestimmte Aufgabe zu erfüllen, mit einer riesigen Menge für die Aufgabe relevanter Daten trainiert werden (»Data Mining«).[274] Weil diese Erlangung von Fähigkeiten nur für eine konkrete Aufgabe möglich ist, sind sämtliche KI-Systeme, die derzeit im Einsatz sind, *schwache KI*.[275] Typische Beispiele für diese eng umgrenzten Aufgaben sind Schach, Übersetzung oder Bilderkennung. Aufgrund der spezialisierten Expertise kann ein Schachcomputer keine Bilder sortieren und ein System, das für Übersetzung trainiert wurde, kein Schach spielen. Aber auch schwache Systeme sind in Kombination zu Erstaunlichem fähig – bspw. bei Autopiloten im Flugzeug oder Auto, bei denen Videoerkennung, Geschwindigkeitsmessung, Abstandsregelung und viele andere Systeme zusammenspielen, um das jeweilige Fahrzeug der Situation angepasst auch in komplexen Situationen sicher zu steuern.[276] Damit eine solche Leistungsfähigkeit erreicht wird, bedarf es großer Datenmengen, anhand derer sich die KI-Systeme selbst trainieren, und häufigen Feedbacks, um sich an veränderte Bedingungen anpassen zu können. Das ist wichtig, damit sich ein System bspw. an individuelle Vorlieben anpassen kann.[277] Ein*e Nutzer*in schaut sehr gerne Action-Thriller, aber keine romantischen Komödien – Netflix wird entsprechende Vorschläge machen.

> Hier muss noch erwähnt werden, dass das, was in der Öffentlichkeit Argwohn und Misstrauen erzeugt, *Modelle* sind – keine Algorithmen. »Das Modell ist eine bestimmte Art und Weise, ein Problem zu operationalisieren und in bestimmte Arbeitsschritte zu zerlegen. Erst dann kann ein Algorithmus diese im Modell festgelegten Arbeitsschritte zur Problemlösung tatsächlich umsetzen.«[278]
>
> Ein Modell ist eine abstrakte Darstellung eines Systems oder Prozesses, die auf Daten basiert. In der Künstlichen Intelligenz wird ein Modell verwendet, um Vorhersagen oder Entscheidungen zu treffen, indem es Muster in den Daten erkennt und diese Muster auf neue Daten anwendet. Ein Algorithmus ist Teil des Modells, der verwendet wird, um die Daten zu verarbeiten und zu analysieren, während das Modell als Ganzes die Vorhersagen oder Entscheidungen trifft. Das Modell kann aus verschiedenen Algorithmen bestehen, die für verschiedene Teile des Prozesses verwendet werden.
>
> Das Modell in einem künstlichen Intelligenzsystem wird dazu verwendet, Informationen aus den Daten zu extrahieren, Muster zu erkennen und Vorhersagen zu treffen. Das Modell kann als eine Art ›Gerüst‹ betrachtet werden, das auf den Daten trainiert wird und die Fähigkeit

> zur Mustererkennung entwickelt. Der Algorithmus ist der Prozess oder die Methode, die verwendet wird, um das Modell mit Daten zu trainieren. Dieser Prozess umfasst typischerweise das Anpassen der Modellparameter an die vorliegenden Daten, um die gewünschten Fähigkeiten, wie die Fähigkeit zur Klassifizierung oder Vorhersage, zu erlernen. Es gibt verschiedene Trainingsalgorithmen, die je nach Aufgabe und Modellarchitektur verwendet werden können.
>
> Das bedeutet, dass Probleme wie Verzerrung im Modell entstehen, da darin das zu bearbeitende Problem zwar definiert, aber ggf. mit verzerrten Daten trainiert wird.
>
> Angenommen, es geht darum, den Zustand des Waldes im Harz zu untersuchen. Da stellt sich zuerst die Frage, was einen Wald ausmacht. Das Modell muss mit dem entsprechenden Bildmaterial trainiert werden. Aber was ›ein Wald‹ darstellt, kann in den Augen der Menschen, die das Modell erstellen, etwas vollkommen anderes sein, als das, was etwa jemand mit einem Hintergrund in Biologie als Wald definieren würde. Das Modell muss also nicht zwangsläufig eine korrekte Aussage darüber treffen können, wie es dem Wald im Harz geht. Ob hier sinnvolle Ergebnisse entstehen, ist also maßgeblich von den Daten abhängig, mit denen das Modell trainiert wurde – nicht vom Algorithmus.

Das ökonomische Interesse

Da KI sich immer weiter verbreitet, findet eine typische, inzwischen jahrhundertealte Konfrontation eine neue Stufe. Diese Konfrontation spielt sich in einem Dreieck ab. Seine Seiten sind a) eine neuartige oder weiterentwickelte Technologie, b) ökonomischer Nutzen und c) eine von ökonomischer, häufig auch von politischer Seite eingeforderte gesellschaftliche Anpassungsleistung. Diese Anpassungsleistung wird quasi aufgezwungen, da KI für Unternehmen in vielen Fällen eine Art Superwaffe darstellt. Schließlich erfüllt KI einen der zentralen Mechanismen, die ein Markt benötigt, um effizient zu funktionieren: ein vielfältiger Fluss von Informationen, auf deren Basis eine Entscheidung erfolgt oder zumindest vorgeschlagen wird. Die Datenabbilder von Nutzer*innen können von Unternehmen beispielsweise genutzt werden, um in einem Online-

Shop individualisierte Vorschläge für den Kauf eines Kleidungsstücks zu machen. Diese Vorschläge entsprechen den ermittelten Präferenzen einer Kundin oder eines Kunden, der sich gerade im Online-Shop des Unternehmens bewegt, und basieren auf Vorhersagen, die über gesammelte Verhaltensdaten extrapoliert werden.[279] Für E-Commerce-Firmen ist das enorm wichtig, da dadurch klar ist, wie viele blaue Pullis wahrscheinlich bald verkauft werden und in den Lagerhäusern vorrätig sein müssen. In diesem Fall werden Daten persönlichen Verhaltens für die Gewinnmaximierung eines Unternehmens eingesetzt. Zwar mag das Wissen über eine Vorliebe für blaue Pullis zunächst keine Infiltration der Privatsphäre sein. Aber genauso lassen sich Modelle dafür erzeugen, Profile zu erstellen, die Informationen über die politischen Ansichten, Gesundheitsdaten oder finanziellen Informationen einer Person enthalten – in der Regel ohne, dass diese Person darüber informiert wird oder damit einverstanden ist.

KI im juristischen und polizeilichen Einsatz

> *Up here in space,*
> *I'm looking down on you*
> *My lasers trace everything you do*
> *You think you've private lives, think nothing of the kind*
> *There is no true escape,*
> *I'm watching all the time*
> *I'm made of metal*
> *My circuits gleam*
> *I am perpetual*
> *I keep the country clean*
> *I'm elected electric spy*
> *I'm protected electric eye*
> Judas Priest: »Electric Eye«, 1982

Die Integration von Algorithmen und datengetriebenen Ansätzen in das Strafrechtssystem besitzt ein theoretisches Potenzial, die Effizienz und Genauigkeit bei der Verbrechensprävention und -bekämpfung zu steigern. Zumindest ist das eine häufige Vorstellung, insbesondere beim

Thema KI. Die Anwendung von maschinellem Lernen und Predictive-Policing-Algorithmen zur Berechnung des Rückfallrisikos von Straffälligen hat in den letzten Jahren an Popularität gewonnen und verspricht, die Ressourcen der Strafverfolgungsbehörden gezielter einzusetzen, um die öffentliche Sicherheit zu verbessern – und finanzielle Einsparungen zu ermöglichen.

Diese Systeme ernten viel Kritik und das ist keineswegs unbegründet, da der Einsatz von Algorithmen im Strafrechtssystem nicht nur rechtliche und ethische Fragen aufwirft, sondern auch das Potenzial birgt, bestehende Ungerechtigkeiten und Diskriminierung zu verstärken. Dieses Kapitel widmet sich einer kritischen Perspektive auf den Einsatz von Algorithmen für die Berechnung des Rückfallrisikos von Täter*innen und Predictive Policing.

In der Schweiz werden Algorithmen wie FOTRES eingesetzt, um das Rückfallrisiko von Straffälligen einzuschätzen. Das Tool hilft Gutachter*innen zu beurteilen, ob eine Person eine Straftat erneut begehen wird. Dieses Verfahren ähnelt dem in den USA verwendeten COMPAS-Algorithmus, der jedoch nachgewiesenermaßen People of Color benachteiligt.[280] Unabhängige und umfassende Studien zur Vorhersagequalität von FOTRES fehlen bisher. Zudem wurden Fragen nach möglicher Diskriminierung von Personen aufgrund ihrer Ethnie oder ihres Geschlechts nicht untersucht. Expert*innen aus der forensischen Psychiatrie kritisieren die theoretischen Grundlagen von FOTRES, insbesondere die Verwendung von Eigenschaften zur Risikobeurteilung, die möglicherweise nicht mit der psychologischen Forschung in Einklang stehen.

Ein weiteres Problem ist, dass FOTRES ein proprietärer Algorithmus ist, dessen Quellcode nicht öffentlich zugänglich ist. Dies erschwert eine unabhängige Überprüfung und die Möglichkeit für betroffene Personen, den Vorhersageprozess nachvollziehen und gegebenenfalls dagegen angehen zu können.[281] Eine Gruppe Forschender hatte die Möglichkeit, die Berechnungsgrundlage von FOTRES genauer zu untersuchen. Auch wenn die Berechnung mathematisch simpel ist, bleibt das System eine Black Box: Zuletzt wird ein Rückfallrisiko von 0 (sehr gering) bis 4 (sehr hoch) ermittelt, jedoch werden innerhalb der Berechnung Variablen aus unklaren Gründen stark unterschiedlich gewichtet, sodass das Ergebnis trotzdem nicht genau nachvollziehbar ist.²⁸² Das bedeutet, dass eine Gutachter*in, die FOTRES anwendet, eigentlich nicht mit bestem Gewissen das errechnete Ergebnis anwenden kann.

Die US-amerikanische Firma PredPol (kurz für »Predictive Policing«, ungefähr »vorausschauende Ermittlungen«) versucht mittels einer Software namens Geolitica auf Basis von Art, Ort und Uhrzeit von Verbrechen durch Maschinenlernen zukünftige Verbrechen zu prognostizieren. Der Algorithmus prognostiziert Verbrechen innerhalb von 500 Quadratfuß großen Abschnitten und vermittelt diese an die polizeilichen Behörden. Geolitica unterstützt auch anhand der Verbrechenswahrscheinlichkeit Frequenz und Stärke von Streifenfahrten der Polizeieinheiten und bietet den Behörden ein Interface, über das Daten ermittelter Verbrechen an PredPol übermittelt werden können, um den Algorithmus zu trainieren. 2018 wurden diese Dienstleistungen von bereits über 50 US-amerikanischen und einigen britischen Polizeidienststellen eingesetzt.²⁸³ Inzwischen ist die PredPol-Software das am häufigsten eingesetzte Tool dieser Kategorie in den USA.²⁸⁴ PredPol behauptete, dass die Algorithmen von Geolitica keine diskriminierenden Verzerrungen enthielten, sodass die Software beispielsweise mehr Streifen in den Wohngebieten von Minderheiten empfehlen würde. Nach einer Datenpanne, die die Vorhersagen von Geolitica zugänglich machte, konnte diese Behauptung klar widerlegt werden.²⁸⁵ Hier zeigt sich offensichtlich: Die Vorhersagen dieser trainierten Systeme können nicht besser sein als die Daten, die zur Erstellung ihrer Modelle verwendet werden. Wenn die Daten, die zum Training der Predpol-Modelle verwendet werden, aus diskriminierender Polizeiarbeit stammen, dann werden auch die Predpol-Vorhersagen diskriminieren. Aber die Nutzung moderner Technologie lässt die fortwährende Diskriminierung wissenschaftlich erscheinen.²⁸⁶

In Chicago, Illinois, wird seit einigen Jahren mittels eines Algorithmus eine »Strategic Subject List« geführt. Dabei handelt es sich um einen individuellen Score für die ca. 400.000 Einwohner*innen der Stadt, die bereits einmal verhaftet worden sind. Der Score reicht von 1 bis 500+ und macht damit eine Aussage über die Wahrscheinlichkeit, ob eine Person straffällig wird. Dieser Algorithmus bestimmt, welche Personen auf der Straße öfter angehalten werden, polizeilich überwacht werden oder unangekündigten Hausbesuch von der Polizei erhalten.[287]

Machen diese Systeme die Straßen sicherer? Während die höheren Hierarchieebenen der Polizeibehörden die Hoffnung hegten, durch diese Methoden die Polizeiarbeit zu revolutionieren, ist inzwischen Ernüchterung eingekehrt. Das Los Angeles Police Department (LAPD) war eines der ersten, das 2010 Datentechnologie zur Vorhersage zukünftiger Straftaten einsetzte. 2019 haben jedoch das LAPD und viele andere Polizeibehörden den Einsatz der Software eingestellt, da sie bei der Kriminalitätsreduzierung wirkungslos sei und zu einer Verdoppelung der bereits von Streifenpolizisten durchgeführten Bemühungen führe. Behörden wie Palo Alto und Mountain View, Kalifornien, fanden keinen Wert in der Software und stellten ihre Verwendung ein. Auch Datenschutz- und Bürgerrechtsgruppen kritisieren die Software, da sie zu einer verstärkten Polizeiarbeit in schwarzen und lateinamerikanischen Vierteln führt. Eine interne Prüfung durch das LAPD ergab, dass nicht genügend Daten vorhanden waren, um festzustellen, ob die Software tatsächlich zur Kriminalitätsreduzierung beitrug.[288]

Mark Smitz, ein Vertreter der Generalinspektion der LAPD hat zusammen mit einer Arbeitsgemeinschaft zum Thema Datenschutz die eingesetzten Tools untersucht – darunter auch Geolitica. Dazu gehörte auch eine Software, die Personen als »chronische Straftäter*innen« klassifizieren sollte. Die Prüfung ergab, dass es den Datenanalyseprogrammen der Abteilung an Kontrolle mangelte und die Beamt*innen inkonsistente Kriterien verwendeten, um Personen als »chronische Straftäter*innen« zu kennzeichnen. Smith stellte fest, dass 44 % der chronischen Straftäter*innen kaum oder gar keine Gewaltverbrechen begangen hatten, während 50 % keine Festnahmen im Zusammenhang mit Waffendelikten hatten. Als Reaktion darauf werden sich die Polizist*innen stärker auf traditionelle Taktiken stützen, wie z. B. körperliche Beschreibungen von Verdächtigen, und sich auf Täter*innen konzentrieren, die kürzlich aus der Haft entlassen wurden oder in der Vergangenheit ähnliche Straftaten begangen haben.[289]

Abgesehen davon, dass die Tools nicht so funktionieren, wie sie sollten, und es dem Personal offenbar an Schulung im Umgang fehlt, gibt es deutliche Probleme:

Zunächst wird die Person, die eine Straftat begangen hat, auf Grundlage der Verurteilung von Vorhersagealgorithmen auf eine Einbahnstraße gestellt – also auf eine Gegenwart reduziert, die von ihrer Vergangenheit bestimmt wird, was die Möglichkeit einer offenen Zukunft verweigert. Einmal Straftäter*in, immer Straftäter*in. Zudem – auch das ist Solutionismus – verschiebt der Einsatz solcher Vorhersagealgorithmen Kriminalität in die Ecke des Risikomanagements. Anstatt sich auf Rehabilitation zu konzentrieren, also soziale Mechanismen zur Lösung eines genuin gesellschaftlichen Problems einzusetzen, wird Gerechtigkeit zu einem Mittel der Kontrolle und Bewältigung von Risiken innerhalb der Gesellschaft. Dieser Ansatz setzt marginalisierte Bevölkerungsgruppen, insbesondere People of Color, überproportional potenziellem Schaden aus.[290]

Und zur *Wissenschaftlichkeit* dieser Systeme ist noch Folgendes zu bemerken:

Das Verständnis des Einflusses sozialer Merkmale auf Straftaten ist unter Forschenden vielfach diskutiert. Die Korrelationen zwischen Kriminalität und anderen sozialen Merkmalen wurden anhand einer Vielzahl statistischer Modelle untersucht. Klassische, statistische Methoden wie lineare Regressionsmodelle oder moderne Methoden wie künstliche neuronale Netze bieten allerdings hier keine schlüssigen Ergebnisse. Die Vorhersagegenauigkeit ist jeweils nicht zufriedenstellend und Schlussfolgerungen der zugehörigen Studien widersprüchlich. Gerade aufgrund statistischer Gründe ist das Thema sehr kontrovers: Die Daten basieren häufig nicht auf einer Gaußschen Normalverteilung – was so viel bedeutet wie, dass eine Vielzahl statistischer Berechnungen nicht genutzt werden können. Die Daten dürfen also nur unter speziellen Voraussetzungen und nur mit bestimmten, statistischen Methoden genutzt werden, wenn wissenschaftliche Aussagen getroffen werden sollen. Hinzu kommt auch die Multikollinearität sozialer Daten – sprich: viele soziale Eigenschaften eines Individuums beeinflussen einander, es kann jedoch keine Kausalität daraus gezogen werden. Zum Beispiel handelt eine arbeitslose Person ohne höheren Bildungsabschluss, die ein teures Auto und eine große Wohnung besitzt, nicht automatisch mit Drogen. Vielleicht gibt es wohlhabende Verwandte?

Und darüber hinaus stellt sich stets die Frage der Repräsentativität der Daten, mit denen Modelle solcher Vorhersagealgorithmen trainiert werden. In vielen Fällen können die Daten nämlich – u. a. aufgrund der Seltenheit von Umständen – gar nicht dieses wichtige Kriterium erfüllen und sind ungenau oder schlicht unzulänglich.[291]

Statt des Einsatzes intransparenter, gezwungenermaßen schlecht trainierter Tools und dem blinden Vertrauen in Technologie bedarf es sozialer Interventionen, um Verbrechen und Gewalt vorzubeugen und zu reduzieren. Der Schutz der Privatsphäre und die Rechte der Bevölkerung müssen bewahrt werden. Um Kriminalität zu reduzieren muss der Schwerpunkt auf der Zusammenarbeit mit Risikogruppen liegen, nicht auf Repression. Menschen, von denen eine Bedrohung für die Gemeinschaft ausgeht, und Menschen, bei denen ein hohes Risiko besteht, Opfer zu werden, müssen hier betrachtet werden. Finanzielle Mittel müssen hier in Arbeitsplätze, Interventions- und Aufklärungsprogramme gesteckt werden – nicht in unzulängliche technologische Lösungen, die keine sind und Menschen ihren freien Willen absprechen.

Prognosen darüber zu erstellen, wer einem höheren Kriminalitätsrisiko ausgesetzt ist oder welche Stadtgebiete hier betroffen sind, ist recht einfach. Aber die Behörden sollten sich vielmehr Gedanken darüber machen, welche Schlüsse daraus gezogen werden.

KI: Datenschutz und Privatsphäre

Negative Folgen für die Gesellschaft enden nicht mit einem potenziell ethisch fragwürdigen Modell. Bei der Datensammlung setzt sich das fort. Wie inzwischen dargelegt wurde, ist die Sammlung und Verarbeitung von Daten – insbesondere personenbezogene und Metadaten – mit sehr viel Verantwortung verbunden. Wenn Daten allerdings eine kapitalistische Funktion[292] haben, wird Verantwortung zumeist relativiert, sodass die negativen Effekte, die mit trainierten Systemen einhergehen, deutlich in den Vordergrund treten. Denn da KI viele Daten benötigt, ist Überwachung von Nutzer*innen eine häufige Quelle. Wenn beim Training von KI-Systemen personenbezogene oder Metadaten zum Einsatz kommen, werden automatisch Datenschutz und Privatsphäre[293] auf drei Ebenen bedroht:

Zunächst sind durch die Existenz von KI die Möglichkeiten von Überwachung immens gestiegen. Der Einsatz von Videoüberwachung, Gesichtserkennungstechnologie und das Verfolgen von Interaktionen der Nutzer*innen auf sozialen Medien sind inzwischen sehr einfach geworden. Da diese Formen der Überwachung auch ohne Wissen oder Zustimmung der Betroffenen erfolgen können – durch Plattformkonzerne selbst, staatliche Behörden oder Kriminelle – ist der Verlust der Privatsphäre erheblich.

Der zweite Aspekt ist die Aufhebung von Anonymisierung durch KI. Dies wurde bereits beim Aspekt der Gesundheitsdaten beschrieben: KI kann verwendet werden, um personenbezogene Daten zu de-anonymisieren, indem sie Muster in den Daten identifiziert und sie mit anderen Datenquellen abgleicht. Zum Beispiel hatten 2013 Wissenschaftler*innen von 1,5 Millionen Menschen die Ortungsdaten aus den vergangenen 15 Monaten als Datensatz vorliegen. Mit 95 %iger Sicherheit konnte jede Person identifiziert werden – anhand vier zufällig ausgewählter Aufenthaltsorte eines Tages.[294] Im Jahr 2018 recherchierten Journalist*innen der New York Times, dass 75 verschiedene Firmen die Ortungsdaten von 200 Millionen iPhone-Nutzer*innen sammelten. Dies war durch die Nutzung von Apps für die Wettervorhersage, Dating oder Restaurantketten möglich. Manche dieser Apps sendeten den Aufenthaltsort 14.000-mal pro Tag.[295] Damit gehört Anonymität der Vergangenheit an.

Und nicht zuletzt sind in vielen Fällen Daten in den Serverparks von Firmen schlecht geschützt, was Straftaten wie Identitätsdiebstahl u. Ä. vereinfacht.

Nun lässt sich behaupten, dass nicht nur verdeckt extrahierte Daten der Nutzer*innen für das Training der KI eingesetzt werden. In vielen Fällen findet eine große Menge an Daten aus Ignoranz, Unwissen oder freien Stücken den Weg in die Datenzentren der Technologiekonzerne – bspw. durch viel genutzte Formen der Selbstvermessung: Apps für den Menstruationszyklus, Gewichtsdaten, Trainingsaufzeichnung oder Smartwatches mit Schrittzähler- und Schlaftracking-Funktion u. s. w. – eben das selbstoptimierende, quantifizierte Selbst.²⁹⁶

Das Gegenargument aber lautet: Die Rahmung, dass Daten etwa »das neue Öl« o. Ä. seien, verstärken nur das Bild, dass das Trainingsmaterial Daten aus irgendeiner natürlichen Quelle stammt, es sich also um eine Art Naturprodukt handelt, das frei zugänglich geerntet werden kann, und dabei kein Schaden entsteht. Damit wird verdeckt, dass auch die ›freiwillig‹ entsandten Daten durch die Nutzung von Technologie der Tech-Konzerne erzeugt werden.²⁹⁷ Digitale Endgeräte sind in aller Regel darauf ausgelegt, Daten zu erfassen und weiterzureichen. Mit einer natürlichen Quelle hat das nichts zu tun.

Automatisierung und Arbeitswelt

Im ersten Abschnitt dieses Kapitels wurde angemerkt, dass der häufige Aufhänger von Artikeln und Radiobeiträgen über ChatGPT und andere KI-Systeme Sorge um die Zukunft des Berufsbildes der Journalistinnen und Journalisten ist, was damit begründet wird, dass KI zunehmend dafür eingesetzt werden, um Arbeitsplätze zu automatisieren. Dies ist ein Hauptanwendungsgebiet für KI-Technologien im Rahmen des Digitalkapitalismus. Die Auswirkungen dessen lassen sich seit den 2000er-Jahren u. a. daran zeigen, dass in den USA die Erwerbstätigenquote auf ein Niveau gefallen ist, das es zuletzt in den 1970er-Jahren gegeben hat.²⁹⁸ »Routinemäßige, faktengestützte und auf der unteren Führungsebene angesiedelte Entscheidungen (…) werden zunehmend automatisiert.«²⁹⁹ Dazu gehören z. B. Arbeit in der Produktion, in der Logistik oder im Einzelhandel. Das eröffnet eine Spirale sozialer Probleme: Menschen, die in einem Beruf ausgebildet sind, der nun zunehmend automatisiert wird, werden Schwierigkeiten haben, Arbeit zu finden oder ihre Lebenshaltungskosten zu decken. Daran zeigt sich, dass diese Technologie zur (weiteren) Spaltung von Gesellschaften führen kann und in einigen Bereichen schon führt. Denn bei der Automatisierung entstehen Gewinnende und Verlierende. Diejenigen, die in Branchen arbeiten, die schwer zu automatisieren sind, oder die Fähigkeiten besitzen, die für die Arbeit mit KI-Systemen benötigt werden, können von der Automatisierung profitieren. Auf der anderen Seite müssen diejenigen, welche in Branchen arbeiten, die leicht automatisiert werden können, oder nicht über die erforderlichen Fähigkeiten verfügen, um mit KI-Systemen zu arbeiten, um ihre berufliche Zukunft bangen. Es ist für Menschen je nach Alter auch nur begrenzt möglich, auf neue Berufe umzuschulen, um in der sich verändernden Arbeitswelt zu überleben. Angenommen, mehr Arbeitslose werden zu IT-Expert*innen umgeschult. Die Automatisierung wird früher oder später auch die Ebene von Angestellten vernichten, die inhaltliches Fachwissen und administrative Fähigkeiten besitzen.[300]

Auch psychisch erzeugt das Spannung, etwa wenn betroffene Arbeitnehmende das Gefühl haben, dass ihre Arbeit nicht mehr wertgeschätzt wird und sie nicht mehr gebraucht werden. Arbeit ist schließlich sinnstiftend und Teil der Identität.[301] Auch dieser Konflikt – die Konkurrenz zwischen der Maschine und den Berufstätigen – findet sich schon bei Marx. Da das kapitalistische System auf dem Verkauf von Arbeitskraft als Ware basiert, wird deren Tauschwert durch Automatisierung obsolet:[302] Maschinerie »(…) senkt den Preis der Arbeitskraft unter ihren Wert.«[303] Produktionsbereiche, die automatisiert werden, erzeugen »chronisches Elend in der mit [der Automatisierung] konkurrierenden Arbeiterschicht.«[304]

Machtasymmetrie

Was für andere Bereiche des Digitalkapitalismus gilt, trifft auch auf die KI zu: die Konzentration von Macht und Einfluss in den Händen einer relativ kleinen Anzahl von Technologiekonzernen. Denn die Unternehmen, die Zugang zu den meisten Daten und anderen Ressourcen haben, werden in der Lage sein, die fortschrittlichsten KI-Systeme zu entwickeln und zu nutzen. Das liegt ebenfalls am Netzwerkeffekt, der im Zusammenhang mit Plattformen beschrieben wurde. Die Konzerne, die bereits eine monopolähnliche Stellung haben, besitzen mehr Trainingsdaten und haben auch die meisten Nutzer*innen, die mit ihrem Feedback die KI-Systeme trainieren: »(…) langfristig [entstehen] fast unweigerlich (…) Datenmonopole.«[305] Eine Technologie, die sich stetig selbst verbessert, erstickt jeden Wettbewerb.[306] Diese Konzerne haben dann auch einen erheblichen Einfluss auf die Entscheidungen, die auf Basis der KI-Systeme getroffen werden. Zudem: Da ein Datenmonopol auch dazu führt, dass KI-Systeme schneller entwickelt werden, erschwert das die Regulierung der Technologie. Was daraus ebenfalls folgt, ist eine Privatisierung von Wissen: Wenn in den Tech-Konzernen stetig neues Wissen, neue Modelle und Methoden erzeugt werden, kommt das nicht der Öffentlichkeit zugute – so, wie das bei Forschungsergebnissen öffentlicher Einrichtungen der Fall wäre. Das Wissen bleibt in den Silos einiger weniger Tech-Konzerne.[307]

Die Schaffung von Wissen selbst wird privatisiert. Auch wenn die Unternehmensforscher viel veröffentlichen – am Ende wird der Shareholder-Value das öffentliche Interesse im Zweifel schlagen.

Bereits beim Design der Systeme sind Machtverhältnisse von erheblicher Bedeutung.[308] Die Menschen, die durch die Entscheidungen von KI-Systemen benachteiligt werden, indem sie etwa ihren Job verlieren, gehören in aller Regel zu Gruppen, die am Design der Technologie nicht beteiligt sind. KI-Systeme, die in verschiedenen Lebensbereichen wie Einstellungsprozessen und medizinischen Diagnosen eingesetzt werden, übernehmen oft die Vorurteile der Menschen, die sie entwerfen, und der Daten, auf denen sie trainiert werden. Dies kann zu realen Schäden führen, beispielsweise zu einer Unterschätzung der Gesundheitsbedürfnisse dunkelhäutiger Patient*innen oder zu einer anhaltenden Diskriminierung bei Hypothekengenehmigungen.[309] Es ist auch kein Zufall, dass die Gesichtserkennung von KI-Systemen Frauen und People of Color häufig nicht erkennt – was im Rahmen der Strafverfolgung zur Verhaftung und Anklage Unschuldiger führen kann. Verschiedene Studien[310] weisen auf diese Probleme hin. KI zur Gesichtserkennung wird unbewusst (?) so entwickelt, dass sie bestimmte ethnische Gruppen besser erkennt, weil in den Entwicklungsabteilungen der Technologieunternehmen überwiegend weiße Männer arbeiten.[311] Wenn die zugrunde liegenden Daten verzerrt oder unvollständig sind, werden Entscheidungen auf unfaire Weise getroffen.[312] Dann entscheiden KI-Systeme auf der Grundlage von Vorurteilen und treffen Entscheidungen, die bestimmte Gruppen benachteiligen. Der strukturelle Rassismus, der im Design der Technologie steckt, ist die Quelle solcher Verzerrungen.

Forschende wie die in Äthiopien geborene Kognitionswissenschaftlerin Abeba Birhane haben ihre Arbeit darauf konzentriert, die Verzerrungen in diesen Datensätzen aufzudecken. Birhanes Forschung hat besorgniserregende Verzerrungen in beliebten Datensätzen aufgedeckt, die zum Trainieren maschineller Lernsysteme verwendet werden. Beispielsweise enthielt der Datensatz »80 Million Tiny Images« rassistische Beleidigungen in Bildern von People of Color, während der »ImageNet«-Datensatz extrem misogyne pornografische Inhalte enthielt. Der Mangel an Diversität in der Forschung zu maschinellem Lernen und anderen Formen von KI verschärft diese Probleme, da das Fachgebiet überwiegend aus Männern und Weißen besteht. Die Macht großer Technologieunternehmen bei der Gestaltung der KI und ihres Einsatzes kann daher als eine Form des »digitalen Kolonialismus« angesehen werden.[313]

Das Aufdecken und Bearbeiten problematischer Datensätze ist zeitaufwendig und kostspielig, und es gibt kaum Anreize für Unternehmen, saubere Datensätze zu erstellen. Das bedeutet, dass die beschriebenen Formen von Vorurteilen, Diskriminierung und Sexismus immer weiter transportiert werden. KI-Systeme entscheiden auf Basis dieser Daten und das verschiebt diese Vorurteile erneut zurück in die Köpfe der Menschen. Und es gibt noch eine zweite Form der Kolonialisierung – etwa, wenn die billigsten Arbeitskräfte in Krisenregionen des Globalen Südens wie Venezuela als Klickworker dafür eingesetzt werden, KI-Systeme zu trainieren.[314]

Tautologischer Fehlschluss

Wie der Designprozess sind auch die Entscheidungen von KI intransparent. Betroffene Personen sind in der Regel nicht in der Lage, die Entscheidungen zu verstehen oder zu beeinflussen, die auf Basis der KI-Systeme getroffen werden. Und aufgrund der Automation Bias tendieren Menschen dazu, der Entscheidung einer Technologie mehr zu vertrauen als der eines Menschen.[315] Die Folge ist die Dehumanisierung von Entscheidungen, sodass menschliche Perspektiven wie Ethik oder Moral unberücksichtigt bleiben. Darüber hinaus wird das Ergebnis eines KI-Systems nicht relativ betrachtet – als eine Aussage oder Einschätzungen unter mehreren, die auch falsch oder nicht vollständig sein kann. Die Automation Bias führt zu einer Tautologie: Das Ergebnis dessen, was das Modell bemessen soll, muss wahr sein – denn das Modell soll es ja bemessen. Ein erläuterndes Beispiel könnte so aussehen: Das Modell definiert, was Kreditwürdigkeit ist. Dann ist das Ergebnis die Kreditwürdigkeit einer Person.[316] Infolge der Automation Bias wird aber meist nicht betrachtet, dass ein Ergebnis auf Basis einer Definition entsteht, die durch das Modell vorgeben ist. Das Modell konstruiert eine Realität. Ob aber die Definition des Modells vollständig ist, ob eine umfassende Betrachtung der Kreditwürdigkeit stattfindet und ob der Inhalt des Modells überhaupt dazu geeignet ist, Kreditwürdigkeit zu bemessen, wird nicht geprüft.

Das ist besonders verheerend für Systeme im Einsatz zur Ermittlung des Rückfallrisikos von Straffälligen: Solche Vorhersageinstrumente erzeugen eine Rückkopplungsschleife, die die Vorhersagen verstärkt und zu einer deterministischen Sicht auf die Zukunft führt. Auf Grundlage dieser Vorhersagen getroffene Entscheidungen unterdrücken Ausreißer und formen die Realität so, dass sie den Vorhersagen des Algorithmus entspricht.[317]

Dadurch handelt es sich bei KI grundsätzlich um ein Machtinstrument: »Es gibt Menschen, die entscheiden, wie und welche Daten gesammelt werden und was sie bedeuten, und Menschen, über die diese Daten etwas aussagen sollen.«[318]

Der Geist in der Maschine

Das Missbrauchspotenzial ist nicht zu bemessen und die Gefahren der Datenverarbeitung, die im Gutachten von Steinmüller et al.[319] genannt sind – dass Menschen durch Berechnung steuerbar werden,[320] sind inzwischen Realität. Denn die Rationalisierung und die Übertragung technologischer Prinzipien auf die Gesellschaft ziehen sich durch die letzten 150 Jahre und münden bei KI in eine neue Ebene der Perfektion. Was zuvor die Anpassung des Arbeitstaktes an die Dampfmaschine und später an die Geschwindigkeit der Laufbänder war, ist heute algorithmisches Management, Einteilung in Schuldige und Unschuldige, in Frauen und Männer, in Schwarz und Weiß, Eins und Null. Die freie und selbstbestimmte Entfaltung der Persönlichkeit – auch diese Idee hat die Aufklärung erbracht – wird massiv eingeschränkt und zukünftig sogar völlig unterminiert.

Erneut zeigt sich Folgendes: Die Rechtfertigungspropaganda der Technologiekonzerne, dass die versprochene Gleichheit der Menschen durch die freie Zugänglichkeit des Internets geschaffen werde, verkehrt sich auch beim Thema KI ins Gegenteil: Gerechtigkeitsvorstellungen wie Solidarität – die Basis von sozialen Institutionen wie dem Sozialversicherungssystem – weichen auf und verschieben sich ins Individuelle. Je mehr Unternehmen über Menschen wissen, desto mehr treten Einzelschicksale in den Vordergrund, während Solidarität, erzeugt durch den Schleier des Unwissens,[321] in den Hintergrund tritt – wenn etwa jemand aufgrund einer chronischen Krankheit als ein höheres Versicherungsrisiko eingestuft wird und daher jeden Monat mehr bezahlen muss als andere.[322] Soziale Ungleichheit wird damit auf noch sehr viel mehr Ebenen hergestellt: »Informationen sind der Gärstoff der Differenz.«[323] Damit birgt der Einsatz von KI die Gefahr in sich, Grundfesten der Gesellschaft zu zerstören. Die Kalifornische Ideologie vermittelt nicht nur den überhöhten Glauben an Technologie, sondern auch das Misstrauen gegenüber der Gesellschaft. Aber die Frage, die unbedingt gestellt werden muss, ist, ob eine Maschine in der Lage ist, zu sagen, wer oder was der Mensch ist. KI kann letztlich nur wiedergeben, was das System gelernt hat, was bereits existiert. Dadurch frieren solche Systeme gesellschaftliche Evolution ein, zum Beispiel was Geschlechterrollen angeht.

In Douglas Adams' Roman *Per Anhalter durch die Galaxis* wird dem Supercomputer »Deep Thought« eine Frage gestellt. Deep Thought ist speziell dafür konstruiert worden, diese Frage zu beantworten. Es ist die Frage nach »dem Leben, dem Universum und dem ganzen Rest (…).« Deep Thoughts Antwort lautet »Zweiundvierzig«.[324]

Nebelkerze Moratorium

Erinnern wir uns zurück an das Kapitel »Ideologie des Digitalkapitalismus«. Darin wurde das Future-of-Life-Institute von Nick Bostrom erwähnt, welches u. a. von Elon Musk finanziell unterstützt wird und krude, utilitaristische Zukunftsvisionen verbreitet, denen zentrale Köpfe des Silicon Valley verschrieben sind. Nun eben jenes Institut veröffentlichte Ende März 2023 auf seiner Website einen offenen Brief, in dem es die Forschungseinrichtungen, die sich mit KI beschäftigen, auffordert, »das Training von KI-Systemen, die leistungsfähiger als GPT-4 sind, sofort für mindestens sechs

Monate auszusetzen«.[325] GPT-4 ist die Nachfolgeversion des seit November 2022 öffentlich zugänglichen GPT-3 bzw. GPT-3.5. Der größte Unterschied zwischen GPT-3 und GPT-4 liegt in der Anzahl der Parameter, mit denen es trainiert wurde. GPT-3 wurde mit 175 Milliarden Parametern[326] trainiert, während GPT-4 mit 100 Trillionen Parametern trainiert wurde. GPT-4 kann bis zu 8.192 Token[327] verarbeiten, doppelt so viele wie GPT-3. Kurz: GPT-4 ist deutlich überlegen, was die Vorhersagekraft in den Antworten als auch die Kapazität angeht, Aufgaben zu verstehen.

Laut des Future-of-Life-Institutes hätten die jüngsten Fortschritte im Bereich KI zu einem Wettlauf geführt, der außer Kontrolle geraten sei. Die Folgen seien schwer vorhersehbar, es herrsche ein besorgniserregender Mangel an Planung und Management dieser KI-Systeme und die Entwicklung solle erst dann fortgesetzt werden, wenn ihre Auswirkungen gut verstanden werden und kontrollierbar sind. Gewarnt wird vor der technologischen Singularität – sprich: Die Entwicklung eines superintelligenten KI-Systems, das die intellektuellen Fähigkeiten jedes Menschen bei Weitem übertreffen kann. Dieses System wäre dann fähig, weitere, überlegene Systeme zu entwickeln, was zu einer explosionsartigen Entwicklung der (Künstlichen) Intelligenz führen würde.[328] Dieser Zeitpunkt wird meist mit dystopischen Visionen einer Ausrottung der Menschheit durch *die Maschinen* assoziiert und bildet die Grundannahme von Filmen wie Ex Machina, The Terminator oder Blade Runner.

Wie im Kapitel »Ideologie des Digitalkapitalismus« beschrieben wurde, sind solche Risiken für die Anhänger*innen der Longtermism-Idee eine Bedrohung, da es ja darum geht, das Überleben der Menschheit zu sichern – aber, kurz gesagt – als Superrasse, die das All besiedelt. Und diese Zukunft steht natürlich auch nicht allen Menschen offen. Aber eine Super-KI könnte diese Pläne durchkreuzen, weswegen auch Elon Musk diesen offenen Brief unterschrieben hat. Musk warnt seit Jahren vor dieser möglichen Entwicklung. Weitere der 1.000 initialen Unterschreibenden sind u. a. die KI-Pioniere Yoshua Bengio und Stuart Russell und der Apple-Mitbegründer Steve Wozniak.

Während dieser sechsmonatigen Pause wird in dem offenen Brief empfohlen, dass KI-Labore und unabhängige Expert*innen zusammenarbeiten, um gemeinsame Sicherheitsprotokolle für KI-Design und -Entwicklung zu erstellen. Diese Protokolle würden von unabhängigen externen Expert*innen überwacht und sollten gewährleisten, dass KI-Systeme »über jeden begründeten Zweifel hinaus sicher«[329] sind.

Dieser Brief ist eine weitere Nebelkerze par excellence der Ideologie des Digitalkapitalismus. Das begründet sich dadurch:

Zunächst einmal ist der Zeitraum von sechs Monaten absolut arbiträr. Wie soll dieses vorgeschlagene Mammutprojekt eines Sicherheitsprotokolls für KI in dieser Zeit umgesetzt werden? Ganz nebenbei: Welche Form soll dieses Protokoll haben? Welche Inhalte werden berücksichtigt, welche nicht? Wie soll diese »Pause« weltweit umgesetzt werden? Werden nun – nur, weil dieses »Institut« es fordert – alle Forschenden aus dem Bereich für sechs Monate die Hände in den Schoß legen, um auf »Ergebnisse« zu warten? Die Unterschreibenden des Briefs und dessen Autor*innen (?) sollten doch wissen, dass im Bereich der Technologie alles entwickelt wird, nur *weil es geht*. Warnungen in diesem Bereich haben weder die Entwicklung der Atombombe noch Nano- oder Gentechnologie aufgehalten.

Weiterhin hat Elon Musk kurz nach Erscheinen des Briefs ein KI-Start-Up namens »xAI« eröffnet, dessen bescheidenes Ziel ist, »das Universum zu verstehen«[330]. So steht es zumindest auf der offiziellen Website. Trainingsdaten sollen u. a. Tweets aus X (ehemals Twitter) sein.[331] Allerdings ist ein neues Unternehmen, insbesondere gegründet von einem durchaus etablierten Menschen im Bereich digitaler Technologie und ab und an reichstem Menschen der Welt, eigentlich ein Treiber für schnellere Entwicklungen im Bereich KI. Wie also passt das zusammen?

Worum es hier geht, lässt sich mit dem Phänomen vergleichen, das sich zum Beispiel in Elektronikmärkten beobachten lässt. Betritt jemand den TV-Bereich, wird derjenige innerhalb der ersten Schritte auf ein großes, prächtiges Produkt mit einem immensen Preis treffen. Sagen wir – 10.000 Euro. Weiter innerhalb der Abteilung wird dann eine große Auswahl von etwas weniger prächtigen Fernsehern zu finden sein, die zwischen 800 und 5.000 Euro kosten. Hier werden sich dann viele geneigte Käufer*innen dazu entscheiden, einen Fernseher zu wählen, der das eigentlich zunächst erdachte Budget sprengt. Das nennt sich Preisankereffekt.[332]

Denn Menschen urteilen anhand von Vergleichen. Der teure Fernseher ist nur dafür da, den hohen Preis der anderen Fernseher zu relativieren. Und dieser Effekt ist auch in diesem Brief zu finden:

Die dystopischen Szenarien, die in dem Brief genannt werden (Verlust sämtlicher Jobs, Ausrottung der Menschheit etc.), und die Singularität selbst sind der 10.000 Euro-Fernseher. Dieser offene Brief dient offenbar dazu, eigentlich von den tatsächlichen, heutigen Problemen der KI-Entwicklung wie Diskriminierung, Gefahren wie Deep Fakes und der Verlust von Jobs von heute abzulenken und diese Probleme zu relativieren.

Eine weitere magische Praktik: Ein derzeit fiktives Szenario wird breit und bunt geschildert, während andere Prozesse im Hintergrund laufen, von denen abgelenkt werden soll.

Digitalkapitalismus: Zusammenfassung und Definition

Zusammenfassend ist festzustellen, dass sich der Digitalkapitalismus im Kontext der vorliegenden Seiten anhand von vier Elementen erläutern lässt. Zentrales Charakteristikum ist der Missbrauch von personenbezogenen und Metadaten als Produktionsmittel in Verbindung mit der rasanten Einführung digitaler Technologie, was die Grundlage der ihn konstituierenden vier Elemente darstellt:

- Das Plattformgeschäftsmodell dient zur Erzeugung von Renten für prinzipiell ohne Grenzkosten skalierbare Produkte. Plattformen dienen ebenfalls der Erzeugung und Sammlung des Produktionsmittels Daten.
- Die Daten sind ein Kapital der Technologiekonzerne. Die Sammlung und Nutzung führen aber zwangsläufig zur Infiltration der Privatsphäre der Nutzer*innen. Der Vorgang umgeht den Datenschutz, der dem Schutz der Privatsphäre dient, und schränkt die Datensouveränität und technologische Souveränität der Nutzer*innen ein.
- Da die Nutzung der Daten für die Geschäftsmodelle zentral ist, kombiniert sich technikdeterministische Ideologie mit libertärem Argwohn gegenüber Demokratie, Staat und Gesellschaft. Diese Faktoren sind eine Bedrohung für die Technologiekonzerne. Wenn sie ihrer Aufgabe entsprechend korrekt funktionieren, erhöht das die Wahrscheinlich-

keit regulatorischer Maßnahmen und Einschränkung der Geschäftsmodelle. Ein logischer Schritt ist daher, diese »Stolpersteine« in ihrer Funktion einzuschränken. Dazu dient die Kommodifizierung öffentlicher Güter und Gelder in Kombination mit einer Minimierung von Steuerzahlungen. Gesetzgebungsprozesse im Sinne der Öffentlichkeit werden durch Lobbyismus und Desinformation so gelenkt, dass sie letztendlich zum Vorteil für die Technologiekonzerne werden. Gleichzeitig machen sich staatliche Institutionen von den Konzernen abhängig, bspw. durch Nutzung der Soft- und Hardwareprodukte, von Überwachungstechnologie oder von Predictive-Policing-Software, die ihrerseits demokratische Grundrechte einschränkt. Die Abwehr der Politik und regulatorischer Wille zur Begrenzung der Machtasymmetrie schwinden und werden durch vorauseilenden Gehorsam ersetzt, was sich auch durch die Anpassung politischer Ideen an die technikdeterministische Ideologie des Digitalkapitalismus zeigt.

- An vermittelnder Position steht hier der Einsatz von KI: Sie ermöglicht erst, aus den riesigen Datenmengen verwertbare Schlüsse zu ziehen. Trainiert werden diese Systeme anhand der gesammelten Daten und teilweise als Überwachungssoftware an staatliche Behörden verkauft.

Auf der Grundlage der gewonnenen Erkenntnisse wird folgende Definition vorgeschlagen:

> Der Begriff »Digitalkapitalismus« umfasst die Gesamtheit der wirtschaftlichen und gesellschaftlichen Veränderungen, die durch digitale Technologien und das Internet hervorgerufen werden. Dominierende Akteure sind große US-amerikanische Technologiekonzerne, bei denen zumeist das Plattform-Geschäftsmodell im Vordergrund steht. Hauptmerkmal des Digitalkapitalismus ist die Kommodifizierung personenbezogener Daten und Metadaten, die durch die Überwachung der Nutzer*innen im Rahmen digitaler Dienste extrahiert werden, was demokratische Freiheitsrechte einschränkt. Diese Daten werden durch Verarbeitung mittels künstlicher Intelligenz zu Kapital. Die

wachsende Datenmacht der Konzerne erhöht ihren Einfluss auf Wirtschaft, Gesellschaft und Politik. Die demokratische Kultur wird durch die Abhängigkeit ihres politischen Apparats von den Diensten der Technologiekonzerne und deren zunehmende Einmischung in Bereiche der Daseinsvorsorge massiv behindert. Durch diese Einflussnahme und Abhängigkeit ist Regulierung kaum möglich.

ANMERKUNGEN

1 Kocka 2017: 9
2 Hillmann 1994; Stichwort »Kapitalismus«, 403
3 Gesamtheit von Umgebungsvariablen, Maschinen, Werkzeuge, Rohstoffe, Energiequellen etc. zur Erzeugung von Existenzmitteln. Begrenzte Verfügbarkeit entfacht immer wieder soziale Probleme ob ihrer Verfügbarkeit und Verteilung (Hillmann 1994; Stichwort »Produktionsmittel«, 692).
4 Srnicek 2017: 41 f.
5 Siehe Kapitel 2, »Zur sozialen Konstruktion von Technologie durch Machtasymmetrie«
6 Vinuesa et al. 2020
7 Ramge 2018: 62 ff.
8 Voß 2020
9 ebd.: 114
10 Statista 2023c; Statista 2023d
11 Voß 2020: 38
12 Kocka 2017: 79 f.
13 Marx 1872/2021: 354
14 ebd.
15 Kocka 2017: 83
16 Pasquale 2016: 131 ff.
17 Grimshaw 2017: 2
18 Morozov 2018: 12
19 Srnicek 2017: 22
20 Moazed/Johnson 2016: 18
21 Dolata/Schrape 2022: 6
22 Srnicek 2017: 25 ff.
23 Staab 2019: 89
24 Marx 1872/2021: 200 ff.
25 ebd.: 203
26 ebd.: 103 ff.
27 Zuboff 2019: Seite vor dem Inhaltsverzeichnis; übersetzt durch FSF.
28 u. a. Choudary 2015; Moazed/Johnson 2016; Ramge/Mayer-Schönberger 2017; Schmidt 2017; Srnicek 2017; Mcafee/Brynjolfsson 2017; Staab 2019; Woodcock 2021; Dolata/Schrape 2022
29 u. a. Pasquale 2016; Selinger et al. 2018; van der Sloot/de Groot 2018; Zuboff 2019; Véliz 2021; Richards 2021
30 u. a. Morozov 2014; Smith 2017; Taplin 2018; Chandler/Fuchs 2019; Staab 2019; Zuboff 2019
31 Moazed/Johnson 2016: 18 f.
32 Dolata/Schrape 2022: 8
33 Moazed/Johnson 2016: 29; Schmidt 2017: 133
34 Ramge 2018: 51
35 Srnicek 2017: 45, 95
36 Merton 1957, 1969, 1988: 608 f.
37 Taplin 2018: 137; Staab 2019: 22
38 Parker et al. 2017: 21 ff.; Mcafee/Brynjolfsson 2017: 217; Mazzucato 2020: 218
39 Hester 2021
40 Dixon 2023
41 Briscoe et al. 2006; Briscoe et al. 2009; Parker et al. 2017: 20; Taplin 2018: 137; Mazzucato 2020: 214
42 Schmidt 2017: 136; Mazzucato 2020: 217 f.
43 Moazed/Johnson 2016: 31
44 Mazzucato 2020: 216
45 Staab 2019: 226
46 Srnicek 2017: 46
47 Mcafee/Brynjolfsson 2017: 219
48 Srnicek 2017: 46, 61
49 Weidemann 2018a
50 Parker et al. 2017: 109

51 Hillmann 1994: Stichwort »Monopol«, 573 f.
52 Wied-Nebbeling 2004
53 Lohmeier 2023
54 Westphal 2022
55 O. V. 2015
56 Enz 2021
57 May 2020
58 Anderson 2020
59 Abrams 2017
60 Statista Research Department 2023
61 von Lewinski 2009: 200
62 Dolata/Schrape 2022: 13
63 Ecomcrew 2021
64 Weidemann 2018b
65 Staab 2019: 79
66 ebd.: 32
67 Schmidt 2017: 136; Dolata/Schrape 2022: 13
68 Schmidt 2017: 133
69 Moazed/Johnson 2016: 38
70 Anmerkung: Bei Apple ist es nur möglich, Apps aus dem firmeneigenen App Store zu beziehen. Nur mit einer riskanten Manipulation des Betriebssystems (»Jailbreaking«) gibt es die Möglichkeit, einen alternativen App Store zu nutzen. Damit ist der App Store von Apple ein echtes Monopol, da Jailbreaking dem größten Teil der Nutzenden von Apple-Geräten nicht bekannt ist und ohne etwas Fachwissen vermieden werden sollte.
Bei Android können Apps auch von anderen App Stores bezogen werden, was aber von der Vielzahl der ›Normalnutzer*innen‹ nicht gewusst oder praktiziert wird.
71 Apple 2022: 5; Google 2022
72 Amazon 2023a
73 Amazon 2023b
74 Schöbel 2018; Gabler Wirtschaftslexikon 2018
75 Parker et al. 2017: 119
76 ebd.: 120
77 Taplin 2018: 250
78 Richards 2021: 42
79 Dolata/Schrape 2022: 10 f.
80 Ramge/Mayer-Schönberger 2017: 217
81 Schmidt 2017: 130
82 Voß/Pongratz 1998; Voß/Rieder 2006: 152 ff.; Muster 2014; Voß 2020: 112 f.
83 Woodcock 2021: 57; Dolata/Schrape 2022: 15 f.
84 Ramge/Mayer-Schönberger 2017: 217
85 Schmidt 2017: 141
86 ebd.: 130
87 Taplin 2018: 83
88 Johnson 2018
89 Jackson 2022
90 Voß 2020: 30 f.
91 Zuboff 2019: z. B. 69 f., 93 ff.
92 Voß 2020: 91 ff., 106 f.
93 ebd.: 106
94 Sadowski 2019
95 Facebook Inc. 2022
96 Dolata/Schrape 2022: 15 f.
97 Facebook Inc. 2022
98 Dolata/Schrape 2022: 20 f.
99 Marx 1872/2021: 548
100 Johnson 2010; übersetzt von FSF
101 Weigend 2017: Umschlagseite
102 ebd.: 67
103 ebd.: 74
104 ebd.: 275 ff.
105 ebd.: 287 ff.
106 Keulen/Kroeze 2018: 22 f.
107 ebd.: 26
108 Behrendt et al. 2019: 2 f.
109 Keulen/Kroeze 2018: 28 f.
110 Rössler 2001; Rössler 2018
111 Rössler 2018: 140
112 ebd.: 138

113 Brandeis/Warren 1890: 195
114 ebd.: 205
115 ebd.: 213
116 BVerfG 1983
117 Steinmüller et al. 1971: 88
118 Roessler 2018: 137 f.
119 Véliz 2021: 56
120 Mill 1986: 7
121 ebd.: 81 ff.
122 ebd.: 23
123 Steinmüller et al. 1971: 48 ff.
124 bspw.: Solove 2009; Richards 2021
125 Solove 2009: 12 ff.
126 Richards 2021: 39
127 »For knowledge itself is power« (Bacon et al. 1860: 95).
128 Mill 1986: 23
129 Fowler/Hunter 2022
130 Brewster 2019
131 Mozilla Foundation 2023
132 Schechner/Secada 2019
133 Coldewey 2022
134 Dachwitz et al. 2018; Véliz 2021: 17
135 Álvarez 2014
136 Definiert in Kapitel 3: »Skalenerträge und Erträge ohne Grenzkosten«
137 Duportail 2017
138 Szymielewicz 2019
139 Pasquale 2016: 56
140 Cummings 2004; Pasquale 2016: 107
141 Hillmann 1994: Stichwort »Souveränität«; 796 f.
142 Pohle 2020: 7
143 u. a. in Couture/Toupin 2019; Adonis 2019
144 Fritzsche et al. 2022: 6
145 Aydın/Benşghir 2019
146 Steinmüller et al. 1971: 1 ff.
147 ebd.: 40
148 Steinmüller et al. 1971: 40
149 ebd.: 48
150 Kramer 2020: 4
151 Steinmüller et al. 1971: 40
152 Mühlroth/Deutschbein 2020
153 DSGVO Art. 44; Helfrich 2022: 96
154 Helfrich 2022: 4
155 ebd.
156 Perez et al. 2018
157 Ferran 2014
158 Mayer-Schönberger/Cukier 2013: 154 f.; Taplin 2018: 160
159 Kneuper 2022: 173
160 Bergen/Surane 2018
161 Wakefield 2018
162 ebd.: 130
163 Sühlmann-Faul 2022c: 132
164 Beck / Giddens / Lash 1994: 7
165 UN Secretary-General, World Commission on Environment and Development 1987: 41; übersetzt von FSF
166 Carnau 2011: 14
167 Herlo et al. 2022: 34
168 Nachtwey/Seidl 2017: 22
169 Zuboff 2019: 104 f.
170 Taplin 2018: 5
171 Staab 2019: 267 ff.; Mazzucato 2020: 191
172 Rogers 2003: 288 f.
173 Shapiro 1999: 16 f.
174 Hart 2004; Herrmann 2016: 240; Mazzucato 2020: 194
175 Brandt 2015
176 Statista 2023e
177 Statista 2023f
178 Staab 2019: 268
179 OPSoftware LLC 2018
180 Mitchell/Lavecchia 2018
181 Statista 2022b
182 Mazzucato 2020: 2 f.
183 Taplin 2018: 81

184 ebd.
185 Staab 2019: 269; Morozov 2020: 266 ff.
186 Staab 2019: 27
187 Taplin 2018: 84
   Nebenbei bemerkt zeigt sich hier wieder die Taktik der doppelten Bezahlung von öffentlicher Seite: Das Unternehmen wurde durch öffentliche Gelder vorfinanziert, um hinterher weitere öffentliche Gelder für Aufträge staatlicher Stellen einzustreichen.
188 ebd.: 157 f.
189 Zuboff 2019: 115
190 Ng 2017
191 Apple 2021: 7
192 Backoefer 2015
193 Dachwitz 2017
194 Wörtlich »the making and execution of decisions for a society and their relative frequency of acceptance as authoritative or binding by the bulk of society«(Easton 1979: 96 f.).
   Der Autor nutzt die allgemeingebräuchliche deutsche Übersetzung wie in Luhmann 1986: 167 f., Buchstein 2012: 18 oder Gerhards 2001: 175.
195 Taplin 2018: 129
196 Lippman/Birnbaum 2021
197 OECD 2017: 37
198 OECD 2017
199 Taplin 2018: 125
200 OECD 2017: 11; übersetzt von FSF
201 ebd.: 37
202 Alter EU (Hrsg.)/LobbyControl (Hrsg.) 2018: 50
203 EU-Transparency Register 2022a
204 EU-Transparency Register 2022b
205 Google Transparency Projekt 2018
206 LobbyControl 2020
207 Offiziell: »Regulation of the European Parliament and of the Council concerning the respect for private life and the protection of personal data in electronic communications and repealing Directive 2002/58/EC«
208 Stupp 2016
209 Tomas Rudl 2018
210 LobbyControl 2020
211 Makaber: Die fiktive Stadt Gotham City ist der Wirkungsort der Comicfigur »Batman«. Als Vigilant ermächtigt er sich dem staatlichen Gewaltmonopol und handelt nach seiner persönlichen Vorstellung von Gerechtigkeit.
212 Palantir.com o. J.; übersetzt von FSF
213 Brühl 2018
214 Meaker 2023
215 Merz 2016: 6 f.; Schulz 2018: 580 f.; Uhlig et al. 2022: 71
216 Schulz 2018: 581
217 Simon 1955; Kahneman/Tversky 1979; Neth/Gigerenzer 2015
218 Degele 2002: 25 ff.
219 ebd.
220 Sadowski 2020: 154
221 Mosene/Kettemann 2022: 3
222 Wasilewski/Forthmann 2022
223 Berghold et al. 2022: 121 ff.
224 Walker 2019
225 Kobie 2021
226 Kneuper 2022: 173 ff.
227 Kobie 2021
228 Cruz 2023
229 Maschewski/Nosthoff 2022: 450
230 Maschewski/Nosthoff 2022
231 Maschewski/Nosthoff 2022: 442 f.
232 Maschewski/Nosthoff 2022: 437
233 krankenkassen.de 2023
234 Cornejo Müller et al. 2020
235 Mühlhoff 2020
236 Bundesministerium für Gesundheit 2023
237 Leisegang 2023

238 Berghold et al. 2022: 136 ff.; Cruz 2023
239 Krause 2015
240 Scherrer 2005: 484 f.
241 Kahle 2022
242 Janssen 2020
243 Wissenschaftliche Dienste Deutscher Bundestag 2018
244 Holland 2023
245 Europäische Kommission 2022a; Europäische Kommission 2022b
246 Kapitel 3: »Rückblick: Privacy is no longer a social norm.«
247 Thiele 2015
248 d'Hauterive 1938; Andrew 2018: 210
249 Andrew 2018: 218 f.
250 Hillenbrand 2016
251 Hillmann 1994: Stichwort »Terrorismus«, 867 f.
252 MacAskill et al. 2013; BBC News 2014
253 Murse 2021
254 Greenwald/MacAskill 2013
255 MacAskill et al. 2013; BBC News 2014
256 Ünver 2018: 6
257 Ünver 2018: 6 f.
258 ebd.
259 Amazon Web Services 2023
260 ebd.
261 Ahall et al. 2014; Houston 2017
262 CIA Fact Book 2023
263 Allen-Ebrahimian 2019
264 Shiel/Chavkin 2019
265 Sander 2022
266 Ramzy/Buckley 2019
267 Alecci 2019
268 Ramzy/Buckley 2019
269 Shiel/Chavkin 2019
270 Der Begriff ist unscharf und die direkte Übersetzung aus dem Englischen ist semantisch falsch. Der allgemeinen Gebräuchlichkeit wegen wird der Begriff trotzdem an den meisten Stellen verwendet.
271 Daum 2019: 39
272 Herder 2018: 181
273 ebd.: 180
274 Daum 2019: 39
275 Ramge 2018: 18 ff.
276 ebd.: 14 ff.
277 Ramge/Mayer-Schönberger 2017: 91 ff.
278 Herder 2018: 182
279 Kucklick 2016: 120 f.
280 Mattu 2016; Li 2017; Schwerzmann 2021
281 Räz 2023
282 Sayed/Oertli 2023
283 Meliani 2018
284 Heaven 2020
285 Sankin et al. 2021
286 Doctorow 2018
287 Posadas 2017
288 Puente 2019a
289 Puente 2019b
290 Schwerzmann 2021
291 Wang et al. 2020
292 Srnicek 2017: 41 f.; Sadowski 2019: 3 ff.
293 Rieder/Simon 2018: 162
294 Kucklick: 105 f.
295 Valentino-DeVries et al. 2018
296 Morozov 2014: 230 ff.
297 Sadowski 2019: 2
298 Ramge/Mayer-Schönberger 2017: 215
299 ebd.: 136
300 Ramge/Mayer-Schönberger 2017: 220
301 ebd.: 241
302 Marx 1872/2021: 409 f.
303 ebd.: 410
304 ebd.
305 Ramge 2018: 52
306 ebd.

307 Stöcker 2018

308 Siehe Kapitel 2: »Zur sozialen Konstruktion von Technologie durch Machtasymmetrie«

309 Browne 2023

310 Garvie et al. 2016; Snow 2018; Buolamwini/Gebru 2018; Raji/Buolamwini 2019

311 Garvie et al. 2016

312 Kucklick 2016: 125

313 Browne 2023

314 Stieler 2022: 15

315 Pasquale 2016: 107

316 Herder 2018: 185

317 Schwerzmann 2021

318 Meredith Whittaker; Interview von Eva Wolfangel (Wolfangel 2022: 24).

319 Siehe Kapitel 3: »Datenschutz und Privatsphäre«

320 Steinmüller et al. 1971: 40

321 Rawls 1971: 136 ff.

322 Siehe Kapitel 3: »Digital Health Care«

323 Kucklick 2016: 45

324 Adams 1994: 158

325 Future of Life Institute 2023; übersetzt von FSF

326 Im Zusammenhang mit GPT-Modellen bezieht sich ein Parameter auf die Anzahl der einstellbaren Gewichte, die das Modell verwendet, um Vorhersagen zu treffen. Diese Gewichte werden während des Trainingsprozesses erlernt und dienen der Umwandlung von Eingabedaten in Ausgabedaten. Je mehr Parameter ein Modell hat, desto komplexer ist es und desto besser passt es zu den Trainingsdaten.

327 Token sind Gruppen von Zeichen, die manchmal, aber nicht immer, mit Wörtern übereinstimmen. Die Anzahl der Token in einem Text hängt von der Anzahl der Zeichen ab und umfasst auch Satzzeichen oder Emojis.

328 Vowinkel 2016

329 Future of Life Institute 2023; übersetzt von FSF

330 xAI 2023

331 Dang et al. 2023

332 Simon 2018

4 Der Priva Score[1]

Im Folgenden wird der Priva Score beschrieben und demonstriert. Zunächst wird genau bestimmt, inwieweit der Priva Score eine Hilfe für datenschutzsensible Nutzerinnen und Nutzer darstellt und wie sich das Tool zu den aufgezählten Bedrohungen verhält, sprich: Auf welcher Ebene soll der Priva Score wirken? Danach wird ein Lastenheft erstellt, das die Anforderungen auf dem Hintergrund der bisher beschriebenen Zusammenhänge zwischen wirtschaftlichen Strategien und Interessen sowie der Machtasymmetrie gegenüber den Nutzer*innen darlegt. Das eröffnet die Fragestellungen über die Gestaltung des Priva Scores. Das Vorbild »Nutri-Score« wird analysiert und es wird gezeigt, warum sich dieser nur bedingt an den Priva Score anpassen lässt. Anschließend wird die Funktionsweise des Priva Scores dargestellt, seine Berechnung und die Anwendung auf Messenger-Apps.

Wirkungsebene des Priva Scores

> *Ich werde nicht zurückweichen, und wenn ich zurückweiche,*
> *werde ich einen Schritt zur Seite tun,*
> *und wenn ich einen Schritt zur Seite getan habe,*
> *werde ich mich umdrehen und stolpern,*
> *und wenn ich gestolpert bin, werde ich mich niederlegen.*
> *Aber in jeder Phase, vor allem in der letzten und äußersten Phase,*
> *werde ich genau so wachen und wachsam sein wie heute.*
> Franz Kafka: »Der Prozess«, 1925

Auf den vergangenen Seiten wurde ausführlich beschrieben, dass es eigentlich kein Entrinnen aus dem goldenen Käfig des Digitalkapitalismus gibt. Wir sind darauf zurückgeworfen, uns um unseren Datenschutz selbst zu kümmern und unsere Privatsphäre, so gut es eben unter den polit-ökonomischen Randbedingungen möglich ist, zu schützen.

Das Interesse am Datenschutz ist bei Privatpersonen gegeben.[2] Und die personenbezogenen Daten mit einer gewissen Anzahl an Behörden,

Energieversorgungsunternehmen, Arbeitsstellen, Telefon- und Internetanbietern zu teilen, ist schlicht eine alltägliche Notwendigkeit, nicht zuletzt zu unserem eigenen Vorteil. Allerdings – wie dargestellt – werden diese Daten teilweise ungefragt gesammelt und für privatwirtschaftliche Gewinne missbraucht. Und jeder Ort, an dem unsere Daten mehr oder weniger gut geschützt sind, ist ein Einfallstor für weiteren Missbrauch etwa in Form von Identitätsdiebstahl oder für das Training von KI-Systemen, die u. U. für unethische Zwecke eingesetzt werden. Aber auch wenn es keine Möglichkeit mehr gibt zu verhindern, dass unsere Daten zumindest bei Behörden, medizinischen Praxen und Versicherungen digital verarbeitet werden, lässt sich zumindest bei der Nutzung digitaler Dienste darauf achten, eine bewusste Auswahl vertrauenswürdigerer Anbieter zu treffen. Und das ist der Ansatzpunkt des Priva Scores: Sich an den Stellen des digitalen Bereichs nicht noch weiter als ohnehin nötig zu entblößen – sprich: Personenbezogene Daten und Metadaten an *den* Stellen nicht zu teilen, an denen wir Nutzerinnen und Nutzer Kontrolle ausüben können. Der Priva Score ermöglicht die Verteidigung des schmalen Spielraums von Datenschutz und Privatsphäre, den *Anna Normalverbraucherin* heute zu kontrollieren vermag. Es geht darum, diesen Spielraum so weit wie möglich zu nutzen. Denn die Macht der Konzerne – so wurde gezeigt[3] – besteht darin, Alternativen zu beschränken. Und der Priva Score dient dazu, sich mittels einer informierten Entscheidung für eine Alternative entscheiden zu können. Dabei ist der Priva Score eine Hilfe für Anna, die ein basales Know-how über technische Hintergründe hat, die kein alternatives Betriebssystem auf ihrem Telefon installieren kann und vielleicht bereits beim Wechsel der Sim-Karte schwer ins Grübeln gerät.

Die Situation hat Ähnlichkeit mit den Bemühungen, einen nachhaltigen Lebensstil anzustreben: Der Spielraum des Individuums, nachhaltig zu leben, stößt trotz massivem Willen, an systemische Grenzen.[4] Dazu gehört, dass sich eine Mieterin oder ein Mieter einer Wohnung nicht aussuchen kann, ob das Haus durch erneuerbare oder fossile Energieträger beheizt wird. Oder, dass es enorm schwer ist, in ländlichen Regionen ohne Auto auszukommen. Und daher bleibt auch hier nur ein schmaler Spielraum des nachhaltigen Handelns, der aber trotzdem in weitem Umfang genutzt werden kann. Voraussetzung dafür ist, auf »(...) Gewohnheiten und Routinen («Ich bin halt mit Mettbrötchen aufgewachsen.»), der Verantwortungszuschreibung («Sollen die da oben mal machen!») und fehlender Selbstwirksamkeit («Ich allein kann doch ohnehin nichts tun!»)« zu verzichten.[5] Bezogen auf Anna im Zeitalter des Digitalkapitalismus bedeutet das, dass auch sie Gewohnheiten und Routinen (»Das bestell' ich schnell bei Amazon.«), Verantwortungszuschreibungen (»Was geht mich der Datenschutz an? Es gibt doch die DSGVO.«), fehlende Selbstwirksamkeit (»Wenn ich jetzt nicht mehr über Google suche – das bringt doch nichts.«) inklusive den Gerechtigkeitsüberlegungen (»Wenn ich jetzt in den sauren Apfel beiße und WhatsApp deinstalliere – wo ist dann mein Vorteil? Die anderen bleiben doch trotzdem noch bei WhatsApp.«) aufgeben muss. Das muss Anna tun, um ihren Spielraum von informationeller Selbstbestimmung, Datenschutz und Privatsphäre zu besetzen – für sich selbst, für ihre Freund*innen und Bekannte*n und für zukünftige Generationen.

Daher ist das oben genannte Zitat mit Bedacht gewählt. Denn in *Der Prozess* geht es um Josef K., der ohne ersichtlichen Grund und ohne Kenntnis der Anklage von einer undurchsichtigen Justizbehörde verhaftet wird. Er versucht verzweifelt, die Gründe für seine Verhaftung zu erfahren und sich gegen das absurde und undurchsichtige Gerichtssystem zu verteidigen. Während der gesamten Handlung stößt Josef K. auf eine Reihe bizarrer Charaktere und Situationen, die seine Verwirrung und Frustration verstärken. Er versucht, sich seinen Prinzipien der Gerechtigkeit und Wahrheit zu verpflichten, aber er wird von der scheinbar unüberwindlichen Bürokratie und dem Mangel an Transparenz in der Justiz immer weiter in die Enge getrieben. Am Ende des Romans wird Josef K. ohne eine klare Auflösung oder Erklärung für seine Verhaftung und sein Schicksal von den Henkern der Justiz hingerichtet. Die Parallele zu den beschriebenen Problemen ist deutlich: Auch wir haben es mit einem undurchsichtigen System zu tun, das ungefragt und intransparent unsere Freiheit beschneidet. Auch wenn Josef K. sich einfach mit seinem Schicksal und der Ungerechtigkeit abfinden könnte, sieht er darin keine Option. Er bleibt aufrecht trotz der offensichtlichen Übermacht des Justizapparats und ständiger Frustration. Er bleibt seinem Glauben an Gerechtigkeit und seinen

Prinzipien treu. Er legt nicht die Hände in den Schoß und wartet ab, dass sich das Problem irgendwie von selbst löst.

Auch wir dürfen nicht den Kopf in den Sand stecken. Wie beschrieben wurde, ist der Kampf für Datenschutz, für Privatsphäre und damit für unsere Grundrechte, ein Kampf, der auch für künftige Generationen geführt werden muss. Daher bleibt uns zum aktuellen Zeitpunkt nichts anderes übrig, als nicht zu verzweifeln, sondern die Werkzeuge einzusetzen, die uns dabei helfen,»wachsam« zu sein und zu bleiben.

Demonstriert wird der Priva Score im Folgenden bei Messenger-Apps, welche eine der am häufigsten genutzten Formen digitaler Anwendungen darstellen. Aber wie später noch genauer dargestellt wird, kann der Priva Score genauso auch Anwendung bei anderen Apps und Diensten finden, die jede*r Normalnutzer*in in der täglichen Kommunikation oder auf Streifzügen im Internet einsetzt: Browser, Clouddienste, Betriebssysteme, Office-Anwendungen und so weiter.

Der Priva Score ist damit ein Werkzeug, das an dieser Stelle und auf Mikro-Ebene ansetzt. Er kann auch nicht den geforderten Governance-Prozess ersetzen. Er richtet sich an datenschutzsensible Individuen, die die Vorteile von schneller Kommunikation, Diensten, Apps und anderen digitalen Anwendungen nutzen möchten, dabei aber nicht auf ihre Grundrechte verzichten wollen, die Freiheitsrechte künftiger Generationen nicht beschneiden wollen und daran glauben, dass Chancen einer grundsätzlichen Veränderung bestehen.

Ein Kritikpunkt könnte nun sein, dass es sich bei dem Priva Score eigentlich auch um den bislang kritisierten Solutionismus handelt – dem Versuch, ein soziales Problem durch Technologie zu lösen. Hier möchte der Autor entgegnen, dass es sich bei der beschriebenen Problematik nicht um ein rein soziales Problem handelt. Die Auswirkungen der Datensammelpraxis oder der Umgang mit den Nutzer*innen wirkt sich auf sozialer Ebene aus. Jedoch spielt hier Technologie, ihr Einsatz und der dahinterstehende Technikdeterminismus eine entscheidende Rolle. Der Datendiebstahl findet innerhalb der Technosphäre statt. Und um dort Veränderungen herbeizuführen oder das Bisschen Kontrolle, das uns bleibt, auszuüben, bedarf es Werkzeugen, die in diese Sphäre vorzudringen vermögen. Sie müssen auf selber Ebene arbeiten – systemtheoretisch gesprochen *im selben Code* operieren.

Lastenheft und Fragestellungen

Der Problembereich, der in theoretischen Ausführungen immer wieder anklang, lässt sich unter dem Begriff der Machtasymmetrie zusammenfassen. Machtasymmetrie herrscht zwischen den Technologiekonzernen und vielen anderen Unternehmen, Organisationen und politischen Ebenen. Insbesondere Individuen sind von besonderer Bedeutung, da sie in einer Vielzahl von Situationen mit der Machtasymmetrie konfrontiert sind – als Nutzer*innen, als Unternehmende, Programmierende oder als sonstige Arbeitskräfte.

Diese Macht speist sich aus verschiedenen Quellen. Die Konzerne haben enorme finanzielle Mittel, starken Einfluss auf politische Entscheidungen und insbesondere kommt Hard- und Software eine entscheidende Bedeutung zu. Jeden Tag – nein: in jeder Sekunde – wächst die Datenmacht der Konzerne. Aus ihr lassen sich Geschäftsmodelle entwickeln, Algorithmen trainieren, Werbung verkaufen und Voraussagen über das Verhalten von Nutzer*innen treffen, um sie daraufhin zu manipulieren. Und da die politische Ebene zwischen Abhängigkeit, Erwartungsdynamik und Lobbyismus gefangen ist, sind Nutzer*innen heute auf sich selbst zurückgeworfen: Es kann kein Datenschutz von Konzernen erwartet werden, deren Existenz davon abhängt, die Nutzer*innen maximal zu überwachen. Der Priva Score hilft dabei, in einer hochgradig kommerzialisierten Umgebung eine unabhängige, schnelle und informierte Entscheidung darüber treffen zu können, welcher Dienst (im Folgenden wird nur noch von »Apps« die Rede sein) bzw. welche App die eigenen Daten im Vergleich zu Alternativen am besten schützt. Der Priva Score bietet Unterstützung bei der schnellen und informierten Entscheidungsfindung. Nutzer*innen können mithilfe des Scores besser einschätzen, welche Apps im Vergleich zu Alternativen den besten Schutz ihrer Daten bieten.

Das Lastenheft des Priva Score umfasst damit die folgenden Faktoren:
- Der Score muss bei einer Auswahl von Apps mit vergleichbarer Funktion eine trennscharfe, differenzierte Aussage treffen. Daraus muss sich

eine Rangfolge ableiten lassen, die den Nutzer*innen deutlich zeigt, welche Apps bzgl. des Schutzes ihrer Daten zu empfehlen sind, welche eher im Mittelfeld liegen und welche Apps nicht genutzt werden sollten.
- Der Score muss einfach zu verstehen sein. Ähnlich dem Nutri-Score muss der/die Nutzer*in mit einem Blick ablesen können, wie gut eine App ihre Daten schützt.
- Wie die jeweilige Bewertung einer App entsteht, muss bei Bedarf transparent nachvollziehbar sein. Vertrauen ist gut, Kontrolle ist besser. Denn Täuschung ist heute allgegenwärtig – ob es nun unverständliche AGB, Desinformation, manipulierte Newsfeeds oder Phishing Mails sind. Daher muss es möglich sein, mit einem Stift und einem Blatt Papier im Zweifelsfall auf dasselbe Ergebnis wie der Priva Score zu kommen.
- Der Priva Score darf kein Geld kosten, muss frei und einfach erreichbar sein.
- Der Priva Score muss von einer unabhängigen Institution zur Verfügung gestellt werden.

Aus diesen Anforderungen leiten sich die folgenden Fragestellungen ab:
- Wie lässt sich das Niveau des Datenschutzes bei Apps operationalisieren und quantifizieren?
- Welche Funktionen sind in Apps dafür verantwortlich, die Daten der Nutzer*innen besser oder schlechter zu schützen?
- Sind diese Funktionen unterschiedlich wichtig? Lässt sich dadurch eine Rangfolge aus ihnen bilden, sodass es *wichtige* und *weniger wichtige* Funktionen gibt?
- Welche Berechnungsmöglichkeit kann einerseits so einfach sein, dass sie der Anforderung an Transparenz entspricht und andererseits ein differenziertes, trennscharfes Ergebnis erzeugt?
- Wie wird der Score möglichst einfach zur Verfügung gestellt?

Vorbild: der »Nutri-Score«

Der Nutri-Score ist ein von der französischen Regierung entwickeltes Nährwertkennzeichnungssystem, das lebensmittelproduzierende Unternehmen auf freiwilliger Basis seit dem 6. November 2020 auf Lebensmittelverpackungen aufdrucken können.[6] Der Nutri-Score soll Verbraucher*innen bei der Auswahl gesunder Lebensmittel unterstützen, indem sie schnell und einfach erkennen können, wie ›gesund‹ ein bestimmtes Produkt ist. Der Nutri-Score ist in Form einer fünffarbigen Ampel dargestellt. Bestimmt wird von einem dunkelgrünen *A* bis zu einem dunkelroten *E*, ob ein Lebensmittel eher zu den ›gesunden‹ oder ›weniger gesunden‹ Lebensmitteln zählt. Die Bewertung basiert auf einem Algorithmus, der verschiedene Nährstoffe und deren Menge im Verhältnis zueinander berücksichtigt. Der Algorithmus erzeugt eine Summe, die für 100 Gramm oder 100 Milliliter eines Lebensmittels berechnet wird.[7] Die Berechnung basiert auf dem Gehalt an ernährungswissenschaftlich positiv bzw. negativ bewerteten Nährstoffen in einem Lebensmittel. Die positiven Nährstoffe, die in die Berechnung einfließen, sind Ballaststoffe, Protein, Obst, Gemüse, Nüsse und Hülsenfrüchte.[8] Je höher der Gehalt an diesen Nährstoffen in einem Lebensmittel ist, desto höher fällt die Bewertung aus. Die Bewertung erfolgt auf einer Skala von -15 bis +40, wobei -15 für das ›am wenigsten gesunde‹ und +40 für das ›gesündeste‹ Lebensmittel steht.[9] Nachdem alle Faktoren berücksichtigt wurden, wird dem Lebensmittel ein Buchstabe und eine Farbe auf der Nutri-Score-Skala zugeordnet. Als Beispiel haben Kartoffelchips zumeist eine ›D-Wertung‹, da sie viel Salz und Fett enthalten, aber sehr wenig Protein und Ballaststoffe, um einen Ausgleich zu ermöglichen.

Es gibt verschiedene Kritikpunkte am Nutri-Score. Folgende Aspekte sind im Kontext des Themas dieses Buchs relevant:

Die Berechnung ist komplex und kann für Verbraucher*innen schwer verständlich sein. Dies kann zu Verwirrung führen und die Wirksamkeit des Systems beeinträchtigen.

Daher ist es beim Priva Score wichtig, dass die Berechnung möglichst einfach und nachvollziehbar ist.

Der Priva Score soll keine Black Box sein. Auch ist die Art der Berechnung – eine Summe aus positiven Eigenschaften abzüglich der Summe negativer Eigenschaften – für die Einstufung von Apps nicht zielführend. Wie gezeigt werden wird, gibt es K.-o.-Kriterien für Apps. Ohne diese Kriterien ist ein zumindest akzeptables Datenschutzniveau nicht gewährleistet. Hierzu zählt bspw. die später erläuterte Ende-zu-Ende-Verschlüsselung. Diese Funktion ist für die Privatsphäre der Nutzer*innen sehr wichtig. Fehlt diese Funktion, kann sie nicht dadurch aufgewogen werden, dass andere Funktionen – bspw. die Möglichkeit einer anonymen Nutzung der App – hingegen vorhanden sind. Eine Messenger-App ohne diese Verschlüsselung sollte allgemein nicht verwendet werden.

Es gilt eine freiwillige Selbstverpflichtung. Der Nutri-Score wird daher nicht von allen Lebensmittelherstellern verwendet.

Da der Priva Score von unabhängiger Seite vergeben wird, fallen die Probleme weg, die freiwillige Selbstverpflichtungen typischerweise erzeugen.

Relevanz der Demonstration an Messenger-Apps

Den Konzeptnachweis des Priva Scores an Messenger-Apps zu demonstrieren, ist naheliegend, da in Deutschland die Nutzung dieser Dienste zu den drei häufigsten Kommunikationsformen via Internet zählen. Schon vor der Corona-Pandemie nutzten 71 % der vom Statistischen Bundesamt befragten Internet-Nutzer*innen ab zehn Jahren Sofortnachrichtendienste. Noch deutlicher zeigt sich die Nutzung in der Altersgruppe der 10- bis 24-Jährigen, von denen 93 % diese nutzten.[10] Hinzu kommt, dass der Umgang und die Auswahl von Messenger-Apps viele wichtige Themen streifen, die bereits beleuchtet wurden: der Zusammenhang zwischen dem eigenen Datenschutz und dem Datenschutz anderer, die Frage, ob die Server einer Firma sich in einem Land befinden, in dem die DSGVO gilt, sowie die Bedeutung und die Wichtigkeit von Privatsphäre.

Aufgrund der dargestellten Verbreitung sind Messenger für sehr viele Menschen ein fester Bestandteil ihrer täglichen Nutzung von digitalen Endgeräten. Der Platzhirsch unter den Messengern ist seit geraumer Zeit WhatsApp,[11] das dem Meta-Konzern gehört. Weltweit nutzen rund zwei Milliarden Menschen mindestens einmal monatlich diesen Messenger.[12] Durch Netzwerkeffekte, die nicht nur bei Plattformen, sondern ebenfalls bei Messengern wirksam sind, besteht eine Dominanz von WhatsApp: Wenn sich bereits viele Berufs- und Privatkontakte bei einem Dienst befinden, ist es quasi ein Automatismus, diesen Dienst ebenfalls zu nutzen bzw. nutzen zu müssen.

Messenger: Begründung der Auswahl und Beschreibung

Die Messenger, die im Folgenden verglichen werden, sind Discord, Signal, Telegram, Threema und WhatsApp, die nach den folgenden Kriterien ausgewählt wurden:

Es handelt sich um Apps, die das Versenden und Empfangen von Text- und Sprachnachrichten als Funktion priorisieren. Direkter Nachrichtenaustausch ist auch in anderen Apps wie LinkedIn, Instagram oder Twitter möglich und sie werden in manchen Statistiken daher mit reinen Messengern vermischt und gemeinsam als »Online-Kommunikationsdienste« kategorisiert.[13] Bei den eben genannten Apps stehen aber andere Funktionen im Vordergrund – nicht der Austausch von Text- und Sprachnachrichten.

Die Apps gehören zu den in Deutschland beliebtesten Messengern. Laut der jährlichen Onlinestudie der ARD/ZDF-Forschungskommission von 2022 nutzten 82 % der deutschsprachigen Wohnbevölkerung ab 14 Jahren täglich oder wöchentlich WhatsApp, 13 % Telegram, 11 % Signal und 6 % Threema.[14]

Alle fünf Dienste sind sowohl über Android und iOS als auch Web/Desktop nutzbar.

Die Apps unterscheiden sich deutlich in ihrem Datenschutzniveau. Das dient der Demonstration, inwieweit der Priva Score eine differenzierte Bewertung erzeugen kann.

Um zu zeigen, dass der Priva Score die Bewertung der verglichenen Messenger korrekt abbildet, wurde zusätzlich der Messenger Discord herangezogen, der keine Ende-zu-Ende-Verschlüsselung besitzt. Diese Anwendung ist weniger verbreitet, dient aber dazu zu zeigen, dass eine App, die nicht über wichtige Grundfunktionen verfügt, stark abgewertet wird. Darauf wird später noch näher eingegangen. Discord hat nach Eigenaussage des Unternehmens global monatlich 150 Millionen Nutzer*innen.[15]

Messenger-Apps: Auswahl und Beschreibung

Signal:[16]
Anbieter: Signal Foundation (501c3 nonprofit)
Herkunft des Anbieters: USA
Erscheinungsjahr: 2013

Telegram[17]
Anbieter: Telegram Messenger Inc.
Herkunft des Anbieters: Dubai, Arabische Emirate
Erscheinungsjahr: 2013

Threema[18]
Anbieter: Threema GmbH
Herkunft des Anbieters: Schweiz
Erscheinungsjahr: 2012

WhatsApp[19]
Anbieter: Meta
Herkunft des Anbieters: USA
Erscheinungsjahr: 2009 (2014 von Meta aufgekauft)

Discord[20]
Anbieter: Discord Inc.
Herkunft des Anbieters: USA
Erscheinungsjahr: 2015

Datenschutzrelevante Funktionen und deren Erklärung

Wie zuvor beschrieben, müssen sich die Datenschutzniveaus der Messenger-Apps daran unterscheiden lassen, wie umfassend der jeweilige Funktionsumfang für den Datenschutz aussieht. Der Inhalt der genutzten zwölf Quellen,[21] der zwei qualitativen Interviews und einer Anfrage bei ChatGPT ergab eine große Redundanz hinsichtlich der Frage, welche Funktionen bei Messengern relevant für den Datenschutz der Nutzer*innen sind.

Diese Funktionen werden im Folgenden in der Rangfolge ihrer Wichtigkeit genannt und erläutert. Die Rangfolge ergab sich durch eine einfache Zählung: Das am häufigsten genannte Kriterium, das auch in jeder Quelle erwähnt wurde, ist die Ende-zu-Ende-Verschlüsselung. Damit ergaben sich 15 Punkte (zwölf Quellen, drei Interviews = 15), weshalb das Kriterium auch auf dem obersten Platz der Rangfolge steht. Die weitere Reihenfolge ergab sich dadurch, dass sich die Quellen in der Anzahl genannter Funktionen und der Themenperspektive unterschieden. Alle folgenden Beispiele, die das Fehlen oder Vorhandensein einer Datenschutzfunktion bei einem Messenger thematisieren, sind anhand der Datenschutzrichtlinien des jeweiligen Anbieters geprüft. Eine ausführliche Tabelle dazu findet sich in Anhang B.

Name im Buch	Klarname	Hintergrund/Expertise
Interviewpartner 1 (IP1)	Jochim Selzer	Systemadministrator, Datenschutzbeauftragter und Mitglied des Chaos Computer Clubs
Interviewpartner 2 (IP2)	y0sh (auf Wunsch pseudonomysiert)	Systemadministrator und Mitglied des Chaos Computer Clubs
Interviewpartner 3 (IP3)	ChatGPT	ChatGPT ist eine Weiterentwicklung von GPT-3.5, einem Sprachmodell, das für die Produktion von Text trainiert wurde. ChatGPT wurde für Dialoge optimiert, indem es Reinforcement Learning with Human Feedback (RLHF) verwendet – eine Methode, die menschliche Rückmeldungen nutzt, um das Modell in Richtung des gewünschten Verhaltens zu lenken.[22]

Tabelle 1: Interviewpartner*innen

Funktionen	Häufigkeit	Funktionen	Häufigkeit
E2E-Verschlüsselung	15	Kontaktzugriff optional	7
Metadaten	11	zentral/föderal/dezentral	6
quelloffen/auditiert	10	Kontaktverifizierung	4
anonym nutzbar	10	Nachrichten löschbar	3
Serverstandort	8	Geschäftsmodell	2

Tabelle 2: Rangfolge datenschutzrelevanter Funktionen nach Häufigkeit

Im Folgenden werden die genannten Datenschutzfunktionen der Messenger-Apps erklärt.

Verschlüsselung: Die in allen Quellen genannte und als am wichtigsten eingestufte Funktion ist die *End-to-End-Encryption* bzw. *Ende-zu-Ende-Verschlüsselung* (im Folgenden E2E). Dass ein Messenger über E2E verfügt, ist ein wichtiger Faktor, der sicherstellt, dass nur die Person, mit der die Nutzerin oder der Nutzer kommunizieren will, diese Nachricht auf ihrem Gerät lesen kann. E2E basiert auf einem asymmetrischen Kryptografiesystem, das aus zwei Teilen besteht: einem öffentlichen und einem privaten Schlüssel. Der öffentliche Schlüssel chiffriert die Nachricht und nur der private Schlüssel kann sie dechiffrieren.[23] Das bedeutet, dass eine Nachricht, während sie Zwischenstation auf dem Server des App-Unternehmens macht, auch von dem Unternehmen nicht gelesen werden kann. Denn das Unternehmen verfügt nicht über den individuellen und gerätespezifischen privaten Schlüssel der Empfängerin oder des Empfängers. Messenger wie Signal oder WhatsApp nutzen E2E grundsätzlich. Bei Telegram muss diese Funktion erst innerhalb eines Chats aktiviert werden. Die automatische Nutzung von E2E in allen Chats schützt die Daten der Nutzer*innen besser.

Umgang mit Metadaten: Wie ein Messenger mit den Metadaten umgeht, die beim Nachrichtenaustausch anfallen, ist sehr wichtig.[24] Da Metadaten Informationen wie Zeit oder Ort einer Nachricht beinhalten, lassen sich Rückschlüsse auf die an der Konversation beteiligten Personen ziehen.[25] Eine Identifikation der Beteiligten kann aufgrund der Metadaten möglich sein, auch wenn der Inhalt der Nachricht nicht bekannt ist. Eine gewisse Menge Metadaten ist aber für die Übermittlung der Nachrichten notwendig. Unnötig hingegen sind bspw. Ortungsdaten – denn Wegeprofile, Aufenthalte in einer psychiatrischen Ambulanz oder eine Übernachtung in der Polizeiwache sind heikle Informationen, die die meisten Menschen vermutlich gerne für sich behalten würden. Das bedeutet: Ein Messenger, der keine für die Übermittlung notwendigen Metadaten sammelt und auch diese möglichst früh wieder löscht, hat einen besseren Datenschutz.

Quelloffenheit oder Auditierung: Quelloffen: Dadurch, dass der Programmcode offen zugänglich ist, kann überprüft werden, ob die Versprechungen eines Unternehmens über die Sicherheit eines Messengers in der Datenschutzrichtlinie tatsächlich der Wahrheit entsprechen. Der Inhalt des Programmcodes ist zwar nur für Menschen mit einem gewissen Maß an Programmierkenntnissen nachvollziehbar. Aber eine offene Quelle erzeugt die Möglichkeit einer Überprüfung. Und die Organisationen, die sich u. a. mit der Überprüfung solcher Programmcodes beschäftigen, haben zumeist einen hohen ethischen Anspruch, sodass Sicherheitsprobleme im Code schnell publik gemacht werden.

Auditiert: Alternativ kann der Programmiercode auch auditiert werden. Vergleichbar mit dem Quality-Management-Bereich gibt es eine Reihe unabhängiger und vertrauenswürdiger Gremien, die sich mit der Überprüfung von Programmcodes befassen. Einige Messenger sind proprietär, wie z. B. WhatsApp. Das bedeutet, dass der Meta-Konzern von der Veröffentlichung des Codes absieht. In diesem Fall sind die Nutzer*innen gezwungen, den Aussagen des Meta-Konzerns zu vertrauen. Für diese Funktion gilt, dass ein Messenger, dessen Code offen zugänglich ist oder auditiert wurde, der bessere Messenger ist, weil unabhängig geprüft werden kann, wie gut der Messenger die Daten der Nutzer*innen schützt.

Anonyme Nutzbarkeit: Einige Messenger sehen vor, dass sich die Nutzer*innen bspw. mit einer Telefonnummer anmelden. Das klingt zunächst harmlos, aber auch Telefonnummern sind personenbezogene Daten. Threema lässt bspw. eine Nutzung ohne Anmeldung per Telefonnummer, E-Mail-Adresse o. Ä. zu. Auch sehen die Nutzenden nur eine individuelle Threema-ID der anderen Gesprächspartner*innen in der App. Ohne die Telefonnummer zu verraten, können sich Nutzer*innen miteinander auf Threema unterhalten, indem sie nur ihre Threema-ID teilen. Hingegen ist bspw. bei WhatsApp die Telefonnummer grundsätzlich sichtbar. Zusätzlich muss noch differenziert werden, wie ein Unternehmen mit der Telefonnummer umgeht. Während die Signal Foundation dieses personenbezogene Datum zwar speichert, aber für sich selbst unlesbar verschlüsselt, wird die Telefonnummer bei Telegram unverschlüsselt auf deren Server übertragen.

Standort der Server bzw. Sitz des Unternehmens: Das ist kein ganz trennscharfes Kriterium. Prinzipiell geht es darum, dass manche Messenger-Apps Server in Ländern mit schwachen Datenschutzgesetzen nutzen oder der Firmensitz sich in einem solchen Land befindet. Dies kann bedeuten, dass die Daten, die über die App gesendet werden, leichter von Regierungsbehörden oder Hacker*innen eingesehen werden können. Wie in Kapitel 3: »Staatliche Überwachung« beschrieben wurde, kooperieren US-amerikanische Technologiekonzerne eng mit nationalen Geheimdiensten und anderen Behörden auf der ganzen Welt, wenn es um Anfragen nach Herausgabe von Daten der Nutzer*innen geht. Ein geleaktes Dokument des FBI zeigt jedoch, welche Daten diese Behörde von welchen App-Unternehmen über die Nutzer*innen eines Messengers erhalten kann. Das Dokument zeigt klar, dass es große Unterschiede darin gibt, was das FBI auch mit richterlichem Beschluss erhalten kann und was nicht. Dabei ist der Sitz des Unternehmens ein weniger einflussreicher Faktor. Unter bestimmten Umständen kann teilweise der Nachrichteninhalt von WhatsApp-Nutzer*innen und deren komplette Kontaktliste eingesehen werden. Bei Signal – ebenfalls ein US-amerikanisches Unternehmen – kann lediglich ermittelt werden, wann sich Nutzer*innen registriert und wann sie die App zuletzt verwendet haben.[26] Wenn ein App-Unternehmen von sich aus möglichst wenige Daten der Nutzer*innen sammelt und speichert, können privatwirtschaftliche Unternehmen, Behörden oder Geheimdienste auch entsprechend wenige Daten einsehen. In Kapitel 3: »Datenschutz und Privatsphäre« wurde thematisiert, dass es sich bei den USA um ein Drittland handelt, was bedeutet, dass der hohe Datenschutzstandard der DSGVO nicht gleichwertig umgesetzt wird. Damit gilt dasselbe Argument: Signal-Nutzer*innen, von denen dem Unternehmen ohnehin nur sehr wenige Daten bekannt sind, sind besser geschützt.[27] Der Standort des Firmensitzes bzw. der Server ist aber ein wichtiges Kriterium, wenn es sich bspw. um WhatsApp handelt: Dieser Messenger erfasst eine große Menge Daten von den Nutzer*innen und überträgt sie in ein Drittland. In diesem Fall ist die Funktion wichtig. Dasselbe gilt für Telegram: Zwar werden weniger Daten als von WhatsApp erfasst, trotzdem ist der Serverstandort in Dubai. Angesichts der Menschenrechtsverletzungen in den Vereinigten Arabischen Emiraten[28] und dem Einsatz des Trojaners Pegasus gegen Oppositionelle und kritische Journalist*innen[29] stellt sich durchaus die Frage, wie es dort um den Datenschutz bestellt ist.

Optionaler Kontaktzugriff: Hierbei geht es weniger um den Schutz personenbezogener Daten der Nutzer*innen selbst, sondern um den Schutz der Daten vieler Menschen aus dem Bekanntenkreis oder aus dem Kreis beruflicher Kontakte. Ein Zugriff auf die Kontaktliste ist für die Nutzung der App allgemein sinnvoll: Eine Nachricht soll ja eine bestimmte Person erreichen, die am einfachsten anhand ihres Namens ausgewählt werden kann. Um den Namen zu kennen, braucht die App den Zugang zur Kontaktliste. Bei dieser Frage muss erneut differenziert werden, wie der jeweilige Messenger diesen Vorgang auf technischer Ebene löst und dadurch die Daten der Personen in der Kontaktliste schützt. Wie beschrieben handhabt Threema das, indem die Kontakte mit einer ID verbunden sind und auf diese Weise der Zugriff auf weitere Einträge in der Kontaktliste – bspw. Telefonnummer eines Kontakts – nur optional ist. Bei Telegram und Signal werden die zur Registrierung notwendigen Telefonnummern verschlüsselt und unlesbar für das Unternehmen auf deren Server übertragen. Bei WhatsApp ist dieses Thema Anlass häufiger Kritik: Der Messenger ist nur über aufwendige Umwege ohne Zugriff auf die Kontakte sinnvoll nutzbar. Die meisten Nutzer*innen geben den Zugriff arglos frei, woraufhin Namen und Telefonnummern der Kontakte auf die US-amerikanischen Server des Meta-Konzerns übertragen[30] und täglich abgeglichen werden.[31] Wie in Kapitel 3: »Datenschutz und Privatsphäre« beschrieben, ist das ein datenschutzrechtlicher Verstoß, da nicht nur Nutzer*innen von WhatsApp betroffen sind, sondern alle Personen aus der Kontaktliste. Rechtlich müssten Nutzer*innen vor der Freigabe deren Kontaktliste an die App sämtliche Personen innerhalb der Kontaktliste über die Nutzung ihrer personenbezogenen Daten informieren und ein Vetorecht aussprechen. Die Nutzung von WhatsApp verstößt bei diesem Kriterium nach

Entscheidung des Arbeitsgerichts Bad Hersfeld von 2017 gegen das Bürgerliche Gesetzbuch, inzwischen gegen die DSGVO.[32]

Zentralität, Föderalismus oder Dezentralität: Hierbei geht es um die Frage, wie die Serverlandschaft des Messengers aussieht. Das ist aus zwei Gründen ein Kriterium, das in der einschlägigen Literatur thematisiert wird. Einerseits ist ein Messenger, der über einen zentralisierten Server betrieben wird, leichter angreifbar, als wenn die Nachrichten auf verschiedenen Wegen ihr Ziel erreichen können – was bei einer dezentralen oder föderalen Verbindungsstruktur der Fall wäre. Andererseits ist das auch eine Frage der Machtverhältnisse: Ein etablierter Messenger mit einer großen Zahl von Nutzer*innen könnte, wenn die Nachrichtenübermittlung nicht außerhalb einer zentralen Infrastruktur betrieben werden kann, plötzlich Gebühren erheben oder im Fall eines Bankrotts von heute auf morgen komplett ausfallen.

Kontaktverifizierung: Hierbei geht es darum, ob sichergestellt werden kann, dass die Person, der die Nutzer*innen schreiben wollen, auch tatsächlich die jeweilige Person ist. Das wird bei den Messengern verschieden gehandhabt. Bei WhatsApp wird z. B. darüber informiert, dass ein*e Nutzer*in eine neue Telefonnummer hat. Bei Threema gibt es die Möglichkeit, die Threema-ID in Form eines QR-Codes vom Gerät einer anderen Person mit dem eigenen Telefon zu scannen. Da die ID individuell und einmalig ist, ist damit sichergestellt, dass die Nachricht auf dem richtigen Gerät eintrifft.[33] Diese Funktion schützt die Privatsphäre der Nutzer*innen, sodass persönliche Mitteilungen nicht in falsche Hände geraten.

Löschbarkeit der Nachrichten: Um persönliche Inhalte von Nachrichten zu schützen, kann es sinnvoll sein, Nachrichten im eigenen und im Gerät des Gegenübers automatisch nach einer bestimmten Zeit oder manuell zu löschen. Signal[34], WhatsApp[35] und Telegram[36] bieten diese Funktion, Threema hingegen nicht, weil sich Nachrichten nur in den Chats auf dem eigenen Gerät löschen lassen, aber nicht in den Chats auf dem Gerät der anderen Person.

Geschäftsmodell: Das letzte Kriterium betrifft die Frage, wie das App-Unternehmen sein Geld verdient. Programmierung, Betrieb von Servern, Service etc. erzeugen Kosten. Manche Geschäftsmodelle sind transparent und für den Datenschutz unkritisch – z. B. finanziert sich die Threema-App darüber, dass die App einmalig 5 Euro kostet.[37] WhatsApp ist zwar kostenlos, gehört aber dem Meta-Konzern. Und dessen Geschäftsmodell ist bekanntlich Online-Werbung, weshalb WhatsApp auch erheblich mehr Daten von den Nutzer*innen sammelt als andere Messenger.[38]

Manche Quellen heben zusätzlich auf andere Funktionen ab. Die Stiftung Warentest untersuchte bspw. auch, ob die Datenschutzrichtlinien in deutscher Sprache angeboten werden.[39] Da Kriterien wie diese aber innerhalb der Quellen-Auswahl nur einmalig genannt wurden und nicht direkt mit dem Datenschutz zusammenhängen, wurden sie in dieser Rangfolge nicht berücksichtigt.

Es könnte argumentiert werden, dass manche dieser Funktionen für den Alltag einer Anna Normalnutzerin von peripherem Belang oder spitzfindig sind. Allerdings sollte die Argumentation für die höhere Zahl relevanter Funktionen sein, dass eine Abkehr von Technologiekonzernen und die souveräne Handhabung der eigenen Daten und der Daten des persönlichen Netzwerks nichts sein sollte, was Technik-Nerds vorbehalten ist. In Kapitel 3 wurde verschiedentlich gezeigt, welche verheerenden Auswirkungen sich aus der Machtasymmetrie ergeben. Und wie in dem Gutachten von Steinmüller et al. (Kapitel 3: »Datenschutz und Privatsphäre«) aufgezeigt wird: Auch die Machtasymmetrie gegenüber staatlichen Behörden ist existent und politische Verhältnisse können sich ändern.[40] Obwohl vermutlich 99,9 % der Nutzer*innen von Messenger-Apps weder einen Staatsstreich planen noch mit Drogen handeln noch im Bereich des Aufdeckungsjournalismus tätig sind und um ihr Leben bangen müssen, sollte es darum gehen, die eigenen Freiheitsrechte jeden Tag wahrzunehmen. Ein sicherer Messenger bedeutet, verantwortungsvoll mit der überaus ambivalenten Digitalisierung umzugehen: Schnelle und einfache Kommunikation soll möglich sein, aber dafür sollte nicht mit Freiheit bezahlt werden müssen.

Berechnung des Priva Scores

Wie im vorangegangenen Kapitel beschrieben, sind die Funktionen der Messenger für den Datenschutz der Nutzer*innen unterschiedlich wichtig. Daher ist eine gegenseitige Aufrechnung wie beim Nutri-Score – gute Eigenschaften abzüglich schlechter Eigenschaften – nicht zielführend. Fehlt einem Messenger bspw. die wichtigste Funktion – die Ende-zu-Ende-Verschlüsselung – ist das ein K.-o.-Kriterium, das durch andere Funktionen nicht aufgewogen werden kann. Daher muss die Berechnung des Priva Scores eine Gewichtung der Funktionen beinhalten, damit sich die Unterschiede auf Ebene der Wichtigkeit eines Kriteriums bei der Berechnung des Scores abbilden.

Auf Basis der Rangfolge wurde daher eine linear abnehmende Gewichtung vorgenommen. Normalerweise werden bei Nutzenmodellen wie der Conjoint-Analyse oder der Nutzwertanalyse Eigenschaften paarweise gegenübergestellt, sodass sich eine relative Gewichtung ergibt, die eine Summe von 100 % erzeugt.[41] Im vorliegenden Fall sähe das aus wie in Tabelle 4 gezeigt.

Allerdings hat dieses Verfahren den Nachteil, dass durch den Zwischenschritt des paarweisen Vergleichs die Transparenz des Priva Scores für Menschen ohne statistische Kenntnisse deutlich reduziert wird. Wie sich in Tabelle 2 zeigt, ist die Gewichtung der Funktionen in linearer, absoluter Form an diesem Punkt der Berechnung adäquat, sodass eine relative Gewichtung keinen Vorteil brächte.

Funktionen	Häufigkeit	Gewicht
E2E-Verschlüsselung	15	10
Metadaten	11	9
quelloffen/auditiert	10	8
anonym nutzbar	10	7
Serverstandort	8	6
Kontaktzugriff optional	7	5
zentral/föderal/dezentral	6	4
Kontaktverifizierung	4	3
Nachrichten löschbar	3	2
Geschäftsmodell	2	1

Tabelle 3: Rangfolge der Datenschutzfunktionen und deren Gewichtung

wichtiger \ als	E2E-Verschlüsselung	Metadaten	quelloffen/auditiert	Identifier/anonym nutzbar	Serverstandort	Zugriff auf Kontakte optimal	zentral/föderal/dezentral	Kontaktverifizierung	Manuell oder selbstlöschbar	unabhängiges Geschäftsmodell	Summe	%
E2E-Verschlüsselung	■	2	2	2	2	2	2	2	2	2	18	40,00 %
Metadaten	-1	■	1	2	2	2	2	2	2	2	14	31,11 %
quelloffen/auditiert	-1	0	■	2	2	2	2	2	2	2	13	28,89 %
anonym nutzbar	-1	-1	-1	■	2	2	2	2	2	2	9	20,00 %
Serverstandort	-1	-1	-1	-1	■	2	2	2	2	2	6	13,33 %
Kontaktzugriff optional	-1	-1	-1	-1	-1	■	2	2	2	2	3	6,67 %
zentral/föderal/dezentral	-1	-1	-1	-1	-1	-1	■	2	2	2	0	0,00 %
Kontaktverifizierung	-1	-1	-1	-1	-1	-1	-1	■	2	2	-3	-6,67 %
Nachrichten löschbar	-1	-1	-1	-1	-1	-1	-1	-1	■	2	-6	-13,33 %
Geschäftsmodell	-1	-1	-1	-1	-1	-1	-1	-1	-1	■	-9	-20,00 %
										Prüfsumme		100,00 %

Tabelle 4: Paarweiser Vergleich der Wichtigkeit der Datenschutzfunktionen

Danach wurde anhand der Datenschutzrichtlinien der Messenger untersucht, ob und inwieweit die genannten Funktionen bei Discord, Signal, Telegram, Threema und WhatsApp vorhanden sind. Wie in Tabelle 5 ersichtlich, wurden die Funktionen dreistufig bewertet[42]:

- 1 Punkt für ein komplettes Fehlen eines Kriteriums, z. B. E2E-Verschlüsselung bei Discord;
- 3 Punkte für die teilweise Erfüllung eines Kriteriums, z. B. die Möglichkeit einer anonymen Nutzung ist bei Telegram nicht vollständig gewährleistet: Die Angabe der Telefonnummer zur Registrierung ist notwendig, danach ist die Telefonnummer aber für andere Nutzer*innen nicht mehr sichtbar;
- 6 Punkte für ein vollständig erfülltes Kriterium, z. B. können bei WhatsApp die Nachrichten im Chatverlauf bei Senderin und Empfängerin gelöscht werden;

Funktionen	Gewichtung	Discord	Signal	Telegram	Threema	WhatsApp
E2E-Verschlüsselung	10	1	6	3	6	6
Metadaten	9	1	6	1	6	1
quelloffen/auditiert	8	1	6	3	6	1
anonym nutzbar	7	3	1	3	6	1
Serverstandort	6	1	1	1	3	1
Kontaktzugriff optional	5	6	6	6	6	1
zentral/föderal/dezentral	4	1	1	1	1	1
Kontaktverifizierung	3	1	6	1	6	3
Nachrichten löschbar	2	1	6	6	3	6
Geschäftsmodell	1	6	3	6	6	1

Tabelle 5: Bewertung der Datenschutzfunktionen der Messenger

Die Vergabe von 1 statt 0 für das Fehlen einer Funktion ist ein Zugeständnis an die im letzten Schritt entstehende Skalierung. Würde beim Fehlen einer Funktion jeweils eine 0 vergeben, würde eine längere Skala entstehen, die nicht – wie in Tabelle 6 gezeigt wird – eine einfache dreistufige Zuordnung des Datenschutzniveaus der Apps ermöglicht. Dadurch würden bspw. WhatsApp und Discord in einem Summenbereich unter 100 liegen, was das Ziel einer niedrigschwelligen und schnellen Information verfehlt.

Für jeden zu bewertenden Messenger wird diese Punktzahl mit der Gewichtung multipliziert, was die jeweilige Gesamtpunktzahl ergibt.

Funktionen	Discord	Signal	Telegram	Threema	WhatsApp
E2E-Verschlüsselung	10	60	30	60	60
Metadaten	9	54	9	54	9
quelloffen/auditiert	8	48	24	48	8
anonym nutzbar	21	7	21	42	7
Serverstandort	6	6	6	18	6
Kontaktzugriff optional	30	30	30	30	5
zentral/föderal/dezentral	4	4	4	4	4
Kontaktverifizierung	3	18	3	18	9
Nachrichten löschbar	2	12	12	6	12
Geschäftsmodell	6	3	6	6	1
	99	242	145	286	121

Tabelle 6: Ergebnis Gewichtung x Erfüllung des Kriteriums und Summierung

Das Ergebnis des Priva Scores ergibt folgende Erkenntnisse:
- Einen Score von über 200 erreichen die Messenger, die einen besonders hohen Datenschutz ermöglichen und empfehlenswert sind.
- Einen Score zwischen 100 und 200 erzielen die Messenger, die bei verschiedenen Funktionen hinsichtlich des Datenschutzes zu wünschen übrig lassen und daher nicht empfehlenswert sind.
- Unter 100 liegen Messenger, die starke Mängel aufweisen. Die fehlende E2E-Verschlüsselung ist ein K.-o.-Kriterium, weshalb unmittelbar deutlich wird, dass Discord keinesfalls zu empfehlen ist.
- Der Score basiert damit auf einer einfachen, transparenten Argumentation und Berechnung und ermöglicht es, mit einem kurzen Blick eine informierte Entscheidung zu treffen. Ein ›perfekter‹ Messenger kann auf Basis dieser Berechnung einen Score-Wert von 330 erreichen. Sollte ein Messenger einen Wert über 300 erreichen, müsste die dreistufige Skala ggf. noch um einen Skalenpunkt erweitert werden.

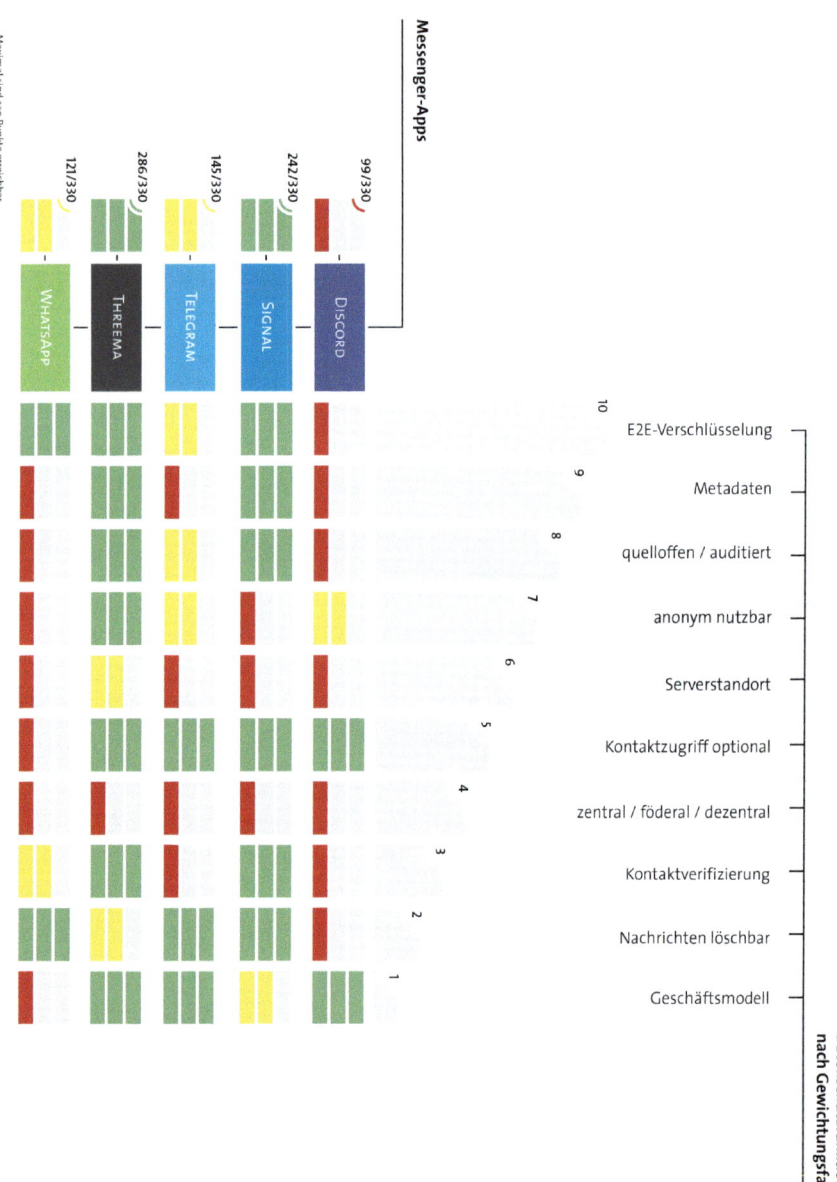

Abb. 2: Kompakte, umfassende Darstellung des Priva Scores zur Verwendung auf privascore.org

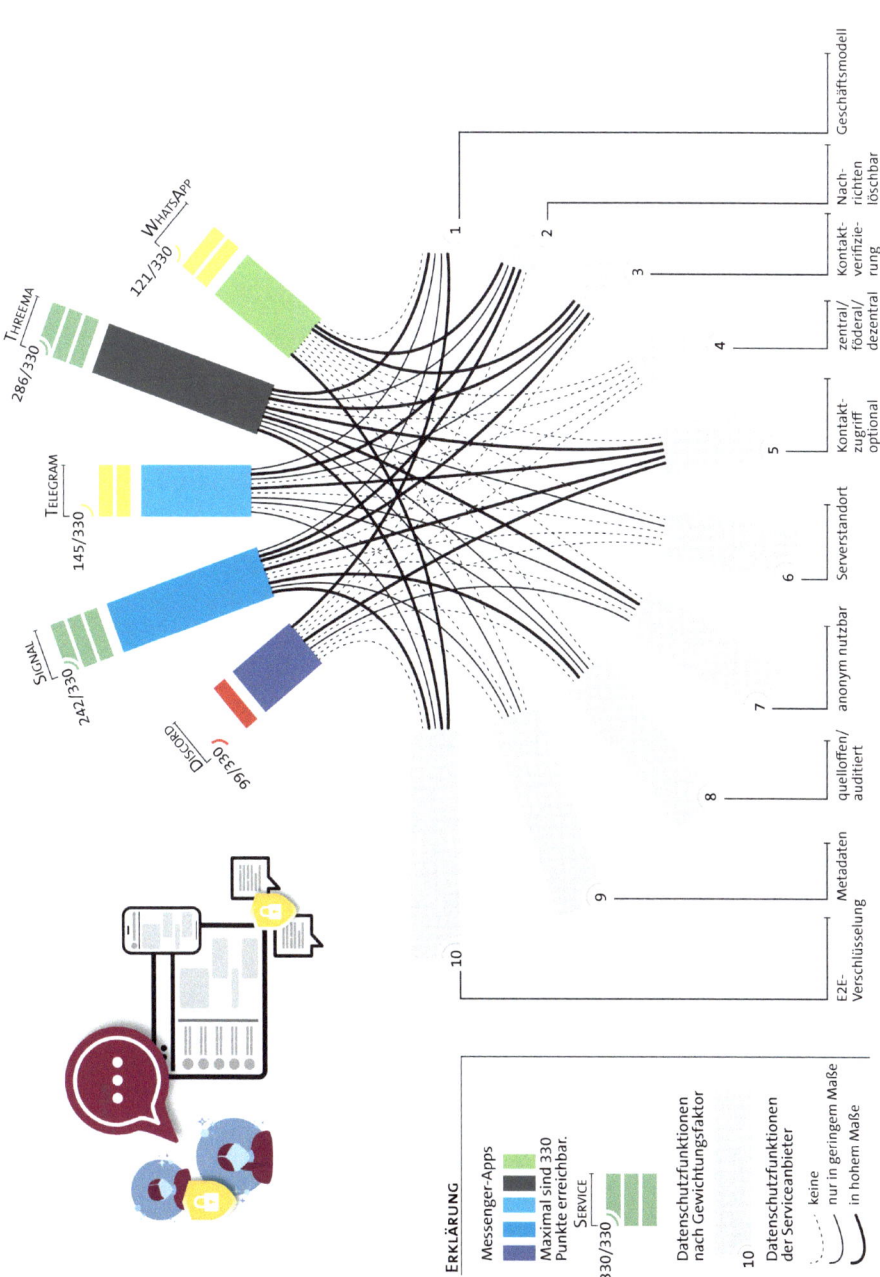

Abb. 3: Alternative Darstellung des Priva Scores

Der Priva Score

Auch die Frage, wie der Score möglichst einfach zur Verfügung gestellt werden kann, ist zu beantworten: Berechnung, Bewertung und Gestaltung des Priva Scores inklusive der Hintergrundinformationen stehen auf der Webseite *privascore.org* der Öffentlichkeit zur Verfügung. Da der Priva Score *work in progress* ist, werden weitere Messenger ergänzt werden. Auch wird an einem Interface gearbeitet, das die Möglichkeit bietet, individuelle Datenschutzfunktionen in der Berechnung an- und auszuschalten. Auf diese Weise können alle Nutzer*innen die individuellen Ansprüche an den Datenschutz abbilden und eine Empfehlung für den individuell optimalen Messenger erhalten.

Der Priva Score ist ein nützliches Instrument, um ein besseres Verständnis für den Umgang mit Daten zu erlangen und eine informierte Entscheidungsfindung zu unterstützen. Eine bewusstere Nutzung von Daten kann dazu beitragen, die Geschäftsmodelle der Technologiekonzerne bis zu einem gewissen Grad zu begrenzen und die individuelle Privatsphäre zu schützen.

Aber der Priva Score kann nur ein Zwischenschritt sein. Er darf nicht als Ersatz für notwendiges politisches Handeln missverstanden werden. So wie es für alle einfacher werden muss, nachhaltig zu leben, muss es einfacher sein, Datensouveränität zu erlangen. Denn der Priva Score verlagert die Verantwortung des Datenschutzes auf die Schultern der Nutzer*innen. Und das ist keine Dauerlösung.

ANMERKUNGEN

1 Der Priva Score (der Name, Berechnung, Funktion und seine Darstellungen) sind durch Namensnennung-Share Alike 4.0 International geschützt.

This license lets others remix, adapt, and build upon your work even for commercial purposes, as long as they credit you and license their new creations under the identical terms. This license is often compared to »copyleft« free and open source software licenses. All new works based on yours will carry the same license, so any derivatives will also allow commercial use. This is the license used by Wikipedia, and is recommended for materials that would benefit from incorporating content from Wikipedia and similarly licensed projects.

creativecommons.org/licenses/by-sa/4.0/legalcode.de

2 Siehe Kapitel 1: »Privacy Paradox«
3 Kapitel 2: »Ideologie als Basis von Macht«
4 Konold/Schwietring 2017: 35 ff.; Reese 2022
5 Reese 2022: 236
6 Bundesministerium für Ernährung und Landwirtschaft 2023
7 Verbraucherzentrale 2023
8 Bundesministerium für Ernährung und Landwirtschaft 2020
9 Santè publique France 2022: 32 ff.
10 Destatis 2020
11 ARD/ZDF-Forschungskommission 2022: 33
12 Statista 2022c
13 Bundesnetzagentur für Elektrizität, Gas, Telekommunikation, Post und Eisenbahnen 2022
14 ARD/ZDF-Forschungskommission 2022: 33
15 Discord Inc. o. J.
16 Signal Foundation 2023
17 Telegram Messenger Inc. o. J.
18 Threema GmbH 2023a
19 Shaikh 2017
20 Discord Inc. o. J.
21 Gebhart 2018, Kuketz 2020, Westenthanner 2020, Stenner/Netzpolitik.org 2021, Schüler 2021, Verbraucherzentrale 2022, Datenschutzpraxis 2022b, Stiftung Warentest 2022, Cryptoparty Köln-Bonn 2022, Bazzell 2023: 89 f., Üsenmez 2022, Eddy 2023

Eine genaue Auflistung der in den Quellen genannten Kriterien findet sich als Tabelle in Anhang A

22 OpenAI o. J.; übersetzt von FSF
23 Tremmel 2021: 60 f.; Uhlig et al. 2022: 49
24 Siehe Kapitel 3: »Metadaten, Anonymisierung, Pseudonomysierung«
25 Schüler 2021: 56 f.
26 Proschofsky 2021
27 Bazzell 2023: 92 f.
28 Amnesty International 2022
29 Baumstieger 2021
30 Dr. Datenschutz 2021
31 whatsapp.com 2023
32 Dr. Datenschutz 2021
33 Threema GmbH 2023b
34 Signal Messenger LLC o. J.
35 whatsapp.com 2023
36 Telegram.org 2018
37 Threema GmbH Shop o. J.
38 S. Anhang B

39 Stiftung Warentest 2022
40 Steinmüller et al. 1971: 40
41 Backhaus et. al 2003: 575 ff.; Binner 2015: 43 f.
42 Sämtliche Angaben ausführlich in Anhang B

5 Diskussion

Im Rahmen dieser nun folgenden Diskussion wird es zunächst darum gehen, eine Abgrenzung zu bereits bestehenden Konzepten zu beschreiben und über den Konzeptnachweis hinaus zu denken. Die Anwendung auf nur wenige Messenger zeigt einen geringen Teil des Konzeptpotenzials. Es stellt sich also die Frage, auf was sich der Score noch anwenden lässt und wie sich das Konzept erweitern lassen könnte. Ebenfalls muss zur Sprache kommen, wo die Grenzen des Konzepts liegen. Denn dieses Buch unterstellt, dass die Nutzer*innen allesamt am Schutz ihrer Daten interessiert sind und sich der Machtasymmetrie und offenkundigen Lügen der Technologiekonzerne bewusst sind. Zumindest wird eine kritische Einstellung unterstellt, was sich empirisch vermutlich kaum abbilden lässt. Die Studienlage ist hier sehr dünn. Immerhin gab es 2020 eine Umfrage von Consumer Reports (vergleichbar mit der deutschen Verbraucherzentrale), die für die US-Bevölkerung repräsentativ ist. Demnach sprechen sich 60 % der Befragten für eine stärkere Regulierung der großen Tech-Konzerne aus, 75 % kritisieren den laxen Umgang mit Desinformation in den sozialen Medien, knapp die Hälfte kritisiert die Beeinflussung der Suchergebnisse bei Google und Amazon durch Seiten/Produkte, die für eine Bevorzugung bezahlt haben. Und 30 % sprechen sich für eine Zerschlagung der Firmen aus.[1]

Andererseits erzeugen selbst große Skandale wie die Beeinflussung der US-Präsidentschaftswahl in Zusammenhang mit Cambridge Analytica nur für kurze Zeit Aufregung und werden danach mit Schulterzucken quittiert: Ein großer Exodus blieb damals aus. Die durchschnittliche Nutzungszeit von Facebook fiel, aber der Zugewinn an neuen Nutzer*innen stieg weiter an.[2]

Abgrenzung des Priva Scores von anderen Konzepten: Papiertiger Privacy Labels in den App Stores

Im Jahr 2020 hat Apple damit begonnen, den Anbietenden von Apps im App Store aufzuerlegen, mittels einer Sammlung von vorgegebenen Symbolen und Beschreibungen zu erklären, was jeweils mit den Daten der Nutzer*innen geschieht. Apple nennt das »privacy nutrition label«[3] in Anlehnung an die amerikanische Version der Inhaltsangaben auf Lebensmitteln. Auch Google verfolgt inzwischen ein ähnliches Konzept und zeigt wie Apple auf der jeweiligen Seite einer App die Informationen an, welche die Programmierenden den Nutzer*innen gegenüber bspw. offenlegen, ob und welche Daten mit Dritten geteilt werden, welche Daten die App selbst erfasst und zu welchem Zweck dies geschieht. Das wirkt zunächst wie eine hervorragende Idee, um die Datensouveränität bzw. die informationelle Selbstbestimmung der Nutzer*innen zu fördern.

Es gibt diverse Gründe, warum die Labels in den App Stores von Apple und Google Staffage sind. Zunächst ist zum Verhältnis von Apple und Privatsphäre Folgendes festzustellen: Apple hat sich in den vergangenen Jahren medienwirksam zum weißen Ritter für die Privatsphäre der Kundschaft erhoben. Dass der Konzern mit der Einführung dieser Labels die Initiative ergriffen hat, passt zu dem sakrosankten Firmenimage, Privatsphäre in den Vordergrund zu stellen. Nach Lektüre der vorangegangenen Kapitel sollte jedoch klar sein, dass Image und Wahrheit weit voneinander entfernt sind. Die Installation der Privatsphäre als Apples Galionsfigur begann mit einem – zugegebenermaßen schlauen – Schachzug in Sachen Marketing. Nach einem Terroranschlag in Kalifornien im Dezember 2015[4] wurde Apple vom FBI aufgefordert, dem FBI Zugang zu den Inhalten des iPhones eines der Attentäter zu gewähren – weil das FBI das angeblich nicht selbst konnte. Apple unterstützte die Untersuchungen, half allerdings nicht dabei, diesen Zugang auf die Inhalte des Telefons herzustellen. Der CEO Tim Cook nutzte die Kontroverse, indem er diverse Interviews gab und Gast in Talkshows war, in denen er stets unterstrich, wie sehr Apple Wert auf Privatsphäre als Menschenrecht lege.[5] Daher würde er auch zukünftig keine Hintertür o. Ä. in die Software von Apple einbauen lassen, um Regierungsbehörden in solchen Fällen Zugang zu den Inhalten der Geräte zu ermöglichen.

Das war nur eben bloße Inszenierung. Denn trotz Sicherheitssperren ist es solchen Behörden durchaus möglich, den Zugang zu solchen Geräten zu bekommen.[6] Was auch immer hinter den Kulissen abgelaufen sein mag – seit diesem Zeitpunkt war Apple in der Öffentlichkeit synonym mit Privatsphäre. Auch bei dieser beschriebenen magischen Praktik (siehe Kapitel 2) geht es darum, einen Teil der Geschichte zu zeigen und einen anderen zu verdecken. Was dabei verdeckt wird, ist u. a., dass Apple jedes Jahr Milliarden von Google dafür erhält, dass Google die Standardsuchmaschine auf Apple-Geräten bleibt.[7] Sich für den Wert von Menschenrechten stark zu machen, ist ebenfalls nur in bestimmten Situationen dienlich. Wenn es um den Erhalt eines wichtigen Absatzmarkts geht, wird nicht auf Menschenrechte geachtet: Auf Druck der chinesischen Führung nahm Apple alle Apps aus dem chinesischen App Store, der den Nutzer*innen ermöglicht hatte, Internetseiten außerhalb des staatlich zensierten Internets (Great Chinese Firewall) aufzurufen.[8]

Ein Feature im Betriebssystem von iPhone und iPad ermöglicht es den Nutzer*innen seit 2021, Tracking auszuschließen bzw. nur noch auf ausdrücklichen Wunsch getrackt zu werden. Diese Funktion, das Tracking zu unterbinden, wird gern genutzt, was für Meta 2022 einen Verlust an Werbeeinnahmen im Wert von geschätzten 14,5 Milliarden US-Dollar bedeutete.[9] Auch hier geht es nicht um Privatsphäre. Apple will neben Google und Meta in das lukrative Werbegeschäft einsteigen und setzt dafür keine Drittanbieter-Cookies o. Ä. ein, da im digitalen Ökosystem der Geräte und Apps des Konzerns mehr als genug Daten für personalisierte Werbung zusammenkommen.[10]

Es stellt sich Frage, ob die Privacy Labels unabhängig von den beschriebenen Umständen ein Zugeständnis an datenschutzsensible Nutzer*innen sind. Manchen Unternehmen wird *Greenwashing* vorgeworfen, wenn sie den Nachhaltigkeitstrend nutzen möchten, indem sie vorgeben, nachhaltige Maßnahmen zu ergreifen – letztlich aber nicht nachhaltig handeln. Ähnlich verhält es sich mit den Privacy Labels der beiden Technologiekonzerne. Adäquat müsste es als *Privacywashing* bezeichnet werden.

Obwohl es beide Konzerne in ihren Satzungen zu einer Pflicht erheben, die Labels auszufüllen, gilt empirisch das Prinzip einer freiwilligen Selbstverpflichtung: In beiden App Stores kommen diverse App-Anbietende der Vorgabe nicht nach. Selbst große Firmen sind hier nachlässig: Im Apple App Store haben u. a. Disney, Amazon und Google die Labels nicht ausgefüllt.[11] In Googles Play Store wurden die Labels bei 40 der populärsten Apps von der Mozilla Foundation untersucht, von denen 16 der 40 Apps deutliche Unterschiede zwischen den Informationen in den Labels und der tatsächlichen Handhabung der Daten aufwiesen. Darüber hinaus sind die Formulierungen missverständlich und eröffnen verschiedene Möglichkeiten, die Nutzer*innen in falscher Sicherheit zu wiegen.[12] Da der Inhalt der Labels von Google und Apple offenbar nicht überprüft wird, stellt es keine Hürde da, schlicht zu lügen.[13]

Zwei Stichproben des Autors zeigen, dass diesen Labels nicht vertraut werden sollte: Bei TikTok[14] und bei WhatsApp[15] gibt das Label vor, dass die App keine Daten mit Drittanbietern teilt. Dass das bei WhatsApp nicht stimmt, wird in Anhang B detailliert dargestellt. Auch bei TikTok zeigt die eigene Datenschutzrichtlinie das Gegenteil.[16]

Zudem: Selbst wenn die Inhalte der Labels korrekt sind, haben die Nutzer*innen keine Kontrolle darüber, ob ein Update einer App nicht doch die Verwendung der Daten ändert. Das Privacy Label ist also nur eine Momentaufnahme.

Im Gegensatz zu den Labels der Konzerne agiert der Priva Score von unabhängiger Seite. Das Problem einer freiwilligen Selbstverpflichtung wird dadurch umgangen, indem öffentlich zugängliche Informationen ohne finanzielle Interessen zusammengetragen werden und ein transparentes Urteil gefällt wird. Ein Weiterbestehen der Institution Priva Score wird durch den Autor und durch (hoffentlich erfolgende) Kooperation mit Dritten gewährleistet. Die Ausrichtung des Priva Scores auf Transparenz, Vermeidung von Produkten großer Technologiekonzerne, Datenschutz, Privatsphäre und digitale Selbstverteidigung stimmt mit den Werten von Communities überein, die sich im Bereich von Free Open Source Software (FOSS) engagieren. Daher ist die Hoffnung auf Zusammenarbeit begründet.

Nicht unerwähnt bleiben darf, dass es durchaus auch andere unabhängige und kostenlose Informationen gibt, denen der Priva Score ähnelt. Schließlich basiert der Score auf einer Vielzahl vertrauenswürdiger Quellen. Was diesen Quellen aber fehlt, ist die einfache Vergleichbarkeit sowie die schnelle und einfache Information, die den Priva Score auszeichnet. Eine ebenfalls unabhängige, kostenlose und vertrauenswürdige Website, die als Quelle nicht herangezogen wurde, aber Überschneidungen mit dem Priva Score hat, ist der »App Checker«[17] von mobilsicher.de. Vertrauenswürdig ist diese Seite, da sie vom gemeinnützigen Institut für Technik und Journalismus e. V. in Berlin betrieben wird. Dieser Zusammenschluss von Journalistinnen und Journalisten mit technologischer Expertise zielt darauf ab, den öffentlichen Diskurs über »neue Formen der Informationsvermittlung zu fördern.«[18] Bis 2022 wurde die Seite von iRights e. V. betrieben – diese NGO beschäftigt sich hauptsächlich mit Urheberrechtsthemen im digitalen Raum – und von einer Förderung des damaligen Bundesjustizministeriums finanziert.[19] Der App Checker beinhaltet mehr als 30.000 Apps, die ebenfalls mit einem Score bewertet werden. Es handelt sich um ein Testsystem, das darüber informiert, inwieweit Apps auf Android-Telefonen Daten an Webseiten senden. Auch die Zugriffsrechte der Apps werden überprüft. Der Score ist eine sechswertige Skala von 0 bis 5. Mit 0 bewertet werden Apps, die keinen Internetzugriff haben und damit auch keine Daten teilen können. Stufe 5 wird vergeben, wenn eine App an Drittanbieter bspw. den Standort zusammen mit einem eindeutigen Identifizierungsmerkmal – etwa bestimmte Informationen über das Gerät – sendet. Diese Informationen sind heikel, da sie es ermöglichen, u. a. Wegeprofile zu erstellen.[20] Damit ist der App Checker eine hilfreiche Informationsquelle. Und dass mehr als 30.000 Apps unterschiedlich detailliert untersucht sind, ist dem Priva Score, der sich erst im Aufbau befindet, klar überlegen.

Der App Checker weist jedoch drei Probleme auf: Zum einen wird der Score-Wert nicht auf Basis einer trennscharfen Quantifizierung vergeben, sondern scheint eher nach Einschätzung der Redaktion zu erfolgen. Zum anderen gibt es für ca. die Hälfte der untersuchten Apps keinen Score-Wert, sondern nur eine grobe Abschätzung mittels eines »Schnelltests«.[21] Darüber hinaus finden sich bei Schnelltests wie auch bei den Apps, die einen Score-

Wert erhalten haben, umfangreiche technische Texte, die das Zustandekommen des Score-Werts erklären. Zudem wird in Form einer Tabelle genau aufgelistet, welche Berechtigungen die App verlangt. Das Vorgehen ist zwar sinnvoll, nur das Problem liegt in der Länge der Texte und dem Anspruch auf vorhandenes Know-how der Rezipierenden. Es bedarf gewisses technisches Wissen, um die Texte und insbesondere die Tabellen zu verstehen. Die Zielgruppe der Anna Normalnutzerin, an die sich der Priva Score richtet, soll eine schnelle Information erhalten, ohne lange Texte lesen zu müssen. Daher hat der App Checker seine Daseinsberechtigung – aber eben nur für Nutzer*innen, die über das notwendige technologische Wissen verfügen und sehr detaillierte Informationen haben möchten. Diese brauchen aber keinen Score-Wert, da sie selbst eine Abschätzung auf Basis der dargestellten Informationen vornehmen können.

Die Niedrigschwelligkeit ist bei diesen Themen das A und O. Menschen sind täglich einer zunehmenden Menge an Informationen ausgesetzt. Lange und komplexe Texte sind daher fehl am Platze, wenn es darum geht, möglichst vielen Nutzende unabhängig vom Wissensstand eine schnelle, einfache und informierte Entscheidung zu ermöglichen. Die Niedrigschwelligkeit entscheidet über die Akzeptanz solcher Informationsquellen.

Erweiterung des Priva Scores: andere Dienste und ökologische Nachhaltigkeit

Wie beschrieben, wurden Messenger als Demonstration der Funktionsweise des Konzepts und aufgrund der Popularität dieser Kategorie von Apps herangezogen. Es gibt aber zahlreiche internetbasierte Dienste, die für den Datenschutz und die Privatsphäre von großer Bedeutung sind und von einer hohen Anzahl von Nutzer*innen verwendet werden, wie z. B.

- *Soziale Netzwerke*: Wie in Kapitel 3 beschrieben, sammeln und verwenden Plattformen wie Facebook, Instagram und Twitter große Mengen von personenbezogenen und Metadaten, die für Werbung und andere Zwecke verwendet werden. Daher ist eine Erweiterung des Priva Scores ebenfalls aufgrund der Popularität solcher Plattformen sinnvoll. Genannt werden müssen in diesem Zusammenhang auch

Suchmaschinen wie Google oder Bing. Während soziale Netzwerke für Privatpersonen eher optional sind, sind sie etwa für Unternehmen eine wichtige Möglichkeit, sich und ihre Produkte oder Dienstleistungen zu präsentieren. Suchmaschinen hingegen sind für alle Nutzende des Internets von zentraler Bedeutung.

- *E-Mail-Dienste*: Google, GMX/web.de und Microsoft sammeln oft Daten über die Inhalte und Verbindungen von E-Mails, die sie für Zwecke wie Werbung und Personalisierung verwenden können. Bei Google gilt zudem, dass Programmiererinnen und Programmierer, die Erweiterungen für GMail erstellen, ebenfalls den Inhalt von E-Mails lesen können.[22]
- *Fitness-Tracker*: Denkbar ist auch eine Erweiterung auf Hardware-Ebene. Geräte wie die von Fitbit und Apple Watch sammeln oft umfangreiche Daten über die Gesundheit und Aktivitäten der Nutzer*innen, die für Werbung und andere Zwecke verwendet werden können. Da es hier auch um Gesundheitsdaten geht, sind diese Informationen besonders heikel – siehe Kapitel 3: »Gesundheitsdaten«.

Bei einer Erweiterung des Priva Scores für genannte Dienste müssen die Kriterien partiell angepasst werden. Für die Bewertung von E-Mail- und Clouddiensten muss an der Berechnungsgrundlage des Priva Scores am wenigsten Anpassungsarbeit geschehen. Bei E-Mail- und Clouddiensten werden eine große Zahl von wichtigen Daten gesendet, daher geht es neben dem offensichtlichen Thema Cybersicherheit der Anbieter ebenfalls um Privatsphäre und Datenschutz. Dadurch können diverse Kriterien, die für die Bewertung der Messenger herangezogen wurden, auch für E-Mail- und Clouddienste verwendet werden – z. B. Verschlüsselung, Umgang mit Metadaten, Serverstandort bzw. Sitz des Unternehmens und Geschäftsmodell.[23]

Neben einer Erweiterung um die Hardware-Ebene ist ebenfalls denkbar, auch den Faktor der ökologischen Nachhaltigkeit zu integrieren. Dieses Thema ist für eine nachhaltige Digitalisierung von besonderer Bedeutung. Für eine solche Erweiterung des Priva Scores müssen Kriterien entwickelt werden, die sich u. a. um Fragen der Energieversorgung der Rechenzentren (Energie aus erneuerbaren oder konventionellen Quellen?), der Rohstoffquellen der verwendeten Hardware oder des Wechselzyklus in den Rechenzentren drehen.

Wichtig für die Etablierung des Priva Scores und dafür, dass er eine verlässliche Entscheidungsgrundlage wird, ist der Community-Gedanke. Durch die Lizenzierung unter Creative Commons ist die Nutzung und Bearbeitung ausdrücklich möglich und erwünscht.

Ein weiterer wichtiger Aspekt ist die Frage der Dissemination – die Frage, auf welchen Ebenen der Priva Score neben der Anwendung durch das datenschutzsensible Individuum Einsatz finden kann. Auf die Webseite www.privascore.org wurde bereits hingewiesen.

Da die gewählte Creative-Commons-Lizenz absichtlich eine kommerzielle Nutzung zulässt, können Verbraucherzentralen oder beratende Organisationen für Öffentlichkeit, für ältere Nutzende, Schulen und Behörden den Priva Score als Informationsquelle einsetzen und empfehlen. Auch die Beschaffungsabteilungen von Unternehmen und öffentlichen Einrichtungen können sich auf eine unabhängige Informationsquelle stützen – insbesondere dann, wenn der Priva Score zukünftig bei der Bewertung von Cloudanbietern und anderen digitalen Diensten angewendet wird. Datenschutz wird mehr und mehr als Alleinstellungsmerkmal von Unternehmen erkannt, das nicht als Klotz am Bein betrachtet werden sollte, sondern ein Thema der Nachhaltigkeit darstellt. Auch unternehmerisch betrachtet ist ein Unternehmen, das besondere Sorgfalt auf Datenschutz legt, für kooperierende Unternehmen und die Kundschaft attraktiv.[24]

Grenzen des Konzepts: Ich habe nichts zu verbergen

> *Alles, was du weißt, ist,*
> *Wenn du aufwachst,*
> *Wirst du darum betteln*
> *Wieder zu träumen (…)*
> *Du liegst davor,*
> *Du schmeckst es nicht,*
> *Du leckst es nur,*
> *Denn schließlich ist es Zucker*
> Die Sterne: »Zucker«, 1996

I don't know what's worth fighting for
Or why I have to scream
I don't know why I instigate
And say what I don't mean
I don't know how I got this way
I know it's not alright
So I'm breaking the habit
I'm breaking the habit tonight
Linkin Park: »Breaking The Habit«, 2003

Die Grenzen des Priva Scores liegen auf einer Ebene, die in Kapitel 1 angesprochen wurde. Es geht um den häufig mangelhaften Zusammenhang zwischen Wissen bzw. einer Werthaltung und einer entsprechenden Handlung – dem weiten Weg vom Kopf zur Hand. Auf Klima- oder Umweltschutz bezogen zeigt sich dieser Effekt bei Umfragen. Wenn Menschen gefragt werden, ob sie bspw. Klimaschutz für wichtig halten oder ob sie Nachhaltigkeit für ein Thema halten, das besonderer Beachtung bedarf, wird das in aller Regel bejaht. Das ist durchaus häufig der Effekt sozialer Erwünschtheit: Befragte tendieren häufig dazu, Antworten zu geben, von denen sie glauben, dass sie eher auf soziale Zustimmung stoßen, als die wahre Antwort, bei der sie soziale Ablehnung befürchten. Je weiter entfernt eine ›wahre‹ Antwort von einer erwarteten positiven Bewertung entfernt liegt, desto größer ist dieser Effekt.[25] Das bedeutet, dass nachhaltiges, umweltbewusstes *Handeln* – etwa der Verzicht auf Plastik, ein Urlaub an der Ostsee statt einem Flug nach Ägypten, der Umstieg auf vegetarische/vegane Ernährung, Abschaffung des eigenen PKW – ein hohes Maß an Transaktionskosten erzeugt, die häufig vermieden werden.[26]

Talk is cheap.

Dieses Thema besitzt Ähnlichkeit mit den Grenzen des Priva Scores. Die Grenzen liegen darin, dass dieses einfache Tool es den Nutzer*innen zwar auf niedrigschwellige Weise ermöglicht, eine informierte Entscheidung über die Auswahl einer App zu treffen, die ein höheres Datenschutzniveau bietet. Ein Handeln – etwa Verzicht auf WhatsApp und stattdessen Investition von 5 Euro in Threema – benötigt Überzeugung und Willen.

Das ist jedoch nur eine oberflächliche Betrachtung, weil an dieser Stelle mehrere Aspekte von Bedeutung sind.

Zunächst sind die Netzwerkeffekte zu nennen (vgl. Kapitel 3: »Gemeinsamkeiten«): WhatsApp besitzt viel mehr Nutzende als Threema. Trotz der möglichen Bedenken hinsichtlich des eigenen Datenschutzes bzw. des Datenschutzes anderer Personen in der Kontaktliste des Telefons, ist ein Verzicht auf WhatsApp für viele Nutzende undenkbar. Zu viele Kontakte nutzen ebenfalls WhatsApp.[27]

Hinzu kommen Schwierigkeiten im Umgang mit dem Datenschutz: Es ist mit Mühe verbunden, lange, komplizierte Texte zu lesen, bevor das Häkchen bei »ich akzeptiere die AGBs und die Datenschutzrichtlinie« gesetzt wird. Die Inhalte der Texte, die oft genug verklausuliert sind, müssen auch *verstanden* werden. Sonst kann es nicht zu einer informierten Entscheidung für Zustimmung oder Ablehnung kommen.

Ein weiterer Aspekt besteht darin, dass es viele Nutzende gibt, für welche die Wichtigkeit ihres Datenschutzes nur ein Lippenbekenntnis, wie oben beschrieben, ein Effekt sozialer Erwünschtheit ist. Damit verbunden ist die häufig gehörte Aussage: »Ich habe ja nichts zu verbergen.« Jedoch gerade diese Einstellung ist äußerst problematisch. Menschen, die diese Aussage machen, haben oft ein unzureichendes Verständnis davon, was Privatsphäre bedeutet und warum sie wichtig ist. Sie gehen davon aus, dass sie nichts zu verbergen haben, da sie keine illegalen oder moralisch fragwürdigen Aktivitäten durchführen.[28] Zwar findet Kriminalität in erster Linie im Verborgenen statt – aber der Umkehrschluss ist falsch: Bei Weitem ist nicht alles, was verborgen wird, in irgendeiner Weise mit Verbrechen assoziiert. Unverständnis herrscht darüber, dass Privatsphäre auch schützenswert ist, wenn es um persönliche Informationen geht, die mit anderen geteilt werden – verteilen Sie doch ruhig einmal ihre E-Mail-Adresse und das Passwort in der Nachbarschaft. Wie? Ich denke, Sie haben nichts zu verbergen?

Daher ist auch niemand vor Diskriminierung, Überwachung, Manipulation oder Betrug geschützt. Die Gefahr, Opfer von Datenmissbrauch zu werden, wird durch die enorme Sammlung, Auswertung und Dezentralisierung von Daten und die zunehmende Möglichkeit, auch subtile

Dinge wie Lebensäußerungen und Verhaltensweisen zu datafizieren, täglich größer. Da persönliche Daten auf vielfältige Weise interpretiert und genutzt werden, können KI-Modelle und Big-Data-Anwendungen Profile erstellen und Daten miteinander verknüpfen, die unvorhergesehene Konsequenzen haben können (siehe Kapitel 3). Es ist die mangelnde Wertschätzung der Bedeutung von Privatsphäre und Datenschutz, die häufig auch aus einer privilegierten Position entsteht – etwa, wenn jemand nicht zu einer Minderheit gehört – und die Möglichkeit negativer Konsequenzen für Individuum und Gesellschaft entweder deutlich unterschätzt oder gänzlich ignoriert. KI-Tools, die Gesichter und Stimmen klonen, sind inzwischen frei zugänglich. Das kann Konsequenzen weltpolitischen Ausmaßes haben. Auch vereinfacht diese Technologie Kriminalität – etwa den *Enkeltrick* mit der echten Stimme des Enkels.

Die Quelle dieser Ignoranz ist eine Blockade auf zwei Ebenen. Die erste Ebene beinhaltet eine Gesellschaft, die sich seit der Aufklärung zunehmend erfolgreich darin versucht, technologische Rationalität und vermeintliche Überlegenheit gegenüber der menschlichen Lebensgrundlage bis in die letzten Winkel voranzutreiben. Der deterministische Charakter der Technologie rationalisiert die Einschränkung von Individualität, unabhängigem Denken und Autonomie. Diese grundlegenden Möglichkeiten einer demokratischen Gesellschaft werden als gegeben hingenommen, werden aber nicht individuell und insbesondere nicht kollektiv genutzt. Der Zweck dieser Möglichkeiten erscheint offenbar unklar zu sein. Diese Gesellschaft ist am Punkt der Übersättigung angekommen. Evolutionärer Druck liegt weit zurück, auch sind Politik und Ökonomie für die Verteilung von Lebenschancen nicht mehr zuständig.[29] Was Herbert Marcuse vor knapp 60 Jahren diagnostizierte, hat sich inzwischen noch mehr verfestigt: Durch die Logik des Konsums werden sämtliche individuellen Bedürfnisse befriedigt und ein steigender Lebensstandard macht eine Opposition, ein Aufbegehren oder den Willen zu einer Veränderung gesellschaftlich sinnlos.[30] Die kollektive Angleichung der Konsummuster hebt keineswegs die Klassenunterschiede auf.[31] Sie zeigt nur, wie viele Menschen zu bloßen »Konsumierenden« – eine typisch neoliberale Vokabel – verkümmern, Individuen, die auf eine einheitliche Bedürfnisbefriedigung fixiert werden. Satt und zufrieden sind sie die Antithese der Möglichkeit einer gesellschaftlichen Veränderung.

Die zweite Ebene der Blockade liegt darunter und führt zum Thema dieses Buchs zurück: dem Digitalkapitalismus mit seinem allgegenwärtigen technologischen Fetischismus. Bei der Frage ob Nutzer*innen tatsächlich am Schutz ihrer Daten interessiert sind und konsequent handeln, ist Technologie nur von untergeordneter Bedeutung. Trotzdem ist sie die Quelle der »ökonomisch-technischen Gleichschaltung«, die Marcuse beschreibt.[32] Die Gleichschaltung bewirkt, dass die Vorstellung eines Internets und eines Informationszeitalters in Unabhängigkeit von den Geschäftsmodellen weniger Technologiekonzerne täglich schemenhafter wird. Eine Suchmaschine ohne Google, ein soziales Netzwerk und ein Messenger ohne Meta, Einkaufen ohne Amazon, ein Betriebssystem und Office-Anwendungen ohne Microsoft und ein Telefon ohne Apple. Die vielleicht größte Herausforderung für die Nutzer*innen – und das ist eine der wichtigsten Grenzen des Priva Scores – ist der Wille zur Veränderung. Es geht darum, die Abhängigkeit zu erkennen, eine eigene Vorstellung davon zu entwickeln, nicht mehr abhängig zu sein, und konsequent zu handeln.

Das führt ein letztes Mal zurück zum Luhmann'schen Machtbegriff (Kapitel 2). Die Macht der Technologiekonzerne besteht darin, Alternativen zu beschränken. Dadurch wird es zur Gewohnheit, keine Alternativen neben dem Gesellschaftsvertrag *kostenlose Apps und Dienste gegen persönliche Daten* zu sehen. Die Abweichung von vorgegebenen Alternativen ist sicher ungewohnt, anstrengend, aufwendig. Aber die Wahl besteht zwischen dem goldenen Käfig oder einer mündigen nächsten Gesellschaft, die durch Design und Governance Technologie verantwortungsbewusst, reflektiert und selbstbestimmt steuert. Breaking the Habit.

Viele Google-Apps lassen sich bspw. durch kostenlose Open-Source-Apps ersetzen. Der App Store F-Droid bietet eine Vielzahl von Alternativen: z. B. Organic Maps statt Google Maps, Aves statt Google Fotos, Simple Keyboard statt G Board, K9 Mail statt GMail usw. Dasselbe gilt selbstverständlich auch für den PC: Die Suchmaschinen Ecosia und Duck Duck Go tracken ihre Nutzer*innen nicht. Der Browser Firefox ist Edge von Microsoft und Chrome von Google auf Ebene des Datenschutzes deutlich überlegen.

Nicht verschwiegen werden darf die die wichtigste Grenze des Priva Scores: der politökonomische Rahmen. Dem goldenen Käfig, den die Technologiekonzerne den Nutzer*innen bauen, kann aktuell nicht entflohen werden. Wie bereits erwähnt, ist der Priva Score nicht in der Lage, eine solche Flucht zu ermöglichen. Trotzdem gehört der Score in die Reihe anderer Möglichkeiten, die den Abverkauf der eigenen Daten bzw. der eigenen Freiheit so weit einschränken, wie es aktuell möglich ist. Die Macht der Technologiekonzerne besteht in der Beschränkung von Alternativen. Der Priva Score reduziert das Machtgefälle, in dem er einfach und schnell Alternativen aufzeigt.

Bottom up, top down: politische und andere Lösungen

> *I wanna devise a virus*
> *To bring dire straits to your environment*
> *Crush your corporations with a mild touch*
> *Trash your whole computer system and revert you to papyrus*
> Deltron 3030: »Virus«, 2000

Hier steht noch ein Elefant im Raum: Die Frage der Regulierung der großen Tech-Konzerne. Dieses Thema wird inzwischen seit knapp zwei Jahrzehnten diskutiert. Immer wieder wird pauschal nach »Zerschlagung« gerufen (»Auflösung wirtschaftlicher Unternehmenszusammenschlüsse, die auf Wettbewerbsbeschränkungen ausgerichtet sind.«[33]), was im besten Fall Verzweiflung ob der Komplexität der Sachlage, Romantisierung der geschichtlichen Ereignisse rund um AT&T und Standard Oil in den USA oder aber schlicht Inkompetenz markiert. Wenn das so einfach wäre, hätte es diesbezüglich entweder deutliche Schritte oder vorzeigbare Ergebnisse gegeben. Denn empirisch ist die monopolistische Marktmacht und die entstehende Wettbewerbsverzerrung – das sind die einzigen Ebenen, die eine Zerschlagung rechtfertigen – deutlich sichtbar und lange erkannt. Warum passiert hier nichts?

- Punkt 1 ist, dass die (teil-)monopolistische Marktmacht eine Zerschlagung schwer macht, ohne möglicherweise negative Auswirkungen auf die Wirtschaft und die Nutzer*innen zu haben. Die viel zitierte Domi-

nanz hat den ›Krebs‹ inzwischen so groß werden lassen, dass der restliche Körper auf seine Funktion angewiesen ist.
- Punkt 2 ist, dass ein internationales Vorgehen notwendig wäre. Nur sind juristische Grundlagen des Kartellrechts ebenfalls komplex und benötigen sehr lange Gerichtsverfahren. Zudem stützen sich Gerichte meistens auf Präzedenzfälle – die in diesem Fall nicht existieren.[34] Da die Konzerne international tätig sind, steht das Problem eines einheitlichen Vorgehens im Raum: Unterschiedliche Länder haben unterschiedliche Gesetze und Vorschriften, was die Durchsetzung von Maßnahmen gegen diese Unternehmen erschwert.[35] Zum Beispiel gibt es in Deutschland im Unterschied zu den USA keine ausdrückliche Möglichkeit, bestehende Unternehmen zu zerschlagen. Strukturelle Einwirkungen sind jedoch möglich.[36] Und das Kartellrecht der USA ist nach Meinung von Expert*innen veraltet – und für die vorliegende Frage daher nicht effektiv.[37]
- Punkt 3: Eine weitere Hürde eines koordinierten, gemeinsamen Vorgehens ist, dass es oft Meinungsverschiedenheiten zwischen politischen Ebenen darüber gibt, wie die Konzerne überhaupt reguliert werden sollten.[38]
- Punkt 4: Das rückt auch den Lobbyismus der Konzerne in den Blick (siehe Kapitel 3: »Corporate Capture«). Die enormen Ressourcen und der Einfluss der Konzerne verhindern sehr effektiv Schritte, die den Geschäftsmodellen gefährlich werden könnten. Das Corporate Capturing führt zur Verzögerung von Gesetzesinitiativen, etwa durch das Abwerben von Personen in wichtigen Positionen.
- Punkt 5 stellt das Thema der Zerschlagung insgesamt infrage. Die Probleme der Privatsphäre und des Wettbewerbs werden vermutlich dadurch nicht gelöst. Ein Blick in die Geschichte verrät: Die Aufspaltung des US-Telefon-Monopols AT&T in acht Unternehmen 1984 steigerte für einige Zeit den Wettbewerb, senkte die Preise und verbesserte den Kund*innenservice. Der Mobilfunk hat inzwischen jedoch die Festnetzanschlüsse ersetzt, was die Branche zu einer neuen Konsolidierung führte. Ein neu gegründetes AT&T dominiert zusammen mit Verizon den Markt, mit einem deutlich kleineren Mitbewerber namens

Sprint.³⁹ Die gerichtlich angeordnete Auflösung von Standard Oil im Jahr 1911 – der Prozess dauerte nebenbei fünf Jahre – war der Höhepunkt der bedeutendsten Kartellrechtsklage aller Zeiten, doch die Dutzenden Ableger des Unternehmens schlossen sich schließlich wieder zu riesigen Ölunternehmen zusammen, die erneut über eine enorme Macht verfügen: BP, Marathon, ExxonMobil und Chevron.⁴⁰

Das einzige, hoffnungsvolle Beispiel spielte sich in den 1990er-Jahren ab. Das US-Justizministerium versuchte, Microsoft zu spalten, um zu verhindern, dass es seinen Webbrowser Internet Explorer mit seinem dominierenden Windows-Betriebssystem bündelt. Der Versuch scheiterte, aber die Gerichtsstreitigkeiten schadeten dem Ruf des Unternehmens und reduzierten das aggressive Vorgehen des Konzerns gegenüber der Konkurrenz.⁴¹ Aber ein Imageschaden hat begrenzte Reichweite: Der Cambridge-Analytica-Skandal hat gezeigt, dass trotz des massiven Imageverlustes und den folgenden, langen Verfahren, Facebook kaum Einbrüche in der Anzahl der Nutzer*innen hatte.⁴²

- Punkt 6: Das US-Kartellrecht konzentriert sich in erster Linie auf die Frage, ob ein Monopolist den Konsumentinnen und Konsumenten Schaden zufügt, indem er die Preise in die Höhe treibt und Investitionen in einem Markt eingeschränkt hat. Die Tech-Konzerne stellen jedoch den Großteil ihrer Dienste kostenlos zur Verfügung. Strafbar ist natürlich, wenn die Konzerne ihre Marktmacht missbrauchen, um beispielsweise Suchergebnisse in einer Weise zu manipulieren, die die Preise in die Höhe treibt. Es wäre jedoch schwierig zu beweisen, dass sie den Nutzer*innen – nur in der Rolle der Konsumierenden – in den Augen des Gesetzes im Großen und Ganzen Schaden zugefügt haben.⁴³
- Punkt 7: Es handelt sich hierbei nicht um natürliche Monopole, wie zum Beispiel in der Versorgungsbranche oder bei der Deutschen Bahn. Bei diesen Monopolen sind die Kosten für den Markteintritt so hoch, dass andere Unternehmen nicht oder nur in Nischen in Konkurrenz treten können. Die Neigung zur Monopolisation der Tech-Konzerne basiert auf dem Netzwerkeffekt⁴⁴, der die Dominanz der Plattformen begründet. Das ist die Hürde potenzieller Wettbewerber.⁴⁵ Ein Messenger wie WhatsApp übt auf Nutzende eine starke Anziehung aus, da sie

wissen, dass die meisten Menschen aus Berufs-, Freundes- und Familienkreis WhatsApp auch verwenden. Und bei jedem zusätzlichen Nutzer oder jeder zusätzlichen Nutzerin wird der Messenger attraktiver. Das hemmt den Wettbewerb – ist aber nicht illegal.

Was wir jetzt benötigen, ist ein neuer regulatorischer Rahmen, der auf den heutigen Themen basiert: Datenschutz, Datenbesitz und -nutzen, Wettbewerb und Innovation. Diese sollten die Leitprinzipien zur Gestaltung einer Politik bilden, anstatt sich ausschließlich auf die Größe oder Anzahl von Big Tech zu fokussieren. Wir müssen uns fragen, welche Regeln die Nutzer*innen schützen, kontinuierliche Innovation ermöglichen und Wettbewerb fördern, ohne zusätzliche ungewollte Probleme zu schaffen. Zerschlagung hat nur einen Vorzug, nämlich einfach zu klingen. Wir haben aber echte Probleme, die kreatives Denken erfordern.

Parallel zu diesen Überlegungen gibt es auf anderen Ebenen laufende Bemühungen, Tech-Konzerne stärker zu regulieren und ihre Marktmacht einzuschränken.

Der amtierende US-Präsident Joe Biden zeigt Engagement, die Frage der Regulierung anzugehen, indem er Lina Khan zur Vorsitzenden der Federal Trade Commission ernannt hat. Sie ist dafür bekannt, sich für eine stärkere Regulierung der fraglichen Konzerne einzusetzen, was voraussichtlich Druck auf das Silicon Valley ausüben wird.[46] Biden äußerte sich im Rahmen eines eigenen Beitrags im Wall Street Journal zu den gemeinsamen Plänen der republikanischen und demokratischen Partei, sich mit den Tech-Konzernen zu befassen. Drei Punkte sind dabei zentral: Erstens geht es um eine Beschränkung der Sammlung von Daten der Nutzer*innen und ein Verbot von Werbung, die sich an Kinder richtet. Zweitens geht es um eine Offenlegung der Algorithmen, um »(…) zu verhindern, dass sie diskriminieren, gleich qualifizierten Frauen und Minderheiten Chancen vorenthalten oder Kindern Inhalte vorsetzen, die ihre geistige Gesundheit und Sicherheit bedrohen.«[47] Beim dritten Punkt geht es darum, den Wettbewerb zu stärken, insbesondere in der Tech-Branche. Dies sind jedoch bisher nur Pläne und erfahrungsgemäß ist die republikanische Partei bei staatlichen Eingriffen in die Wirtschaft kritisch eingestellt. Und nicht zu vergessen gibt es eine große Menge staatliche Behörden, die auf die Amazon Web Services als Cloud-Dienst angewiesen sind, und Geheimdienste, die auf den Zugang zu den Servern von Apple & Co. zur Überwachung der US-Bevölkerung ungern verzichten dürften. Es zeigt sich wieder: Die Macht besteht aus Einschränkung von Alternativen.

In Indien wurde die Google-Mutter Alphabet 2020 mit einem wichtigen Urteil der indischen Wettbewerbskommission konfrontiert. Der Inhalt war, dass Alphabet mit seinem Android-Betriebssystem seine marktbeherrschende Stellung auf dem Markt für Smartphone-Software missbraucht hatte und mit einer Geldstrafe von 13,4 Milliarden Rupien (162 Millionen US-Dollar) belegt wurde. Das Urteil forderte Alphabet außerdem auf, die Vorinstallation von Google-Apps auf Android-Geräten einzustellen.[48]

In Europa ist die EU-Kommissarin Margrethe Vestager sehr aktiv darin, an Regulierungsmaßnahmen zu arbeiten. Daher gab es u. a. 2021 und 2022 zwei Klagen gegen Google, beide wegen des Ausnützens der Monopol-Stellung. Dabei drehte es sich um die Bevorzugung bestimmter Anbieter in den Shopping-Suchergebnissen der Suchmaschine und die zwangsweise Vorinstallation von Google-Diensten auf Android-Telefonen.[49] Obwohl hier Strafen in Milliardenhöhe eingeklagt werden, bremsen sie jedoch im besten Fall das rasante Wachstum der Konzerne. Längerfristige Anpassungen oder eine Änderung in den Strategien dürfte es hier keine geben. Das liegt u. a. daran, dass ein Konzern wie Google aufgrund der großen Datenmacht keine Probleme hat, neue Einfallstore zur Datenbeschaffung zu erzeugen, wenn eine Quelle versiegen sollte. Auch ist es eine Frage der Gewohnheiten der Nutzer*innen: Fehlende Google-Dienste können im Handumdrehen aus dem Play Store nachinstalliert werden. In den wenigsten Fällen werden die Nutzer*innen sich nach Alternativen umsehen, nur weil manche stets verwendete Dienste fehlen.

Allerdings liegen große Hoffnungen auf den zwei neuen Regelungen der EU: dem Digital Markets Act (DMA) und dem Digital Services Act (DSA). Bei beiden handelt es sich um wichtige Gesetzesvorschläge der Europäischen Union, die darauf abzielen, die Regulierung von digitalen Plattformen und Diensten zu aktualisieren und zu stärken. Beide sind in

Kraft, wobei die meisten Regelungen des DMA seit Mai 2023 gelten, der DSA gilt erst ab Februar 2024.[50]

Der DMA zielt darauf ab, die Macht großer digitaler Plattformen zu regulieren und fairen Wettbewerb sicherzustellen. Dabei ist die Rede von »Gatekeeper-Unternehmen«, die der DMA identifizieren soll. Diese Unternehmen haben erheblichen Einfluss auf den Zugang zu digitalen Diensten und Daten und werden daher als besonders marktbeherrschend betrachtet. Gatekeeper-Unternehmen müssen bestimmte Verhaltensregeln einhalten, um wettbewerbswidrige Praktiken zu verhindern. Dazu gehören unter anderem: Das Verbot, sich selbst oder eigene Dienste bevorzugt darzustellen, die Bereitstellung von Schnittstellen für Dritte, um die Interoperabilität zu gewährleisten sowie die Weitergabe von Daten an Wettbewerber-Unternehmen unter bestimmten Bedingungen. Außerdem werden den Gatekeepern Auflagen zuteil: Es müssen regelmäßige Berichte, transparente Informationen über ihre Dienste, Algorithmen und Werbemethoden bereitgestellt werden.[51]

Margrethe Vestager plant die Bildung eines 40-köpfigen Kartellrechtsteams (»Digital Markets Advisory Board«) zur Durchsetzung des Digital Market Acts, der sich direkt mit den großen Plattformen befasst.[52] Bei Verstößen gegen die Vorschriften kann die Kommission Geldstrafen in Höhe von bis zu 10 % des im vorhergehenden Geschäftsjahr weltweit erzielten Gesamtumsatzes verhängen. Bei wiederholten Verstößen können die Strafen bis zu 20 % des Umsatzes betragen.[53]

Der DSA ist darauf ausgerichtet, die Verantwortlichkeit und Sicherheit von Online-Diensten zu stärken. »Online-Dienste« umfasst hierbei soziale Medien, Online-Marktplätze, Suchmaschinen und mehr. Die Anbieter-Unternehmen sind dazu verpflichtet, klare Nutzungsbestimmungen und Beschwerdemechanismen zur Verfügung zu stellen, um die Nutzer*innen zu schützen. Auch müssen Maßnahmen ergriffen werden, um illegale Inhalte wie Hassrede oder Darstellungen sexualisierter Gewalt an Kindern zu entfernen. Bei den Themen Werbung und Algorithmen sieht der DSA vor, die Transparenz bei personalisierter Werbung und der Funktionsweise von Algorithmen zu erhöhen. Nutzende sollen besser informiert werden, wie ihre Daten verwendet werden. Die

Anbieter-Unternehmen müssen mit Aufsichtsbehörden zusammenarbeiten und ihnen Informationen über illegale Inhalte zur Verfügung stellen. Werden illegale Inhalte nicht entfernt, können die Unternehmen haftbar gemacht werden.[54]

Sollten die benannten Regelungen wie geplant gelten, so reichen sie allerdings nicht aus, um der Macht und dem Missbrauch der Plattformkonzerne entgegenzuwirken. Es handelt sich hier um Konzerne, die erfolgreiche Desinformationskampagnen ermöglichen, illegale Inhalte per Livestream übertragen lassen und Nutzende auf Fake News, Verschwörungsmythen und Propaganda lenken. Weder der DMA noch der DSA scheinen diese Herausforderungen hinreichend anzugehen. Die Bußgelder für wettbewerbswidrige Praktiken sind zu niedrig, um wirksam zu sein, und eine strengere Moderation von Inhalten wird die Verbreitung von Desinformation nicht stoppen. Algorithmen offenzulegen, verändert nicht deren Funktion. Der Schutz der Nutzer*innen ist damit also nicht gewährleistet. Selbst wenn es möglich ist, ein Verständnis darüber zu erlangen, wie ein Algorithmus funktioniert, hält das diesen nicht davon ab, Lügen und aufsehenerregende Inhalte zu verbreiten.[55]

Aber was dann? Es gibt hier zwei Ebenen: die regulative Ebene – zum Beispiel der EU (*top down*) und die ebenfalls entscheidende Handlungsebene der Nutzer*innen (*bottom up*). Nur durch Regulierung – sei diese noch so perfekt – geht es nicht ohne die Nutzer*innen. Und die Nutzer*innen sitzen im goldenen Käfig und können nur auf sich alleine gestellt durchaus Dinge bewirken – aber keine großen Lösungen erzeugen.

Notwendige Maßnahmen der Top-down-Ebene
- Lobby-Verbot: Eine sehr grundlegende Ebene, die Macht der Konzerne zu begrenzen, ist, ihren Lobbyismus zu schwächen. 2022 investierte die Digitalwirtschaft 113 Millionen Euro, um Einfluss auf das EU-Parlament zu nehmen. Mehr als ein Drittel davon entfallen auf die Tech-Konzerne, wobei hier Meta die Liste anführt, Apple liegt auf dem zweiten Platz, Google auf Platz drei und Microsoft auf Platz vier.[56] Der Einfluss ist so groß, dass ein Vorstoß des EU-Parlaments, verhaltensbasierte Werbung und invasives Tracking einschränken, von den Lobbies

erfolgreich torpediert wurde.[57] Das KI-Gesetz, das sichere und verantwortungsvolle Entwicklung und Nutzung von KI-Systemen innerhalb der EU gewährleisten soll[58], wird das nächste Ziel sein. Das bedeutet: Die EU muss den privilegierten Zugang für Unternehmenslobbyisten dringend unterbinden!

- Privacy by Design: Es muss ein allgemeines Opt-in umgesetzt werden. In sozialen Medien, auf Plattformen und Websites muss es zur Standardeinstellung werden, dass keine private Datenerfassung zulässig ist, es sei denn, die Nutzer*innen haben sich ausdrücklich dafür entschieden.

- Öffentliche Vorbilder: Der öffentliche Sektor und insbesondere die politische Ebene muss mit gutem Beispiel vorangehen, um digitale Souveränität zurückzugewinnen. Datenschutzfreundliche Messenger- und Video-Dienste müssen auf Dienstgeräten zur Pflicht werden. Ein geschlossener Abzug der Bundesregierung zumindest von Twitter und Facebook gehört hier ebenfalls dazu. Dieser Prozess hat in der Europäischen Kommission bereits begonnen: Inzwischen wurde die Open-Source-Strategie verabschiedet[59], die u. a. ein vor Kurzem gestartetes Pilotprojekt beinhaltet, das die Open-Source-Software, die im öffentlichen Dienst eingesetzt wird, als kollektives und wertvolles europäisches Gut behandeln und schützen soll.[60] Außerdem ist TikTok auf Diensttelefonen verboten[61] und Signal wird als Messenger immerhin empfohlen.[62]

- Abo-Pflicht: Zu überlegen ist, eine Abo-Pflicht für soziale Medien einzuführen. Dies würde bedeuten, dass es verpflichtend einen ›Premium-Zugang‹ ohne Tracking und ohne jede Beeinflussung des Feeds geben müsste. Da dies aber eine soziale Ungleichheit erzeugen würde – sprich: Nur Leute, die es sich leisten können, haben priviligierten Datenschutz, muss das hinterfragt werden.

- Verschärfung des bestehenden Datenschutzrechts: Metadaten müssen in die DSGVO aufgenommen werden. Da der ePrivacy-Act der EU, der Metadaten umfasst hätte, ebenfalls durch Lobbyarbeit massiv beeinflusst und auf die lange Bank verschoben wurde, muss dies auf einer anderen Ebene umgesetzt werden. Es braucht also eine DSGVO 2.0, die diesen wichtigen Faktor ebenfalls umfasst. Die grundsätzlichen Über-

legungen müssen nicht neu geschaffen werden: Sie befinden sich in den frühen Entwürfen der ePrivacy-Verordnung.
- Aufklärung: Da die Macht der Tech-Konzerne darauf beruht, Alternativen einzuschränken, ist auch eine Medienkampagne sinnvoll, die darauf abhebt – zum Beispiel von der Bundeszentrale für politische Bildung. Denn es braucht in der Öffentlichkeit sehr viel mehr Bewusstsein für Datenschutz und den Wert der Privatsphäre. Wie wäre es also zum Beispiel mit Plakaten an Bushaltestellen, die kurz und prägnant klar machen, wie Meta sein Geld verdient und welche Probleme das erzeugt? Oder es gibt im Fernsehen einen »Datenschutz vor acht«, der – ähnlich dem Priva Score – datenschutzfreundliche Alternativen zu beliebten Diensten im Fernsehen aufzeigt und erklärt, warum das wichtig ist.
- Alle zwei Jahre »Tabula rasa«: Ein riesiger Schritt wäre darüber hinaus ein Recht, sämtliche hinterlassenen Daten alle zwei Jahre löschen zu können. Diese Funktion würde ungefähr so aussehen: Alle zwei Jahre bekommen alle Nutzer*innen eine lange Auflistung der Dienste, Shops, Apps etc., bei denen sie personenbezogene Daten hinterlassen haben. Und dann kann ausgewählt werden, wo überall diese Dienste gelöscht werden müssen und bei welchen Diensten die weitere Aufbewahrung der Daten weiter erlaubt wird. Da dies allerdings wieder die Verantwortung stark in Richtung der Nutzer*innen verschiebt, ist der zweite, oben genannte Punkt – das allgemeine Opt-in – die vermutlich stärkste Maßnahme.

*Wie sieht es mit der Bottom-up-Ebene aus – den Nutzer*innen?*
- Bewusster Umgang: Der erste Schritt ist der bewusste Umgang mit Technologie. Wir sollten uns bewusst sein, welche Daten wir preisgeben und wie diese genutzt werden können. Es ist wichtig, Datenschutzeinstellungen zu überprüfen, auf Verschlüsselung und sichere Kommunikationskanäle zu achten und auf datenschutzfreundliche Alternativen zu setzen. Der Priva Score, aber auch Stiftung Warentest, Verbraucherzentralen, systemli.org, der Chaos Computer Club, onlinesicherheit.gv.at und viele andere sind wichtige Instanzen und Informationsquellen für solche Fragen.

◆ Aktivismus und Governance: Darüber hinaus sollten wir unsere Stimme erheben und uns für eine bessere Regulierung und den Schutz unserer Privatsphäre einsetzen. Dies kann durch Petitionen, die aktive Teilnahme an politischen Diskussionen oder die Unterstützung von Organisationen, die sich für Datenschutz und Privatsphäre einsetzen, geschehen – AlgorithmWatch, NOYB.eu und Stiftung Datenschutz, um nur drei zu nennen. Je mehr Menschen sich zusammentun und ihre Stimme erheben, desto größer ist die Chance auf positive Veränderungen.

Und eine *kritische Masse* ist kleiner, als es anzunehmen wäre: Theoretische Modelle zur Thematik kritischer Massen befassen sich mit der Frage, wie eine soziale Minderheit innerhalb einer Gruppe in der Lage ist, Veränderungsdynamiken bei der Entstehung neuer sozialer Konventionen zu initiieren. Ergebnisse dieser Forschungsbemühungen widersprechen den klassischen ökonomischen Annahmen über soziale Veränderungsprozesse. Bislang wurde angenommen, dass nur eine Mehrheit die Normen innerhalb einer sozialen Gruppe verändern kann. Auf Versuchsebene konnte jedoch nachgewiesen werden, dass es reicht, Überzeugungen einer Gruppe zu verändern, wenn eine engagierte Minderheit von 25 % dieser Gruppe sich bemüht, eine neue Überzeugung durchzusetzen. Die Ergebnisse liefern einen direkten empirischen Beweis für die Existenz eines Kipppunkts in der Dynamik sich ändernder sozialer Konventionen. Wenn eine kleine Gruppe die kritische Masse erreicht hat, um soziale Veränderungen einzuleiten, in diesem Fall Privatsphäre und Datenschutz in den Fokus zu richten und entsprechendes Handeln zu etablieren, wäre sie erfolgreich darin, das etablierte Verhalten umzukehren.[63]

Schlusswort

Welche Teile menschlichen Denkens dem Computer überlassen werden und wie diese Teilautomatisierung organisiert wird, ist im wesentlichen menschlicher Entscheidung überlassen. Mit anderen Worten: Die Folgen des Einsatzes der EDV im staatlichen und privaten Bereich sind (...) weitestgehend politischer Gestaltung zugänglich. Ob also inhumane oder auch nur gesellschaftspolitisch unerwünschte Folgen entstehen, ist eine politische,

keine technische Frage. Jede Berufung auf angebliche Sachzwänge der Technik dient nur dazu, diesen fundamentalen Sachverhalt zu verschleiern.
Steinmüller et al. 1971: 41

Technologie wird die Menschheit nicht verlassen. Daher ist der Rückzug in eine »Offline-Romantik«[64] keine Option. Und da Technologie bleiben wird, muss klar sein, dass die Art und Weise, wie mit ihr interagiert wird, einer ganz grundsätzlichen Veränderung bedarf. Es muss geschichtlich betrachtet werden: Die Funktion, die Technologie bisher besaß, muss als gescheitert und äußerst schädlich angesehen werden. Diese Epoche muss nunmehr enden. Technologie darf nicht mehr als Allheilmittel, als neutrales Werkzeug, als gesellschaftliches Steuerungsmittel oder als automatische Befreierin fehlinterpretiert werden. Es muss klar sein, dass Technologie vor allem das Potenzial besitzt, als Machtinstrument zu dienen. Das bedeutet, dass Technologie stets beherrscht werden muss. Governance muss regieren und Technologie kann je nachdem an manchen Punkten unterstützen.

Manche Menschen haben das Glück, in Gesellschaften zu leben, in denen ihr Lebensstil akzeptiert wird und sie diesen ohne negative Konsequenzen offen ausleben können. Aber viele Menschen haben dieses Privileg nicht. Früher galten homosexuelle Beziehungen, die Liebe zu jemandem einer anderen Rasse oder Transgeschlechtlichkeit als gesellschaftlich inakzeptabel und sogar strafbar. Inzwischen sind diese Aktivitäten jedoch in vielen Teilen der Welt zur Norm geworden oder werden zumindest akzeptiert. Diese Transformation wurde durch private, persönliche Interaktionen erreicht, bei denen Personen mit Neigungen und Vorlieben, die von der Norm abweichen, ihren Freund*innen und Angehörigen ihr wahres Selbst offenbarten und Unterstützung für ihre Sache gewannen. Die Fähigkeit, den Zeitpunkt und die Art dieser Offenbarungen selbst zu wählen, spielte hierbei eine entscheidende Rolle für diese Wandlung. Ohne das Vorhandensein einer Privatsphäre wäre es nicht zu diesen sozialen Veränderungen gekommen. Daher ist die Privatsphäre für eine gesellschaftliche Transformation unerlässlich. Und es ist nur vernünftig anzunehmen, dass derzeit in unserem Leben Menschen existieren, die aufgrund ihrer Unfähigkeit, ihr wahres

Ich zu leben, viele Sorgen mit sich tragen. Privatsphäre bietet den notwendigen Raum für persönliches Wachstum und gesellschaftlichen Fortschritt.

In einer nachhaltigen Gesellschaft sind Datenschutz und Privatsphäre zentral. Der Schutz persönlicher Daten ist nicht nur ein individuelles Anliegen, sondern betrifft alle. Eine nachhaltige Gesellschaft respektiert die Rechte und Freiheiten jedes Einzelnen und gibt den Menschen die Kontrolle über ihre Daten.

Außerdem können Datenschutz und der Schutz der Privatsphäre dazu beitragen, soziale Ungleichheiten zu bekämpfen. Durch verantwortungsbewussten Umgang mit Daten und Schutz der Privatsphäre verhindern wir Diskriminierung aufgrund der Daten eines anderen. Und Unwissenheit erzeugt Solidarität: Durch Datenschutz und Privatsphäre stellen wir sicher, dass der Zugang zu Ressourcen und Chancen fair aufgeteilt wird.

Eine letzte, große Forderung ist: Ein Verbot vom Verkauf personenbezogener Daten und Metadaten, ein Verbot von Tracking und dem Erzeugen von Profilen. Das ist eine ganz offensichtliche Maßnahme, die sich auch gut begründen lässt: Im Grundgesetz und der Grundrechte-Charta der EU heißt es im jeweils ersten Artikel, dass die Würde des Menschen unantastbar ist. Datenschutz ermöglicht uns ein Leben mit Privatsphäre. Ein Leben ohne Privatsphäre ist kein würdiges Leben. Und warum sind andere, kranke »Geschäftsmodelle« wie Organ- und Menschenhandel verboten? Weil es verheerende Konsequenzen hätte, wenn sie erlaubt wären. Vermögende Menschen könnten problemlos beispielsweise eine Niere von einer Person kaufen, die dringend auf das Geld angewiesen ist. Die Sklaverei würde wieder eingeführt werden und kriminelle Kartelle, die sich sonst an diesen illegalen Aktivitäten betätigen, könnten dann ihren Einfluss auf Gesellschaft, Wirtschaft und zuletzt auf die Politik massiv ausbauen. Kommt uns das bekannt vor?

Es sollte allen klar sein – einschließlich der Nutzer*innen auf der Bottom-up-Ebene –, dass der Handel mit persönlichen Daten ein Handel mit den Schicksalen und den intimsten Gütern von Personen darstellt. Der digital-kapitalistische Gesellschaftsvertrag von *kostenlose Apps und Dienste gegen persönliche Daten* hätte von Anfang an verboten werden müssen. Es handelt sich um ein krankes und zynisches Geschäftsmodell von zu großen Konzernen, welche Schmiergelder zahlen, um ihre Macht zu festigen, ihre Ideologie und Propaganda in die Venen der Politik leiten und keine Skrupel haben, die Würde des Menschen zu monetarisieren. Wie kann so etwas erlaubt sein?

In Kapitel 3 »Unentbehrlichkeit« wurde die Easton'sche Definition von Politik genannt – die Herstellung und Durchsetzung kollektiv verbindlicher Entscheidungen. Seit Längerem praktizieren dies die Technologiekonzerne auf ihren Plattformen. Hinzu kommen Einflussnahme auf den öffentlichen Raum, Annexion der Daseinsvorsorge, Lenkung von Gesetzgebungsprozessen, Unterwanderung des politischen Apparats und nicht zuletzt Konstruktion von Realität und Bewusstsein durch Inanspruchnahme einer Deutungshoheit, wie die Gesellschaft funktioniert, funktionieren soll und wie die Zukunft auszusehen hat. Das alles ist die Herstellung und Durchsetzung kollektiv verbindlicher Entscheidungen. Die Frage, ob die Menschen das tatsächlich so wollen, wird nicht gestellt. Denn Legitimation findet jeden Tag durch jede*n Nutzer*innen und ebenfalls durch die Politik selbst statt.

Es ist paradox: Ohne die kulturellen und gesellschaftlichen Entwicklungen der Aufklärung, der Reformation und die Verschiebung von Unsicherheitsabsorption auf Magie, Religion und Technologie wären die Technologiekonzerne nicht so mächtig geworden. Das bedeutet, dass genau das, was durch die Konzerne als überholt, langsam und fehlerbehaftet betrachtet wird, ihre Vormachtstellung erst ermöglicht hat. Und dieser Prozess setzt sich fort. Was folgt, ist eine Wiederholung der kapitalistischen Geschichte, eine klare Aufspaltung der Gesellschaft in Kapital und digitales Proletariat – Cyberiat – durch Automatisierung: etwa wenn die Fahrerinnen und Fahrer sich selbst obsolet machen, indem sie für Uber ihre Arbeitskraft und ihr Fahrzeug zur Verfügung stellen und Uber den Gewinn in die Anschaffung autonomer Fahrzeuge steckt.

Und wenn die Politik sich selbst entmachtet, indem sie die Ideologie von Silicon Valley übernimmt und sich selbst von Plattformen sowie Hard- und Software der Technologiekonzerne abhängig macht, die im Gegenzug die Staatsfinanzen kommodifizieren, dann sind die Machtverhältnisse endgültig besiegelt.

Ein Hoffnungsschimmer besteht jedoch darin, dass Politik stets dafür zuständig war, die Schäden des Kapitalismus abzufedern – etwa durch Sozialgesetzgebung. Die umgebende politische Landschaft hat den Kapitalismus stets davor bewahrt, sich selbst zu zerstören. Benannt wurde er daher mit dem Euphemismus der »sozialen Marktwirtschaft«. Durch den Übergriff auf den öffentlichen Raum und öffentliche Güter und durch Erzeugung eines Machtgefälles gegenüber der Politik ist dieser politökonomische Pakt aber aufgekündigt. Wenn die Moderationsfunktion gegenüber dem Kapitalismus nicht mehr erfüllt wird – dann kann es sein, dass sich der Digitalkapitalismus früher oder später selbst zerstört. Abzuwarten ist aber keine Option. Die Politik muss gestalterisch tätig werden, um als einzige Alternative in Existenz zu bleiben.

Die europäischen Bürger*innen und Politiker*innen bedürfen einer Rückbesinnung darauf, welcher Wert der Arbeit zuzuschreiben ist, welche Standards zu setzen sind und dass Selbstbestimmung und Freiheit die Ursprünge von Grundgesetz, EU-Verfassung und insbesondere der Demokratie sind. Es muss verstanden werden, dass Prozesse des Datafizierens alle Menschen in erster Linie massiv beschränken. Und es muss verstanden werden, dass Privatsphäre keineswegs ›vorbei‹ und Datenschutz lediglich ein Gut der Vergangenheit ist – ganz im Gegenteil: Datenschutz ist eine zentrale Instanz dafür, eine selbstbestimmte Zukunft mit einer reichhaltigen Auswahl an Alternativen zu leben.[65]

Zuletzt gilt: Der Digitalkapitalismus offeriert uns einen goldenen Käfig im Tausch gegen kostenlose Dienste. Die großen Tech-Konzerne wollen uns glauben lassen, dass die Infiltration unserer Privatsphäre und die Beugung des Datenschutzes ihr einzig mögliches Geschäftsmodell sein soll. Dadurch wird eine verquere Realität konstruiert. Der zentrale Punkt ist, dass die Tech-Konzerne nicht das sind, was sie vorgeben zu sein. Sie sind nicht die Speerspitze der Technologie, sie sind nicht wohlwollend oder wollen gar unsere Privatsphäre schützen. Es handelt sich um tyrannenhafte Schmarotzer, die nicht nur eine pathologische Zukunft im All planen, sondern auch durch lange Anstrengungen erzeugte, essenzielle Grundbedingungen für ein freies, selbstbestimmtes Leben zerstören. Wir dürfen nicht zulassen, dass diese Vorgänge in irgendeiner Art und Weise als *normal* akzeptiert werden. Das sind sie nicht. Macht basiert auf der Einschränkung von Alternativen – und wenn wir die Geschäftsmodelle weiter stützen, verlieren wir täglich mehr Alternativen.

Auch wenn sich die Verhältnisse irgendwann ändern werden – wir müssen alles dafür tun, dass künftige Generationen ein freies und selbstbestimmtes Leben in einer Welt führen können. Was wir heute zulassen, ist sehr schwer wieder umzukehren. In einer zunehmend digitalisierten Gesellschaft müssen wir alle stets daran denken, dass wir keine Privatsphäre von Konzernen erwarten können, deren Geschäft es ist, uns unsere Freiheit zu stehlen.

Der Kaiser ist nackt.

> (…) *I choose to believe that your destinies are still your own.*
> *Maybe thats why I'm here – to remind you of the power of possibility.*
> *(…) Because till our last moment – the future's what we make it.*
> Captain Christopher Pike, Star Trek: »Strange New Worlds« 1 × 01

ANMERKUNGEN

1 Consumer Reports/CR Survey Research Department and Advocacy Division 2020
2 Hern 2019
3 Apple 2023
4 BBC News 2015
5 Gibbs/Grossman 2016
6 Reisinger 2016
7 Elmer-DeWitt 2021
8 Russell 2017
9 Olson 2022
10 Manakas 2023
11 Gallagher 2020 – Dies wurde inzwischen aber behoben.
12 Stopper et al. 2023: 4 f.
13 Wanjala 2023
14 Google Play 2023a
15 Google Play 2023b
16 TikTok 2023
17 Mobilsicher 2015
18 ITUJ o. J.
19 Mobilsicher 2020a
20 Mobilsicher 2020b
21 Mobilsicher 2020c
22 Kühl 2019
23 Tresorit 2019
24 Sühlmann-Faul 2022b
25 Diekmann 2007: 382 f.
26 Diekmann/Preisendörfer 2001: 114 ff.
27 Zandt 2021
28 Simon 2017
29 Staab 2019: 285
30 Marcuse 1967: 22
31 ebd.: 28
32 ebd.: 23
33 Mecke 2018
34 Bartz et al. 2023
35 UBS 2022
36 Mecke 2018
37 Hoffmann 2018
38 Kang/McCabe 2020
39 Karabell 2020
40 Desjardins 2017
41 Giles 2019
42 siehe Kapitel 5: »Diskussion«
43 Giles 2019
44 siehe Kapitel 3: »Gemeinsamkeiten«
45 Giles 2019
46 Kendall 2021
47 Biden 2023; übersetzt von FSF
48 Haufe Online Redaktion 2021
49 Wolf 2022
50 Haufe Online Redaktion 2022
51 Europäisches Parlament 2022a
52 Lasarte 2023
53 Europäisches Parlament 2022b
54 Europäisches Parlament 2022c
55 Hill 2021
56 Lobbycontrol 2023
57 Dachwitz 2022
58 Diesteldorf 2023
59 Generaldirektion Informatik der Europäischen Kommission 2020
60 Generaldirektion Informatik der Europäischen Kommission 2022
61 Pelka 2023
62 Cerulus 2020; Tomas Rudl 2023
63 Centola et al. 2018
64 Lovink 2022: 26
65 Morozov 2015

LITERATUR

Abelshauser, Werner (2006): Von der Industriellen Revolution zur Neuen Wirtschaft. Der Paradigmenwechsel im wirtschaftlichen Weltbild der Gegenwart. In: Geschichte und Gesellschaft. Sonderheft 22, 201–218.

Abrams, Abigail (2017): Mark Zuckerberg Shares Facebook's Plan to Change the World. Time. https://time.com/4674201/mark-zuckerberg-facebook-letter/, 13.02.2023

Acemoglu, Daron/Johnson, Simon (2023): Macht und Fortschritt: Unser 1000-jähriges Ringen um Technologie und Wohlstand. 1. Aufl. Campus.

Adams, Douglas (1994): Per Anhalter durch die Galaxis. 19. Auflage. Berlin: Ullstein.

Adonis, Abid (2019): Critical Engagement on Digital Sovereignty in International Relations: Actor Transformation and Global Hierarchy. In: Global: Jurnal Politik Internasional 21, 262. https://doi.org/10.7454/global.v21i2.412

Adorno, Theodor W. (1966): Negative Dialektik. Frankfurt a. M.: Suhrkamp.

Ahall, Bailey/Bergen, Peter/Sterman, David/Schneider, Emily (2014): Do NSA's Bulk Surveillance Programs Stop Terrorists? New America. http://newamerica.org/future-security/policy-papers/do-nsas-bulk-surveillance-programs-stop-terrorists/, 12.09.2023

Albanesius, Chloe (2013): Google Buys Bump App for Easy Sharing. PCMag UK. https://uk.pcmag.com/mobile-apps/12994/google-buys-bump-app-for-easy-sharing, 25.08.2023

Alecci, Scilla (2019): How China Targets Uighurs »One by One« for Using a Mobile App – ICIJ. https://www.icij.org/investigations/china-cables/how-china-targets-uighurs-one-by-one-for-using-a-mobile-app/, 13.09.2023

Allen-Ebrahimian, Bethany (2019): Exposed: China's Operating Manuals for Mass Internment and Arrest by Algorithm – ICIJ. https://www.icij.org/investigations/china-cables/exposed-chinas-operating-manuals-for-mass-internment-and-arrest-by-algorithm/, 13.09.2023

Alpatkina, Anna (2022): Apples Werbegeschäft wächst dank der eigenen Anti-Tracking-Maßnahmen. AdGuard Blog. https://adguard.com/de/blog/apple-tracking-ads-business.html, 24.01.2023

Alter EU (Hrsg.)/LobbyControl (Hrsg.) (2018): Gekaperte Gesetzgebung: Wenn Konzerne politische Prozesse dominieren und unsere Rechte bedrohen. ALTER-EU, Alliance for Lobbying Transparency and Ethics Regulation: Brüssel, Belgien

Álvarez, Sonja (2014): Was darf Facebook?: Nutzer sind sauer über geheimen Psycho-Test. In: Der Tagesspiegel Online, 30.06.2014; https://www.tagesspiegel.de/gesellschaft/medien/nutzer-sind-sauer-uber-geheimen-psycho-test-4576951.html, 23.02.2023

Amazon (2023a): Werden Sie noch heute Amazon Seller bei Amazon DE. Amazon Seller Services DE. https://sell.amazon.de/online-verkaufen, 13.02.2023

Amazon (2023b): Preisgestaltung bei Amazon führ Ihr Unternehmen. Amazon Seller Services DE. https://sell.amazon.de/preisgestaltung, 13.02.2023

Amazon Web Services (2023): Cloud für US- Nachrichtendienste | AWS. Amazon Web Services, Inc. https://aws.amazon.com/de/federal/us-intelligence-community/, 26.01.2023

Amnesty International (2022): Vereinigte Arabische Emirate 2021. https://www.amnesty.de/informieren/amnesty-report/vereinigte-arabische-emirate-2021, 18.03.2023

Ampuja, Marko (2020): The Blind Spots of Digital Innovation Fetishism. In: Stocchetti, Matteo (Hg.): The Digital Age and Its Discontents, Critical Reflections in Education. Helsinki University Press, 31–54.

Anderson, Porter (2020): International Authors' Organizations Not Satisfied in #Audiblegate Dispute. Publishing Perspectives. https://publishingperspectives.com/2020/11/international-authors-organizations-not-satisfied-with-audible-on-returns/, 19.08.2023

Anderson, Stephen R. (2010): How many languages are there in the world? | Linguistic Society of America. https://www.linguisticsociety.org/content/how-many-languages-are-there-world, 15.07.2023

Andrew, Christopher (2018): The Secret World: A History of Intelligence. First Edition. New Haven: Yale University Press.

Angwin, Julia/Larson, Jeff/Kirchner, Lauren (2016): Machine Bias. ProPublica. https://www.propublica.org/article/machine-bias-risk-assessments-in-criminal-sentencing, 16.09.2023

Apple (2021): Government and Private Party Requests – July 1 – December 31, 2021; https://www.apple.com/legal/transparency/pdf/requests-2021-H2-en.pdf, 17.03.2023

Apple (2022): Paid Applications Agreement: https://developer.apple.com/support/downloads/terms/schedules/Schedule-2-and-3-20220225-German.pdf, 09.02.2023

Apple (2023): Privacy – Labels. Apple. https://www.apple.com/privacy/labels/, 24.03.2023

ARD/ZDF-Forschungskommission (2022): ARD/ZDF-Onlinestudie 2022. https://www.ard-zdf-onlinestudie.de/files/2022/ARD_ZDF_Onlinestudie_2022_Publikationscharts.pdf

Aust, Christoph (2021): Schweizer Datenschutzgesetz 2022 aus Sicht der DSGVO. https://www.datenschutzkanzlei.de/schweizer-datenschutzgesetz-2022-dsgvo/, 23.03.2023

AW AlgorithmWatch gGmbH (2022): Nachhaltige KI in der Praxis. Sustain, Berlin.

Aydın, Atilla/Bensghir, Türksel Kaya (2019): Digital Data Sovereignty: Towards a Conceptual Framework. In: 2019 1st International Informatics and Software Engineering Conference (UBMYK). 1–6.

Backhaus, Klaus/Erichson, Bernd/Plinke, Wulff/Weiber, Rolf (2003): Multivariate Analysemethoden: eine anwendungsorientierte Einführung. 10., neu bearb. und erw. Aufl. Berlin, Heidelberg: Springer.

Backoefer, Andreas (2015): High-Tech-Instrumente im deutschen Wahlkampf: Eye-Tracking (Blickverlaufsmessung) | WEKA. WEKA Media – Der Fachverlag für Ihren beruflichen Erfolg. https://www.weka.de/buergermeister/high-tech-instrumente-im-deutschen-wahlkampf-eye-tracking-blickverlaufsmessung/, 07.03.2023

Bacon, Francis/Spedding, James/Ellis, Robert Leslie/Heath, Douglas Denon (1860): The works of Francis Bacon. Boston: Brown and Taggard.

Baecker, Dirk (2007): Studien zur nächsten Gesellschaft. Frankfurt, M.: Suhrkamp.

Baecker, Dirk (2015): Design Trust: Uncertainty Absorption in the next Society. In: Merkur 69, 89–97.

Barbrook, Richard/Cameron, Andy (1996): The Californian ideology. In: Science as Culture 6(1), 44–72. https://doi.org/10.1080/09505439609526455

Bartels, Nedo/Schmitt, Anna (2023): Digitale Ökosysteme und Plattformökonomie – Fraunhofer IESE. Fraunhofer-Institut für Experimentelles Software Engineering IESE. https://www.iese.fraunhofer.de/de/leistungen/digitale-oekosysteme.html, 13.05.2023

Barth, Susanne/de Jong, Menno D. T. (2017): The privacy paradox – Investigating discrepancies between expressed privacy concerns and actual online behavior – A systematic literature review. In: Telematics and Informatics 34(7), 1038–1058. https://doi.org/10.1016/j.tele.2017.04.013

Bartz, Diane/Sen, Anirban/Bartz, Diane/Sen, Anirban (2023): US regulators unveil antitrust roadmap with Big Tech in crosshairs. In: Reuters, 20.07.2023; https://www.reuters.com/markets/deals/us-antitrust-enforcers-tackle-digital-platforms-new-merger-guidelines-2023-07-19/

Baumstieger, Moritz (2021): »Ein sehr riskanter Ort«. Süddeutsche.de. https://www.sueddeutsche.de/projekte/artikel/politik/pegasus-projekt-die-emirate-sind-ein-riskanter-ort-e585671/, 17.09.2023

Bazzell, Michael (2023): Extreme Privacy: Mobile Devices. https://www.inteltechniques.com/book7a.html

BBC News (2014): Edward Snowden: Leaks that exposed US spy programme. In: BBC News, 17.01.2014; https://www.bbc.com/news/world-us-canada-23123964

BBC News (2015): San Bernardino shooting: Who were the attackers? In: BBC News. https://www.bbc.com/news/world-us-canada-35004024, 24.03.2023

Beck, Ulrich (1994): Das Zeitalter der Nebenfolgen und die Politisierung der Moderne. In: Beck, Ulrich et. al: Reflexive Modernisierung. Eine Kontroverse. Frankfurt am Main: edition Suhrkamp.

Beck, Ulrich (1996): Was meint »reflexive Modernisierung«? In: Reflexive Modernisierung. Eine Kontroverse. Frankfurt am Main: Suhrkamp, 19–112.

Beck, Ulrich (2015): Emancipatory catastrophism: What does it mean to climate change and risk society? In: Current Sociology 63(1), 75–88. https://doi.org/10.1177/0011392114559951

Beck, Ulrich/Giddens, Anthony/Lash, Scott (1996): Reflexive Modernisierung. Eine Kontroverse. Frankfurt am Main: edition Suhrkamp.

Behrendt, Hauke/Loh, Wulf/Misselhorn, Catrin/Matzner, Tobias (2019): Neuverortungen des Privaten. In: Behrendt, Hauke / Loh, Wulf / Matzner, Tobias / Misselhorn, Catrin (Hrsg.) 2019: Privatsphäre 4.0 – Eine Neuverortung des Privaten im Zeitalter der Digitalisierung. Berlin: J. B. Metzler / Springer Nature, 1–9.

Bellis, Mark A./Hughes, Karen/Leckenby, Nicola/Perkins, Clare/Lowey, Helen (2014): National household survey of adverse childhood experiences and their relationship with resilience to health-harming behaviors in England. In: BMC Medicine 12(1), 72. https://doi.org/10.1186/1741-7015-12-72

Benz, Arthur/Lütz, Susanne/Schimank, Uwe/Simonis, Georg (Hg.) (2007): Handbuch Governance: theoretische Grundlagen und empirische Anwendungsfelder. 1. Auflage. Wiesbaden: VS, Verlag für Sozialwissenschaften.

Bergen, Mark/Surane, Jennifer (2018): Google and Mastercard Cut a Secret Ad Deal to Track Retail Sales. In: Bloomberg.com, 30.08.2018; https://www.bloomberg.com/news/articles/2018-08-30/google-and-mastercard-cut-a-secret-ad-deal-to-track-retail-sales, 28.02.2023

Berghold, Aileen/Hübner, Constanze/Schmitz-Luhn, Björn/Woopen, Christiane (2022): Tech-Giganten im Gesundheitswesen. Gütersloh: Bertelsmann Stiftung.

Biden, Joe (2023): Opinion | Republicans and Democrats, Unite Against Big Tech Abuses. In: Wall Street Journal, 11.01.2023; https://www.wsj.com/articles/unite-against-big-tech-abuses-social-media-privacy-competition-antitrust-children-algorithm-11673439411

Binner, Hartmut F. (2015): Methoden-Baukasten für ganzheitliches Prozessmanagement: Systematische Problemlösungen zur Organisationsentwicklung und -gestaltung. Springer.

Boltanski, Luc/Chiapello, Ève (2006): Der neue Geist des Kapitalismus (édition discours): Mit e. Vorw. v. Franz Schultheis. 1. Aufl. Köln: Herbert von Halem.

Bolz, Norbert (2002): Das konsumistische Manifest. München: Fink.

Bory, Paolo (2020): Internet Histories, Narratives and the Rise of the Network Ideology. In: The Internet Myth, From the Internet Imaginary to Network Ideologies. University of Westminster Press, 7–38.

Bostrom, Nick (2003): Astronomical Waste: The Opportunity Cost of Delayed Technological Development. In: Utilitas 15(3), 308–314. https://doi.org/10.1017/S0953820800004076

Bostrom, Nick (2019): The Vulnerable World Hypothesis. In: Global Policy 10(4), 455–476. https://doi.org/10.1111/1758-5899.12718

Bourdieu, Pierre (1979): La distinction: critique sociale du jugement. Paris: Éditions de Minuit.

Brandeis, Louis D./Warren, Samuel (1890): The Right to Privacy. In: Harvard Law Review (Vol. IV, Nr. 5).

Brandes, Julian/Haun, Markus/Wrede, Daniel/Jürgens, Patrick/Kost, Christoph/Henning, Hans-Martin (2021): Wege zu einem klimaneutralen Energiesystem. Die deutsche Energiewende im Kontext gesellschaftlicher Verhaltensweisen Update November 2021: Klimaneutralität 2045. Freiburg: Fraunhofer ISE.

Brandt, Mathias (2015): Infografik: Office-Software dominiert deutsche Büros. Statista Infografiken. https://de.statista.com/infografik/3367/nutzung-von-office-software-in-deutschland, 03.03.2023

Bray, Francesca (2007): Gender and Technology. In: Annual Review of Anthropology 36, 37–53.

Brewster, Thomas (2019): »58 Million Names And Addresses, Please« – Tech Giants Reveal Wild Government Requests for Data. Forbes. https://www.forbes.com/sites/thomasbrewster/2019/03/26/58-million-names-and-addresses-pleasetech-giants-reveal-wild-government-requests-for-data/, 10.03.2020

Briscoe, B./Odlyzko, A./Tilly, B. (2006): Metcalfe's law is wrong – communications networks increase in value as they add members-but by how much? In: IEEE Spectrum 43(7), 34–39. https://doi.org/10.1109/MSPEC.2006.1653003

Briscoe, Bob/Odlyzko, Andrew/Tilly, Benjamin (2009): When a »Law« isn't a Law at all. In: International Commerce Review 8(2), 146–149. https://doi.org/10.1007/s12146-010-0040-1

Brühl, Jannis (2018): Palantir: Wie Hessens Polizei Fahndungs-Software nutzt. Süddeutsche. de. https://www.sueddeutsche.de/digital/palantir-in-deutschland-wo-die-polizei-alles-sieht-1.4173809, 07.03.2023

Brynjolfsson, Erik/Collis, Avinash/Eggers, Felix (2019): Using massive online choice experiments to measure changes in well-being. In: Proceedings of the National Academy of Sciences 116(15), 7250–7255. https://doi.org/10.1073/pnas.1815663116

Buchstein, Hubertus (2012): Divergierende Konzepte Politischen Handelns in der Politikwissenschaft. Weißeno, Georg/Buchstein, Hubertus (Hg.): Politisch handeln. Modelle, Möglichkeiten, Kompetenzen. Bonn: Bundeszentrale für Politische Bildung (Schriftenreihe/ Bundeszentrale für Politische Bildung, 1191), 18–38.

Bundesministerium für Ernährung und Landwirtschaft (2020): Fragen und Antworten zum Nutri-Score. BMEL. https://www.bmel.de/SharedDocs/FAQs/DE/faq-nutri-score/FAQ-nutri-score_List.html, 16.03.2023

Bundesministerium für Ernährung und Landwirtschaft (2023): Hilfestellung für Unternehmen – Einführung des Nutri-Score. BMEL. https://www.bmel.de/DE/themen/ernaehrung/lebensmittel-kennzeichnung/freiwillige-angaben-und-label/nutri-score/naehrwertkennzeichnung-hilfestellungen.html, 15.03.2023

Bundesministerium für Gesundheit (2023): Digitalisierungsstrategie vorgelegt. https://www.bundesgesundheitsministerium.de/presse/pressemitteilungen/digitalisierungsstrategie-vorgelegt-09-03-2023.html, 10.07.2023

Bundesnetzagentur für Elektrizität, Gas, Telekommunikation, Post und Eisenbahnen (2022): Nutzung von Online-Kommunikationsdiensten in Deutschland Ergebnisse der Verbraucherbefragung 2021. Bonn: Referat 121 – Digitalisierung und Vernetzung; Internetplattformen.

Buolamwini, Joy/Gebru, Timnit (2018): Gender Shades: Intersectional Accuracy Disparities in Commercial Gender Classification. In: Proceedings of the 1st Conference on Fairness, Accountability and Transparency. Paper präsentiert bei der Conference on Fairness, Accountability and Transparency, PMLR, 77–91.

Bürgerrat Klima (2021): Bürgerrat Klima. https://buergerrat-klima.de/, 15.08.2023

BVerfG (1957): Urteil des Ersten Senats vom 16.01.1957. 1 BvR 253/56 –, Rn. 1-36, 1957.

BVerfG (1983): Urteil des Ersten Senats vom 15. Dezember 1983. 1 BvR 209/83 –, Rn. 1-215 1983.

Carnau, Peter (2011): Nachhaltigkeitsethik: Normativer Gestaltungsansatz für eine global zukunftsfähige Entwicklung in Theorie und Praxis. Augsburg.

Centola, Damon/Becker, Joshua/Brackbill, Devon/Baronchelli, Andrea (2018): Experimental evidence for tipping points in social convention. In: Science 360(6393), 1116–1119. https://doi.org/10.1126/science.aas8827

Cerulus, Laurens (2020): EU Commission to staff: Switch to Signal messaging app. POLITICO. https://www.politico.eu/article/eu-commission-to-staff-switch-to-signal-messaging-app/, 29.03.2023

Chandler, David (2014): Resilience: the governance of complexity. Abingdon, Oxon; New York, NY: Routledge.

Chandler, David (2019): Digital Governance in the Anthropocene: In: Chandler, David/Fuchs, Christian (Hg.): Digital Objects, Digital Subjects, Interdisciplinary Perspectives on Capitalism, Labour and Politics in the Age of Big Data. University of Westminster Press, 23–42.

Chandler, David (2019): Digital Governance in the Anthropocene: The Rise of the Correlational Machine. In: Chandler, David/Fuchs, Christian (Hg.): Digital Objects, Digital Subjects, Interdisciplinary Perspectives on Capitalism, Labour and Politics in the Age of Big Data. University of Westminster Press, 23–42.

Chandler, David/Fuchs, Christian (Hg.) (2019): Digital Objects, Digital Subjects: Interdisciplinary Perspectives on Capitalism, Labour and Politics in the Age of Big Data. University of Westminster Press.

Choudary, Sangeet Paul (2015): Platform Scale: How an emerging business model helps start-ups build large empires with minimum investment. First Edition. Boston: Platform Thinking Labs.

CIA Fact Book (2023): China. The World Factbook, https://www.cia.gov/the-world-factbook/countries/china/#people-and-society

Clarke, Arthur C. (1973): Profiles of the future: an inquiry into the limits of the possible. Rev. ed. New York: Harper & Row.

CNNMoney (2022): https://money.cnn.com/2017/10/03/technology/business/yahoo-breach-3-billion-accounts/index.html, 08.11.2022

Coldewey, Devin (2022): Facebook helps cops prosecute 17-year-old for abortion. TechCrunch. https://techcrunch.com/2022/08/09/facebook-helps-cops-prosecute-17-year-old-for-abortion/, 01.09.2023

Computer History Museum (2023): 1971 | Timeline of Computer History | Computer History Museum. https://www.computerhistory.org/timeline/1971/, 27.04.2023

Consumer Reports/CR Survey Research Department and Advocacy Division (2020): Platform Perceptions. Consumer Attitudes On Competition and Fairness in Online Platforms; https://innovation.consumerreports.org/wp-content/uploads/2020/09/FINAL–CR-survey-report.platform-perceptions-consumer-attitudes-.september-2020.pdf

Couture, Stephane/Toupin, Sophie (2019): What does the notion of »sovereignty« mean when referring to the digital? In: New Media & Society 21(10), 2305–2322. https://doi.org/10.1177/1461444819865984

Cranz, Alex (2022): Google is shutting down Stadia. The Verge. https://www.theverge.com/2022/9/29/23378713/google-stadia-shutting-down-game-streaming-january-2023, 25.08.2023

Crunchbase (2023): Query Builder | Acquisitions. Crunchbase. https://www.crunchbase.com/search/acquisitions/field/organizations/num_acquisitions/google, 22.08.2023

Cryptoparty Köln-Bonn (2022): cryptopartykbn:messenger [CryptoParty.]. https://www.cryptoparty.in/cryptopartykbn/messenger, 20.03.2023

Cukier, Kenneth Neil/Mayer-Schönberger, Viktor (2013): The Rise of Big Data. In: Foreign Affairs (May/Juni 2013).

Cummings, Mary (2004): Automation Bias in Intelligent Time Critical Decision Support Systems. In: AIAA 1st Intelligent Systems Technical Conference, Infotech@Aerospace Conferences. American Institute of Aeronautics and Astronautics.

d'Hauterive, Ernest (1938): Le Cabinet Noir. In: Revue des Deux Mondes (1829–1971) 46(1), 179–198.

Da Empoli, Giuliano (2023): Der Magier im Kreml. München: C. H. Beck.

Dachwitz, Ingo (2017): Wahlkampf in der Grauzone: Die Parteien, das Microtargeting und die Transparenz. netzpolitik.org. https://netzpolitik.org/2017/wahlkampf-in-der-grauzone-die-parteien-das-microtargeting-und-die-transparenz/, 07.03.2023

Dachwitz, Ingo (2022): Digitale-Dienste-Gesetz: Wie die Datenindustrie ein Verbot von Überwachungswerbung verhinderte. netzpolitik.org. https://netzpolitik.org/2022/digitale-dienste-gesetz-wie-die-datenindustrie-ein-verbot-von-ueberwachungswerbung-verhinderte/, 19.09.2023

Dachwitz, Ingo/Rudl, Tomas/Rebiger, Simon (2018): FAQ: Was wir über den Skandal um Facebook und Cambridge Analytica wissen [UPDATE]. netzpolitik.org. https://netzpolitik.org/2018/cambridge-analytica-was-wir-ueber-das-groesste-datenleck-in-der-geschichte-von-facebook-wissen/, 21.02.2023

Dang, Sheila/Hu, Krystal (2023): Elon Musk says xAI will examine universe, work with Twitter and Tesla. In: Reuters, 14.07.2023; https://www.reuters.com/technology/elon-musk-says-xai-will-use-public-tweets-ai-model-training-2023-07-14/

Datenschutzpraxis (2022a): Personenbezogene Daten im Fokus der Cyberattacken. Datenschutz PRAXIS für Datenschutzbeauftragte. https://www.datenschutz-praxis.de/datenschutzbeauftragte/personenbezogene-daten-im-fokus-der-cyberattacken/, 07.11.2022

Datenschutzpraxis (2022b): Download Datenschutz-Checkliste: So prüfen Sie Messenger. Datenschutz PRAXIS für Datenschutzbeauftragte. https://www.datenschutz-praxis.de/datenschutzbeauftragte/download-datenschutz-checkliste-so-pruefen-sie-messenger/, 12.10.2022

Daum, Timo (2019): Die Künstliche Intelligenz des Kapitals. Originalveröffentlichung Edition. Hamburg: Edition Nautilus GmbH.

Degele, Nina (2002): Einführung in die Techniksoziologie. UTB für Wissenschaft Soziologie, München: Fink.

DePillis, Lydia (2018): Amazon's biggest customer may soon be the US government | CNN Business. CNN. https://www.cnn.com/2018/11/15/business/amazon-government/index.html, 15.07.2023

Desjardins, Jeff (2017): Chart: The Evolution of Standard Oil. Visual Capitalist. https://www.visualcapitalist.com/chart-evolution-standard-oil/, 18.09.2023

Destatis (2020): Jede zweite Person kommunizierte 2019 per Videochat oder Online-Telefonie. Statistisches Bundesamt. https://www.destatis.de/DE/Presse/Pressemitteilungen/2020/06/PD20_225_52911.html, 17.10.2022

Destatis (2021a): Ausstattung privater Haushalte mit Internet und Breitbandanschluss im Zeitvergleich. Statistisches Bundesamt. https://www.destatis.de/DE/Themen/Gesellschaft-Umwelt/Einkommen-Konsum-Lebensbedingungen/Ausstattung-Gebrauchsgueter/Tabellen/zeitvergleich-ausstattung-ikt.html, 17.10.2022

Destatis (2021b): 3,3 Millionen Menschen nutzten 2020 smarte Haushaltsgeräte. Statistisches Bundesamt. https://www.destatis.de/DE/Presse/Pressemitteilungen/Zahl-der-Woche/2021/PD21_27_p002.html, 17.10.2022

Destatis (2022a): Jeder 20. Mensch im Alter von 16 bis 74 Jahren in Deutschland ist offline. Statistisches Bundesamt. https://www.destatis.de/DE/Presse/Pressemitteilungen/Zahl-der-Woche/2022/PD22_14_p002.html, 17.10.2022

Destatis (2022b): Fast jeder fünfte Haushalt hat Internetfernsehen. Statistisches Bundesamt. https://www.destatis.de/DE/Presse/Pressemitteilungen/Zahl-der-Woche/2022/PD22_19_p002.html, 17.10.2022

Deutsche Bundesregierung (2021): Datenstrategie der Bundesregierung, Kabinettfassung

Dick, Philip K. (1962/1982): Das Orakel vom Berge. Bergisch Gladbach: Bastei-Lübbe.

Dick, Philip K. (1969/2003): Ubik. München: Heyne.

Diekmann, Andreas (2007): Empirische Sozialforschung: Grundlagen, Methoden, Anwendungen. 4. Aufl., Feb. 2010, Reinbek bei Hamburg: Rowohlt Taschenbuch.

Diekmann, Andreas/Preisendörfer, Peter (2001): Umweltsoziologie: eine Einführung. Reinbek bei Hamburg: Rowohlt-Taschenbuch.

Diestelforf, Jan (2023): EU-Parlament: Gesetz soll künstlicher Intelligenz enge Grenzen setzen. Süddeutsche.de. https://www.sueddeutsche.de/politik/kuenstliche-intelligenz-eu-parlament-chatgpt-1.5931066, 20.09.2023

Discord Inc. (o. J.): Über Discord | Unser Ziel und unsere Werte. https://discord.com/company, 20.03.2023

Discord.com (2020): Server Boosting – Buy a Level. Discord. https://support.discord.com/hc/de/articles/360039337992-Server-Boosting-Buy-a-Level, 21.03.2023

Discord.com (2023): Privacy Policy | Discord. https://discord.com/privacy, 21.03.2023

Dixon, Stacy Jo (2023): Meta Threads platform users 2023. Statista. https://www.statista.com/statistics/1398663/global-threads-users/, 10.09.2023

DNSlytics (2023): signal.org – DNS Whois IP. https://dnslytics.com/domain/signal.org, 22.03.2023

Doctorow, Cory (2018): Is this the full list of US cities that have bought or considered Predpol's predictive policing services? Boing Boing. https://boingboing.net/2018/10/30/el-monte-and-tacoma.html, 07.09.2023

Dolata, Ulrich/Schrape, Jan-Felix (2022): Platform Architectures. The Structuration of Platform Companies on the Internet (Nr. 2022–01). SOI Discussion Paper, Stuttgart: Universität Stuttgart.

Dr. Datenschutz (2022): Facebook »Custom Audiences«: Vereinbar mit dem Datenschutz? Dr. Datenschutz. https://www.dr-datenschutz.de/facebook-custom-audiences-vereinbar-mit-dem-datenschutz/, 14.07.2023

Dr. Datenschutz (2021): WhatsApp im Datenschutz-Check: Das passiert mit deinen Daten. Dr. Datenschutz. https://www.dr-datenschutz.de/whatsapp-im-datenschutz-check-das-passiert-mit-deinen-daten/, 16.05.2022

Duportail, Judith (2017): I asked Tinder for my data. It sent me 800 pages of my deepest, darkest secrets. In: The Guardian 26.09.2017; https://www.theguardian.com/technology/2017/sep/26/tinder-personal-data-dating-app-messages-hacked-sold, 20.12.2019

Durov, Pavel (2021): Telegram: Contact @durovschat. https://t.me/durovschat/515221, 23.03.2023

Easton, David (1979): A framework for political analysis. Chicago: University of Chicago Press.

Ecomcrew (2021): In-Depth Study of All 88 Amazon Private Label Brands. https://www.ecomcrew.com/amazons-private-label-brands/, 30.08.2023

Eddy, Max (2023): The Best Secure Messaging Apps for 2023. PCMag UK. https://uk.pcmag.com/security/140522/the-best-secure-messaging-apps-for-2022, 28.02.2023

Edgerton, David (2019): The Shock Of The Old: Technology and Global History since 1900. Main Edition. London: Profile Books.

Editorial (2022): The Guardian view on digital exclusion: online must not be the only option. In: The Guardian 23.06.2022; https://www.theguardian.com/commentisfree/2022/jun/23/the-guardian-view-on-digital-exclusion-online-must-not-be-the-only-option, 04.07.2022

Edwards, Meredith/Halligan, John/Horrigan, Bryan/Nicoll, Geoffrey (2012): Dimensions of Governance for the Public Sector. In: Public Sector Governance in Australia. ANU Press, 9–34.

Elliott, Vittoria/Christopher, Nilesh/Deck, Andrew/Schwartz, Leo (2021): The Facebook Papers reveal staggering failures in the Global South. Rest of World. https://restofworld.org/2021/facebook-papers-reveal-staggering-failures-in-global-south/, 19.09.2023

Ellul, Jacques (1967): The Technological Society. New York, NY: Vintage.

Elmer-DeWitt, Philip (2021): Bernstein says Google's FY21 payments to Apple might reach nearly $15B. Philip Elmer-DeWitt. https://www.ped30.com/2021/08/25/apple-google-payments-15b/, 24.03.2023

Enz, Kendal (2021): Authors Sue Audible for Back Royalty Payments | Law Street Media. https://lawstreetmedia.com/news/tech/authors-sue-audible-for-back-royalty-payments/, 19.08.2023

Eubanks (2019): Automating Inequality: How High-Tech Tools Profile, Police, and Punish the Poor. Reprint Edition. New York: Picador.

Europäische Kommission (2019): EMPFEHLUNG (EU) 2019/ 243 DER KOMMISSION – vom 6. Februar 2019 – über ein europäisches Austauschformat für elektronische Patientenakten.

Europäische Kommission (2019): EMPFEHLUNG (EU) 2019/ 243 DER KOMMISSION – vom 6. Februar 2019 – über ein europäisches Austauschformat für elektronische Patientenakten; https://eur-lex.europa.eu/legal-content/DE/TXT/PDF/?uri=CELEX:32019H0243, 04.07.2022 Europäische Kommission (2022a): Proposal for a REGULATION OF THE EUROPEAN PARLIAMENT AND OF THE COUNCIL laying down rules to prevent and combat child sexual abuse (Nr. 209/2). Brüssel, Belgien: Europäische Kommission.

Europäische Kommission (2022b): Fighting child sexual abuse. European Commission – European Commission. https://ec.europa.eu/commission/presscorner/detail/en/IP_22_2976, 11.09.2023 Europäische Union (2012): Charta der Grundrechte der Europäischen Union. 2012/C 326/02 2012, 17.

Europäisches Parlament (2016): Verordnung (EU) 2016/679 des Europäischen Parlaments und des Rates vom 27. April 2016 zum Schutz natürlicher Personen bei der Verarbeitung personenbezogener Daten, zum freien Datenverkehr und zur Aufhebung der Richtlinie 95/46/EG (Datenschutz-Grundverordnung) (Text von Bedeutung für den EWR). OJ L 119 2016.

Europäisches Parlament (2022): Verordnung (EU) 2022/1925 des Europäischen Parlaments und des Rates vom 14.09.2022 über bestreitbare und faire Märkte im digitalen Sektor und zur Änderung der Richtlinien (EU) 2019/1937 und (EU) 2020/1828 (Gesetz über digitale Märkte).

Europäisches Parlament (2022a): Digital markets act: Adoption in plenary; https://www.europarl.europa.eu/RegData/etudes/ATAG/2022/733561/EPRS_ATA(2022)733561_EN.pdf

Europäisches Parlament (2022b): Digitale Dienste: EU setzt Maßstäbe für offene und sicherere Online-Umgebung | Aktuelles | Europäisches Parlament. https://www.europarl.europa.eu/news/de/press-room/20220701IPR34364/digitale-dienste-eu-setzt-massstabe-fur-offene-und-sicherere-online-umgebung, 18.09.2023

EU-Transparency Register (2022a): Auflistung von Treffen zwischen Google und Vertreter*innen des EU-Parlaments bzw. der EU-Kommission seit 2014; https://ec.europa.eu/transparencyregister/public/consultation/displaylobbyist.do?id=03181945560-59&pdf=true, 06.03.2023

EU-Transparency Register (2022b): Transparency Register. Organisation Name Google. https://ec.europa.eu/transparencyregister/public/consultation/displaylobbyist.do?id=03181945560-59, 06.03.2023

Facebook Inc. (2018): Antworten der Firma Facebook an den US-amerikanischen Senat nach den Anhörungen zum ›Cambridge Analytica‹-Skandal, die der CEO Marc Zuckerberg am 10. und 11. April 2018 den Senator*innen nicht beantworten konnte. Menlo Park, Kalifornien; https://www.commerce.senate.gov/services/files/ed0185fb-615a-4fd5-818b-5ce050825a9b

Facebook Inc. (2022): Legal Terms. https://de-de.facebook.com/legal/terms, 14.02.2023

Faucher, Kane X. (2018): Capitalism and the Ideologies of the Social. In: Social Capital Online, Alienation and Accumulation. University of Westminster Press, 39–60.

Ferran, Lee (2014): Ex-NSA Chief: »We Kill People Based on Metadata«. ABC News. http://abcnews.go.com/blogs/headlines/2014/05/ex-nsa-chief-we-kill-people-based-on-metadata, 11.03.2020

Flade, Florian/Mascolo, Georg (2021): Telegram: Kaum zu fassen. tagesschau.de. https://www.tagesschau.de/investigativ/ndr-wdr/telegram-105.html, 26.03.2023

Flick, Uwe (2007): Qualitative Sozialforschung: eine Einführung. Reinbek bei Hamburg: Rowohlt-Taschenbuch.

Fowler, Geoffrey A./Hunter, Tatum (2022): For people seeking abortions, digital privacy is suddenly critical. In: Washington Post, 24.06.2022; https://www.washingtonpost.com/technology/2022/05/04/abortion-digital-privacy/, 24.02.2023

Fuchs, Christian (2020): Ideology. In: Communication and Capitalism, A Critical Theory. University of Westminster Press, 217–234.

Future of Life Institute (2023): Pause Giant AI Experiments: An Open Letter. Future of Life Institute. https://futureoflife.org/open-letter/pause-giant-ai-experiments/, 17.09.2023

Gaiman, Neil (2001): American Gods. London: Headline Feature.

Gallagher, William (2020): What Apple's new privacy »nutrition« labels say about some of the biggest apps. AppleInsider. https://appleinsider.com/articles/20/12/15/what-apples-new-privacy-nutrition-labels-say-about-some-of-the-biggest-apps, 25.03.2023

Garvie, Clare/Bedoya, Alvaro/Frankle, Jonathan (2016): Perpetual Line Up. Perpetual Line Up. https://www.perpetuallineup.org/findings/racial-bias, 24.04.2023

Gebhart, Gennie (2018): Thinking About What You Need In A Secure Messenger. Electronic Frontier Foundation. https://www.eff.org/deeplinks/2018/03/thinking-about-what-you-need-secure-messenger, 31.08.2022

Gell, Alfred (1988): Technology and Magic. In: Anthropology Today 4(2), 6–9. https://doi.org/10.2307/3033230

Generaldirektion Informatik der Europäischen Kommission (2020): The European Commission adopts its new Open Source Software Strategy 2020–2023. https://commission.europa.eu/news/european-commission-adopts-its-new-open-source-software-strategy-2020-2023-2020-10-21_en, 29.03.2023

Generaldirektion Informatik der Europäischen Kommission (2022): European Parliament and Commission launch the Free an Open Source Software for European Public Services (FOSSEPS) Pilot Project. https://commission.europa.eu/news/european-parliament-and-commission-launch-free-open-source-software-european-public-services-fosseps-2022-02-11_en, 29.03.2023

Gergen, Kenneth J. (1985): The social constructionist movement in modern psychology. In: American Psychologist 40(3), 266–275. https://doi.org/10.1037/0003-066X.40.3.266

Gerhards, Jürgen (2001). Der Aufstand des Publikums/The Rebellion of the Citizens. Zeitschrift für Soziologie, 30(3), 163–184.

Geyer, Steven (2023): Bürger-Petitionen sollen mehr Einfluss im Bundestag bekommen. https://www.rnd.de/politik/buerger-petitionen-sollen-mehr-einfluss-im-bundestag-bekommen-J7APK7LQPVGY5KAFPYNQQSOVZA.html, 28.08.2023

Gibbs, Nancy/Grossman, Lev (2016): Here's the Full Transcript of TIME's Interview With Apple CEO Tim Cook. Time. https://time.com/4261796/tim-cook-transcript/, 24.03.2023

Giddens, Anthony (1996): Leben in einer posttraditionalen Gesellschaft. In: Reflexive Modernisierung. Eine Kontroverse. Frankfurt am Main: Suhrkamp, 113–194.

Giles, Martin (2019): Breaking up Big Tech will be really hard to do—here's why. MIT Technology Review. https://www.technologyreview.com/2019/06/04/103008/breaking-up-big-tech-will-be-really-hard-to-do/, 18.09.2023 github (2023): Signal. GitHub. https://github.com/signalapp, 24.03.2023

Google (2022): Service fees – Play Console Help. https://support.google.com/googleplay/android-developer/answer/112622?hl=en, 09.02.2023

Google Play (2023a): Android-Apps auf Google Play: TikTok. https://play.google.com/store/games?hl=de&gl=DE, 27.03.2023

Google Play (2023b): Android-Apps auf Google Play: WhatsApp Messenger. https://play.google.com/store/games?hl=de&gl=DE, 27.03.2023

Gore, Al (1991): Infrastructure for the Global Village. In: Scientific American 265(3), 150–153.

Graham, Mark/Foster, Christopher (2016): Geographies of Information Inequality in Sub-Saharan Africa. In: The African Technopolitan Volume 5(January 2016), 78–85.

Graham, Mark/Sengupta, Anasuya (2017): We're all connected now, so why is the internet so white and western? In: The Guardian, 05.10.2017; https://www.theguardian.com/commentisfree/2017/oct/05/internet-white-western-google-wikipedia-skewed, 15.07.2023

Green, Ben/Chen, Yiling (2021): Algorithmic Risk Assessments Can Alter Human Decision-Making Processes in High-Stakes Government Contexts (Volume 5, Issue CSCW2). Proceedings of the ACM on Human-Computer Interaction.

Greenwald, Glenn/MacAskill, Ewen (2013): NSA Prism program taps in to user data of Apple, Google and others. In: The Guardian, 07.06.2013; https://www.theguardian.com/world/2013/jun/06/us-tech-giants-nsa-data

Grimshaw, Mike (2017): Digital society and capitalism. In: Palgrave Communications 3(1), 1–3. https://doi.org/10.1057/s41599-017-0020-5

Grundgesetz für die Bundesrepublik Deutschland (1949), letzte Änderung vom 28.06.2022.

Guess, Andrew M./Nyhan, Brendan/Reifler, Jason (2020): Exposure to untrustworthy websites in the 2016 US election. In: Nature Human Behaviour 4(5), 472–480. https://doi.org/10.1038/s41562-020-0833-x

Guinness, Harry (2018): How to Remove Google From Your Life (And Why That's Nearly Impossible). How-To Geek. https://www.howtogeek.com/348792/how-to-remove-google-from-your-life/, 17.10.2022

Häcker, Hartmut/Stapf, Kurt H. (Hg.) (1998): Dorsch Psychologisches Wörterbuch. 13. überarbeitete und erweiterte Auflage. Bern; Göttingen; Toronto; Seattle: Hans Huber.

Hanisch, Marvin/Goldsby, Curtis M./Fabian, Nicolai E./Oehmichen, Jana (2023): Digital governance: A conceptual framework and research agenda. In: Journal of Business Research 162, 113777. https://doi.org/10.1016/j.jbusres.2023.113777

Hansen, Lauren (2015): 8 drivers who blindly followed their GPS into disaster. The Week. https://theweek.com/articles/464674/8-drivers-who-blindly-followed-gps-into-disaster, 09.02.2023

Hart, David (2004): On the Origins of Google. NSF – National Science Foundation. https://beta.nsf.gov/news/origins-google, 02.03.2023

Haufe Online Redaktion (2021): Wettbewerbsverstoß: EuG bestätigt Milliardenstrafe gegen Google | Compliance | Haufe. Haufe.de News und Fachwissen. https://www.haufe.de/compliance/recht-politik/google-wehrt-sich-gegen-kartellrechtliche-eu-milliardenstrafe_230132_510262.html, 18.09.2023

Haufe Online Redaktion (2022): EU-Digital Services Act und Digital Markets Act in Kraft | Recht | Haufe. Haufe.de News und Fachwissen. https://www.haufe.de/recht/weitere-rechtsgebiete/wirtschaftsrecht/regulierung-von-internetplattformen-eu-digital-services-act_210_570622.html, 18.09.2023

Heaven, Will Douglas (2020): Predictive policing algorithms are racist. They need to be dismantled. MIT Technology Review. https://www.technologyreview.com/2020/07/17/1005396/predictive-policing-algorithms-racist-dismantled-machine-learning-bias-criminal-justice/, 07.09.2023

Herder, Janosik (2018): Regieren Algorithmen? Über den sanften Einfluss algorithmischer Modelle. In: Resa Mohabbat-Kar/Kompetenzzentrum Öffentliche IT (Hg.): (Un)berechenbar? Algorithmen und Automatisierung in Staat und Gesellschaft. Berlin: Kompetenzzentrum Öffentliche IT, 179–203.

Herlo, Bianca/Ullrich, André/Vladova, Gergana (2022): Verantwortungsvolle demokratisch nachhaltige digitale Souveränität Wirkungszusammenhänge von Nachhaltigkeit und digitaler Souveränität (Kurzstudie des CO:DINA-Projekts). Berlin: Institut für Zukunftsstudien und Technologiebewertung.

Hern, Alex (2019): Facebook usage falling after privacy scandals, data suggests. In: The Guardian. https://www.theguardian.com/technology/2019/jun/20/facebook-usage-collapsed-since-scandal-data-shows, 24.03.2023

Herrmann, Ulrike (2016): Kein Kapitalismus ist auch keine Lösung: Die Krise der heutigen Ökonomie oder Was wir von Smith, Marx und Keynes lernen können. 1. Aufl. Frankfurt/Main: Westend.

Hester, Patricia (2021): 26 Mind-Boggling Online Review Statistics & Facts for 2022. WebsiteBuilder.org. https://websitebuilder.org/blog/online-review-statistics/, 13.02.2023

Hill, Steven (2021): Europe's Digital Fix Is Already Broken – Steven Hill. https://www.steven-hill.com/europes-digital-fix-is-already-broken/, 15.09.2023

Hill, Steven (2023): Das Kartellrecht wird in den USA (endlich) wieder durchgesetzt. Mitbestimmungsportal. https://www.mitbestimmung.de/html/das-kartellrecht-wird-in-den-usa-23967.html, 18.08.2023

Hillenbrand, Tom (2016): Des Königs NSA: 1684 statt 1984. 1. Auflage. Berlin: epubli.

Hillmann, Karl-Heinz (1994): Wörterbuch der Soziologie. Stuttgart: Kröner.

Hiltzik, Michael (2021): Column: Elon Musk is giving $150 million to charity. What a cheapskate. Los Angeles Times. https://www.latimes.com/business/story/2021-04-26/elon-musk-150-million-charity, 23.01.2023

Hoffmann, Catherine (2018): Internet-Konzerne: Freunde oder Feinde? Süddeutsche.de. https://www.sueddeutsche.de/wirtschaft/internet-konzerne-freunde-oder-feinde-1.4080496, 18.09.2023

Holev, Ina (2020): Decolonize the Internet! In: Das Goethe (2/2019), 6–9.

Holland, Martin (2023): Chatkontrolle: Spanien plädiert für EU-Verbot von Ende-zu-Ende-Verschlüsselung. heise online. https://www.heise.de/news/Chatkontrolle-Spanien-plaediert-fuer-EU-Verbot-von-Ende-zu-Ende-Verschluesselung-9062428.html, 10.09.2023

Höller, Heinz-Peter/Wedde, Peter (2018): Die Vermessung der Belegschaft (Nr. 10). Mitbestimmungspraxis. Düsseldorf: Hans-Böckler-Stiftung.

Hopp, Toby/Ferrucci, Patrick/Vargo, Chris J. (2020): Why Do People Share Ideologically Extreme, False, and Misleading Content on Social Media? A Self-Report and Trace Data–Based Analysis of Countermedia Content Dissemination on Facebook and Twitter. In: Human Communication Research 46(4), 357–384. https://doi.org/10.1093/hcr/hqz022

Horkheimer, Max (1967): Zur Kritik der instrumentellen Vernunft. Aus den Vorträgen und Aufzeichnungen seit Kriegsende. Frankfurt am Main: S. Fischer.

Horkheimer, Max/Adorno, Theodor W. (1988): Dialektik der Aufklärung. Philosophische Fragmente. Neuausgabe. Frankfurt am Main: Fischer.

Hornung, Peter (2022): Datenschützer wollen Adresshandel untersagen. tagesschau.de. https://www.tagesschau.de/investigativ/ndr/adresshandel-101.html, 17.05.2022

Hughes, Thomas Parke (1983): Networks of Power: Electrification in Western Society, 1880–1930 (Softshell Books). Baltimore, Maryland: The Johns Hopkins University Press.

Hulverscheidt, Claus (2017): Schule – Google drängt in die Klassenzimmer. Süddeutsche.de. https://www.sueddeutsche.de/bildung/digitales-lernen-klick-ins-klassenzimmer-1.3544183, 25.07.2022

IBM Newsroom (2019): New Survey Finds Deep Consumer Anxiety over Data Privacy and Security. IBM News Room. https://newsroom.ibm.com/2018-04-16-New-Survey-Finds-Deep-Consumer-Anxiety-over-Data-Privacy-and-Security, 28.02.2019

International Telecommunication Union (2021): Digital technologies to achieve the UN SDGs. ITU. https://www.itu.int:443/en/mediacentre/backgrounders/Pages/icts-to-achieve-the-united-nations-sustainable-development-goals.aspx, 24.01.2023

Irish Council for Civil Liberties/Ryan, Johnny (2022): The biggest data breach. ICCL report on scale of real-time bidding data broadcasts in the US and Europe; https://www.iccl.ie/wp-content/uploads/2022/05/Mass-data-breach-of-Europe-and-US-data-1.pdf

ITUJ (o. J.): ITUJ – Das Institut für Technik und Journalismus. https://ituj.de/, 15.04.2023

Izusha (2022): How Does Facebook Suggest Friends? https://www.technewstoday.com/facebook-suggest-friends/, 13.07.2023

Jackson, Kourtnee (2022): Amazon Has New Robots Joining Its Warehouse Workforce. CNET. https://www.cnet.com/tech/amazon-robots-will-join-its-warehouse-workforce/, 21.02.2023

Janssen, Lara (2020): Apple: Warum Technologiekonzerne Einfluss auf Bildung haben. Süddeutsche.de. https://www.sueddeutsche.de/bildung/apple-bildung-schule-einfluss-1.4787334, 07.03.2023

Johnson, Bobbie (2010): Privacy no longer a social norm, says Facebook founder. In: The Guardian 11.01.2010; https://www.theguardian.com/technology/2010/jan/11/facebook-privacy, 16.02.2023

Johnson, Leif (2018): Uber self-driving cars: everything you need to know. TechRadar. https://www.techradar.com/news/uber-self-driving-cars, 21.02.2023

Jonas, Wolfgang (1993): Design as problem-solving? or: Here is the solution —what was the problem? In: Design Studies 14(2), 157.

Jonas, Wolfgang (2023): Happily Muddling Through: Potentials and Limits of Transformative Design Approaches. In: Kaldrack, Irina/Nohr, Rolf F. (Hg.): Preferable Futures, Digital Cultures Series. Lüneburg: meson press, 53–74.

Kahle, Judith (2022): DAN-Schulen bröckeln: undichte Dächer, marode Toiletten. Elbe-Jeetzel-Zeitung. https://www.ejz.de/lokales/lokales/dan-schulen-broeckeln-undichte-daecher-marode-toiletten_50_112185766-28-.html, 07.03.2023

Kahneman, Daniel/Tversky, Amos (1979): Prospect Theory: An Analysis of Decision under Risk. In: Econometrica 47(2), 263–291. https://doi.org/10.2307/1914185

Kaminer, Tahl (2019): Governance and The Climate Crisis. In: Log (47), 157–165.

Kang, Cecilia/McCabe, David (2020): House Lawmakers Condemn Big Tech's ›Monopoly Power‹ and Urge Their Breakups. In: The New York Times, 06.10.2020; https://www.nytimes.com/2020/10/06/technology/congress-big-tech-monopoly-power.html

Kant, Immanuel (1784): Beantwortung der Frage: Was ist Aufklärung? 1. Auflage. Berlinische Monatsschrift, Berlin: Haude und Spener. (Aus dem deutschen Textarchiv: https://www.deutschestextarchiv.de/book/show/kant_aufklaerung_1784)

Karabell, Zachary (2020): Don't Break Up Big Tech. In: Wired, 23.01.2020; https://www.wired.com/story/dont-break-up-big-tech/

Kendall, Brent (2021): Lina Khan, Critic of Large Tech Firms, to Lead Federal Trade Commission. In: Wall Street Journal.

Keulen, Sjoerd/Kroeze, Ronald (2018): Privacy from a Historical Perspective. In: van der Sloot, Bart / de Groot, Aviva (Hrsg.): The Handbook of Privacy Studies: An Interdisciplinary Introduction. Amsterdam: Amsterdam University Press, 21–56.

Klein, Hans K./Kleinman, Daniel Lee (2002): The Social Construction of Technology: Structural Considerations. In: Science, Technology, & Human Values 27(1), 28–52.

Kneuper, Ralf (2022): Anonymisierte Daten brauchen keinen Datenschutz – wirklich nicht? In: Friedewald, Michael/Kreutzer, Michael/Hansen, Marit (Hg.): Selbstbestimmung, Privatheit und Datenschutz: Gestaltungsoptionen für einen europäischen Weg, DuD-Fachbeiträge. Wiesbaden: Springer Fachmedien, 171–188.

Kobie, Nicole (2021): Facebook, Google und Co. sammeln unsere Gesundheitsdaten … https://www.vontobel.com/de-ch/impact/wie-die-big-tech-unternehmen-unsere-gesundheitsdaten-erbeuten-18435/, 08.09.2023

Kocka, Jürgen (2017): Geschichte des Kapitalismus. 3. Aufl. München: C. H. Beck.

Konkel, Frank (2014): The Details About the CIA's Deal With Amazon. The Atlantic. https://www.theatlantic.com/technology/archive/2014/07/the-details-about-the-cias-deal-with-amazon/374632/, 01.04.2020

Konkel, Frank (2021): NSA Awards Secret $ 10 Billion Contract to Amazon. Nextgov.com. https://www.nextgov.com/it-modernization/2021/08/nsa-awards-secret-10-billion-contract-amazon/184390/, 26.01.2023

Konold, Dieter/Schwietring, Thomas (2017): Übergang in eine Green Economy: Systemische Hemmnisse und praktische Lösungsansätze. Analysen, Thesen, Workshop-Ergebnisse (Nr. 02/2017). Umwelt, Innovation, Beschäftigung. Dessau-Roßlau: Umweltbundesamt.

Konrad, Kornelia (2004): Prägende Erwartungen. Szenarien als Schrittmacher der Technikentwicklung. Berlin: Edition Sigma.

Kramer, Philipp (2020): Datenschutz ganz kurz. Was Beschäftigte unbedingt wissen sollten. Leipzig: Stiftung Datenschutz.

krankenkassen.de (2023): Zuschuss zu Apple-Watch oder Fitness-Tracker. https://www.krankenkassen.de/gesetzliche-krankenkassen/leistungen-gesetzliche-krankenkassen/apps/apple-watch/, 13.09.2023

Kranzberg, Melvin (1986): Technology and History: »Kranzberg's Laws«. In: Technology and Culture 27(3), 544–560. https://doi.org/10.2307/3105585

Krause, Anna-Mareike (2015): Interview: Leutheusser-Schnarrenberger zu Daten im Gesundheitswesen. tagesschau.de. https://www.tagesschau.de/inland/interview-schnarrenberger-101.html, 08.09.2023

Krauss, Hartmut (2003): Faschismus und Fundamentalismus: Varianten totalitärer Bewegung im Spannungsfeld zwischen »prämoderner« Herrschaftskultur und kapitalistischer »Moderne«. 1., Edition. Osnabrück: HINTERGRUND-Verlag.

Kucklick, Christoph (2016): Die granulare Gesellschaft: Wie das Digitale unsere Wirklichkeit auflöst. Ungekürzte Ausgabe im Ullstein Taschenbuch, 1. Auflage. Berlin: Ullstein.

Kühl, Eike (2019): Datenschutz: Liest Google meine E-Mails mit? In: Die Zeit. 24.08.2019; https://www.zeit.de/digital/2019-08/datenschutz-unternehmen-e-mails-sicherheit-google

Kuketz, Mike (2020): Die verrückte Welt der Messenger – Messenger Teil 1. Kuketz IT-Security Blog. https://www.kuketz-blog.de/die-verrueckte-welt-der-messenger-messenger-teil1/, 14.11.2022

Kuntze, Peter/Mai, Christoph-Martin (2020): Arbeitsproduktivität – nachlassende Dynamik in Deutschland und Europa (Nr. 2/2020). WISTA Statistisches Bundesamt.

La Monica, Paul R. (2006): Google buying YouTube – Oct. 9, 2006. https://money.cnn.com/2006/10/09/technology/googleyoutube_deal/index.htm?cnn=yes, 25.08.2023

Larson, Selena (2017): Every single Yahoo account was hacked – 3 billion in all.

Lasarte, Diego (2023): The ongoing big tech antitrust cases to watch in 2023. Quartz. https://qz.com/antitrust-cases-big-tech-2023-guide-1849995493, 18.09.2023

Latour, Bruno (1993): We have never been modern. Cambridge, Mass: Harvard University Press.

Latour, Bruno (1996): On actor-network theory: A few clarifications. In: Soziale Welt 47(4), 369–381.

Leacock, Seth (1954): The Ethnological Theory of Marcel Mauss. In: American Anthropologist 56(1), 58–73.

Lehner, Nikolaus (2018): Etappen algorithmischer Gouvernementalität: Zur rechnerischen Einhegung sozialer Flüchtigkeit. In: Buhr, Lorina/Hammer, Stefanie/Schölzel, Hagen (Hg.): Staat, Internet und digitale Gouvernementalität. Wiesbaden: Springer Fachmedien Wiesbaden, 17–42.

Leisegang, Daniel (2023): Gesundheitsdaten: Opt-Out-Digitalisierung ohne Rücksicht auf Versicherte. netzpolitik.org. https://netzpolitik.org/2023/gesundheitsdaten-opt-out-digitalisierung-ohne-ruecksicht-auf-versicherte/, 29.06.2023

LeMay, Renai (2005): Google mapper advises: take browsers to the limit, News at CNET.co.uk. http://news.cnet.co.uk/software/0%2C39029694%2C39191133%2C00.htm, 25.08.2023

Levy, Steven (2018): Jeff Bezos Wants Us All to Leave Earth – for Good. In: Wired, https://www.wired.com/story/jeff-bezos-blue-origin/

Lippman, Daniel/Birnbaum, Emily (2021): The secret behind Amazon's domination in cloud computing. POLITICO. https://www.politico.com/news/2021/06/04/amazon-hiring-former-government-officials-491878, 04.09.2023

LobbyControl (2020): DSA/DMA: Wie Big Tech neue Regeln für digitale Plattformen verhindern will. LobbyControl. https://www.lobbycontrol.de/macht-der-digitalkonzerne/dsa-dma-wie-big-tech-neue-regeln-fuer-digitale-plattformen-verhindern-will-84189/, 01.04.2023

LobbyControl (2023): Lobbymacht der Digitalkonzerne in Brüssel nimmt weiter zu. LobbyControl. https://www.lobbycontrol.de/pressemitteilung/lobbymacht-der-digitalkonzerne-in-bruessel-nimmt-weiter-zu-111254/, 19.09.2023

Loh, Wulf (2019): Sozialontologische Bedingungen von Privatheit. In: Behrendt, Hauke / Loh, Wulf / Matzner, Tobias / Misselhorn, Catrin (Hrsg.) 2019: Privatsphäre 4.0 – Eine Neuverortung des Privaten im Zeitalter der Digitalisierung. Berlin: J. B. Metzler / Springer Nature.

Lohmeier, L. (2023): Marktanteile der Suchmaschinen – Mobil und stationär 2023. Statista. https://de.statista.com/statistik/daten/studie/222849/umfrage/marktanteile-der-suchmaschinen-weltweit/, 19.08.2023

Lovink, Geert (2022): Extinction Internet. Our Inconvenient Truth Moment. Amsterdam: Institute of Network Cultures.

Luhmann, Niklas (1976): The Future Cannot Begin: Temporal Structures in Modern Society. In: Social Research 43(1), 130–152.

Luhmann, Niklas (1986): Ökologische Kommunikation: Kann die moderne Gesellschaft sich auf ökologische Gefährdungen einstellen? Opladen: Westdeutscher Verlag.

Luhmann, Niklas (1987): Soziale Systeme. Frankfurt am Main: Suhrkamp.

Luhmann, Niklas (1988): Macht. 2., durchges. Aufl. Stuttgart: Enke.

Luhmann, Niklas (2013): Macht im System. 1. Aufl., neue Ausg. Berlin: Suhrkamp.

Lyotard, Jean-François (1985): The postmodern condition: a report on knowledge. Theory and History of Literature. Minneapolis: University of Minnesota Press.

MacAskill, Ewen/Dance, Gabriel/Cage, Feilding/Chen, Greg/Popovich, Nadja (2013): NSA files decoded: Edward Snowden's surveillance revelations explained. The Guardian. http://www.theguardian.com/world/interactive/2013/nov/01/snowden-nsa-files-surveillance-revelations-decoded, 12.09.2023

Maier, Markus (2018): Metanalyse – Die Digitalisierung der Energiewende. Agentur für erneuerbare Energien.

Malinowski, Bronislaw (2013): Magic, Science and Religion. In: Otto, Bernd-Christian/Stausberg, Michael (Hg.): Defining magic: A reader. Sheffield, Bristol: Equinox Publishing Inc., 156–171.

Manakas, Mickey (2023): Apple verdient dank Privatsphäre-Features Milliarden mit personalisierter Werbung. DER STANDARD. https://www.derstandard.de/story/2000142468483/apple-verdient-dank-privatsphaere-features-milliarden-mit-personalisierter-werbung, 24.01.2023

Marcuse, Herbert (1967): Der eindimensionale Mensch: Studien zur Ideologie der fortgeschrittenen Industriegesellschaft. 2. Auflage. Soziologische Texte Band 40. Neuwied und Berlin: Hermann Luchterhand.

Marx, Karl (1872/2021): Das Kapital: Kritik der politischen Ökonomie. Ungekürzte Ausgabe nach der 2. Auflage von 1872. Hamburg: Nikol.

Marx, Paris (2019): We Don't Need Space Colonies, and We Definitely Don't Need Jeff Bezos. Jacobin. https://jacobin.com/2019/07/space-colonies-jeff-bezos-blue-origin, 20.01.2023

Maschewski, Felix/Nosthoff, Anna-Verena (2022): Überwachungskapitalistische Biopolitik: Big Tech und die Regierung der Körper. In: Zeitschrift für Politikwissenschaft 32(2), 429–455. https://doi.org/10.1007/s41358-021-00309-9

Mathews, Lee (2019): First American Financial Leaked 800-plus Million Sensitive Mortgage Documents. Forbes. https://www.forbes.com/sites/leemathews/2019/05/24/first-american-financial-leaked-800-plus-million-sensitive-mortgage-documents/, 08.11.2022

Matte, Célestin/Bielova, Nataliia/Santos, Cristiana (2020): Do Cookie Banners Respect my Choice?: Measuring Legal Compliance of Banners from IAB Europe's Transparency and Consent Framework. In: 2020 IEEE Symposium on Security and Privacy (SP). Paper präsentiert bei der 2020 IEEE Symposium on Security and Privacy (SP), 791–809.

Mattu, Surya/Hill, Kashmir (2017a): Before You Hit »Submit,« This Company Has Already Logged Your Personal Data. Gizmodo. https://gizmodo.com/before-you-hit-submit-this-company-has-already-logge-1795906081, 27.06.2022

Mattu, Surya/Hill, Kashmir (2017b): How a Company You've Never Heard of Sends You Letters about Your Medical Condition. Gizmodo. https://gizmodo.com/how-a-company-you-ve-never-heard-of-sends-you-letters-a-1795643539, 26.07.2022

Mauss, Marcel/Hubert, Henri (2013): A General Theory of Magic. In: Otto, Bernd-Christian/Stausberg, Michael (Hg.): Defining magic: A reader. Sheffield, Bristol: Equinox Publishing Inc., 97–110.

May, Susan (2020): Audiblegate 2: The Emperor's New Clothes Policy, Pot Theory, Unicorns & Pirates Audiblegate, authors and narrators fight against Audible; https://www.audiblegate.com/post/unicorns, 19.08.2023

Mayer-Schönberger, Viktor/Cukier, Kenneth (2013): Big Data: A Revolution That Will Transform How We Live, Work, and Think. Boston: Eamon Dolan / Houghton Mifflin Harcourt.

Mazzucato, Mariana (2020): The Value of Everything: Making and Taking in the Global Economy. Illustrated Edition. New York: PublicAffairs.

Mcafee, Andrew/Brynjolfsson, Erik (2017): Brynjolfsson, E: Machine, Platform, Crowd: Harnessing Our Digital Future. Illustrated Edition. New York: Norton & Company.

McCracken, Grant David (1990): Culture and Consumption: New Approaches to the Symbolic Character of Consumer Goods and Activities. Indiana University Press.

McKissick, Will (2022): Data Brokers – The 4,000 Companies That Are Selling Your Data. mePrism. https://medium.com/meprism/data-brokers-the-4-000-companies-that-are-selling-your-data-7c315999b1ae, 29.09.2022

Meaker, Morgan (2023): Germany Raises Red Flags About Palantir's Big Data Dragnet. In: Wired; https://www.wired.com/story/palantir-germany-gotham-dragnet/, 07.03.2023

Mecke, Ingo (2018): Definition: Dekartellierung. https://wirtschaftslexikon.gabler.de/definition/dekartellierung-28125/version-251762, 18.09.2023

Meliani, Leila (2018): Machine Learning at PredPol: Risks, Biases, and Opportunities for Predictive Policing. Technology and Operations Management. https://digital.hbs.edu/platform-rctom/submission/machine-learning-at-predpol-risks-biases-and-opportunities-for-predictive-policing/, 10.07.2020

merriam-webster.com (2023): Definition of DIGITIZATION. https://www.merriam-webster.com/dictionary/digitization, 24.03.2023

Merton, Robert K. (1957): Priorities in Scientific Discovery: A Chapter in the Sociology of Science. In: American Sociological Review 22(6), 635–659. https://doi.org/10.2307/2089193

Merton, Robert K. (1969): Behavior Patterns of Scientists. In: The American Scholar 38(2), 197–225.

Merton, Robert K. (1988): The Matthew Effect in Science, II: Cumulative Advantage and the Symbolism of Intellectual Property. In: Isis 79(4), 606–623.

Metych, Michele/Gaur, Aakanksha/Rafferty, John P. (2023): Hurricane Katrina | Deaths, Damage, & Facts | Britannica. https://www.britannica.com/event/Hurricane-Katrina, 14.08.2023

Mey, Stefan (2021): Open-Source-Adventskalender: Der Messenger Signal. heise online. https://www.heise.de/news/Open-Source-Adventskalender-Der-Messenger-Signal-6297575.html, 22.03.2023

Microsoft (2023): Transkribieren Ihrer Aufzeichnungen – Microsoft-Support. https://support.microsoft.com/de-de/office/transkribieren-ihrer-aufzeichnungen-7fc2efec-245e-45f0-b053-2a97531ecf57, 21.03.2023

Miller, E. K. (1989): The computer revolution. In: IEEE Potentials 8(2), 27–31. https://doi.org/10.1109/45.31594

Mitchell, Stacy/Lavecchia, Olivia (2018): Report: Amazon's Next Frontier: Your City's Purchasing. Institute for local Self-Reliance.

Moazed, Alex/Johnson, Nicholas L. (2016): Modern Monopolies: What It Takes to Dominate the 21st Century Economy. Illustrated Edition. New York, N.Y: Saint Martin's Griffin, U. S. Mobilsicher (2015): App-Check. App-Check. https://appcheck.mobilsicher.de/, 15.04.2023

Mobilsicher (2020): Schnelltest – das steckt dahinter. App-Check. https://appcheck.mobilsicher.de/allgemein/so-testen-wir-schnelltest, 15.04.2023

Mobilsicher (2020a): Über uns. App-Check. https://appcheck.mobilsicher.de/ueber-uns, 15.04.2023

Mobilsicher (2020b): Der Privacy-Score. App-Check. https://appcheck.mobilsicher.de/allgemein/der-privacy-score-so-bewerten-wir, 15.04.2023

Moeran, Brian (2017): Magical Capitalism. In: Journal of Business Anthropology 6, 133–157. https://doi.org/10.22439/jba.v6i2.5409

Morozov, Evgeny (2014): To Save Everything, Click Here: Technology, Solutionism, and the Urge to Fix Problems that Don't Exist. London: Penguin.

Morozov, Evgeny (2015): »Ich habe doch nichts zu verbergen« – Essay. bpb.de. https://www.bpb.de/shop/zeitschriften/apuz/202238/ich-habe-doch-nichts-zu-verbergen-essay/, 28.03.2023

Morozov, Evgeny (2018): Silicon Valley oder die Zukunft des digitalen Kapitalismus. In: Blätter für deutsche und internationale Politik 1/2018, 12.

Morozov, Evgeny (2020): Digitaler Sozialismus. Wie wir die Sozialdemokratie ins 21. Jahrhundert holen. In: Blätter für deutsche und internationale Politik.

Mosene, Katharina/Kettemann, Matthias (2022): Noch einmal kurz die Welt retten: Machtkritische Perspektiven auf digitale Emanzipationsgewinne. In: Global Media Journal – German Edition 11, Nr. 2. https://doi.org/10.22032/DBT.51031

Mozilla Foundation (2023): *Privacy Not Included: A Buyer's Guide for Connected Products. Mozilla Foundation. https://foundation.mozilla.org/en/privacynotincluded/, 01.09.2023

Mühlhoff, Rainer (2020): Die Illusion der Anonymität: Big Data im Gesundheitssystem | Blätter für deutsche und internationale Politik. https://www.blaetter.de/ausgabe/2020/august/die-illusion-der-anonymitaet-big-data-im-gesundheitssystem, 08.09.2023

Mühlroth, Adrian/Deutschbein, Rita (2020): Dreiste Datenkrake: Das weiß WhatsApp alles über Euch! TECHBOOK. https://www.techbook.de/mobile-lifestyle/smartphones-apps/whatsapp-zugriff-facebook-datenschutz, 02.12.2022

Murse, Tom (2021): What Does the NSA Acronym PRISM Stand For? ThoughtCo. https://www.thoughtco.com/nsa-acronym-prism-3367711, 12.09.2023

Nachtwey, Oliver/Seidl, Timo (2017): Die Ethik der Solution und der Geist des digitalen Kapitalismus. IFS Working Papers, Frankfurt am Main: Forschungsgruppe Digitaler Kapitalismus – Universität Basel.

Narayan, Jyoti/Hu, Krystal/Coulter, Martin/Mukherjee, Supantha (2023): Elon Musk and others urge AI pause, citing »risks to society«. In: Reuters, 04.05.2023; https://www.reuters.com/technology/musk-experts-urge-pause-training-ai-systems-that-can-outperform-gpt-4-2023-03-29/

Neckel, Sighard (1991): Status und Scham: zur symbolischen Reproduktion sozialer Ungleichheit. Theorie und Gesellschaft. Frankfurt/Main New York: Campus.

Neckel, Sighard (2000): Die Macht der Unterscheidung: Essays zur Kultursoziologie der modernen Gesellschaft. Veränd. und erw. Neuausg. Frankfurt/Main: Campus.

Neth, Hansjörg/Gigerenzer, Gerd (2015): Heuristics: Tools for an Uncertain World. In: Scott, Robert A./Kosslyn, Stephan M. (Hg.): Emerging Trends in the Social and Behavioral Sciences. Wiley, 1–18.

News, A. B. C. (2014): Ex-NSA Chief: »We Kill People Based on Metadata«. ABC News. http://abcnews.go.com/blogs/headlines/2014/05/ex-nsa-chief-we-kill-people-based-on-metadata, 11.03.2020

Ng, Alfred (2017): Google reports all-time high of government data requests. CNET. https://www.cnet.com/news/google-reports-all-time-high-of-government-data-requests/, 10.03.2020

Norberg, Patricia A./Horne, Daniel R./Horne, David A. (2007): The Privacy Paradox: Personal Information Disclosure Intentions versus Behaviors. In: Journal of Consumer Affairs 41(1), 100–126. https://doi.org/10.1111/j.1745-6606.2006.00070.x

Nordmann, Lia (2021): Longtermism: Eine neue Theorie für die Zukunft? Philosophie Magazin. https://www.philomag.de/artikel/longtermism-eine-neue-theorie-fuer-die-zukunft, 20.01.2023

Nye, David (2006): Technology matters. Cambridge, Massachusetts: MIT Press. O. V. (2015): Audible: Hörbuch-Verlage wehren sich gegen Amazon-Tochter. In: Der Spiegel, 15.05.2015; https://www.spiegel.de/wirtschaft/unternehmen/audible-hoerbuch-verlage-wehren-sich-gegen-amazon-tochter-a-1033898.html

OECD (2019): OECD Corporate Governance Factbook 2019.

Olson, Parmy (2022): Analysis | Can Apple Be a Privacy Hero and an Ad Giant? In: Washington Post. https://www.washingtonpost.com/business/can-apple-be-a-privacy-hero-and-an-ad-giant/2022/09/14/360e214c-33ea-11ed-a0d6-415299bfebd5_story.html, 25.03.2023

Online-Vermarkterkreis im Bundesverband Digitale Wirtschaft (2021): OVK-Report für digitale Werbung 2021/01. Bundesverband Digitale Wirtschaft.

OpenAI (o. J.): ChatGPT General FAQ | OpenAI Help Center. https://help.openai.com/en/articles/6783457-chatgpt-general-faq, 11.01.2023

OPSoftware LLC (2018): Amazon Business Pricing Comparison. OPSoftware; https://www.opsoftware.com/OP/docs/AmazonPricingComparison.pdf

Palantir.com (o. J.): Gotham. Palantir. https://www.palantir.com/platforms/gotham/, 07.03.2023

Parker, Geoffrey P./Alstyne, Marshall W. van/Choudary, Sangeet Paul (2017): Platform Revolution: How Networked Markets Are Tranforming and How to Make Them Work for You. Reprint. New York London: Norton & Company.

Pasquale, Frank (2016): The Black Box Society: The Secret Algorithms That Control Money and Information. Reprint. Cambridge, Massachusetts London, England: Harvard University Press.

Pattison-Gordon, Jule (2021): Risk Assessment Algorithms Can Unfairly Impact Court Decisions. GovTech. https://www.govtech.com/public-safety/risk-assessment-algorithms-can-unfairly-impact-court-decisions, 07.09.2023

Paulsen, Nina/Moltrecht, Klaas (2022): 43 Prozent der Deutschen nutzen Smart-Home-Technologien | Presseinformation | Bitkom e. V. https://www.bitkom.org/Presse/Presseinformation/Smart-Home-2022, 12.04.2023

Pelka, Cedrik (2023): EU-Kommission: TikTok-App auf Diensthandys verboten. https://www.zdf.de/uri/bac1b879-aca8-43f3-ad19-56bea12f2426, 29.03.2023

Perez, Beatrice/Musolesi, Mirco/Stringhini, Gianluca (2018): You Are Your Metadata: Identification and Obfuscation of Social Media Users Using Metadata Information. In: Proceedings of the International AAAI Conference on Web and Social Media 12(1). https://doi.org/10.1609/icwsm.v12i1.15010

Picot, Arnold/Heger, Dominik K./Becker, Jochen/Christiansen, Per/Däinghaus, Ralf/Franke, Barbara/Urbat, Klaus (2003): Braucht das Internet eine neue Wettbewerbspolitik? In: Oberender, Peter (Hg.): Wettbewerb in der Internetökonomie. Duncker & Humblot, 9–38.

Pohle, Jörg (2016): Datenschutz und Technikgestaltung: Geschichte und Theorie des Datenschutzes aus informatischer Sicht und Folgerungen für die Technikgestaltung. Berlin: Humboldt-Universität.

Pohle, Julia (2020): Digitale Souveränität Ein neues digitalpolitisches Schlüsselkonzept in Deutschland und Europa. Berlin: Konrad Adenauer Stiftung.

Posadas, Brianna (2017): How strategic is Chicago's »Strategic Subjects List«? Upturn investigates. Equal Future. https://medium.com/equal-future/how-strategic-is-chicagos-strategic-subjects-list-upturn-investigates-9e5b4b235a7c, 07.09.2023

Powell, Corey S. (2019): Jeff Bezos foresees a trillion people living in millions of space colonies. Here's what he's doing to get the ball rolling. NBC News. https://www.nbcnews.com/mach/science/jeff-bezos-foresees-trillion-people-living-millions-space-colonies-here-ncna1006036, 25.01.2023

Price, Cory (2023): How Many Languages Are There In The World? WorldAtlas. https://www.worldatlas.com/society/how-many-languages-are-there-in-the-world.html, 15.07.2023

PricewaterhouseCoopers GmbH (2019): Energiewende und Digitalisierung. Digitalisierte Netzwirtschaft als Baustein gesellschaftlicher Herausforderungen. Berlin: PwC.

Proschofsky, Andreas (2021): Internes Dokument verrät, welche Daten das FBI von welchem Messenger erhält. DER STANDARD. https://www.derstandard.at/story/2000131585109/internes-dokument-verraet-welche-daten-das-fbi-von-welchem-messenger, 14.11.2022

Puente, Mark (2019a): LAPD pioneered predicting crime with data. Many police don't think it works. Los Angeles Times. https://www.latimes.com/local/lanow/la-me-lapd-precision-policing-data-20190703-story.html, 15.09.2023

Puente, Mark (2019b): LAPD to scrap some crime data programs after criticism. Los Angeles Times. https://www.latimes.com/local/lanow/la-me-lapd-predictive-policing-big-data-20190405-story.html, 15.09.2023

Raji, Inioluwa Deborah/Buolamwini, Joy (2019): Actionable Auditing: Investigating the Impact of Publicly Naming Biased Performance Results of Commercial AI Products. In: Proceedings of the 2019 AAAI/ACM Conference on AI, Ethics, and Society. Paper präsentiert bei der AIES '19: AAAI/ACM Conference on AI, Ethics, and Society, Honolulu HI USA: ACM, 429–435.

Ramge, Thomas (2018): Mensch und Maschine: Wie Künstliche Intelligenz und Roboter unser Leben verändern. Ditzingen: Reclam, Philipp, jun.

Ramge, Thomas/Mayer-Schönberger, Viktor (2017): Das Digital: Markt, Wertschöpfung und Gerechtigkeit im Datenkapitalismus. Berlin: Econ.

Rammler, Stephan (2014): Schubumkehr – Die Zukunft der Mobilität. 1. Aufl. Frankfurt am Main: Fischer.

Ramzy, Austin/Buckley, Chris (2019): ›Absolutely No Mercy‹: Leaked Files Expose How China Organized Mass Detentions of Muslims. In: The New York Times, 16.11.2019; https://www.nytimes.com/interactive/2019/11/16/world/asia/china-xinjiang-documents.html

Rawls, John (1971): A theory of justice. Cambridge, Mass.: Belknap Press of Harvard University Press.

Reardon, Joel/Feal, Álvaro/Wijesekera, Primal (2019): 50 Ways to Leak Your Data: An Exploration of Apps' Circumvention of the Android Permissions System.

Reisinger, Don (2016): Snowden: FBI Saying It Can't Unlock iPhone is »Bullsh**« | Fortune. https://web.archive.org/web/20210210092155/https://fortune.com/2016/03/09/snowden-fbi-apple-iphone/, 24.03.2023

Reset.org (2022): Energiewende: So treiben wir die Transformation mit digitalen Technologien voran. Digital for Good | RESET.ORG. https://reset.org/energiewende-so-treiben-wir-die-transformation-mit-digitalen-technologien-voran/, 18.10.2022

Reyher, Martin (2019): Spenderlisten veröffentlicht: Diese Konzerne und Lobbyverbände unterstützen die Parteien im Wahlkampf 2017 | abgeordnetenwatch.de. https://www.abgeordnetenwatch.de/recherchen/parteispenden/spenderlisten-veroeffentlicht-diese-konzerne-und-lobbyverbaende-unterstuetzen-die-parteien-im-wahlkampf-2017, 28.09.2022

Richards, Neil (2021): Why Privacy Matters. New York, NY: Oxford University Press Inc.

Richter, Felix (2017): Infografik: Das Werbeduopol. Statista Infografiken. https://de.statista.com/infografik/12198/anteil-von-google-und-facebook-am-weltweiten-werbeumsatz/, 09.09.2020

Rieder, Gernot/Simon, Judith (2018): Vertrauen in Daten oder: Die politische Suche nach numerischen Beweisen und die Erkenntnisversprechen von Big Data. In: Mohabbat-Kar, Resa/Kompetenzzentrum Öffentliche IT (Hg.): (Un)berechenbar? Algorithmen und Automatisierung in Staat und Gesellschaft. Berlin: Kompetenzzentrum Öffentliche IT, 159–178.

Rifkin, Jeremy (2014): Die Null-Grenzkosten-Gesellschaft: Das Internet der Dinge, kollaboratives Gemeingut und der Rückzug des Kapitalismus. Campus.

Rogers, Everett M. (2003): Diffusion of Innovations, 5th Edition. New York: Free Press.

Ross, George (2000): Capitalism and Its Spirits? In: French Politics, Culture & Society 18(3), 103–108.

Rössler, Beate (2001): Der Wert des Privaten. 1. Aufl. Frankfurt am Main: Suhrkamp.

Rössler, Beate (2018): Three Dimensions of Privacy. In: van der Sloot, Bart / de Groot, Aviva (Hrsg.): The Handbook of Privacy Studies: An Interdisciplinary Introduction. Amsterdam: Amsterdam University Press, 137–141.

Rousseau, Jean-Jacques (1762/2012): Der Gesellschaftsvertrag oder Grundsätze des politischen Rechts. Köln: Anaconda .

Rudl, Tomas (2018): Florian Glatzner zu ePrivacy: »Das war ein massiver Lobby-Erfolg«. netzpolitik.org. https://netzpolitik.org/2018/florian-glatzner-zu-eprivacy-das-war-ein-massiver-lobby-erfolg/, 24.09.2018

Rudl, Tomas (2023): Bundeskartellamt: Nicht alle Messenger- und Video-Dienste sind gleich. netzpolitik.org. https://netzpolitik.org/2023/bundeskartellamt-nicht-alle-messenger-und-video-dienste-sind-gleich/, 19.09.2023

Russell, Jon (2017): Apple removes VPN apps from the App Store in China. TechCrunch. https://techcrunch.com/2017/07/29/apple-removes-vpn-apps-from-the-app-store-in-china/, 24.03.2023

Russell, Stewart (1986): The Social Construction of Artefacts: A Response to Pinch and Bijker. In: Social Studies of Science 16(2), 331–346.

Sadowski, Jathan (2019): When data is capital: Datafication, accumulation, and extraction. In: Big Data & Society 6(1), 2053951718820549. https://doi.org/10.1177/2053951718820549

Sadowski, Jathan (2020): Too Smart: How Digital Capitalism is Extracting Data, Controlling Our Lives, and Taking Over the World. Cambridge, Massachusetts: The MIT Press.

Sadowski, Jathan/Bendor, Roy (2019): Selling Smartness: Corporate Narratives and the Smart City as a Sociotechnical Imaginary. In: Science, Technology, & Human Values 44(3), 540–563. https://doi.org/10.1177/0162243918806061

Sander, Matthias (2022): Sozialkreditsystem in China: neues Gesetz für nationales System. In: Neue Zürcher Zeitung, 27.11.2022; https://www.nzz.ch/technologie/china-forciert-die-einfuehrung-eines-nationalen-sozialkreditsystems-ld.1713214

Sankin, Aaron/Gizmodo, Dhruv Mehrotra for/Mattu, Surya/Gilbertson, Annie (2021): Crime Prediction Software Promised to Be Free of Biases. New Data Shows It Perpetuates Them – The Markup. https://themarkup.org/prediction-bias/2021/12/02/crime-prediction-software-promised-to-be-free-of-biases-new-data-shows-it-perpetuates-them, 07.09.2023

Santè publique France (2022): faq-nutri-score-markeninhaberin-dt-uebersetzung.pdf; https://www.bmel.de/SharedDocs/Downloads/DE/_Ernaehrung/Lebensmittel-Kennzeichnung/faq-nutri-score-markeninhaberin-dt-uebersetzung.pdf?__blob=publicationFile&v=12, 16.03.2023

Sayed, Nada/Oertli, Balz (2023): FOTRES: Simple Mathematik mit komplizierten Folgen. AlgorithmWatch CH. https://algorithmwatch.ch/de/fotres-simple-mathematik-komplizierte-folgen/, 15.09.2023

Schechner, Sam/Secada, Mark (2019): You Give Apps Sensitive Personal Information. Then They Tell Facebook. In: Wall Street Journal.

Scherrer, Christoph (2005): GATS: Long-Term Strategy for the Commodification of Education. In: Review of International Political Economy 12(3), 484–510.

Schmidt, Florian Alexander (2017): Crowd Design: From Tools for Empowerment to Platform Capitalism. 1. Aufl. Basel: Birkhäuser.

Schmidt, Karsten (2006): Wirtschaftsrecht: Nagelprobe des Zivilrechts – Das Kartellrecht als Beispiel. In: Archiv für die civilistische Praxis 206(2/3), 169–204.

Schnell, Rainer/Hill, Paul B./Esser, Elke (1999): Methoden der empirischen Sozialforschung. 6., völlig überarb. und erw. Aufl. München: Oldenbourg.

Schöbel, Enrico (2018): Definition: Rent Seeking. https://wirtschaftslexikon.gabler.de/definition/rent-seeking-44539/version-267847, 02.03.2023

Schüler, Hans-Peter (2021): Spurlos verschlüsselt. Instant Messages ohne Datenlecks. In: c't Magazin für Computertechnik (3/2021), 56–57.

Schultz, Irmgard/Orland, Barbara/Reusswig, Fritz et al. (1992): Abfallvermeidung und Konsum. Die Relevanz des Konsumverhaltens für Abfallvermeidungsstrategien, Materialien Soziale Ökologie, Nr. 7, Institut für sozial-ökologische Forschung, Frankfurt a. M.

Schulz, Jimmy (2018): Künstliche Intelligenz: Wer entscheidet über wen? In: Mohabbat-Kar, Resa/Kompetenzzentrum Öffentliche IT (Hg.): (Un)berechenbar? Algorithmen und Automatisierung in Staat und Gesellschaft. Berlin: Kompetenzzentrum Öffentliche IT, 577–585.

Schulz, Thomas (2017): Was Google wirklich will: Wie der einflussreichste Konzern der Welt unsere Zukunft verändert – Ein SPIEGEL-Buch. Erstmals im TB Edition. München: Penguin.

Schulz-Schaeffer, Ingo (2000): Akteur-Netzwerk-Theorie: zur Koevolution von Gesellschaft, Natur und Technik. In: Weyer, Johannes (Hg.): Soziale Netzwerke: Konzepte und Methoden der sozialwissenschaftlichen Netzwerkforschung, Lehr- und Handbücher der Soziologie. München: Oldenbourg, 187–210.

Schwerzmann, Katia (2021): Abolish! Against the Use of Risk Assessment Algorithms at Sentencing in the US Criminal Justice System. In: Philosophy & Technology 34(4), 1883–1904. https://doi.org/10.1007/s13347-021-00491-2

Seibert, Frank (2015): Netzlexikon: D wie Datr-Cookie. https://www.br.de/puls/themen/netz/netzlexikon-d-wie-datr-cookie-100.html, 09.11.2022

Selinger, Evan/Polonetsky, Jules/Tene, Omer (Hg.) (2018): The Cambridge Handbook of Consumer Privacy. Cambridge, United Kingdom; New York, NY: Cambridge University Press.

Shaikh, Mohammed Jawed (2017): Evolution of Whatsapp. Medium. https://medium.com/@jawed/evolution-of-whatsapp-4951c0443071, 20.03.2023

Shapiro, Andrew L. (1999): The Internet. In: Foreign Policy (115), 14–27. https://doi.org/10.2307/1149490

Sherman, Erik/Maiberg, Emanuel/Franceschi-Bicchierai, Lorenzo (2018): Massive Data Leaks Keep Happening Because Big Companies Can Afford to Lose Your Data. Motherboard. https://motherboard.vice.com/en_us/article/bje8na/massive-data-leaks-keep-happening-because-big-companies-can-afford-to-lose-your-data, 28.02.2019

Shiel, Fergus/Chavkin, Sasha (2019): China Cables: Who Are the Uighurs and Why Mass Detention? – ICIJ. https://www.icij.org/investigations/china-cables/china-cables-who-are-the-uighurs-and-why-mass-detention/, 13.09.2023

Siebert, Annie (2021): Data is the world's most valuable (and vulnerable) resource. https://techcrunch.com/2021/03/04/data-is-the-worlds-most-valuable-and-vulnerable-resource/

Signal Foundation (2023): Signal Messenger: Speak Freely. Signal Messenger. https://signal.org/de/index.html, 20.03.2023

Signal Messenger LLC (2018): Terms of Service & Privacy Policy. Signal Messenger. https://signal.org/legal/, 21.03.2023

Signal Messenger LLC (o. J.): Security FAQ – Signal Support. https://support.signal.org/hc/en-us/sections/360001614191-Security-FAQ, 22.03.2023

Signal.org (2018): Terms of Service & Privacy Policy. Signal Messenger. https://signal.org/legal/, 16.03.2023

Simon, Herbert A. (1955): A Behavioral Model of Rational Choice. In: The Quarterly Journal of Economics 69(1), 99–118. https://doi.org/10.2307/1884852

Simon, Hermann (2018): Definition: Preisankereffekt. https://wirtschaftslexikon.gabler.de/definition/preisankereffekt-51412. https://wirtschaftslexikon.gabler.de/definition/preisankereffekt-51412/version-274581, 19.09.2023

Simon, Leena (2017): Moderner Mythos: Nichts zu verbergen? | Digitalcourage. https://digitalcourage.de/nichts-zu-verbergen, 28.03.2023

Smith, Trevor Garrison (2017): Politicizing Digital Space: Theory, The Internet, and Renewing Democracy. University of Westminster Press.

Snider, Mike (2019): Google sets April 2 closing date for Google+, download your photos and content before then. USA TODAY. https://www.usatoday.com/story/tech/talkingtech/2019/02/01/google-close-google-social-network-april-2/2741657002/, 25.08.2023

Snow, Jacob (2018): Amazon's Face Recognition Falsely Matched 28 Members of Congress With Mugshots | ACLU. American Civil Liberties Union. https://www.aclu.org/news/privacy-technology/amazons-face-recognition-falsely-matched-28, 24.04.2023

Solon, Olivia (2017): »It's digital colonialism«: how Facebook's free internet service has failed its users. In: The Guardian, 27.07.2017; https://www.theguardian.com/technology/2017/jul/27/facebook-free-basics-developing-markets, 05.07.2023

Solove, Daniel J. (2009): Understanding Privacy. Cambridge, Massachusetts London, England: Harvard University Press.

Solow, Robert M. (1987): We'd Better Watch Out. In: The New York Times 12.07.1987, 36.

Sombart, W. (1902/2018): Der Moderne Kapitalismus, Vol. 1. Forgotten Books.

Sørensen, Jesper (2013): Magic Reconsidered: Towards a Scientifically Valid Concept of Magic. In: Otto, Bernd-Christian/Stausberg, Michael (Hg.): Defining magic: A reader. Sheffield, Bristol: Equinox Publishing Inc., 229–242.

SPD, Bündnis90/Grüne, FDP (2021): Mehr Fortschritt wagen Bündnis für Freiheit, Gerechtigkeit und Nachhaltigkeit. Koalitionsvertrag 2021–2025 zwischen der Sozialdemokratischen Partei Deutschlands (SPD), BÜNDNIS 90 / DIE GRÜNEN und den Freien Demokraten (FDP).

Srnicek, Nick (2017): Platform Capitalism. Cambridge, UK; Malden, MA: Polity.

Staab, Philipp (2016): Falsche Versprechen: Wachstum im digitalen Kapitalismus. 1. Aufl. Hamburger Edition HIS.

Staab, Philipp (2019): Digitaler Kapitalismus: Markt und Herrschaft in der Ökonomie der Unknappheit. 1. Aufl. Suhrkamp.

Statista (2022a): Marktanteile der Suchmaschinen – Mobil und stationär 2022. Statista. https://de.statista.com/statistik/daten/studie/222849/umfrage/marktanteile-der-suchmaschinen-weltweit/, 20.02.2023

Statista (2022b): BrandZ: Wertvollste Marken 2022. Statista. https://de.statista.com/statistik/daten/studie/6003/umfrage/die-wertvollsten-marken-weltweit/, 02.03.2023

Statista (2022c): Themenseite: Instant Messaging. Statista. https://de.statista.com/themen/1973/instant-messenger/, 17.10.2022

Statista (2023a): Haushalte in Deutschland – Internetzugang bis 2022. Statista. https://de.statista.com/statistik/daten/studie/153257/umfrage/haushalte-mit-internetzugang-in-deutschland-seit-2002/, 25.01.2023

Statista (2023b): Smartphone-Besitz – Kinder und Jugendliche in Deutschland 2021. Statista. https://de.statista.com/statistik/daten/studie/1106/umfrage/handybesitz-bei-jugendlichen-nach-altersgruppen/, 25.01.2023

Statista (2023c): Werbemarktanteile: Entwicklung der Medien bis 2023. Statista. https://de.statista.com/statistik/daten/studie/870786/umfrage/prognose-der-werbemarktanteile-der-medien-in-deutschland/, 07.02.2023

Statista (2023d): Digitale Werbung – Umsatz in Deutschland 2022. Statista. https://de.statista.com/statistik/daten/studie/154066/umfrage/entwicklung-der-umsaetze-fuer-digitale-display-werbung-in-deutschland/, 07.02.2023

Statista (2023e): Betriebssysteme – Marktanteile weltweit bis Januar 2023. Statista. https://de.statista.com/statistik/daten/studie/157902/umfrage/marktanteil-der-genutzten-betriebssysteme-weltweit-seit-2009/, 03.03.2023

Statista (2023f): Global cloud infrastructure market share 2022. Statista. https://www.statista.com/statistics/967365/worldwide-cloud-infrastructure-services-market-share-vendor/, 02.03.2023

Statista Research Department (2023): Digital ad revenue share by company 2023. Statista. https://www.statista.com/statistics/290629/digital-ad-revenue-share-of-major-ad-selling-companies-worldwide/, 29.08.2023

Statistisches Bundesamt (2021): 3,3 Millionen Menschen nutzten 2020 smarte Haushaltsgeräte. https://www.destatis.de/DE/Presse/Pressemitteilungen/Zahl-der-Woche/2021/PD21_27_p002.html, 25.01.2023

Statistisches Bundesamt (2023): Statistisches Bundesamt Deutschland – GENESIS-Online. Personen ab 16 Jahre, die das Internet im 1. Quartal genutzt haben: Deutschland, Jahre (bis 2020), Soziale Stellung, Nutzung des Internet. https://www-genesis.destatis.de/genesis/online?operation=abruftabelleBearbeiten&levelindex=1&levelid=1674660496515&auswahloperation=abruftabelleAuspraegungAuswaehlen&auswahlverzeichnis=ordnungsstruktur&auswahlziel=werteabruf&code=12231-9007&auswahltext=&werteabruf=Werteabruf#abreadcrumb, 25.01.2023

Steinmüller, W./Lutterbeck, B./Mallmann, C./Harbort, U./Kolb, G./Schneider, J. (1971): Grundfragen des Datenschutzes. Gutachten im Auftrag des Bundesministeriums des Innern (Drucksache VI/3826). 6. Wahlperiode.

Stengers, Isabelle (2015): In Catastrophic Times Resisting the Coming Barbarism. Critical Climate Change. Lüneburg: Open Humanities Press / Meson Press.

Stenner, Pia/Netzpolitik.org (2021): Neue WhatsApp-Datenschutzrichtlinie: Messengerdienste im Vergleich. netzpolitik.org. https://netzpolitik.org/2021/neue-whatsapp-datenschutzrichtlinie-messengerdienste-im-vergleich/, 14.11.2022

Stiftung Warentest (2022): Wo niemand mitliest. In: Test (3/2022), 38–43.

Stinchcombe, Kai (2018): Blockchain is not only crappy technology but a bad vision for the future. Medium. https://medium.com/@kaistinchcombe/decentralized-and-trustless-crypto-paradise-is-actually-a-medieval-hellhole-c1ca122efdec, 15.07.2023

Stöcker, Christian (2018): KI-Forschung: Die Privatisierung der Intelligenz – Kolumne. In: Der Spiegel, 07.01.2018; https://www.spiegel.de/wissenschaft/mensch/ki-forschung-die-privatisierung-der-intelligenz-kolumne-a-1186449.html

Stupp, Catherine (2016): Parliament approves privacy rules after record number of amendments. www.euractiv.com. https://www.euractiv.com/section/digital/news/parliament-approves-privacy-rules-after-record-number-of-amendments/, 19.09.2020

Styers, Randall (2013): Magic and the Play of Power. In: Otto, Bernd-Christian/Stausberg, Michael (Hg.): Defining magic: A reader. Sheffield, Bristol: Equinox Publishing Inc., 255–262.

Sühlmann-Faul, Felix (2020): An die Arbeit! Die Digitalisierung ruft! In: Jens Nachtwei & Antonia Sureth (Hrsg.), HR Consulting Review Bd. 12 – Sonderband Zukunft der Arbeit, VQP, Berlin. Berlin, 106–109.

Sühlmann-Faul, Felix (2022a): Digitalisierung und Wachstums(un)abhängigkeit (Forschungsbericht des Projekts CO:DINA). Berlin: Institut für Zukunftsstudien und Technologiebewertung.

Sühlmann-Faul, Felix (2022b): Datenschutz: Vom Klotz am Bein zum Aushängeschild für Nachhaltigkeit. In: Econic – Ecology & Economy | Das Fachmagazin für Wirtschaft mit Weitsicht 3/22, 38–43.

Sühlmann-Faul, Felix (2022c): Chancen und Risiken der Digitalisierung für den afrikanischen Kontinent. In: Vereinigung für Betriebliche Bildungsforschung e. V. (Hg.): Systemwissen für die vernetzte Energie- und Mobilitätswende. Berlin, 129–140.

Sühlmann-Faul, Felix/Rammler, Stephan (2018): Der blinde Fleck der Digitalisierung: Wie sich Nachhaltigkeit und digitale Transformation in Einklang bringen lassen. München: Oekom.

Susskind, Jamie (2023): Digital Republic: Warum unsere neue Welt eine neue Ordnung braucht. 1. Aufl. Hamburg: Hoffmann und Campe.

Szymielewicz, Katarzyna (2019): Your digital identity has three layers, and you can only protect one of them. Quartz. https://qz.com/1525661/your-digital-identity-has-three-layers-and-you-can-only-protect-one-of-them/, 26.07.2019

Tambiah, Stanley J. (2013): Form and Meaning of Magical Acts: A Point of View. In: Otto, Bernd-Christian/Stausberg, Michael (Hg.): Defining magic: A reader. Sheffield, Bristol: Equinox Publishing Inc., 178–186.

Taplin, Jonathan (2018): Move Fast and Break Things: How Facebook, Google and Amazon Have Cornered Culture and Undermined Democracy. Main Market Edition. London: Pan.

TechCrunch. https://techcrunch.com/2021/03/04/data-is-the-worlds-most-valuable-and-vulnerable-resource/, 18.10.2022

Telegram Messenger Inc. (2022): 700 Million Users and Telegram Premium. Telegram. https://telegram.org/blog/700-million-and-premium, 23.03.2023

Telegram Messenger Inc. (2023): Fragen und Antworten. Telegram. https://telegram.org/faq, 23.03.2023

Telegram.org (2018): Telegram Privacy Policy. Telegram. https://telegram.org/privacy, 21.03.2023

Telegram.org (o. J.): Verifizierungsrichtlinien. Telegram. https://telegram.org/verify?setln=de, 23.03.2023

Thiele, Matthias (2015): Geschichts-Forschung: Wissen ist Macht. In: Der Tagesspiegel Online, 05.12.2015; https://www.tagesspiegel.de/wissen/wissen-ist-macht-6317080.html

Threema GmbH (2022): Cryptography Whitepaper. https://threema.ch/press-files/2_documentation/cryptography_whitepaper.pdf, 23.03.2023

Threema GmbH (2023a): The Threema Story. https://threema.ch/en/about, 20.03.2023

Threema GmbH (2023b): Support – Threema. https://threema.ch/de/support, 21.03.2023

Threema GmbH (2023c): Welche Daten werden bei Threema gespeichert? https://threema.ch/de/faq/data, 23.03.2023

Threema GmbH Shop (o. J.): Threema für Android kaufen – Threema Shop. https://shop.threema.ch/de, 24.03.2023

TikTok (2023): Datenschutzerklärung | TikTok. https://www.tiktok.com/legal/page/eea/privacy-policy/de-DE, 27.03.2023

Tillich, Paul (1961): Philosophie und Schicksal: Schriften zur Erkenntnislehre und Existenzphilosophie, aus: Gesammelte Werke, Bd. 4. De Gruyter, Inc.

Torres, Èmile P. (2021): Why longtermism is the world's most dangerous secular credo | Aeon Essays. Aeon. https://aeon.co/essays/why-longtermism-is-the-worlds-most-dangerous-secular-credo, 20.01.2023

Torres, Émile P. (2022): Elon Musk, Twitter and the future: His long-term vision is even weirder than you think. Salon. https://www.salon.com/2022/04/30/elon-musk-twitter-and-the-future-his-long-term-vision-is-even-weirder-than-you-think/, 20.01.2023

Tremmel, Sylvester (2021): Für immer unlesbar. Wie moderne Kommunikationsverschlüsselung funktioniert. In: c't Magazin für Computertechnik (3/2021), 60–63.

Tresorit (2019): White Paper: Data processing agreements. What to look for when contracting with a cloud service provider? https://tresorit.com/data-processing-agreement-whitepaper, 17.11.2022

Trevor J. Pinch (1996): The Social Construction of Technology: A Review. In: Fox, Robert (Hg.): Technological Change: Methods and Themes in the History of Technology. London: Routledge, 17–35.

Turow, Joseph/Hennessy, Michael/Draper, Nora (2015): The Tradeoff Fallacy: How Marketers are Misrepresenting American Consumers and Opening Them Up to Exploitation.

Tynan, Dan (2016): Rocket men: why tech's biggest billionaires want their place in space. In: The Guardian 05.12.2016, https://www.theguardian.com/science/2016/dec/05/tech-billionaires-space-exploration-musk-bezos-branson, 25.01.2023

UBS (2022): Neue Regelungen für Big Tech. Nobel Perspectives. https://www.ubs.com/microsites/nobel-perspectives/de/latest-economic-questions/technology-and-economy/articles/new-rules-for-regulating-big-tech.html, 18.09.2023

Uhlig, Ulrike/Knodel, Mallory/Ten Over, Niels/Cath, Corinne/Catnip (2022): Das Internet gehört uns allen!: Protokolle, Datenschutz, Zensur und Internet Governance anschaulich illustriert / herausgegeben von Article 19; Beitragende: Ulrike Uhlig, Mallory Knodel, Niels ten Oever, Corinne Cath, Catnip. 1. Auflage. Heidelberg: dpunkt.verlag.

Uluorta, Hasmet M./Quill, Lawrence (2022): The Californian Ideology Revisited. In: Armano, Emiliana/Briziarelli, Marco/Risi, Elisabetta (Hg.): Digital Platforms and Algorithmic Subjectivities. University of Westminster Press, 21–32.

UN Secretary-General / World Commission on Environment and Development (1987): Report of the World Commission on Environment and Development. Our common Future. New York

Ünver, H. Akın (2018): Politics of Digital Surveillance, National Security and Privacy. Centre for Economics and Foreign Policy Studies.

Üsenmez, Cagla-Fatma (2022): Die Ende-zu-Ende-Verschlüsselung bei WhatsApp. Dr. Datenschutz. https://www.dr-datenschutz.de/die-ende-zu-ende-verschluesselung-bei-whatsapp/, 06.09.2022

Vahrenkamp, Richard (2018): The Computing Boom in the Us Aeronautical Industry, 1945–1965. In: Icon 24, 127–149.

Valentino-DeVries, Jennifer/Singer, Natasha/Keller, Michael H./Krolik, Aaron (2018): Your Apps Know Where You Were Last Night, and They're Not Keeping It Secret. In: The New York Times, 10.12.2018; https://www.nytimes.com/interactive/2018/12/10/business/location-data-privacy-apps.html

Van der Sloot, Bart/de Groot, Aviva (Hg.) (2018): The Handbook of Privacy Studies: An Interdisciplinary Introduction. Amsterdam University Press.

Veblen, Thorstein (1899): The theory of the leisure class: an economic study of institutions. Library of American civilization, New York, London: Macmillan Co.; Macmillan.

Vehrkamp, Robert B./Kleinsteuber, Andreas/Wohlfarth, Anna (2008): BürgerProgramm Soziale Marktwirtschaft – Ergebnisse einer repräsentativen Bürgerumfrage zu den Vorschlägen des

BürgerForums Soziale Marktwirtschaft. Gütersloh: Bertelsmann Stiftung, Heinz Nixdorf Stiftung und Ludwig-Erhard-Stiftung.

Véliz, Carissa (2021): Privacy is Power: Why and How You Should Take Back Control of Your Data. London: Corgi.

Verbraucherzentrale (2022): WhatsApp-Alternativen: Messenger im Überblick. Verbraucherzentrale.de. https://www.verbraucherzentrale.de/wissen/digitale-welt/datenschutz/whatsappalternativen-messenger-im-ueberblick-13055, 01.09.2022

Verbraucherzentrale (2023): Nutri-Score: Das bedeutet die Kennzeichnung. Verbraucherzentrale. de. https://www.verbraucherzentrale.de/wissen/lebensmittel/kennzeichnung-und-inhaltsstoffe/nutriscore-das-bedeutet-die-kennzeichnung-76209, 15.03.2023

Vinuesa, Ricardo/Azizpour, Hossein/Leite, Iolanda/Balaam, Madeline/Dignum, Virginia/Domisch, Sami/Felländer, Anna/Langhans, Simone Daniela/Tegmark, Max/Fuso Nerini, Francesco (2020): The role of artificial intelligence in achieving the Sustainable Development Goals. In: Nature Communications 11(1), 233. https://doi.org/10.1038/s41467-019-14108-y

Von Lewniski, Kai (2009): Geschichte des Datenschutzrechts von 1600 bis 1977, In: Freiheit – Sicherheit – Öffentlichkeit: 48. Assistententagung Öffentliches Recht. Baden-Baden: Nomos Verlagsgesellschaft mbH & Co. KG, 196–220.

Voß, G. Günter (2020): Der arbeitende Nutzer: Über den Rohstoff des Überwachungskapitalismus. Campus.

Voß, G. Günter/Pongratz, Hans J. (1998): Der Arbeitskraftunternehmer: eine neue Grundform der Ware Arbeitskraft? In: Kölner Zeitschrift für Soziologie und Sozialpsychologie: KZfSS, Wiesbaden: Springer VS, Vol. 50.1998, 1, 131–158 50(1).

Voß, G. Günter/Rieder, Kerstin (2006): Der arbeitende Kunde. Wenn Konsumenten zu unbezahlten Mitarbeitern werden. 1. korrigierte Auflage. Frankfurt am Main: Campus.

Wakefield, Jane (2018): Google tracks users who turn off location history – BBC News. BBC.com, 14.08.2018; https://www.bbc.com/news/technology-45183041, 28.02.2023

Walker, Amy (2019): NHS gives Amazon free use of health data under Alexa advice deal. In: The Guardian. 08.12.2019; https://www.theguardian.com/society/2019/dec/08/nhs-gives-amazon-free-use-of-health-data-under-alexa-advice-deal

Wang, Jia/Hu, Jun/Shen, Shifei/Zhuang, Jun/Ni, Shunjiang (2020): Crime risk analysis through big data algorithm with urban metrics. In: Physica A: Statistical Mechanics and its Applications 545, 123627. https://doi.org/10.1016/j.physa.2019.123627

Wang, Jun/Zhang, Weinan/Yuan, Shuai (2017): Display Advertising with Real-Time Bidding (RTB) and Behavioural Targeting (Nr. arXiv:1610.03013). arXiv.

Wanjala, Alvin (2023): Comparing Privacy Labels in the Google Play Store and Apple App Store. MUO. https://www.makeuseof.com/privacy-labels-google-play-store-apple-app-store-compared/, 27.03.2023

Wasilewski, Luisa/Forthmann, Keanu (2022): Tech-Giganten-Report 2022. Berlin: Brainwave Hub GmbH.; https://assets.website-files.com/5c813c7073fc71da8c27bc4a/62f36815147093e56 36ab50e_20220809_Big%20Tech%20meets%20Healthcare%20 Report_final.pdf

Waugh, Rob (2014): Why you SHOULD worry about Facebook's new Terms and Conditions. Metro. https://metro.co.uk/2014/12/02/why-you-should-worry-about-facebooks-new-terms-and-conditions-4970455/, 04.07.2022

Weber, Max (1905/2009): Die protestantische Ethik und der Geist des Kapitalismus. Köln: Anaconda.

Weber, Max (1919/2002): Wissenschaft als Beruf. In: Kaesler, Dirk (Hg.): Schriften 1894–1922. Ausgewählt und herausgegeben von Dirk Kaesler. Stuttgart: Kröner. Online unter https://www.molnut.uni-kiel.de/pdfs/neues/2017/Max_Weber.pdf

Weidemann, Tobias (2018a): Amazon Prime: Darum ist der Preis fast egal. t3n News, 03.08.2018. https://t3n.de/news/amazon-prime-darum-ist-der-preis-fast-egal-1098324/, 10.08.2018

Weidemann, Tobias (2018b): Amazon pusht seine Eigenmarken – und stößt Marketplace-Händler damit vor den Kopf. t3n News, 18.10.2018. https://t3n.de/news/amazon-eigenmarken-marketplace-private-label-1118576/, 02.11.2018

Weigend, Andreas (2017): Data for the People. Wie wir die Macht über unsere Daten zurückerobern. 1. Aufl. Hamburg: Murmann.

Welch, Chris (2018): How to save your Google Allo chats before the app is shut down. The Verge. https://www.theverge.com/2018/12/11/18135966/google-allo-how-to-save-back-up-chats-photos-files, 25.08.2023

Westenthanner, Marianne (2020): Die sichersten Messenger | CHIP. CHIP 365. https://www.chip.de/artikel/Besser-als-WhatsApp-die-3-sichersten-Messenger_183110977.html, 01.09.2022

Westphal, André (2022): Musikstreaming: So sehen die Marktanteile von Spotify und Co. aus. https://stadt-bremerhaven.de/musikstreaming-so-sehen-die-marktanteile-von-spotify-und-co-aus/, 19.08.2023

whatsapp.com (2022): Datenschutzrichtlinie – EWR. WhatsApp.com. https://www.whatsapp.com/legal/privacy-policy-eea/?lang=de, 21.03.2023

whatsapp.com (2023): WhatsApp-Hilfebereich. https://faq.whatsapp.com/, 23.03.2023

White House, The (2022): FACT SHEET: United States and European Commission Announce Trans-Atlantic Data Privacy Framework. The White House. https://www.whitehouse.gov/briefing-room/statements-releases/2022/03/25/fact-sheet-united-states-and-european-commission-announce-trans-atlantic-data-privacy-framework/, 18.10.2022

Wissenschaftliche Dienste Deutscher Bundestag (2018): Videoüberwachung in Schlachthöfen (Nr. WD 3-3000-073/18). Berlin: Deutscher Bundestag. https://www.bundestag.de/resource/blob/556766/d6c2b651e9a1cbdc9a0cf0b3143f8b80/wd-3-073-18-pdf-data.pdf, 08.03.2023

Wittes, Benjamin/Liu, Jodie C. (2015): The privacy paradox: The privacy benefits of privacy threats. Washington, DC: Center for Technology Innovation.

Wolf, Bernd (2022): EU-Gericht: Rekordgeldbuße gegen Google leicht gekürzt. tagesschau.de. https://www.tagesschau.de/wirtschaft/unternehmen/google-rekordgeldstrafe-gekuerzt-android-smartphones-101.html, 18.09.2023

Wolfangel, Eva (2022): KI ist eine Technik der Mächtigen. Interview mit Meredith Whittaker. In: MIT Technology Review 6/2022, 22–25.

Woodcock, Jamie (2021): The Fight Against Platform Capitalism: An Inquiry into the Global Struggles of the Gig Economy. University of Westminster Press.

xAI (2023): xAI: Understand the Universe. https://x.ai/, 19.09.2023

Yeboah, Kofi/Bonilla, Monica Paola/Jalil, Mahnoor/Kapadia, Faisal/Palatino, Mong/Salazar, Giovanna/Wanjohi, Njeri Wangari (2017): Can Facebook Connect the Next Billion? Global Voices Advox. https://advox.globalvoices.org/2017/07/27/can-facebook-connect-the-next-billion/, 05.07.2023

Zandt, Florian (2021): Infografik: Kein WhatsApp ist auch keine Lösung. Statista Infografiken. https://de.statista.com/infografik/25272/zukuenftige-nutzung-von-whatsapp-in-deutschland/, 01.09.2022

Zuboff, Shoshana (2015): Big Other: Surveillance Capitalism and the Prospects of an Information Civilization (SSRN Scholarly Paper Nr. 2594754). Rochester, NY: Social Science Research Network.

Zuboff, Shoshana (2019): The Age of Surveillance Capitalism: The Fight for a Human Future at the New Frontier of Power: Barack Obama's Books of 2019. Main Edition. London: Profile Books.

Zuckerberg, Mark (2013): Mark Zuckerberg: Is Connectivity a Human Right? Meta. https://www.facebook.com/isconnectivityahumanright/isconnectivityahumanright.pdf, 04.07.2023

ANHANG A: TABELLE DER QUELLEN FÜR DIE AUSWAHL DER DATENSCHUTZFUNKTIONEN

Quelle	Quelle im Text	Kriterium 1	Kriterium 2	Kriterium 3	Kriterium 4	Kriterium 5	Kriterium 6	Kriterium 7	Kriterium 8
Interview IP1		E2E-Verschlüsselung	Metadaten	Serverstandort	quelloffen/auditiert	Kontaktzugriff optional	anonym nutzbar	zentral/föderal/dezentral	Plattformunabhängigkeit
Interview IP2		E2E-Verschlüsselung	quelloffen/auditiert	Metadaten	zentral/föderal/dezentral	anonym nutzbar			Serverstandort
Kuketz-Blog	(Kuketz 2020)	E2E-Verschlüsselung	zentral/föderal/dezentral	Metadaten	anonym nutzbar	quelloffen/auditiert	Kontakt-Verifizierung	Kontaktzugriff optional	
c'T (Heft 3/21)	(Schüler 2021)	E2E-Verschlüsselung	Metadaten	Kontaktzugriff optional	Kontakt-Verifizierung	quelloffen/auditiert			
Verbraucherzentrale	(Verbraucherzentrale 2022)	E2E-Verschlüsselung	Datenschutzerklärung auf deutsch	anonym nutzbar	Kontaktzugriff optional	Einverständnis für Gruppenchats	Nachrichten löschbar	Serverstandort	Geschäftsmodell
Electronic Frontier Foundation	(Gebhardt 2018)	E2E-Verschlüsselung	Nachrichten löschbar	anonym nutzbar	Kontakt-Verifizierung				
Datenschutz Praxis	(Datenschutz Praxis 2022)	E2E-Verschlüsselung	Serverstandort	Persönlichkeitsrechte bei Bildern	Metadaten				
ChatGPT	ChatGPT	E2E-Verschlüsselung	Metadaten	E2E-Verschlüsselung	Kontakt-Verifizierung	quelloffen/auditiert			
Chip.de	(Westenthanner 2020)	Serverstandort	quelloffen/auditiert	Kontaktzugriff optional	zentral/föderal/dezentral				
Netzpolitik.org	(Stenner 2021)	Serverstandort	E2E-Verschlüsselung	Metadaten	Metadaten	quelloffen/auditiert	anonym nutzbar		
Cryptoparty	(Cryptoparty Köln-Bonn 2022)	quelloffen/auditiert	zentral/föderal/dezentral	Serverstandort	anonym nutzbar	Kontaktzugriff optional			
Stiftung Warentest	(Stiftung Warentest 2022)	E2E-Verschlüsselung	Mängel in der Datenschutzerklärung	Metadaten		Geschäftsmodell			
PC Mag.com	(Eddy 2023)	E2E-Verschlüsselung	Metadaten	anonym nutzbar	Kontaktzugriff optional				
Privacy_Mobile Devices	(Bazell 2023: 89 f.)	E2E-Verschlüsselung	Metadaten	Nachrichten löschbar	anonym nutzbar	quelloffen/auditiert	zentral/föderal/dezentral		
Dr. Datenschutz	(Üsenmez 2022)	E2E-Verschlüsselung	Metadaten	anonym nutzbar	quelloffen/auditiert				

ANHANG B: BEGRÜNDUNG FÜR DIE BEWERTUNG DER DATENSCHUTZFUNKTIONEN DER MESSENGER

Kriterien	Discord		Kommentar	Quelle
E2E-Verschlüsselung		1	Keine E2E bei Discord. Keine Informationen in der Datenschutzrichtlinie	(Discord.com 2023)
Metadaten		1	Es werden sehr viele Metadaten aufgezeichnet. Auszug aus der Datenschutzrichtlinie: „Wir sammeln Informationen über das Gerät, das Sie verwenden, um auf die Dienste zuzugreifen. Dies umfasst z. B. Informationen wie Ihre IP-Adresse, Informationen zu Ihrem Betriebssystem, Informationen zu Ihrem Browser und Informationen über Ihre Geräteeinstellungen, wie Ihr Mikrofon und/oder Ihre Kamera.	(Discord.com 2023)
quelloffen / auditiert		1	Weder noch. Keine Informationen dazu in der Datenschutzrichtlinie oder anderen Infoseiten bei Discord.com	(Discord.com 2023)
anonym nutzbar		3	Für die Registrierung muss eine Telefonnummer oder eine E-Mail-Adresse angegeben werden. Diese werden aber anderen Nutzer*innen nicht offengelegt. Zitat: „Wenn Sie einen Discord-Account erstellen, können Sie einen Benutzernamen und ein Passwort und eine Art, Sie zu kontaktieren, auswählen (wie eine E-Mail-Adresse und/oder Telefonnummer). Sie müssen außerdem Ihren Geburtstag angeben. In manchen Fällen müssen Sie eventuell Ihre Account-Informationen verifizieren oder zusätzliche Informationen (wie eine verifizierte Telefonnummer) zu Ihrem Account angeben. Sie können außerdem Ihren Namen oder Nicknames hinzufügen."	(Discord.com 2023)
Serverstandort		1	Zitat: »Wir haben unseren Sitz in den Vereinigten Staaten und verarbeiten und speichern Informationen auf Servern in den Vereinigten Staaten. (…) Indem Sie auf unsere Dienste zugreifen oder sie nutzen oder uns anderweitig Daten zur Verfügung stellen, nehmen Sie zur Kenntnis, dass Ihre Daten in den USA und anderen Ländern verarbeitet, übertragen und gespeichert werden, in denen möglicherweise andere Datenschutzstandards gelten und/oder Sie nicht dieselben Rechte haben wie nach lokalem Recht.«	(Discord.com 2023)

Kriterien	Discord		Kommentar	Quelle
Kontaktzugriff optional		6	Lt. Datenschutzrichtlinie optional	(Discord.com 2023)
zentral/ föderal/ dezentral		1	zentralisiert. Keine Informationen über dezentralisiertes Hosting auffindbar bei Discord. Allgemein gibt es aber nur wenige Messenger, die dezentral gehosted sind, bspw. Briar oder Matrix.	
Kontaktverifizierung		1	Offenbar nicht möglich. Keine Informationen in der Datenschutzrichtlinie oder anderen Info-Seiten von Discord zu finden.	(Discord.com 2023)
Nachrichten löschbar		1	Posts auf den Servern sind editier- und löschbar, aber keine Nachrichten in Einzelchats	(Discord.com 2023)
Geschäftsmodell		6	Discord fianziert sich über Nutzende, die Features zur Nutzung hinzukaufen.	(Discord.com 2020)
	Signal		**Kommentar**	**Quelle**
E2E-Verschlüsselung		6	E2E wird eingesetzt und die Nachrichten selbst werden nur auf den Signal-Servern gespeichert, wenn sie nicht direkt ausgeliefert werden können. Auch in diesem Fall sind die Nachrichten nicht einsehbar. »Signal cannot decrypt or otherwise access the content of your messages or calls. Signal queues end-to-end encrypted messages on its servers for delivery to devices that are temporarily offline (e.g. a phone whose battery has died). Your message history is stored on your own devices.«	(Signal Messenger LLC 2018)
Metadaten		6	Signal reduziert die notwendigen Metadaten auf ein Minimum. »Additional technical information is stored on our servers, including randomly generated authentication tokens, keys, push tokens, and other material that is necessary to establish calls and transmit messages. Signal limits this additional technical information to the minimum required to operate the Services.«	(Signal Messenger LLC 2018)
quelloffen / auditiert		6	Der Quellcode des Messengers und des Signal Servers sind offen zugänglich: »The complete source code for the Signal clients and the Signal server is available on GitHub. This enables interested parties to examine the code for security and correctness.«	(github 2023)

	Signal		Kommentar	Quelle
anonym nutzbar		1	Nicht anonym nutzbar. Telefonnummer wird benötigt: »To create an account you must register for our Services using your phone number. You agree to receive text messages and phone calls (from us or our third-party providers) with verification codes to register for our Services.«	(Signal Messenger LLC 2018)
Serverstandort		1	Signal nutzt die Serverstruktur von Amazon AWS – größtenteils in den USA	(DNSlytics 2023)
Kontaktzugriff optional		6	Der Kontaktzugriff ist optional. Informationen der Kontakte werden geschützt, sodass der Anbieter die Kontakte selbst nicht lesen kann. »Signal can optionally discover which contacts in your address book are Signal users, using a service designed to protect the privacy of your contacts. Information from the contacts on your device may be cryptographically hashed and transmitted to the server in order to determine which of your contacts are registered.«	(Signal Messenger LLC 2018)
zentral/ föderal/ dezentral		1	Die Struktur ist zentralisiert. Siehe Serverstandort.	
Kontaktverifizierung		6	Kontakte sind mit einer Sicherheitsnummer verbunden. Bei einer Änderung dieser Sicherheitsnummer (z. B. es wird ein anderes Telefon verwendet) werden die Nutzer*innen darüber informiert: »Each Signal one-to-one chat has a unique safety number that allows you to verify the security of your messages and calls with specific contacts.«	(Signal Messenger LLC o. J.)
Nachrichten löschbar		6	Es kann ein Timer gesetzt werden, nach dessen Ablauf die Nachrichten(en) aus dem Chat gelöscht werden: »The message will disappear from your devices after the timer has elapsed.«	(Signal Messenger LLC o. J.)
Geschäftsmodell		3	Signal ist teilweise spendenbasiert, allerdings ist die Zusammensetzung der Quellen großer Spenden nicht ganz durchsichtig und ein großer Teil der sonstigen Finanzierung stammt vom CEO Brian Acton der Stiftung. Hier ergibt sich ein ähnliches Bild wie bei Telegram, wo ebenfalls der CEO der Hauptfinanzier ist und sein Vermögen (Acton war WhatsApp-Mitgründer) durch Datensammeln und -verkaufen gemacht hat.	(Mey 2021)

	Telegram		Kommentar	Quelle
E2E-Ver-schlüsse-lung		3	Muss in Einzelchats erst aktiviert werden und Adressatin muss dem zustimmen.	(Telegram.org 2018)
Metadaten		1	Es werden viele Metadaten aufgezeichnet. Dazu gehört auch die IP-Adresse, die eine Lokalisierung möglich macht. Zudem hält sich Telegram bedeckt, welche Metadaten außerdem aufgezeichnet werden mit »etc.«: »(...) we may collect metadata such as your IP address, devices and Telegram apps you've used, history of username changes, etc.« Zusätzlich werden auch Verhaltensdaten aufgezeichnet: »We may use some aggregated data about how you use Telegram to build useful features.«	(Telegram.org 2018)
quelloffen / auditiert		3	Der Code der App selbst ist offen einsehbar – aber nicht der Code des Servers. Die Stellungnahme des Telegrambesitzers Pavel Durov dazu ist, dass die Veröffentlichung dessen eine Gefahr für den Datenschutz der Nutzer*innen darstellen würde. Wäre das der Fall – warum können diese Informationen von Signal und Threema eingesehen werden?	(Durov 2021)
anonym nutzbar		3	Mobilnummer muss für Registrierung genutzt werden. Kann gegenüber anderen Nutzer*innen verborgen werden.	(Telegram.org 2018)
Serverstandort		1	Telegram speichert die Daten von EU-Nutzer*innen in den Niederlanden. »If you signed up for Telegram from the UK or the EEA, your data is stored in data centers in the Netherlands.« Allerdings werden diese Daten auch mit zwei anderen Niederlassungen auf den Jungfraueninseln und in Dubai geteilt: »We may share your personal data with: (1) our parent company, Telegram Group Inc, located in the British Virgin Islands; and (2) Telegram FZ-LLC, a group member located in Dubai, to help provide, improve and support our Services.« Offenbar werden die Inhalte der unverschlüsselten Nachrichten aber auch in diversen anderen Orten gespeichert – wo genau, ist unklar: »Cloud chat data is stored in multiple data centers around the globe that are controlled by different legal entities spread across different jurisdictions.«	(Telegram.org 2018)

	Telegram		Kommentar	Quelle
Kontaktzugriff optional		6	Ist optional. »Telegram uses phone numbers as unique identifiers so that it is easy for you to switch from SMS and other messaging apps and retain your social graph. We ask your permission before syncing your contacts.«	(Telegram.org 2018)
zentral/föderal/dezentral		1	zentralisiert. Siehe Serverstandort.	(Telegram.org 2018)
Kontaktverifizierung		1	Nicht möglich.	(Telegram.org o. J.)
Nachrichten löschbar		6	Option ist verfügbar.	(Telegram.org 2018)
Geschäftsmodell		6	Telegram ist u. a. finanziert von einem der zwei Besitzer namens Pavel Durow – siehe bei Signal in dem Abschnitt über deren Geschäftsmodell. Telegram bietet aber auch eine Werbeplattform an und eine Premium-Option, die mehr Features in der App ermöglicht.	(Telegram Messenger Inc. 2018)
	Threema		**Kommentar**	**Quelle**
E2E-Verschlüsselung		6	Ja: »Sämtliche Verschlüsselung und Entschlüsselung erfolgt direkt auf dem Gerät, und der Benutzer hat den Schlüsselaustausch unter Kontrolle. So ist sichergestellt, dass kein Dritter – nicht einmal der Serverbetreiber – den Inhalt entschlüsseln kann.«	(Threema GmbH 2023b)
Metadaten		6	Threema setzt auf »Metadaten-Sparsamkeit«. Notwendige Metadaten werden gespeichert und nach Übermittlung gelöscht.	(Threema GmbH 2023c)
quelloffen / auditiert		6	Sowohl als auch.	(Threema GmbH 2022: 5)
anonym nutzbar		6	Ja: „Threema kann ohne Angabe personenbezogener Daten verwendet werden. Die Identifizierung erfolgt über eine anonyme, zufällig generierte Threema-ID. Die Verknüpfung einer Telefonnummer und/oder E-Mail-Adresse mit der eigenen Threema-ID ist optional."	(Threema GmbH 2023b)
Serverstandort		3	Großraum Zürich. Das Datenschutzniveau der Schweiz ist mit der DSGVO vergleichbar, weicht aber in manchen Punkten ab, bspw. sind die Sicherheitsauflagen der Datenverarbeitung niedriger.	(Threema GmbH 2023b), (Aust 2021)

	Threema		Kommentar	Quelle
Kontaktzugriff optional		6	»Die Kontakt-Synchronisation ist optional«	(Threema GmbH 2023b)
zentral/ föderal/ dezentral		1	Zentral. Siehe Serverstandort.	
Kontaktverifizierung		6	Ja. Möglich über das Scannen der Threema ID einer anderen Nutzerin per QR-Code.	(Threema GmbH 2022: 6)
Nachrichten löschbar		3	Chats und Medien sind nur auf dem Gerät der Absenderin löschbar.	(Threema GmbH 2023b)
Geschäftsmodell		6	Wird über den Kauf der App finanziert: »Für die Entwicklung der Threema-App sowie für den Betrieb und Unterhalt der Server-Infrastruktur fallen Kosten an. Der Kaufpreis der App dient dazu, diese Kosten zu decken.«	(Threema GmbH 2023b), (Threema GmbH Shop o. J.)
	WhatsApp		**Kommentar**	**Quelle**
E2E-Verschlüsselung		6	Ja, automatisch aktiviert: »Schutz der Privatsphäre und Sicherheit sind Teil unserer DNA. Aus diesem Grund setzen wir in unseren Apps Ende-zu-Ende-Verschlüsselung ein.«	(whatsapp.com 2023)
Metadaten		1	Es werden extrem viele Metadaten aufgezeichnet. Auszug aus der Datenschutzrichtlinie: „Erfassen und Erstellen von Aktivitäts- und Systemereignissen, um grob, z. B. auf Landes- oder App-Versionsebene, zu verstehen, wie und wie oft der Dienst genutzt wird. »Zudem auch Standortinformationen und Gerätedaten:« (…) Hardware-Modell und Betriebssystem, Batteriestand, Signalstärke, App-Version, Informationen zum Browser und Mobilfunknetz (…) der Mobilfunk- oder Internetanbieter (ISP), Sprache und Zeitzone, IP-Adresse, Informationen zum Gerätebetrieb und Kennungen (einschließlich individueller IDs für Produkte von MetaUnternehmen, die mit demselben Gerät oder Konto verknüpft sind)." Diese Informationen werden auch mit Dritten geteilt: „Wir arbeiten mit Meta-Unternehmen in den Vereinigten Staaten und in Irland zusammen, die uns beim Betrieb unserer Dienste unterstützen. Damit wir diese Dienstleistungen erhalten, teilen wir Informationen, die wir erheben."	(whatsapp.com 2022)

	WhatsApp		Kommentar	Quelle
quelloffen / auditiert		1	WhatsApp ist weder quelloffen noch auditiert. Keinerlei Informationen sind dazu in den Hilfetexten, den AGBs oder den Datenschutzrichtlinien zu finden.	(whatsapp. com 2023)
anonym nutzbar		1	Die Telefonnummer muss angegeben werden: »Um ein WhatsApp-Konto zu erstellen, musst du deine Mobiltelefonnummer und einen Profilnamen deiner Wahl angeben.«	(whatsapp. com 2022)
Serverstandort		1	Von europäischen Nutzer*innen werden die Daten nach Irland versendet. Von dort werden sie aber an Dritte und an Meta-Unternehmen weitergegeben, die sich u. a. in den USA, Israel und Singapur befinden – sprich: Drittländer, in denen die DSGVO nicht umgesetzt wird: „Zusätzlich zu den von Meta Platforms Inc. und Meta Platforms Ireland Ltd. angebotenen Diensten besitzt Meta alle nachfolgend aufgeführten Unternehmen, die ihre Dienste in Übereinstimmung mit ihren jeweiligen Nutzungsbedingungen und Datenschutzrichtlinien betreiben. (...) WhatsApp LLC in den USA, (...) Facebook Israel Limited in Israel, (...) Facebook Singapore Pte Limited in Singapur."	(whatsapp. com 2023)
Kontaktzugriff optional		1	Whatsapp lässt sich nicht sinnvoll nutzen ohne Upload der Kontakte: Es würden nur Telefonnummern, keine Namen oder Profilbilder gezeigt werden. »Du kannst den Kontakt-Upload nutzen und uns regelmäßig die Telefonnummern im Adressbuch deines Geräts zur Verfügung stellen, darunter die Nummern von Benutzern unserer Dienste sowie die von deinen sonstigen Kontakten. Wenn einer deiner Kontakte unsere Dienste noch nicht benutzt, verwalten wir diese Information in einer Weise, die sicherstellen soll, dass diese Kontakte nicht von uns identifiziert werden können. (...) Darüber hinaus erheben wir Informationen zu Benutzern, die dich kontaktieren und nicht in deinem Geräteadressbuch sind (...).«	(whatsapp. com 2023)
zentral/ föderal/ dezentral		1	zentralisiert.	

	WhatsApp		Kommentar	Quelle
Kontakt-verifizierung		3	Jein. Anders als bei Threema bspw. gibt es nicht die Möglichkeit, einen anderen Kontakt mittels eines QR-Codes o. Ä. für sich selbst zu verifizieren. Die Verifikationsmethode bei WhatsApp bezieht sich nur auf das Nutzer*innen-Konto selbst. Dies dient dazu, dass keine andere Person die registrierte Telefonnummer nutzen kann, um sich als jemand anderes auszugeben: »Die Verifizierung in zwei Schritten ist eine optionale Funktion, welche die Sicherheit deines WhatsApp Accounts erhöht. Der Bildschirm für die Verifizierung in zwei Schritten wird dir angezeigt, nachdem du deine Telefonnummer erfolgreich auf WhatsApp registriert hast.«	(whatsapp.com 2023)
Nachrichten löschbar		6	Ist möglich: »Wenn du selbstlöschende Nachrichten aktivierst, kannst du einstellen, dass Nachrichten 24 Stunden, 7 Tage oder 90 Tage, nachdem sie gesendet wurden, automatisch gelöscht werden.«	(whatsapp.com 2023)
Geschäftsmodell		1	Wird vom Meta-Konzern finanziert – sprich: Über Datenhandel.	

Alles digital – alles gut?

Steffen Lange, Tilman Santarius
Smarte grüne Welt?
Digitalisierung zwischen Überwachung, Konsum und Nachhaltigkeit

oekom verlag, München
ca. 256 Seiten, Broschur,
mit zahlreichen Abbildungen, 15,– Euro
ISBN: 978-3-96238-020-5
Erscheinungstermin:
26.02.2018
Auch als E-Book erhältlich

»Wir stehen mit dem Megatrend Digitalisierung auch vor einer Megaherausforderung!«
Steffen Lange und Tilman Santarius

Was bedeutet die Digitalisierung für Ökologie und Gerechtigkeit? Das untersuchen Steffen Lange und Tilman Santarius in »Smarte grüne Welt?« – und sie entwickeln Designprinzipien für eine nachhaltige Digitalisierung. Damit sie die Welt auch wirklich smarter und grüner macht!

DIE GUTEN SEITEN DER ZUKUNFT

Wege zu einer nachhaltigen Digitalisierung

Die Digitalisierung ist die größte gesellschaftsweite Entwicklung unserer Zeit. Die verheerenden Folgen einer mit ihr einhergehenden enormen Steigerung des Bedarfs an Energie, Rohstoffen, Logistik und Produktion werden jedoch unterschätzt und verschwiegen. Felix Sühlmann-Faul und Stephan Rammler geben Auskunft zu den gewaltigen Nachhaltigkeitsdefiziten der Digitalisierung. Zugleich formulieren sie Handlungsempfehlungen, wie Digitalisierung und Nachhaltigkeit gemeinsam umsetzbar sind.

F. Sühlmann-Faul, S. Rammler

Der blinde Fleck der Digitalisierung
Wie sich Nachhaltigkeit und digitale
Transformation in Einklang bringen lassen
232 Seiten, Broschur, 22 Euro
ISBN 978-3-96238-088-5
Auch als E-Book erhältlich

How to reconceptualise digitalisation

Governments worldwide hope that digital technologies can provide key solutions. Yet this report shows that digitalisation, in its current and mainstream form, is rather aggravating than solving crises at hand. What is needed instead is a deep sustainability transformation that fundamentally reorganises the economy and all its sectors.

S. Lange, T. Santarius, L. Dencik, T. Diez, H. Ferreboeuf, S. Hankey, A. Hilbeck, L. M. Hilty, M. Höjer, D. Kleine, J. Pohl, L. Reisch, M. Ryghaug, P. Staab, T. Schwanen

Digital Reset
Redirecting Technologies for the Deep Sustainability Transformation
104 Seiten, Broschur, komplett vierfarbig mit zahlreichen
Illustrationen, 22 Euro
ISBN 978-3-98726-022-3
Auch als E-Book erhältlich

DIE GUTEN SEITEN DER ZUKUNFT

Die doppelte Transformation

Nachhaltigkeit und Digitalisierung sind die großen Megatrends unserer Zeit. Dieses Buch ist ein Wegweiser zu dieser doppelten Transformation. Es zeigt anhand von inspirierenden Good-Practice-Beispielen, wie Unternehmen Pionierarbeit für eine grünere Zukunft leisten.

J. Quaing, J. Fink, B. Bilfinger, F. Vorländer
Doppelte Transformation gestalten
Ein Praxisleitfaden zu Nachhaltigkeit und Digitalisierung
220 Seiten, Broschur, vierfarbig mit Infografiken, 36 Euro
ISBN 978-3-96238-129-5
Auch als E-Book erhältlich

Openness: das digitale Sharing

Welchen Wandel bedeuten Open Source, Open Government oder die Blockchain-Technologie? Diese Studie beleuchtet aus kultursemiotischer Sicht die Hintergründe des digitalen Sharings: von den Ursprüngen der Hackerbewegung über konkrete Anwendungen im Bankwesen oder Software bis hin zu demokratischem Diskurs und neuen Beteiligungsmöglichkeiten.

P. Dobroć
Open Source, Open Government, Blockchain
Eine kultursemiotische Studie zur Openness-Vision
294 Seiten, Broschur, 36 Euro
ISBN 978-3-98726-056-8
Auch als E-Book erhältlich

DIE GUTEN SEITEN DER ZUKUNFT